18세기 야담 연구

18세기 야담 연구

이채경 지음

학자원

책머리에

아직도 2023년이 왔다는 게 실감나지 않는다. SF 영화에서나 다루어질 법한 시대를 사는 게 먼 미래가 아니라 바로 현재라는 사실을 도무지 받아들이기 어렵다. 종종 시간이 지나도 세상은 크게 변하지 않았는데, 그 동안 살아온 나만 달라진 기분이 든다. 예전 사람들도 이런 생각을 하며 살고, 이런 느낌을 받으며 시간을 보냈을까. 언제부터 그런 궁금증에 매달리기 시작했던 듯하다.

과학기술이 발달하고 인간생명이 존중되며 전 세계가 소통하는 21세기라고 하지만, 우리는 여전히 아날로그 감성을 뒤적이며 추억놀이에 빠져들곤 한다. 그것은 힘든 현실을 잠시나마 잊을 수 있는 방법이며, 어쩌면 그 속에서 새로운 희망을 찾을 수 있으리라 기대한다. 역사는 반복된다고 했던가. 혼란스럽고 불안하며 차별받고 괴로워하는 세태가 조선 후기와 겹쳐지는 건 혼자만의 착각일까.

10년 전, 박사학위논문을 준비하면서 무작정 '야담'에 빠져들었다. 한마디로 사람 사는 세상에서 사람 냄새 나는 이야기를 찾았기 때문이다. 상층민의 전유물로 여겨지던 문학과 예술에서도 민중의 창작과 향유가 이루어졌다는 사실이 놀라웠다. 게다가 하층민의 구연과 식자층의 기록이 멋진 조화를 이루며 한 시대를 풍미했다는 점이 무엇보다 연구자로서의 흥미를 끌었다.

문학에도 사조가 있고, 창작에도 유행이 있는 것처럼, 문학 연구에도 흐름이 있고, 학위논문에도 유행하는 주제가 있다. 당시 야담은 어느 정도 활발한 연구가 이루어져 다양한 논문이 발표된 뒤였다. 심지어 새로운 야담자료가 발견되지 않는 한 더 이상 연구할 작품과 내용이 없다는 말까지 나돌았다. 주변 연구자들에게 논문주제를 상의하면, 대부분 한 발 늦은 시도라는 반응을 보이곤 했다.

그러나 나는 꿋꿋이(?) 야담을 연구주제로 선택했다. 우선 이야기가 재미있었고, 다양한 화소로 구성되었으며, 한 시대와 사람을 아우르고, 무엇보다 살아 숨 쉬는 문학이라고 판단했기 때문이다. 나아가 텍스트가 재미있어야 지치지 않고 즐기면서 잘 마무리할 수 있으리라 믿었다. 어려운 텍스트를 가지고 끙끙대며 이러지도 저러지도 못한 채 학위를 받기 위해 쓴 어려운 논문을 내놓고 싶지 않았던 듯하다.

그렇게 야담 연구는 시작되었고, 최대한 텍스트의 범위를 좁혀 18세기 야담집 4종으로 결정했다. 비교적 초기 야담에 속하는 작품을 담은 18세기 4종의 야담집은 지금 다시 읽어도 흥미롭다. 그것은 때로 뜨거운 숨소리를 뿜어내며 살아서 퍼덕거리는 생명체 같고, 어떤 때는 역사 속 정치적 사건이나 사회적 이슈를 날카롭게 비판하는 심판자 같고, 또 때로는 나직나직 읊조리며 우리 마음에 무젖어드는 울림이 큰 자연현상 같기도 하다.

야담野談은 조선 후기 대표적 서사敍事 장르로, 민간民間에서 창작 구연되던 서사 형태가 식자층識字層에 의해 기록 정착되었으며, 다채로운 이야기는 시공時空을 초월하여 유행되었다. 본 책에서는

18세기 야담집 중 임매任邁의 『잡기고담雜記古談』, 노명흠盧命欽의 『동패락송東稗洛誦』, 안석경安錫儆의 『삽교만록霅橋漫錄』, 신돈복辛敦復의 『학산한언鶴山閑言』 4종을 중심으로 야담의 서사 방식과 주제 구현에 대해 살펴보았다. 이 4종은 18세기 시대상과 사회상을 반영하는 자저自著 형태의 야담집이며, 4인의 저자들은 친인척 또는 특별한 교유 관계를 형성 유지하면서 동시대 야담을 소통 및 공유하며 야담집으로 엮어냈다.

18세기 4종의 야담집 소재 작품 화소話素를 대략 분류하면, ①치부담致富談 ②애정담愛情談(결연담結緣談/지감담知鑑感) ③세태담世態談(군도담群盜談/추노담推奴談) ④응보담應報談(보은담報恩談/복수담復讐談) ⑤현우담賢愚談(기지담機智談/우매담愚昧談) ⑥기이담奇異談(기인담奇人談/기사담奇事談) ⑦운명담運命談(운수담運數談/예언담預言談) ⑧생활담生活談(희생담犧牲談/정의담正義談) ⑨신선담神仙談(귀신담鬼神談/선인담仙人談) ⑩송사담訟事談으로 정리된다. 4인의 저자는 여러 화소로 구성된 야담에서 구연 현장의 분위기를 살려 근원 이야기를 기술하고, 다양한 서사 장치를 동원하여 작품으로 만들었다.

특히, 18세기 야담은 남다른 작가 의식과 서사 의식을 지닌 저자들에 의해 다양한 구성 방식으로 서사화 되었다. 예컨대 첫째, 작품에 전대前代 양식인 '고담古談'과 '전기傳奇'를 인용하고, '전傳'을 활용하면서도 모방에 그치지 않고 창조로 나아갔다. 둘째, 근원 이야기에 평어評語가 부록되면서 구연口演과 기록記錄을 넘나드는 가운데 서사 내용이 풍부해지고 서사 영역이 확대되었다. 셋째, 대화체와 속담 인용 및 서술자 개입 그리고 액자식 구성과 옴니버스 형식 등 풍부한 문학적 재량과 다양한 기술적 장치를 동원하여 다채로운 서사를 구성했다. 넷째, 인물과 소재를 재배치함으로써 화소의 교착交錯 및 변개變改를 통해 새롭고 역동적인 서사를 완성하였다.

또한 18세기 야담은 전대 및 후대 야담과 비교할 때, 주제 구현에서도 차이를 보인다. 예컨대 첫째, 자의식을 지니고 주체적으로 행동하는 문제적 여성 인물이 다수 등장한다. 이들은 불합리한 사회제도에 대한 저자의 비판 의식을 대변하며, 구체적인 묘사와 사실적인 표현으로 생동하는 인물상을 빚어낸다. 둘째, 돈의 가치가 부각되면서 정체성 혼란과 체재 모순 등 세태世態를 반영한다. 특히, 추노담推奴談과 군도담群盜談이 집중 수록되는 가운데 다양한 시각을 통해 인정물태人情物態의 변화를 고스란히 담아낸다. 셋째, '충忠' '효孝' '열烈' '협俠' 등 유교 이념을 내세운 주제 구현 방식에서도 허구를 섞어 사실과 교직交織함으로써 상투적이고 관념적인 엄숙을 지양하고 자유롭게 주제를 제시한다. 넷째, 돈과 사랑 및 정욕情慾에 대한 긍정적 인식을 그려내고, 욕망하는 주체를 흥미롭게 표현하며 새로운 삶의 방식과 더불어 시대를 전망하는 데도 일조한다.

요컨대 18세기 야담은 당대의 인정人情과 세태世態를 아우르는 여러 화소話素를 통해 뛰어난 서사체로 엮어졌으며, 남다른 작가 의식을 지닌 저자들에 의해 다채로운 서사 방식으로 흥미롭고 가치 있는 주제를 작품에 담아냈다. 그 결과 전대前代 또는 후대後代 야담의 서사 방식 및 주제 구현과 확연히 다른 면모를 보인다. 따라서 18세기 야담은 조선 후기 서사 문학의 정점頂點에 위치하며, 『잡기고담』, 『동패락송』, 『삽교만록』, 『학산한언』은 조선 후기 최고의 야담집으로 평가할 수 있다.

이 책은 박사학위논문을 수정 보완하여 새롭게 편집한 것이다. 2014년 학위를 받은 이후 야담 연구를 계속하며 개인적으로 의미가 큰 작업이었다. 그럼에도 새삼 책으로 엮어 세상에 내놓으려니 한편으로 어설프고 부족하다는 생각에 마냥 부끄럽고, 다른 한편으로 그동안의 결과라는 생각에 잠시나마 뿌듯하고 만족스럽다. 선행 연구자를 뒤좇아 부지런히 공부하며 새로운 연구에 몰두하는 후배들에게 작은 보탬이 되기를 바란다.

지금까지 언제나 물심양면으로 지원해준 가족들, 여러모로 부족함을 격려해준 지인들, 학문적인 지도와 연구자의 자세를 가르쳐준 선생님들, 같은 길을 함께 걸으며 항상 힘이 되어준 선후배 여러분에게 머리 숙여 감사의 마음을 전한다. 특히, 박사학위논문을 하나부터 열까지 꼼꼼히 지도해 주신 진재교 교수님과 4종의 야담집을 부록으로 정리하는 데 도움을 주신 이은영 선생님께도 다시 한 번 인사드린다. 마지막으로 좋은 책을 만들어주신 학자원 사장님과 편집진에게도 감사드린다.

2023년 4월

간이재에서 이채경

차례

제1장 서언

조선 후기는 우리 역사상 안정기이자 혼란기였다. 17세기를 전후한 임병양란壬丙兩亂은 한반도를 전쟁터로 삼아 벌어진 동아시아 국제전이었다. 그로 인해 조선은 전란 속에서 국토가 황폐화되고 민심은 유리流離되었다. 한반도에서 벌어진 동아시아 국제전을 전후로 일본은 도요토미 히데요시[豊臣秀吉] 정권에서 에도막부Edo幕府로 교체되었고, 중국은 명明에서 청淸으로 교체되었다. 동아시아 국제질서의 변화는 조선을 거대한 소용돌이로 몰아넣었으나, 18세기로 접어들면서 조선은 전란의 후유증을 극복하고 차츰 생산력 증대와 정치적 안정을 회복한 반면, 다양한 정치 사회적 모순을 내포하고 있었다.

특히, 18세기에 들어서는 경제적으로 상품 화폐 경제가 발달하고, 도시민들의 활발한 경제 활동과 함께, 신분제도가 흔들리면서 경제 기반이 약한 '사士'계층은 경제 활동에 나서거나, 일부 '농민農民'은 농토를 팔아 상인商人으로 전환하는가 하면, 일부 '거상巨商'들은 치부致富를 통해 '사족士族'에 못지않은 경제적 부를 누리기도 하였다. 여기에 경제적 토대 형성과 함께 일부 '공인工人'은 생산에 전념하여 물화物貨를 유통시켜 상업 활동에 적극 동참하였다. 따라서 18세기에는 기왕에 흔히 볼 수 없던 정치·경제적 안정과 함께 다양한 계층의 인물들이 치부致富하고, 한편에서는 잉여 노동력이 발생하여 유랑인流浪人이 생기는 등 부富의 불균형한 분배로 인한 부작용도 나타나기 시작하였다.

사회적으로는 관직에 나아가지 못해 곤궁해진 몰락 양반들이 서당書堂을 열어 학동學童을 가르치는가 하면, 더러 상업에 종사하며 생활하였다. 반면에 일부 농민과 상인은 매관매직賣官賣職의 방법으로 관직에 나아가 신분 상승을 꾀하는 경우도 적지 않았고, 일부 농민은 유민流民으로 떠돌다가 군도群盜가 되기도 하였다. 이처럼 18세기는 가치관 변화에 따른 신분제도 균열과 사회적 변동이 일어난 시기였다.

특히, 18세기의 사회 분위기 속에서 다양한 예술적 변화가 일어나 수준 높은 문화를 양산養産한 바 있다. 문학을 예로 들면, 18세기 조선 사회는 이러한 사회 변동의 국면局面에서 거대한 이야기판의 무대가 되었으며, 한문漢文과 국문國文이 공존하는 서사의 새로운 장場이 펼쳐지는 토대를 제공하였다. 그 과정에서 서사 양식도 다양한 모습을 보여주었는데, 필기筆記가 대표적이다. 조선 전기 양반 사대부의 서가書架에서 저술된 필기는 조선 후기 다채로운 서사 환경을 바탕으로 새롭게 변모하여, 민간에서 흥미롭게 구연되고 기록되었던 서사를 대폭 수용하였다. 야담野談이라는 새로운 서사 장르도 이러한 필기의 자양분을 통해 새롭게 출현하였다.

야담은 조선 후기에 단연 돋보이는 서사 장르 가운데 하나다. 야담은 기본적으로 하나의 이야기가 구두 창작되어 민간에 유행하다가, 이후 문자로 기록된 형태라고 할 수 있다.[1] 다시 말해, 하나의 근원사실이 구연화口演化를 거쳐 이야기로 만들어지고, 그 이야기가 다시 기록화記錄化를 통해 작품으로 남겨진 것이다. 또 그것은 '다양한 이야기'를 매개로 하여 민간에 '소통疏通과 공유共有'라는 역할을 담당했다. 이러한 야담의 실상을 가장 두드러지게 보여주는 시기가 바로 18세기다. 18세기 야담과 야담집은 17세기 필기의 전통을 토대로 성립 발전하여 19세기 야담에 이월시켜준 바 있는데, 시기로나 야담의 양과 질적인 면을 고려할 때, 18세기 야담은 전후시기前後時期를 잇는 가교架橋 역할을 넘어 야담의 서사적 특성과 역동성을 가장 잘 보여주고 있다. 이러한 관점에서 필자는 18세기 야담에 주목하였다.

이미 알려진 것처럼, 야담은 17세기에 야담이라는 명칭이 붙은 작품집인 유몽인柳夢寅의 『어우야담於于野談』[2]이 등장하고 나서, 18세기에는 임방任埅의 『천예록天倪錄』[3]과 박양한朴亮漢의 『매옹한록梅

1 이는 야담野談에 대한 기존 논의를 바탕으로 정리된 개념이며, 필자가 본 책에서 언급하는 야담도 크게 이 범주를 벗어나지 않는다. 다만 필기筆記와 패설稗說, 야담과 한문단편漢文短篇 등의 개념 및 특징에 대해서는 임형택 교수의 「實學派文學과 漢文短篇」(『韓國文學史의 視覺』, 창작과 비평사, 1984. 419-437면)을 참조하기 바란다.

2 『어우야담於于野談』은 서명書名에 '야담'이라는 명칭이 붙기는 했으나 전형적인 필기집에 속하며, 단지 야담적 특성을 보이는 작품이 더러 눈에 띈다. 이러한 『어우야담』에 대해서는 초기야담으로서 문학성 및 필기의 서사화 양상 등 다양한 연구가 이루어졌다. 이경우, 「『於于野談』 연구」, 서울대 석사학위논문, 1986. ; 이경우, 「초기야담의 문학성에 관한 연구—『於于野談』을 중심으로」, 서울대 박사학위논문, 1991. ; 신상필, 「필기의 서사화 양상에 관한 연구—『慵齋叢話』와 『於于野談』을 중심으로」, 성균관대 박사학위논문, 2004.

3 『천예록天倪錄』은 뛰어난 초기 야담집으로 인정되나 대부분 비현실적인 이야기

翁閒錄』을 비롯해 정재륜鄭載崙의 『한거잡록閑居雜錄』, 김시민金時敏의 『조야휘언朝野彙言』, 구수훈具樹勳의 『이순록二旬錄』을 거쳐 신돈복辛敦復의 『학산한언鶴山閑言』[4], 임매任邁의 『잡기고담雜記古談』[5], 노명흠盧命欽의 『동패락송東稗洛誦』[6], 안석경安錫儆의 『삽교

로 구성되어 야담의 다양성 면에서 논란의 여지가 많다. 그럼에도 『천예록』에 대해서는 작자 및 저작연대를 비롯하여 서사 관련 연구를 통해 독특한 면모가 밝혀졌다. 이신성, 「『天倪錄』 연구」, 동아대 박사학위논문, 1993. ; 이신성, 「『天倪錄』 所載 여성인물야담의 성격에 대하여」, 『야담문학연구의 현단계』2, 보고사, 2001. ; 진재교, 「『天倪錄』의 작자와 저작연대」, 『서지학보』 제17집, 한국서지학회, 1996. ; 이현주, 「『天倪錄』 所載 神異談의 서사와 미적 특질」, 성균관대 석사학위논문, 2005. ; 남궁윤, 「『天倪錄』과 『東稗洛誦』의 비교 연구－초기 야담의 서사화 방식에 주목하여」, 동국대 석사학위논문, 2009. ; 정환국 역, 『교감역주 천예록』, 성균관대학교 출판부, 2005.

4 『학산한언鶴山閑言』 또한 필기집에 속하나 서사성을 갖춘 야담 작품이 다수 실려 전한다. 이에 대해서는 주로 필기를 중심으로 논의가 이루어졌다. 김상조, 「『鶴山閑言』 연구」, 『국문학보』 제13집, 제주대 국문과, 1995. ; 임완혁, 「筆記에서 事實의 意味－『鶴山閑言』을 통해 본」, 『동방한문학』 제39집, 동방한문학회, 2009. ; 유민숙, 「신돈복의 『鶴山閑言』 연구」, 충남대 석사학위논문, 2013.

5 『잡기고담雜記古談』은 흥미롭고 다채로운 이야기를 담은 본격적인 야담집으로, 이에 대해서는 서사를 비롯하여 작품집 및 작품별로 다양한 연구가 이루어졌다. 진재교, 「『雜記古談』 저작연대와 작자에 대하여」, 『서지학보』 제12집, 한국서지학회, 1994. ; 진재교, 「『雜記古談』 연구－그 성격과 작가의식을 중심으로」, 『한국의 경학과 한문학』, 태학사, 1996. ; 진재교, 「『雜記古談』 소재 〈宦妻〉의 서사와 여성상」, 『고소설연구』 제13집, 한국고소설학회, 2002. ; 이채경, 「『雜記古談』 서사 연구－서사 구도 및 유형을 중심으로」, 『동방학』 제27집, 한서대 동양고전연구소, 2013.

6 『동패락송東稗洛誦』은 내용 구성과 문장 표현이 빼어난 전형적인 야담집으로, 소재 작품이 후대 『청구야담』에 다수 전승되었다. 이에 대해서는 야담의 특성 및 전승에 의한 변모 양상 등 다각도로 연구되었다. 임형택, 「『東稗洛誦』 해제」, 『東稗洛誦外 五種』, 아세아문화사, 1990. ; 임형택, 「『東稗洛誦』 연구－야담의 기록화과정과 한문단편의 성립」, 『한국한문학연구』 제23집, 한국한문학회, 1999. ; 김동석, 「『東稗洛誦』 연구」, 성균관대 석사학위논문, 1992. ; 임완혁, 「문헌전승에 의한 야담의 변모양상－『東稗洛誦』과 『溪西野譚』, 『青邱野譚』, 『東野彙輯』의 관계를

만록雪橋漫錄』[7] 등 다양한 야담집이 저작되었다. 18세기에 나온 야담집 중 본 책에서는 『잡기고담』, 『동패락송』, 『삽교만록』, 『학산한언』 4종[8]을 텍스트로 삼았다. 그런데 『잡기고담』과 『동패락송』은 순수 야담집으로서 면모가 뚜렷하고, 『삽교만록』과 『학산한언』은 야담 작품이 혼재混載하는 필기집이라고 할 수 있다. 따라서 『잡기고담』과 『동패락송』을 중심으로 하면서 필요에 따라 『삽교만록』과 『학산한언』을 활용할 예정이다. 이 4종의 야담집을 텍스트로 정한 근거는 다음과 같다.

첫째, 4종의 야담집이 18세기 시대상과 사회상을 고스란히 담은 자저自著 형태의 야담집이기 때문이다. 예컨대 전대 『어우야담』은 서명書名에 야담이라는 용어가 붙긴 했으나 전반적으로 필기의 특징이 두드러지며, 『천예록』 또한 전란을 소재로 한 이야기를 비현실적인 신이담神異談으로 엮어낸 데 치우친 감이 없지 않다. 반면 4종의 야담집에는 당대의 인물 형상과 사회 현상을 반영하는 작품이 담

중심으로」, 성균관대 박사학위논문, 1998.

7 『삽교만록雪橋漫錄』은 필기집에 속하나 서사적 면모가 뛰어난 야담 작품이 다소 실려 전한다. 이에 대해서는 작품 성격 및 작가 의식을 중심으로 논의가 이루어졌다. 이명학, 「『雪橋漫錄』 연구」, 성균관대 석사학위논문, 1982. ; 이명학, 「한문단편 작가의 연구—安錫儆의 경우」, 『이조후기 한문학의 재조명』, 창작과 비평사, 1983. ; 윤지훈, 「18세기 筆記의 一樣相 考察—『雪橋漫錄』을 중심으로」, 『동방한문학』 제32집, 동방한문학회, 2007.

8 본 책에서 4종의 야담집은 사실 저작연대 순으로 배치하면 『학산한언』, 『잡기고담』, 『동패락송』, 『삽교만록』으로 놓여야 마땅하다. 그러나 부제副題에서도 『잡기고담』, 『동패락송』, 『삽교만록』, 『학산한언』 순으로 기술한 것은 야담(집)으로서의 면모를 감안하여 순서를 조정 배치한 것이다. 즉, 『잡기고담』과 『동패락송』은 순수 야담집이지만, 『삽교만록』과 『학산한언』은 야담과 필기가 혼재混載된 작품집이기 때문이다.

겼으며, 특히 전대 야담을 거의 전승하지 않은 순수 자저 형태의 작품으로 구성되었다.[9] 이는 문헌전승에 기댄 후대 야담집의 편저編著 형태와 뚜렷이 구분된다.

둘째, 4인의 저자가 전대 임방任埅을 중심으로 친인척 관계 또는 특별한 교유 관계를 형성 유지하면서 동시대에 유행하던 야담을 소통 공유했으리라 추측되기 때문이다. 예컨대 이들의 관계를 자세히 살펴보면, 먼저 임매任邁는 임방任埅의 손자이고, 노명흠盧命欽은 홍봉한가洪鳳漢家에서 숙사塾師[가정교사]로 지냈는데, 홍봉한洪鳳漢은 바로 임방任埅의 외손자다. 또 신돈복辛敦復은 평소 임방任埅·임정원任鼎元 부자父子와 친근하게 지냈으며, 바로 안석경安錫儆의 외삼촌으로 알려져 있다.[10] 이처럼 남다른 친분 관계와 가문 이력에서 기인한 야담 채록採錄 및 향유享有[11]에서도 18세기 야담의 특징을 유추할 수 있으리라 생각한다.

9 따라서 본 책에서는 18세기 4종의 야담집에 한하여 야담 '저자著者'라고 부르며, 후대에 문헌전승된 야담 또는 야담집에 대해서는 '편자編者'라고 지칭한다.

10 김영진, 「조선후기 사대부의 야담 창작과 향유의 일양상-盧命欽·盧兢 父子와 豊山 洪鳳漢家와의 관계를 중심으로」, 『어문논집』 제37집, 고려대 국어국문학연구회, 1998. 21-45면. ; 김영진, 「兪晩柱의 한문단편과 記事文에 대한 일고찰-조선후기 京華老論 문인의 문예취향의 한 단면」, 『대동한문학』 제13집, 대동한문학회, 2000. 29-69면.

11 조선 후기 야담의 전개 및 야담집 편찬에는 노론계 경화세족의 활동과 기여가 큰 몫을 차지한 것으로 알려져 있다. 이에 대해 김영진 교수는 "조선 후기 야담집의 편찬과 향유는 일정 정도 일부 문벌(노론계 문인)들의 가문적 연계와 그 주변 교유인들을 중심으로 형성되었다."고 했으며, 이강옥 교수는 "18, 19세기 주요 야담집 편저자들은 인척 관계나 교유 관계에 의해 서로 긴밀하게 이어지며, 경화세족은 그런 긴밀한 연결의 큰 테두리 혹은 배경을 만들어 주었다."고 주장했다. 김영진(1998), 상게서 42면 인용 ; 이강옥, 「야담의 전개와 경화세족」, 『국문학연구』 제21호, 국문학회, 2010. 13면 인용.

동시대 4종의 야담집은 선행 연구자들에 의해 고유한 특장特長을 지닌 뛰어난 작품집으로 평가되었을 뿐만 아니라, 선후先後 작품집 간 영향관계 및 전승여부에 대해서도 정리된 바 있다.[12] 그러나 특정 시기에 대한 연구는 저술 및 편찬 연도를 기준으로 초기 또는 후기로 구분하는 데 그쳐 더 세부적인 연구로 이어지지 못했다. 때문에 본 책에서는 시기를 더 세분하여 18세기로 한정하고, 각 야담집 또는 야담 작품을 18세기 야담이라는 범주 안에서 살펴보았다. 또한 형식과 구성 면에서는 서사 방식에 주목하고, 내용과 특성 면에서는 주제 구현에 초점을 맞추어 4종 야담집의 작가 의식과 문학성[13]을 도출하였다. 선행 연구자들의 정밀한 분석과 명확한 논지를 바탕으로 필자의 연구가 보태져서 18세기 야담의 특징과 성과가 밝혀지리라 기대한다.

이른바 필기, 야담, 한문단편으로 이어지는 한문 서사체의 흐름은 18세기에 정점을 이루었다고 해도 과언이 아니다. 18세기 야담에는 변화하는 시대 흐름과 거기에 적응하려는 다양한 인물군상이 등장하고, 그러한 이야기를 소통시키고 공유하려는 작가적 역량이 공존한다. 아울러 역대 야담집은 구연에 기댄 자저自著 형태에서 기록에

12 임형택, 진재교, 이명학, 김영진, 임완혁, 이경우, 이신성, 김상조, 신상필, 윤지훈 등의 전게서를 참조하기 바란다.

13 야담은 구연과 기록이 공존하는 서사 장르로, 근원 이야기를 구연하는 부류와 그것을 기록하는 부류가 명확히 구분되지 않는다. 따라서 구연자와 기록자 가운데 누구를 작가로 보아야 하는지에 대한 논란이 생길 수밖에 없다. 본 책에서는 구연자와 기록자를 모두 작가 의식을 지닌 대상으로 전제하고, 다만 야담 기록자를 구연에 기댄 자저自著 형태 야담집을 남긴 저자著者와 문헌에 의거한 편저編著 형태 작품집을 남긴 편자編者로 나누어, 기록자와 저자를 구분지어 기술한다. 아울러 본 책에서 말하는 작가 의식은 야담 작가로서 지닌 서사 인식과 주제 의식으로 대변된다.

의거한 편저編著 형태로 변화하는데, 18세기에는 순수 자저 형태의 가장 왕성한 서사 발달 작품이 등장했으며, 『잡기고담』, 『동패락송』, 『삽교만록』, 『학산한언』이 그 사실을 증명한다. 이 4종은 초기 『어우야담』과 『천예록』을 잇는 야담집으로, 후기 편저 형태의 『계서야담溪西野談』, 『청구야담靑邱野談』, 『동야휘집東野彙輯』 등과 뚜렷이 구별된다. 또 야담의 전승과정은 흔히 구비전승口碑傳承과 문헌전승文獻傳承으로 구분되는데, 4종의 야담집에 실린 작품들은 문헌전승에 의거한 후기 야담집과 달리, 구비전승에 따른 완정한 서사적 면모가 두드러진다. 즉, 이 두 가지 양상만으로도 18세기 야담을 연구할 가치는 충분해 보인다.

본 책에서는 18세기 야담의 특징을 도출하기 위해 다음과 같은 과정으로 논지를 전개할 예정이다.

서언에서는 18세기 야담에 주목한 계기와 4종의 야담집을 선정한 까닭을 밝히고, 연구 목적과 취지 및 방향을 구체적으로 제시한다.

제2장에서는 18세기 야담의 특징과 그것이 지향하는 바를 살펴본다. 1절에서는 어떠한 시대적 배경 아래 야담이 성행하였으며, 18세기에 저작된 야담집으로는 어떤 것들이 있는지 개괄한다. 이는 선행연구자들의 논문 자료와 원전 및 영인된 문헌 자료를 참조하여 야담 작가와 작품 및 작품집의 숫자 등을 파악하고, 특히 4종의 야담집은 도표로 만들어 내용을 일목요연하게 정리한다. 2절에서는 당대 야담의 화소話素를 대략 열 가지로 나누어 서술하고, 그 내용상 특징을 찾아본다. 야담 화소는 18세기 시대상과 사회상 그리고 인물상을 아우르는 동시에 작가적 관심을 노출시킨 결과이며, 이를 통해 각 화소별 또는 야담집별 분포도와 특징을 알게 될 것이다. 3절에서는

야담 저자가 어떠한 작가 의식을 지니고, 여러 화소를 작품화 했는지 파악한다. 이는 작품의 중심이라고 할 근원 이야기[일화逸話 또는 고사故事][14] 외에 제목이나 평어評語, 후일담後日談, 견문과정見聞過程 등에서도 부각되는 요소다. 여기서는 특히 18세기 야담에서 돋보이는 작가 의식과 작품 특징을 가늠해본다.

제3장에서는 18세기 야담의 서사 방식과 그 성과에 관해 논의한다. 1절에서는 18세기 야담이 전대 양식을 수용한 양상과 더불어 서사 의식을 살펴본다. 특히, 일상日常에서 다양한 소통법과 해결책으로서 고담古談을 등장시키고, 남다른 주인공의 이야기에 덧붙여 유사한 내용의 전기傳奇를 언급하며 주제를 돋보이게 한 점에 주목한다. 그리고 야담 속 주인공이 입전된 전傳 작품과 비교를 통해 서사 의식을 분석한다. 2절에서는 18세기 야담에서 구연과 기록이 넘나드는 양상과 서사화 과정에 부각되는 특징을 살펴본다. 예컨대 구연 현장의 분위기가 재현된 듯한 부분과 기록 과정에서 작가의 구기口氣가 포함된 부분을 찾아, 양자兩者가 서사화에 끼치는 영향을 알아본다. 여기서 평어는 야담 특성상 가장 주요한 부분에 해당되며, 특히 18세기 야담 저자들의 글쓰기 방식과도 긴밀히 연관된다. 3절에서는 18세기 야담에서 저자의 서사 의식이 어떻게 작품에 반영되고, 어떠한 구성 방식으로 다양하게 표현되었는지 살펴본다. 민간에 떠돌던 흥미로운 이야기를 서사화하면서 저자가 동원한 문학적 재량

14 필기 또는 야담에서 보이는 단형 서사 형태를 이강옥은 '일화逸話', 정명기는 '고사故事'라고 명명했다. 필자는 본 책에서 야담 서사 형태를 '근원 이야기'라고 지칭하며, 이를 포함한 전체를 '야담 작품'이라고 기술한다. 이강옥, 『조선시대 일화 연구』, 태학사, 1998. ; 이강옥, 『한국 야담 연구』, 돌베개, 2006. ; 정명기, 「야담의 변이 양상과 의미 연구」, 연세대 박사학위논문, 1988.

과 기술적 장치를 다각도로 분석한다. 4절에서는 18세기 야담에서 인물과 소재가 재배치된 이야기를 찾아보고, 그 과정에 서사가 어떻게 변모했는지 살펴본다. 이는 근원 이야기의 변개와 서사의 확장 및 역동성 등으로 확인되는데, 특히 야담집에 실린 유사 화소의 교착交錯 및 변개變改 양상을 비교 분석함으로써 확인 가능하다.

제4장에서는 18세기에 산생된 야담의 주제 구현에 따른 형상화 양상을 살펴본다. 4종의 야담집에서 주목할 만한 작품을 선정하여 전대 및 후대 전승 관계를 분석함으로써 그 가치와 위상을 찾을 수 있으리라 짐작한다. 1절에서는 야담 속 문제적 여성 인물에 주목하여 그것이 작품에 미친 영향을 살펴본다. 특히, 여성 주인공이 대두되고 문제적 인물 형상이 부각되는 작품을 통해 저자의 비판의식을 되짚어본다. 2절에서는 야담 속 시대적 사건에 주목하여 체제 모순을 포착한 저자의 시선을 따라가 본다. 특히, 군도담群盜談과 추노담推奴談 등 신분제 균열을 반영하는 작품을 통해 같은 주제라도 복수複數의 시선視線으로 문제에 접근하고 다룬 것에 비중을 둔다. 3절에서는 야담 서사 배경에 주목하여 유교 이념을 어떻게 대상화했는지 살펴본다. 특히, 역사적 사실에서 기인한 충忠과 효孝 등 관념적인 것에 야담적 허구를 교직交織함으로써 빚어낸 결과를 확인한다. 4절에서는 야담 저자가 욕망하는 주체를 포착하여 작품에 등장시키면서 그것을 어떻게 형상하여 주제를 확대시켰는지 알아본다. 특히, 애정담愛情談과 치부담致富談을 통해 인간의 욕망과 삶의 방식을 인식하고 기존의 서사 관습에서 벗어나 견인한 성과에 대해 밝힌다. 이러한 작업을 통해 18세기 야담의 특징과 성과가 드러날 것이다.

결어에서는 제2장과 제3장 및 제4장에서 전개한 논지를 요약 정리하여 기술하고, 아울러 전대 및 후대와 변별되는 18세기 야담의 문학사적 위상을 정립하면서 논고를 마무리한다.

야담은 조선 후기를 대표하는 서사체로, 18세기에는 『잡기고담』, 『동패락송』, 『삽교만록』, 『학산한언』 등 수준 높은 작품집이 나왔다. 그런데 동시대에 유행한 이야기는 구연 과정에서 내용상 별반 차이가 없더라도, 이를 문자로 기록하는 과정에서 작가의 구기가 보태져서 생동하는 이야기로 바뀌었다. 특히, 구비전승에 의존한 18세기 야담에는 그 양상이 무엇보다 뚜렷하므로 필자가 예상하는 연구 목표에 근접할 수 있었다. 본 책에서 심도 있는 연구와 확장된 논의를 통해 18세기 야담의 서사적 특징과 문학사적 위상을 확인할 수 있으리라 기대한다.

제2장

야담의 특징과 그 지향

1. 18세기 야담과 야담집 개괄

1) 야담의 출현

야담은 일부 필기筆記의 전통을 이어받고 있지만, 복합 장르적 성격을 지닌 것으로 알려져 있다. 사대부들이 여가에 즐기던 한담閑談을 기록한 데서 출발한 필기는 조선 전기에 활발하게 저작되었다.[1] 사대부의 서가에서 산생된 필기는 그들만의 여기餘技이자 향유물이었다. 사대부들은 자신의 경험담을 사실대로 서술하거나 견문한 지식을 간략하게 설명하는 방식으로 필기를 택했다. 비교적 자유로운 글쓰기에 속했던 필기는 독서 후기를 비롯하여 일상생활에서 벌어지는 사소한 이야기들을 두루 담아냈다. 그렇게 시작된 사대부들의 다양한 경험과 해박한 지식은 기록으로 남겨지기 이전에 습득을 필요로 했으며, 그 학문적 욕구와 지식 소유욕은 '통유通儒'를 지향하

1 임형택, 「李朝前期의 士大夫文學」, 『韓國文學史의 視覺』, 창작과 비평사, 1984. 414-418면 참조.

는 의식[2]에서 배태胚胎된 것이었다. 사대부들이 천지자연의 이치와 더불어 세상사와 인간사에 통달하려는 과정에서 자연스레 남겨진 기록이 필기라고 할 수 있다.

필기는 조선 전기 사대부 사회의 성립과 함께 발전한 견문잡기見聞雜記라는 역사적 의미를 지닌 용어로, 사대부 관료 문인들의 생활 주변 이야기를 기록한 한문학 장르다.[3] 나아가 저자가 경험하고 견문한 내용을 객관적 사실성과 역사적 교훈성에 입각하여 기록하는 것을 원칙으로 한다. 예컨대 '사실이되 허탄하지 않으며, 간명하되 번다하지 않으며, 해박하되 소략하지 않은'[4] 사실 기록[記實]을 요구했던 것이다. 동아시아 한자문화권에서 이러한 문장 이론은 상당 기간 지속되었으나, 조선 중기를 지나면서 더 자유롭고 새로운 한문학 장르인 야담을 견인하는 요소가 되었다. 그러면 도대체 어떤 문학적 동기에서 필기와는 다른 새로운 서사 형태인 야담이 태동했을까?

통유 의식으로 축적된 직간접적인 경험과 지식을 공유하기 위해 기록으로 남기고 싶다는 작가적 의식이 발휘되는데, 이는 흔히 '기

2 임완혁 교수는 야담의 향유층이 통유通儒를 지향하는 사대부 계층이라고 주장하며, 서사에 대한 관심 고조, 중국에서 들어온 서사물 독서, 서사적 욕구 상승, 세계 현상을 이해하려는 개방적 의식 고양, 역동적 사회관계 변화, 다양한 인간형 등장 등 조선후기의 서사적 환경이 조선전기의 필기와 다른 야담을 성행토록 했다고 분석한다.(임완혁, 「조선후기 현실과 야담」, 『대동한문학』 제35집, 대동한문학회, 2011. 33-70면. 33-34면 인용)

3 신상필, 「필기의 서사화 양상에 관한 연구-『慵齋叢話』와 『於于野談』을 중심으로」, 성균관대 박사학위논문, 2004. 24-25면 인용.

4 이는 조선 후기에 김려金鑢가 서거정徐居正의 『필원잡기筆苑雜記』를 평한 말로, 필기의 전형적인 기술 방식이라고 할 수 있다. 金鑢, 『藫庭遺藁』 권11, 〈題筆苑雜記卷後〉. 先輩嘗論東國野乘 必以徐四佳筆苑雜記爲第一 一曰實而不虛 二曰簡而不繁 三曰該而不畧 余今讀之 非虛語耳.

양技癢'[5]이라고 지칭된다. 몸에 부스럼이 생기면 긁지 않고 견디기 힘들듯이, 자신의 해박한 지식을 남에게 알리거나 특별한 재능을 남에게 보여주고 싶은 마음이 생기는 것이다. 처음에는 직접적으로 축적된 지식이나 고양된 의식을 담아두거나 간직하려고 기록했지만, 나중에는 간접적으로 체득한 경험이나 지식을 자기 것으로 내면화한 다음 저술로 표출했다. 그런데 이러한 작가 의식의 발로는 사대부 중심 일화逸話에 여항閭巷의 이야기까지 소재로 수용하기에 이르렀고, 결국 식자층識字層의 기록뿐만 아니라 민간에서 구연되는 데까지 표현 방식이 확대되었다. 글자를 아는 사람이 글로 기록하고, 글자를 모르는 사람이 말로 구연하는 것 모두 자기만의 방식으로 작가 의식을 발현하는 행위였으며, 이런 과정에서 창작 유전된 것이 바로 야담이라고 할 수 있다.

조선 후기로 갈수록 전형적인 글쓰기에서 자유로워지려는 사대부 인식과 다양한 사회상을 담아내기에는 역부족이었던 필기의 한계, 하층민의 넘쳐나는 생명력으로 가득한 이야기에서 자연스럽게 새로운 장르가 태동하였으며, 그것이 바로 야담이다. 이처럼 자유롭고 생동하는 민간의 삶은 흥미롭고 완결된 서사 형태로 엮어져 그것을 견문하려는 사람들에게 언제 어디서나 구연되었다. 그 결과, 전문적으로 고담古談 등 이야기를 들려주는 강담사講談師를 비롯하여 전기傳奇 등 소설책을 읽어주는 강독사講讀師와 더불어 이야기를 소리[唱]에 얹어 구현하는 강창사講唱師 등이 생겨났다.[6] 그러나

5 간호윤, 「『欽英』에 나타난 小說批評」, 『韓國 古小說批評 研究』, 경인문화사, 2002. 87-128면 참조.

6 임형택, 「實學派文學과 漢文短篇」, 『韓國文學史의 視覺』, 창작과 비평사,

이러한 구연의 자유로움을 넘어 사실성과 역사성에 근거한 필기 저자들이 야담 기록자로 등장했기 때문에 이야기의 허구성에 대한 거부감은 여전했으며, 아울러 세간의 비난에 대한 논리적인 항변도 필요했다.

통유를 지향하는 사대부들이 경험이나 견문을 통해 습득한 재미있고 교훈적인 이야기는 그것을 서술하거나 전승하려는 기양에 의해 기록이나 구연 방식으로 지위고하地位高下 남녀노소男女老少를 넘나들며 발현되었다. 그런데 하나의 이야기가 여러 사람에게 전해지며 삭제削除와 부연敷衍, 축소縮小와 확대擴大 과정을 거쳐 변개되고, 특히 유명 이야기꾼에 의해 내용이 바뀌고 꾸며져서 민간에 유행하였다. 즉, 사대부적 시각과 범주에서 벗어나 정치・경제・사회・문화적인 사건을 포섭하며 민간으로 공간을 이동하고 하층민으로 인물을 확대하여 다양한 구연태口演態를 완성시켰다. 그 과정에서 구연자는 허구적인 요소를 가미하여 청중의 이목耳目을 집중시키고, 인공적인 기교와 수식을 첨가하여 청중에게 흥미를 제공했다. 이는 '가허架虛'[7]라는 말로 대변된다. 그렇게 유전되던 이야기는 문학적 기량을 갖춘 기록자에 의해 더욱 정교한 서사 형태[8]로 정착되었다.

1984. 432-437면 참조.

7 홍직영洪稷榮은 〈동패락송발東稗洛誦跋〉에서 '무릇 세상에서 칭하는 귀신의 변괴처럼 은밀히 출몰하며 기괴하고 황탄하여 전기傳記에 뒤섞여 나오는 것도 모두 옛사람이 감히 허구로 날조한 이야기는 아님이 분명하다[凡世所稱神鬼變怪 隱現出沒 弔詭荒誕 襍出於傳記者 皆非古之人所敢**架虛**而杜撰也 明矣]'고 하여 야담에서 일정 부분 허구적 요소와 수식의 가미를 인정하고 있다.

8 야담 가운데 소설적 면모가 부각되는 작품을 한문단편漢文短篇이라 부르며, 이에 대해서는 선행 연구 성과를 참조하기 바란다. 이신성, 「이조 후기 한문단편의 연구」, 동아대 석사학위논문, 1975. ; 임형택, 「한문단편 형성과정에서의 講談師 –

조선 후기는 바야흐로 야담의 태동기이자 번성기였다. 이는 역사적인 변화 외에도 사회 문화적인 분위기가 새로운 서사 장르를 수용할 만큼 무르익었기 때문이다. 게다가 개인적인 차원의 문학에 대한 욕구가 뒷받침되었기 때문에 가능한 일이기도 했다. 그렇게 시대상을 반영하는 새롭고 흥미로운 이야기가 만들어져 민간에 구연되었으며, 또 식자층에서는 그것을 채록하여 문학적인 취향과 특장特長을 갖춘 야담집으로 엮어냈다.

2) 야담집 개괄

야담은 17세기 유몽인柳夢寅(1559-1623)의 『어우야담於于野談』(1621년 저작)[9]을 기점으로 18세기 임방任埅(1640-1724)의 『천예록天倪錄』(1716-1724)에서 본격적인 야담집 형태를 갖추었다. 이후 정재륜鄭載崙(1648-1723)의 『공사견문록公私見聞錄』(미상)과 『한거잡록閑居雜錄』(미상), 부묵자副默子(미상)의 『파수록罷睡錄』(1742), 박양한朴亮漢(1677-1746)의 『매옹한록梅翁閒錄』(미상), 김시민金時敏(1681-1747)의 『조야휘언朝野彙言』(미상), 구수훈具樹勳(1685-1757)의 『이순록二旬錄』(미상) 등을 지나, 신돈복辛敦復(1692-1779)의 『학산한언鶴山閑

許生故事와 尹映」, 『창작과 비평』 제13권 3호, 창작과 비평사, 1978. ; 박희병, 「조선 후기 야담계 한문단편소설 양식의 성립」, 『한국학보』 제2집, 한국학회, 1981. ; 심경호, 「한문단편에 반영된 客主의 상업활동」, 『우전 신호열선생 고희기념논총』, 창작과 비평사, 1983. ; 윤세순, 「조선후기 한문단편의 세계」, 『새 민족문학사 강좌』, 창비, 2009.

9 『어우야담』은 야담이라는 서명書名이 붙기는 했으나, 실질적으로 야담집이라 규정짓기 어렵다. 오히려 필기적 성격이 강하다. 그럼에도 초기 야담 형태 작품이 여러 편 실려 있으며, 후대 『천예록』을 견인하는 과정에 있으므로 야담적 요소가 강한 작품은 활용코자 한다.

言』(1759-1779), 임매任邁(1711-1779)의 『잡기고담雜記古談』(1754-1767), 노명흠盧命欽(1713-1775)의 『동패락송東稗洛誦』(1774-1775), 안석경安錫儆(1718-1774)의 『삽교만록霅橋漫錄』(1769 ?)으로 발전한다. 그리고 19세기에는 이현기李玄綺(1796-1846)의 『기리총화綺里叢話』(1825 ?), 이희평李羲平(1772-1839)의 『계서잡록溪西雜錄』(1828-1833), 작자 미상의 『기문총화記聞叢話』(1833-1869), 이희준李羲準(1775-1842)의 『계서야담溪西野談』(미상), 작자 미상의 『청구야담靑邱野談[小倉進平本]』(1843)·『선언편選諺篇』(미상)·『해동야서海東野書』(1864)·『기문습유記聞拾遺』(미상), 송래희宋來熙(1791-1867)의 『계압만록鷄鴨漫錄』(미상), 이우준李遇駿(1801-1867)의 『몽유야담夢遊野談』(미상), 서유영徐有英(1801-1874)의 『금계필담錦溪筆談』(1873), 이원명李源命(1807-1887)의 『동야휘집東野彙輯』(1869)에서 정점을 이룬다. 이후 20세기에는 작자 미상의 『양은천미揚隱闡微』(1907-1919), 강효석姜斅錫(미상)의 『대동기문大東奇聞』(1926) 등이 편찬되었다.[10]

이밖에도 『한국야담자료집성韓國野談資料集成』[11]과 『한국야담사화집성韓國野談史話集成』[12]을 살펴보면, 배전裵婰(1843-1899)의 『차산필담此山筆談』(미상)·작자 미상의 『총화叢話』(미상)·『계산담수鷄山談藪』(미상)·『청구야담靑邱野談[諺文本]』(미상) 등이 수집되어 실려 있으며, 『서벽외사해외수일본栖碧外史海外蒐佚本』[13]에는 작자

10 여기서 야담 저자 및 야담집 저작 연대 규명은 각 선행 연구 논문 및 김준형의 「野談 硏究史」(정명기 편, 『야담문학연구의 현단계』 3, 보고사, 2001. 503-538면)를 참조하였다.

11 정명기 편, 『한국야담자료집성韓國野談資料集成』(전 12권), 계명문화사, 1995.

12 박용식·소재영 편, 『한국야담사화집성韓國野談史話集成』(전 5권), 도서출판 태동, 1989.

미상의 『동야유집東野類輯』(미상)·『기문습유紀聞拾遺』(미상)·『파수편破睡篇』(미상)·『파수추破睡椎』(미상)·『기문총화紀聞叢話』(미상)·『청구야담靑邱野談[漢文本]』(미상) 등이 영인되어 실려 있다. 이로써 17세기 전반부터 20세기 전반까지 편찬된 야담집은 대략 50여 종을 헤아리고, 수록된 작품만도 4,000여 편이나 되며, 18세기에 저작된 야담집은 10여 종에 수록 작품은 400여 편이다. 물론 앞서 거론한 작품집을 모두 순수 야담집이라고 규정할 수는 없지만, 야담적 특성을 지닌 작품을 다수 채록한 작품집은 집계 자료에 포함시켰다. 여러 야담집에는 시대상과 사회상을 담아낸 다양하고 풍성한 야담 작품이 가득했으며, 아울러 구연 또는 문헌전승을 통해 동일 내지는 유사한 야담이 혼재되어 있었다.

앞서 밝혔듯이 본 책에서 다루게 될 4종의 야담집은 임매의 『잡기고담』, 노명흠의 『동패락송』, 안석경의 『삽교만록』, 신돈복의 『학산한언』이다. 지금까지 살펴본 바에 의하면, 『잡기고담』과 『동패락송』의 경우에는 소재 작품이 모두 야담이라고 볼 수 있지만, 『삽교만록』과 『학산한언』의 경우에는 필기와 야담이 혼재된 양상을 보인다. 특히, 『삽교만록』의 경우에는 야담집으로 알려져 있으나, 그 중에 야담으로 평가될 만한 작품은 극소수이며, 『학산한언』의 경우에도 서사 형식을 제대로 갖춘 야담 작품은 대략 2/3에 불과하다. 따라서 본 책의 연구 취지와 목적에 맞게 야담 작품만 선별하여 다루기로 한다.[14]

13 이우성 편, 『서벽외사해외수일본栖碧外史海外蒐佚本』(전 30권), 아세아문화사, 1990.

14 이러한 조건에 맞는 작품을 선별해 보니, 『잡기고담』 소재 작품 총 24편과 『동패

이 4종의 야담집은 가장 왕성한 서사 발달 작품이 등장한 18세기에 저작되었으며, 구비전승의 완정한 서사 작품으로 구성되어 있다. 이는 조선 후기에 정치·경제·사회·문화적으로 변화하는 시대적인 분위기, 민중民衆의 다기多岐해진 의식·욕구·가치·경험, 새로운 서사 양식을 지향하는 식자층의 관심·이념·활동·기여가 융합하고 분화되는 과정에서 생겨난 결과이다.[15] 필자가 18세기 야담에 관해 연구를 시작한 계기도 여기에 있으며, 특히 4종의 야담집에 주목한 근거도 여기에 있다.

이러한 논지는 4종의 야담집에 실린 전대 야담 작품의 숫자와 내용을 보면 더욱 확실해진다. 예컨대 『어우야담』은 최초의 야담집으로 불리며 잡다한 내용을 담고 있지만, 사대부 일화 중심의 필기와 초기 야담의 서사 형태가 혼재된 작품집이다. 게다가 소재 작품이 18세기 야담집에 전승된 경우가 극히 드물고, 그것도 유명인 중심의 일화로 이루어진 내용임을 알 수 있다.[16] 또 『천예록』이 그 뒤를 잇

락송』 소재 작품 총 57편은 모두 여기에 해당된다. 그러나 『삽교만록』은 총 325편 가운데 야담에 해당되는 작품이 『이조한문단편집李朝漢文短篇集』(이우성/임형택 역편, 일조각, 1973.)에 번역되어 실린 것을 포함하여 20여 편 정도에 불과하며, 『학산한언』은 전체 작품 총 100편 가운데 전형적인 필기 36편을 제외하면 64편이 야담에 해당된다.

15 이강옥 교수는 야담의 형성 및 전개에 경화세족 또는 경화노론계 문인들의 역할이 컸으며, 그들에 의해 산출된 야담이 그 가문 이야기판에서 구연되고, 그 친인척들이 제보하거나 야담집 간 전재轉載에 의해 형성된 경우가 많다고 했다. 전게서(2010), 8면 인용.

16 『어우야담』에서 『잡기고담』과 『삽교만록』에 전승된 작품은 전혀 없으며, 『동패락송』에 3편과 『학산한언』에 1편이 실려 있다. 『동패락송』에 전승된 3편은 〈청의동자靑衣童子〉, 〈이좌랑경류李佐郎慶流〉, 〈유기장서柳器匠壻〉이고, 각각 신숙주申叔舟, 이경류李慶流, 이장곤李長坤의 이야기다. 또 『학산한언』에 전승된 3편

는 야담집으로 평가되지만, 전란에 관련된 비현실적이고 환상적인 내용의 신이담神異談 위주로 엮어져 주제 및 소재의 다양성이 부족하다. 그리고 소재 작품이 18세기 야담집에 전승된 경우도 많지 않다.[17] 이러한 결과는 4종의 야담집이 당대에 새롭게 창작된 작품들로 채워져 있으며, 이는 구비전승에 근거한 서사 작품집임을 반증하는 것이다.

구체적인 분석에 앞서 4종의 야담집별 특징을 대략 정리하면 다음과 같다.[18]

3) 18세기 야담집 개괄

① 『잡기고담』[19]

18세기 대표 야담집 『잡기고담』은 '난실만필蘭室漫筆' 또는 '파적

은 〈신선을 만난 성현成俔〉, 〈보주寶珠와 앙화殃禍〉, 〈서약봉기일徐藥峰忌日〉이고, 각각 성현成俔, 벼슬아치, 서성徐渻의 이야기다.

17 『천예록』에서 『잡기고담』과 『삽교만록』에 전승된 작품은 전혀 없으며, 『동패락송』에 7편과 『학산한언』에 1편이 실려 있다. 『동패락송』에 전승된 7편은 〈두신痘神〉, 〈가평교생嘉平校生〉, 〈장도령蔣道令〉, 〈소설掃雪〉, 〈일타홍一朶紅〉, 〈완승頑僧〉, 〈서약봉기일徐藥峰忌日〉이고, 각각 궁생窮生, 교생校生, 음관蔭官, 옥소선玉簫仙, 일타홍一朶紅[沈喜壽], 중[僧], 서성徐渻의 이야기다. 또 『학산한언』에 전승된 1편은 〈서약봉기일徐藥峰忌日〉이며, 서성徐渻의 이야기다.

18 4종의 야담집을 정리한 도표는 부록으로 첨부한다. 각 도표에서 작품 제목은 순서대로 번호를 붙이고, 야담에 해당되는 작품은 진하게 표시하였다. 또 내용은 근원 이야기의 줄거리를 요약했으며, 특징은 다른 작품과 비교하여 주목할 만한 용어나 서술 양상을 기록하였다. 그리고 후일담과 전후평어를 부록하여 이후 논지 전개에 활용할 수 있도록 했다.

19 『잡기고담』은 2권 1책의 필사본으로 일본 천리대 도서관에 소장되어 있다. 서명書名이 외표제는 '난실만필蘭室漫筆'로, 내표제는 '잡기고담雜記古談'으로 적혀

록罷寂錄'이라고도 불렸으며, 상하권上下卷으로 나뉘어 상권上卷에 13편, 하권下卷에 11편, 총 24편의 이야기가 실려 있다. 모든 작품에 2-3자字의 간명한 제목이 붙었으며, 대부분 작품에 저자의 평어가 부록되어 있다. 특히, 소재 작품이 전대 야담집에서 전승된 흔적을 찾아볼 수 없는 데다, 『천예록』보다 현실적·야담적 성격이 강화되었다. 즉, 『천예록』이 전란을 소재로 한 작품이 많고, 대부분 비현실적인 기이한 이야기를 수록한 데 비해 『잡기고담』은 당대 흥미로운 인물과 사회적으로 문제가 된 사건을 통해 현실을 반영하는 이야기들을 다채롭게 서사화했다.

또 일부 작품에서는 등장인물의 특징을 부각시키기 위해 평어에서 전기傳奇를 언급하거나 근원 이야기에서 자세한 인정기술人定記述을 보이는 등 전기적 요소를 활용하기도 한다. 아울러 저자 임매任邁는 구연 과정에서 근원 이야기가 와전訛傳 또는 변개變改 및 합일合一되는 등 야담의 대표적인 특징을 분명히 간파하고, 기록 과정에서 유사한 이야기를 병기竝記하는 등 남다른 서사 인식을 보여준다. 게다가 작품 말미에 부록한 평어를 통해 당대의 문제적 인물과 혼란한 세태에 대해 포폄褒貶하고 비판하는 등 뚜렷한 작가 의식을 보이기도 했다.

이러한 『잡기고담』의 특성과 작가의식에 대해 진재교 교수는 "『잡기고담』은 문헌 전승된 이야기를 기록한 작품은 드물고, 제보자의

있으며, 표지 이면에 '파적록罷寂錄'이라는 글자가 보인다. 또 유만주兪晩柱의 『흠영欽英』에는 '보화잡기葆和雜記'로 기술되어 있다. 본 책에서는 일본 천리대본(上13편, 下11편)을 영인한 『한국야담사화집성』 제3권을 텍스트로 하며, 야담집 내 미완 작품인 〈동방이적東方異蹟〉은 분석 대상에서 제외시켰다. 『잡기고담』의 작자와 저작연대 및 이본에 대해서는 진재교(1994/1996)의 전게서를 참조하기 바란다.

구연을 거치거나 임매 자신이 직접 경험하고 견문한 사건을 작품으로 옮겨 놓은 것이 대부분"이며, "이러저러한 것을 잡기雜記한 것에서, 각 편에 개성적인 제목을 붙임으로써 독립된 작품으로서의 면모로 격상"되었으며, 특히 "평어評語와 제명題名의 부기附記는 『잡기고담』의 득의처"이며, "『잡기고담』이 보여주는 현실적인 면모와 작가의식은 노명흠의 『동패락송』과 안석경의 『삽교만록』, 그 뒤의 『청구야담』 등을 거치면서 확대 재생산되거나 더욱 농밀한 쪽으로 방향을 잡아간다."라고 발표한 바 있다.[20]

② 『동패락송』[21]

18세기 순수 야담집 『동패락송』은 여러 이본異本 가운데 총 78편의 이야기가 실린 연대본 및 건곤권乾坤卷으로 나뉘어 건권乾卷에

20 진재교, 「『雜記古談』 硏究－그 性格과 作家意識을 중심으로」, 『韓國의 經學과 漢文學－竹夫李篪衡教授停年退職紀念論文集』, 태학사, 1996. 803-830면. 각 809/814/819/829면 인용.

21 『동패락송』은 2권 2책의 필사본으로, 일본 천리대 도서관 및 동양문고에 소장되어 있으며, 우리나라에도 연세대 및 이화여대, 임형택 소장본 등이 있다. 연세대본이 총 78편의 이야기를 수록한 선본으로 알려져 있으나, 본 책에서는 내용 구성과 문장 표현이 우수한 동양문고본(乾23편, 坤34편)을 영인한 『서벽외사해외수일본』 제26권을 텍스트로 하고, 필요에 따라 연세대 소장본을 참고하였다. 『동패락송』의 이본 양상에 대해서는 정명기의 「『東稗洛誦』 연구」(『원광한문학』 제4집, 원광한문학회, 1991.)를 참조하기 바란다. 덧붙여 임형택 교수는 『동패락송』 소재 작품에서 저자 및 저작 연대를 추정한 바 있다. 즉, 〈해풍군정효준海豐君鄭孝俊〉에서 추적하여 저자는 노명흠盧命欽이며, 〈호서이담湖西異談〉과 〈청풍김씨제사淸風金氏祭祀〉에 근거하여 저작 연대가 1773년 이후에서 1789년 이전이라고 밝혔으며, 최근에는 저작 연대를 다시 저자의 환갑이 지난 1773-1774년으로 추정하고 있다. 임형택(1999), 전게서 307-351면. ; 임형택 편, 『한문서사의 영토』, 태학사, 2012.

23편, 곤권坤卷에 34편, 총 57편의 이야기가 담긴 동양문고본 등이 비교적 선본善本에 속한다. 동시대 『잡기고담』과 비교하면 작품 편수도 갑절이 훨씬 넘고, 그에 따라 더욱 다양한 이야기를 수록했다고 평가된다. 그러나 『잡기고담』처럼 작품마다 제목을 붙이지는 않았으며, 또 노명흠盧命欽은 필요에 따라 작품 말미末尾에 저자의 생각이나 후일담을 간략히 기술하여 평어로 삼았다. 게다가 작품 구성상 『잡기고담』이 일부 평어에서 전기를 인용했다면, 『동패락송』은 일부 근원 이야기에서 고담古談이라는 용어를 사용한다. 그런데 고담은 야담의 구연성과 흥미성을 대변하는 말로, 야담과 동일한 뜻으로 쓰였다고 볼 수 있다.

아울러 『동패락송』은 4종의 야담집 중 가장 많은 전승 관계를 보인다. 전대 『천예록』에서 총 7화가 전승된 것[22]을 비롯하여 동시대 야담집에 전재轉載된 작품을 채록한 사례도 다수 발견되며, 후대 『계서잡록』에는 총 30화가 전승된 것[23]으로 파악된다. 또 동시대 야담집에 전재된 동일 작품이나 후대 야담집에 전승된 유사 작품과 상호 비교해 보더라도 『동패락송』에 실린 이야기가 서사 구성 및 표현 방식이 뛰어난 것[24]으로 평가된다.

---

22 이는 가장 많은 화수話數를 수록한 연대본에 근거하여 집계한 결과이며, 해당 작품은 〈가평교생嘉平校生〉, 〈장도령蔣都令〉, 〈성완成琓〉, 〈일타홍一朶紅〉, 〈옥소선玉簫仙〉, 〈서성徐渻〉, 〈우상중禹尙中〉 이야기로 밝혀졌다.

23 이는 『계서잡록』의 저자 이희평李羲平의 고모부 이집李潗이 홍봉한洪鳳漢의 장인이었다는 사실을 감안하면, 세대간 친인척 관계와 주변 인물의 교유에서 야담 및 야담집을 소통 공유한 결과라고 볼 수 있다.

24 본 책에서 텍스트로 삼은 자료는 일본 동양문고본을 영인한 『서벽외사해외수일본』이다. 임형택 교수는 여러 이본 가운데 2권 2책으로 구성된 『동패락송』이 전형적인 야담계 단편집으로, 내용 구성이나 문장 표현이 격조 높다고 평가한 바 있다.(임형

이러한 『동패락송』의 야담사적 위상에 대해 임형택 교수는 다음과 같이 평가한 바 있다. “야담이란 우리 고유의 서사양식은 15세기 말 16세기 초 『용재총화』에서 출발하여, 17세기 초 『어우야담』에서 자기의 이름을 부여받았으며, 19세기 전반 『청구야담』에서 집대성이 된 것이다. 특히, 18세기 후반의 『동패락송』에서 19세기 전반의 『청구야담』에 이르는 기간은 그야말로 야담의 고전적 시대다. 『동패락송』으로 야담의 고전적 시대가 열렸다고 말할 수 있다.”[25] 또 『동패락송』 관련 선행 연구에서, 김영진 교수는 조선후기 사대부층의 야담 창작과 향유 양상을 검토하여, 전반적으로 『천예록』의 내용이 번다 장황하다면, 『동패락송』은 이에 비해 간략하다[26]고 언급했다. 또 이강옥 교수는 사대부 글쓰기와 관련시켜 서술방식과 문체를 분석하면서, 『천예록』이 사대부 글쓰기의 성격이 강한 반면에 『동패락송』은 구연의 현장을 어느 정도 살리고 있다[27]고 주장했다. 특히, 임형택 교수는 야담의 내용과 그 성과를 정리하면서, 『천예록』은 미학적 성질이 환상적 낭만적인 방향인 데 비해 『동패락송』에서 주목한 ‘사실의 성취’와 같은 문학적 자질은 발견하기 어려운 것[28]이라고 덧붙였다.

택, 「이야기문학의 한 이정표」, 『우리 고전을 찾아서』, 한길사, 2007. 632-641면. 632면 인용)

25 임형택(2007), 전게서 641면 인용.

26 김영진(1998), 전게서 참조.

27 이강옥(2010), 전게서 참조.

28 임형택(2007), 전게서 참조.

③ 『삽교만록』[29]

『삽교만록』은 전체적으로 볼 때, 안석경安錫儆이 생활 주변에서 잡다하게 경험한 것들을 기록한 필기에 속하는 작품집이다. 총 325편에는 저자가 평소 일상생활에서 주고받은 대화를 통해 학문에 대한 관심, 사물에 대한 논의, 시국時局에 대한 견해, 역사적 사건에 대한 논평, 특정 인물의 행적, 여행 후기 등 다양한 내용이 담겨 있다. 그러나 아주 적은 분량이지만 야담 또는 한문단편에 속하는 작품이 섞여 있어 주목을 요한다. 본 책에서는 그 가운데 서사성이 뛰어나고 야담적 특성을 갖춘 20여 편을 선별하여 분석 자료로 활용하였다. 그런데 "이들은 합리성의 바탕 위에서 현실적인 내용을 진지한 태도로 엮어 가고 있으며, 전설이나 민담 등 환상적이고 기괴한 이야기나, 소화·익살 등 야비하고 저속한 따위는 배제되어 있다."[30]

특히, 『삽교만록』에는 18세기 여타 야담집에 비해 치부致富 관련 내용이 다수를 차지하는데, 이는 저자가 현실에 기반한 경제적 변화를 민감하게 받아들이고, 변화하는 사회상과 그에 적응하려는 인물 형상을 생동감 있게 담아낸 것으로 평가된다. 나아가 〈심심당한화深深堂閑話〉는 우리가 잘 아는 유명한 문인 학자의 주변 이야기 여

29 『삽교만록』은 6권 5책의 필사본으로 일본 동양문고에 소장되어 있으며, 『삽교별집雪橋別集』 안에 예학록藝學錄 및 지문識聞과 함께 실려 있다. 본 책에서는 동양문고본을 영인한 『서벽외사해외수일본』 제7권을 텍스트로 한다. 『삽교만록』의 판본 및 체제에 관해서는 이명학(1982)의 전게서를 참조하기 바란다. 덧붙여 이명학 교수는 『삽교만록』 소재 여러 기록에 근거하여 저작 연대를 가늠한 바 있다. 즉, 안석경이 삽교에 들어가 은거하기 시작한 1768년 이후에서 그의 몰년인 1774년 사이라고 밝혔다.

30 이명학(1982), 전게서 11면 인용.

섯 편을 수합하여 평소 주색酒色에 관한 저자의 생각을 옴니버스 형식으로 구성했는데, 이처럼 독특한 서사 구성 방식은 18세기 야담은 물론 전대 및 후대를 통 털어 유일한 사례라고 볼 수 있다.

이러한 『삽교만록』의 문학성에 관해 이명학 교수는 다음과 같이 주장한 바 있다. "『삽교만록』은 저자가 살았던 시대의 과거와 현재를 냉철히 관찰, 비판하고, 각양의 사회상 · 인간상을 제시하고 흥미로운 활동과 생각이 그려져 있다. 그래서 다른 어떤 기록이나 문집에서 볼 수 없는 풍부함과 생동감이 가득 차 있다." 또 "『삽교만록』에는 한문단편漢文短篇에 해당하는 것이 양적으로 큰 비중을 차지하지는 않지만 가장 주목할 만한 부분이다. 그의 비판적인 현실인식이 서민세계에 관심을 가지게 되고, 그것이 그들의 활달한 분위기를 통하여 한문단편으로 나타난 것이다. 즉, 비판적인 의식이 시대를 예민하게 반영하는 소설적인 구체성을 확보할 수 있었던 것이다. 그는 한문단편의 초기작가라 할 수 있다."고 평가한다.[31]

④ 『학산한언』[32]

『학산한언』 역시 『삽교만록』처럼 필기적 성격이 강한 작품집이

31 이명학(1982), 전게서 참조.

32 『학산한언』은 한국학중앙연구원 장서각본(《야승野乘》 제21책, 총 203면), 동국대본(《야승》 제28책, 총 186면), 일본 동경대 아천문고본(총 67화, 국립중앙도서관에 복사본 소장) 등이 있다. 본 책에서는 비교적 선본으로 알려진 장서각본을 텍스트로 하였다. 『학산한언』의 작자 및 이본에 대해서는 김상조의 「『鶴山閑言』 연구」(『국문학보』 제13집, 제주대 국문과, 1995.)를 참조하기 바란다. 덧붙여 김상조 교수는 『학산한언』 소재 작품에서 저작 연대를 추정한 바 있다. 즉, 〈옛 사람들의 풍류〉와 〈정선鄭敾의 그림〉에 근거하여 1723년 이후에서 1759년 이전까지 자료를 수집하고, 이후 그의 몰년인 1779년 사이에 채록 편철한 것으로 보았다.

다. 그런데 당대의 인정물태人情物態를 담아낸 소재적 측면이나, 작품 속에서 근원 이야기를 견문한 과정 또는 그에 대한 평가를 적는 등 기술적 측면을 고려하여 4종에 포함시켰다. 따라서 총 100편 가운데 전형적인 필기[33]에 속하는 작품을 제외하고, 야담적 특성이 돋보이는 64화를 논의 대상으로 삼아 논지 전개에 활용할 예정이다. 그럼에도『학산한언』은 후대『청구야담』에 총 30편의 이야기가 전승되는 등 18세기 야담집으로서 후대 문헌전승에 기여한바 크다 하겠다.

아울러『학산한언』은 18세기 여타 야담집에 비해 신선이나 혼령 및 동물에 관한 이야기가 많아『천예록』의 계보를 잇는 듯하다. 이는 신돈복辛敦復의 개인적인 취향에서 비롯된 것일 수도 있으나, 기타 작품들은 흥미로운 등장인물을 통해 현실 문제를 진지하게 다루며 다채롭게 서사화 되어 동시대 야담집에 나란히 실려 전하기도 한다. 특히,『잡기고담』처럼 작품 말미에 평어를 부록하면서도 인물과 사건에 대한 포폄 형식에서 벗어나 근원 이야기의 견문과정 또는 후일담을 상세히 밝힘으로써 야담에서 또 다른 평어 기술 방식을 보여준다 하겠다.

이러한『학산한언』의 문학적 지향에 대해 이강옥 교수는 "『학산한언』에는 비현실지향의 작품과 현실지향의 작품이 공존하며, 이는 조선 후기에 이르러 부추겨진 사람의 욕망을 비판하면서도 은근히 욕망의 귀추에 관심을 가지기 시작한 결과다. 또『학산한언』이 조선

33 『학산한언』에 나타난 신돈복辛敦復의 필기 저자로서 글쓰기 방식에 관해서는 임완혁 교수의「筆記에서 사실의 의미－『鶴山閑言』을 통해 본」(『동방한문학』 제39집, 동방한문학회, 2009. 89-110면)을 참조하기 바란다.

후기 야담의 기틀을 마련할 수 있었던 것도 이런 정신사의 변화를 감지하고 그것을 서술시각의 통합을 통하여 수용하였기 때문이라고 하겠다."고 말했다.[34] 또 그 글쓰기 방식과 서사적 특징에 대해 임완혁 교수는 "신돈복의 『학산한언』에는 사실성을 추구하는 필기의 장르 지향이 온전히 실현되어 있다. 『학산한언』은 전대의 필기류에 비해, 기이한 소재나 장편의 구체적인 이야기가 많다. 현상적으로는 질적 전환이 이루어진 새로운 서사체인 야담으로 규정할 수 있다."라고 말했다.[35]

이상 본 책에서 텍스트로 선정한 18세기 4종의 야담집에 대해 그 특징을 간략히 살펴보았다. 이들은 각기 다른 형태로 야담의 특성을 부각시켰는데, 요컨대 『잡기고담』은 구연과 기록을 넘나들며 뛰어난 서사에 제목과 평어를 붙여 남다른 작가 의식을 표출했으며, 『동패락송』은 당대의 흥미로운 인물과 사건을 다양한 구성 방식으로 다채롭게 서사화하여 다수 작품이 후대에 전승되었다. 또 『삽교만록』은 당대 현실을 철저히 관찰하여 변화하는 사회상과 그에 적응하려는 인간상을 생동감 있게 제시했으며, 『학산한언』은 필기에서 한 걸음 더 나아가 야담에서 또 다른 평어 기술 방식을 보여주었다고 해석된다.

34 이강옥, 「초기 야담집 『鶴山閑言』의 서사 지향 연구—현실 지향과 비현실 지향」, 『구비문학연구』 제17호, 한국구비문학회, 2003. 333-382면 참조.

35 임완혁(2009), 전게서 410면 인용.

2. 야담의 화소話素와 그 특징

필기가 주로 사대부가 그들 주변에서 견문한 사건을 간략하게 기록한 서사라면, 야담은 민간과 시정市井의 견문과 이야기를 폭넓게 다룬 서사다. 또 필기가 잘 알려진 인물을 중심으로 그 견문과 경험을 기술했다면, 야담은 알려지지 않은 다양한 인물까지 서사의 중심에 등장시킨다. 그러다 보니 야담은 점차 인물 중심의 서사에서 사건 중심의 서사로 변모하는 양상을 보인다. 예컨대 유명인들의 의미있는 행위나 업적을 기록함으로써 인물을 부각시키는 데서 벗어나 무명인들의 흥미로운 행위나 경험을 구연함으로써 사건을 부각시키는 데로 나아간 것이다.

그에 따라 서사의 범주도 점차 확장되었다. 우선 등장인물 측면에서는 사대부 중심의 유명인을 비롯하여 무명의 일반인까지 포함하는 양상을 보이며, 이야기 소재 측면에서도 역사적인 사건부터 개인적인 경험까지 채택하는 경향을 보인다. 야담이 명실상부 당대의 민생民生과 민심民心을 제재로 하여 생동감 있고 사실적인 이야기로 창작되기에 이른 것이다. 그런데 여기에는 구연이라는 과정이 기여한 바 크다 하겠다. 야담이 아무리 민간의 개인적인 이야기까지 소재로 삼았다 하더라도 그것을 향유하는 계층이 사대부 양반에 머물렀다면, 근원 이야기는 당초 창작 취지와 달리 그들 중심으로 완전히 변개되었을 것이다. 그러나 민간에서 창작된 이야기가 그대로 자유롭게 구연됨으로써 근원 이야기는 더욱 대중적인 색채가 짙어졌다.

1) 야담의 화소 구분

이제 『잡기고담』, 『동패락송』, 『삽교만록』, 『학산한언』 소재 작품의 화소話素를 정리해 본다. 여기서 화소란 모티프motif 또는 모티브motive를 말한다. 대개 충족되지 않은 욕구나 충동으로 인한 긴장 상태가 사람을 자극하거나 활력을 주어 적절한 만족감을 추구하게 하는데, 이를 동인動因 혹은 동기動機라고 부른다. 문학에서 화소는 창작 또는 표현력의 기본적인 동기를 의미하며, 이는 작가의 창작 의욕을 자극하는 근본적인 힘이 된다. 또 화소는 소재나 제재 또는 주제 등과 관련하여 다양하게 표출되는데, 작품 속에 자주 나타나는 특정한 요소로서 작품의 주제를 구성하고 통일감을 주는 중요 단위가 된다. 그런데 하나의 작품은 단일한 화소를 갖기도 하며, 여러 가지 화소로 구성되기도 한다. 또한 화소는 한 작가, 한 시대, 나아가 한 장르에 반복해서 나타날 수도 있다.[36]

하나의 야담 작품이 어떤 화소로 어떤 주제를 담은 내용이냐에 따라 대개 10종으로 나눌 수 있다.

① 돈의 가치와 부富에 대한 인식 변화[致富]
② 정인情人을 얻기 위한 특별한 방법과 감식안[愛情=結緣/知鑑]
③ 정체성 혼란과 신분제 균열을 반영하는 군상[世態=群盜/推奴]
④ 응보應報하려는 의지와 주도면밀한 계획 실행[應報=報恩/復讐]
⑤ 위기에서 벗어난, 기회를 놓쳐버린 사람들[賢愚=機智/愚昧]
⑥ 다시 봐도 믿기 힘든 기이한 사람과 사건[奇異=奇人/奇事]
⑦ 운명을 알려주고 운수를 바꿔준 예언들[運命=運數/預言]

36 신희성・조성준 편저, 『문학용어사전』, 도서출판 청어, 2001.

⑧ 억울한 희생과 호쾌한 정의에 관한 사건[生活=犧牲/正義]
⑨ 귀신이나 신선이 되어 속계로 돌아온 사람들[神仙=鬼神/仙人]
⑩ 선인과 악인, 정직과 부정을 판단하는 자리[訟事]

이를 좀 더 구체적인 내용으로 기술하고, 4종의 야담집에서 해당 작품을 살펴보면 다음과 같다.

첫째, 돈의 가치를 인정하고 부富를 추구하는 사람들의 모습을 소재素材로 하여 부에 대한 인식 변화를 보여주는 이야기[치부담致富談]다. 그들은 돈의 가치를 알고 갖은 방법으로 부를 추구하여 부자富者가 된다. 예컨대 『잡기고담』 소재所載 〈간부姦富〉, 『동패락송』 소재 〈염鹽〉과 〈광작廣作〉, 『삽교만록』 소재 〈대두大豆〉와 〈강경江景〉, 『학산한언』 소재 〈큰 상인〉 등이 있다. 먼저 〈간부〉에서는 가난을 벗어나지 못하던 허생許生이 유개流丐에서 여자들을 취하고 자식을 많이 낳아 생산력을 증가시킴으로써 부를 축적한다. 또 〈염〉에서는 김생金生의 아들과 장풍헌張風憲의 딸이 혼인하여 소금 장사와 묵정밭 매매를 통해 부자가 되고, 〈광작〉에서는 허공許珙이 10년 기약으로 치산治産을 계획하여 근검절약하며 농사를 지어 거부巨富가 된다. 또 〈대두〉에서는 부자 노인이 맡긴 콩 2천말[斗]을 밑천으로 황희숙黃希淑이 40년간 신의信義를 지키며 재산을 불리고, 〈강경〉에서는 절름발이 거간꾼이 서울 부자가 맡긴 10만 전錢으로 연초煙草를 사고팔아 엄청난 부자가 된다. 또 〈큰 상인〉에서는 평안감영平安監營에 빚을 졌던 사람이 감사와 부잣집에서 돈과 은전銀錢을 빌려 북경北京에서 크게 장사를 하여 빚을 갚고도 남을 만치 재산을 불린다. 이밖에도 당시 수많은 야담에는 부자가 된 사람들의 이야기가 실려 있으며, 그들이 각양각색으로 치부하는 방법까지 자세히 묘사되어 있다. 이처럼 18세기에 돈은 새로운 가치 기준으로 떠올랐으며, 치부는 당대인들 누구나 추구하는 가치 이념으로 자리 잡았다. 4종의 야담집에는 이와 관련된 이야기가 여타 야담집보다 눈에 띄게 많을 뿐만 아니라, 각 등장인물이 주어진 상황에서 가장 적절하고 현실적인 방법으로 치부하는 과정을 흥미로운 이야기에 담아낸다.

둘째, 정인情人을 만나고 우여곡절 끝에 혼인하는 남녀의 모습을 소재로 하여 그 특이한 결연結緣과 결연 대상을 파악하는 감식안鑑識眼을 보여주는 이야기[애정담愛情談]로, 결연담結緣談과 지감담知鑑談이 여기에 속한다. 그들은 사랑하는 사람을 찾아서 고난과 역경을 극복하고 행복을 쟁취한다. 예컨대 『잡기고담』 소재 〈환처宦妻〉와 〈천연天緣〉, 『동패락송』 소재 〈조보朝報〉와 〈걸객乞客〉, 『삽교만록』 소재 〈심심당한화深深堂閑話〉, 『학산한언』 소재 〈길정녀吉貞女〉와 〈분영粉英〉 등이 있다. 우선 〈환처〉에는 내시와 혼인했다가 행복을 찾아 탈출하여 중[僧]과 결연하고 다복하게 백년해로하는 옹희翁姬, 〈천연〉에는 기이한 꿈을 꾸고 나서 빈궁한 홀아비 정생鄭生과 혼인하여 다섯 아들을 낳은 이공李公의 딸이 등장한다. 또 〈조보〉에는 우하형禹夏亨을 물심양면으로 도와주고 나서 헤어졌다가 조보를 통해 그와 다시 만나는 수급비水汲婢, 〈걸객〉에는 친구인 경주부윤慶州府尹에게 홀대를 받고 쫓겨나 타향에서 죽을 지경이 된 거지를 도와주어 등제登第시킨 기생이 등장한다. 또 〈심심당한화〉에는 남자를 향한 자기 정념情念을 이기지 못해 마음을 고백하거나, 주위의 권유나 강압으로 인해 남자에게 다가갔다가 거절당하고 자결하는 여성들이 등장한다.[37] 또 〈길정녀〉에는 신명희申命熙와 약혼하고 나서 소원해진 틈에 자신을 탐내는 사또를 응징하고 절개를 지켜 부와 명성을 함께 얻은 길정녀吉貞女, 〈분영〉에는 생전에 사랑하는 사이였던 권익흥權益興이 혼령이 되어서 찾아와도 변함없이 함께 지낸 분영粉英이 등장한다. 이밖에도 당시 수많은 야담에는 남녀가 결연하는 이야기가 실려 있으며, 여성이 지인지감知人之鑑을 발휘하여 상대를 알아보고 정성과 희생을 다함으로써 행복을 일궈내는 경우가 많다. 그런데 주목해야 할 것은 여성들이 능동적으로 정인을 찾고 적극적으로 그들을 내조하며 자기 행복을 추구하는 모습이다. 어느 시대에나 사랑 이야기는 존재하지만, 4종의 야담집에 실린 이야기에는 주체적으로 자기 삶을 계획하고 성취한 다음 그것을 영위하는 과정이 두드러진다.

셋째, 궁핍한 생활에서 벗어나려 애쓰는 사람들의 모습을 소재로 하여 정체성 혼란과 신분제 균열을 반영하는 이야기[세태담世態談]로, 군도담群盜談과 추노담推奴談이 여기에 속한다. 그들은 가난 때문에 도적이 되거나 추노를 하는 등 주변 환경에 적극 대처한다. 예컨대 『잡기고담』 소재 〈도재상盜宰相〉과 〈도은盜隱〉, 『동패락송』 소재 〈신문외서생新門外書生〉과 〈차태借胎〉, 『삽교만록』 소재 〈언양彦陽〉과 〈사우四友〉, 『학산한언』 소재 〈심생沈生〉 등이 있다. 먼저 〈도재상〉에서 가난한 유생儒生은 도적 무리의 괴수로 재물을 모

37 사실 〈심심당한화深深堂閑話〉에 등장하는 여성들을 여기에 포함시키기는 어렵다. 그들은 결연에 성공하지도 못할뿐더러 정인情人을 얻기 위해 특이한 방법이나 감식안을 발휘하지도 않는다. 그러나 어떻든 직접 상대를 찾아내고 연모하는 마음으로 과감히 접근하는 것을 감안하여 넓은 의미에서 애정담에 포함시킨 것이다.

아 일당에게 나눠주고 돌아와서 과업科業하여 재상에 이르지만, 〈도은〉에서 처음에는 좀도둑 무리에 들었다가 결국 적당賊黨의 대장이 된 사람은 은거한 채 평생을 보낸다. 또 〈신문외서생〉에서 권생權生은 추노 길에 중인中人 부호의 딸과 결연하여 그녀를 소실로 데려와서 평생 호의호식하며, 〈차태〉에서 궁생窮生은 추노 길에 부옹富翁의 세 아내와 교합하여 낳은 세 아들의 봉양을 받으며 요족饒足하게 산다. 또 〈언양〉에서 궁생은 추노에서 신변의 위협을 느끼고 감사 조태억趙泰億의 자字를 부르며 찾아와 목숨을 구하고, 〈사우〉에서 갑을병정甲乙丙丁은 과업을 포기하고 각자 흩어져서 갑甲은 도적 괴수로 살며 친구를 잡으려는 전라감사 병丙의 위협을 물리친다. 또 〈심생〉에서 추노하러 가서 위기에 처한 심생沈生은 종의 딸 향단香丹의 죽음으로 화를 면하고 목숨을 부지한다. 이밖에도 가난 때문에 군도群盜가 되거나 추노를 하다가 위험에 처한 사람들의 이야기는 허다한데, 그 과정에서 개인적으로 정체성의 혼란을 겪거나 사회적으로 신분 계층이 균열되는 현상도 발생하였다. 이처럼 군도와 추노는 18세기 야담집에서 사회적인 병폐와 모순적인 세태를 반영하는 가장 대표적인 화소라고 할 수 있다.

넷째, 은인恩人을 찾거나 원수怨讐를 응징하는 사람들의 모습을 소재로 하여 당찬 의지와 주도면밀한 계획 및 시행을 보여주는 이야기[응보담應報談]로, 보은담報恩談과 복수담復讐談이 여기에 속한다. 그들은 은혜나 원수를 갚기 위해 고통을 감내하며 결국 목적을 이룬다. 예컨대 『잡기고담』 소재 〈여협女俠〉과 〈보은작報恩鵲〉, 『동패락송』 소재 〈아지씨阿只氏〉와 〈아환비丫鬟婢〉, 『삽교만록』 소재 〈검녀劍女〉와 〈해방解放〉, 『학산한언』 소재 〈염시도廉時道〉와 〈기승奇僧〉 등이 있다. 우선 〈여협〉에는 부모의 원수를 갚기 위해 직접 검술을 익히고 계모와 간부奸夫를 살해하는 자매, 〈보은작〉에는 먹이와 사랑으로 자신을 길러준 여주인에게 그녀의 유복자遺腹子를 살려줌으로써 은혜를 갚는 까치가 등장한다. 또 〈아지씨〉에는 온가족을 잃은 자신을 넘보는 종을 응징하기 위해 과객過客의 손을 빌려 복수하는 처녀, 〈아환비〉에는 간부奸夫와 바람이 나서 상전의 가족을 모두 죽인 음처淫妻를 응징하기 위해 동계桐溪를 유혹하여 복수하는 계집종이 등장한다. 또 〈검녀〉에는 주인집 아가씨와 합심하여 검술을 익히고 멸문지화滅門之禍의 원수에게 복수하는 신기한 검술 소유자, 〈해방〉에는 자신들을 속량贖良해준 해인사海印寺의 중에게 음식과 재물로 은혜를 갚는 남매가 등장한다. 또 〈염시도〉에는 오라비가 잃어버린 은자銀子를 찾아준 염시도廉時道를 경신환국庚申換局으로 인한 위기에서 구해주고 극진히 대접해준 종의 누이, 〈기승〉에는 임진왜란을 앞두고 파견된 왜인 첩자들을 거두어준 스승을 죽인 동료 첩자를 죽이고 매년 재齋를 지내온 노승老僧이 등장한다. 이밖에도 당시 야담에는 은혜에 보답하거나 원수를 응징하는 이야기가 많은데, 그들이 보은報恩과 복수復讐 과정에서 보여주는 주도면밀한 계획과 과감한 시행은 서사 구성에서 큰 몫을 차지한다. 그런데 여기서 주목할 것은 18세기를 전후한 역사적 사건과 실생활에서 다양한 소재를 찾아내고, 그것을 보은 또는 복수와 결부된 이야기로 담아낸 사실이다.

다섯째, 타고난 지혜나 어리석음 때문에 위기에서 벗어나거나 기회를 놓쳐버린 사람들의 모습을 소재로 하여 감탄과 웃음을 제공하는 이야기[현우담賢愚談]로, 기지담機智談과 우매담愚昧談이 여기에 속한다. 그들은 지혜로운 행동으로 위기를 모면하고, 어리석은 태도로 조롱거리가 되기도 한다. 예컨대 『잡기고담』 소재 〈청원淸寃〉과 〈치농癡儂〉, 『동패락송』 소재 〈고담古談〉과 〈연도戀盜〉, 『삽교만록』 소재 〈변사행邊士行〉, 『학산한언』 소재 〈심생沈生〉 등이 있다. 먼저 〈청원〉에서는 악랄한 고용인에게 모함을 당한 과부가 기지를 발휘하여 위기에서 벗어나며, 〈치농〉에서는 아름다운 여인이 갖은 방법으로 유혹해도 끝까지 알아차리지 못한 젊은 서생이 친구들에게 어리석다고 놀림을 당한다. 또 〈고담〉에서는 객점客店에서 청상과부와 결연한 권생權生의 사연을 그의 친구가 고담古談처럼 노권생老權生에게 들려줌으로써 자칫 심각해질 수도 있는 위기 상황을 무마시키며, 〈연도〉에서는 자신을 넘보고 납치하려는 남편의 친구에게 변장시킨 계집종을 대신 보냄으로써 오랜 위기 상황을 종식시킨다. 또 〈변사행〉과 〈심생〉에서는 종의 딸이 추노하러 온 선비를 죽이려는 반노叛奴들에 맞서 그에게 자기 옷을 입혀 탈출시킴으로써 상전의 목숨을 구하고 아비의 목숨마저 보전한다. 이밖에도 야담에는 자신에게 주어진 상황을 순간적인 기지로써 헤쳐 나온 사람들의 이야기가 많은데, 〈연도〉의 경우에는 일찌감치 납치를 예측하고 오래도록 준비하여 대응했다는 사실에 감탄하게 된다. 또한 어리석은 행동으로 낭패를 당하는 사람들[38]도 있지만, 그로 인해 주변 사람들을 웃게 만드는 경우[39]도 있었으니, 이는 시대를 넘어 야담에서

38 『잡기고담』에서 친분을 이용해 관직을 구하다가 재상이 준 거짓 임명장 때문에 굶어 죽는 유생의 이야기 〈망인妄人〉이 대표적인 경우다.

39 『잡기고담』에서 자기 시詩를 칭찬해준 상대에게 후한 대접을 해주었으나 다시 구절마다 신랄하게 비평을 받는 선비의 이야기 〈조학嘲謔〉, 소녀를 탐하다가 노파에게 능욕을 당하고 부친상父親喪에 다시 망신을 당하는 선비의 이야기 〈곤경困境〉

결코 빠지지 않는 화소다.

여섯째, 다시 봐도 믿기 힘든 기이한 사람과 사건을 소재로 하여 남다른 재능과 기괴한 현상을 다룬 이야기[기이담奇異談]로, 기인담奇人談과 기사담奇事談이 여기에 속한다. 그들은 탁절한 심지心志와 확고한 행동으로 목표를 이루고 이적異蹟을 경험한다. 예컨대 『잡기고담』 소재 〈의무醫巫〉와 〈신검神劍〉, 『동패락송』 소재 〈청의동자靑衣童子〉와 〈척검擲劍〉, 『삽교만록』 소재 〈검녀劍女〉, 『학산한언』 소재 〈효자 오준吳竣〉과 〈무변 이수기李修己〉 등이 있다. 우선 〈의무〉에는 의서醫書에도 없는 신기한 처방으로 환자를 치료하며 임금을 승하케 한 태의太醫의 잘잘못을 엄중히 꾸짖는 무당이 등장하고, 〈신검〉에는 윤봉조尹鳳朝의 집에 보관되어 있던 검劍이 갑자기 사라졌다가 찬방청饌房廳 아래에서 구렁이 정수리에 꽂힌 채로 발견된다. 또 〈청의동자〉에는 평생 신숙주申叔舟를 따라 다니면서 그의 안전과 출세를 보증하여 제사상을 받는 동자童子가 등장하고, 〈척검〉에는 도적이 들이댄 칼날 앞에서도 태연자약하게 처신하여 결국 풀려나는 장수[李浣]가 부각된다. 또 〈검녀〉에는 기사奇士로 알려진 소응천蘇凝天마저 오금을 저리게 할 만큼 신기한 검술을 지닌 여성이 등장한다. 또 〈효자 오준〉에는 정성껏 시묘살이를 하는 오준吳竣의 효성에 감동하여 샘이 솟아나고 호랑이가 사냥감을 물어다 주며, 〈무변 이수기〉에는 산속에서 3대가 호환虎患을 당한 사냥꾼을 만난 이수기李修己가 함께 기운을 길러 그 호랑이를 추적하여 죽인다. 이밖에도 18세기 야담에는 기이한 인물과 사건을 담은

등은 사람들로 하여금 쓴 웃음을 자아낸다.

이야기가 많은데, 이전 야담에서는 유명인들의 특별함을 부각시키기 위한 내용이 주를 이루었다. 그러나 4종의 야담집에 실린 작품을 살펴보면, 하층민을 비롯하여 생활 주변에서 만날 수 있는 일반인과 관련 사건을 화소로 다양하게 채록하고 있다. 특히, 기이한 내용이지만 전대처럼 비현실적이고 몽환적인 이야기가 아니라 현실에 근거한 기이함에 주목하였다.

일곱째, 하늘이 정해 놓은 운명을 알려주거나 운수를 바꿔준 예언을 소재로 하여 하늘의 조화와 인간의 한계를 들려주는 이야기[운명담運命談]로, 운수담運數談과 예언담預言談이 여기에 속한다. 그들은 자기 재능을 발휘하여 정해진 운명을 바꾸기도 하지만 인간의 한계에 굴복하기도 한다. 예컨대 『잡기고담』 소재 〈추수推數〉와 〈담명談命〉, 『동패락송』 소재 〈재신옹截薪翁〉과 〈관상觀相〉, 『학산한언』 소재 〈윤변尹忭〉 등이 있다. 먼저 〈추수〉에서는 정희량鄭希良이 뱃놀이 하던 학사學士들의 죽음을 예언하고 용산龍山 뱃사공의 운수를 바꿔주며, 〈담명〉에서는 김생려金生麗가 재상 아들의 운명을 예언하고 복술卜術로 대액大厄을 면하도록 해준다. 또 〈재신옹〉에서는 鄭礦이 친구의 수명과 길흉을 점쳐주었다가 결국 자기 목숨을 덜어 친구에게 보태주며, 〈관상〉에서는 무변이 관상을 잘못 보고 장차 어사御史가 될 이씨李氏를 처음에는 극진히 대접하다가 나중에는 냉대하여 쫓아낸다. 또 〈윤변〉에서는 윤변尹忭이 억울하게 투옥된 사람들을 풀어주고, 광통교廣通橋에서 만난 노인의 예언처럼 아들을 얻어 자손이 번성한다. 이밖에도 야담에 등장하는 점쟁이나 예언가는 많지만, 그들의 비상한 재주는 단지 점을 치고 관상을 보아 미래를 예언해주는 것을 넘어 재앙을 방지하거나 개선시키는 데까지 나아간다. 특히, 유명한 점술가들에 얽힌 사건은 야담에서 단골 소재로 등장하는데, 이를 채록한 저자 입장에서는 단지 재능의 징험을 넘어 무궁한 하늘의 조화와 인간의 한계를 이야기하고자 했다.

여덟째, 민중의 떳떳한 희생이나 그들이 되찾은 호쾌한 정의를 소재로 하여 그들의 일상과 활약을 다룬 이야기[생활담生活談]로, 희생담犧牲談과 정의담正義談이 여기에 속한다. 그들은 사람의 도리를 지켜 상대를 감화시키고, 자기희생을 통해 정의를 실현한다. 예컨대 『잡기고담』 소재 〈교무驕武〉, 『동패락송』 소재 〈완강頑强〉과 〈광주경안정생廣州慶安鄭生〉, 『삽교만록』 소재 〈북경개자北京丐者〉, 『학산한언』 소재 〈김재해金載海〉와 〈영평永平의 김씨金氏〉 등이 있다. 우선 〈교무〉에는 송시열宋時烈이 과천점사果川店舍에서 만난 무변이 국기일國忌日에 소식素食을 하기는커녕 육식肉食을 하며 무람없이 행동하는 것을 꾸짖는다. 또 〈완강〉에는 최무변崔武弁이 노정에서 만난 노한老漢이 아들까지 동원하여 포학하게 행동하는 것을 개과천선시키며, 〈광주 경안 정생〉에는 정생鄭生이 우연히 주운 봉물을 일한一漢에게 돌려주어 그가 도둑질을 그만두고 성실하게 살도록 만든다. 또 〈북경개자〉에는 노역관老譯官이 북경에서 조선을 폄하하는 거지에게 자신이 가진 모든 것을 내주고 잘못을 바로잡는다. 또 〈김재해〉에는 김재해金載海가 자신이 사들인 집에서 금 항아리를 발견하고는 그것을 전 주인 과부에게 돌려주며, 〈영평의 김씨〉에는 김씨金氏가 다함께 발견한 산삼山蔘을 몽땅 가져가며 자신을 절벽에 내버려둔 두 친구를 용서하고 그들의 장례를 치러준다. 이밖에도 남을 위해 자신을 희생하거나 자신이 옳다고 여기는 것을 고수하며 살아가는 사람들의 이야기는 많다. 야담 속 그들은 과감하게 행동하고 성실하게 생활한 대가로 수복壽福을 누리며 사필귀정事必歸正 또는 권선징악勸善懲惡의 표본이 된다. 그런데 18세기 야담에는 그들이 처한 상황과 개선 방법도 다양하여 다채롭고 풍성한 이야기로 거듭난다.

아홉째, 죽어서 혼령이나 신선이 된 사람들의 이야기를 소재로 하여 이승과 저승 그리고 속계와 선계가 다르지 않음을 보여주는 이야기[신선담神仙談]로, 귀신담鬼神談과 선인담仙人談이 여기에 속한다. 그들은 시공時空을 초월하여 존재하며, 생자生者를 돕거나 생자의 도움을 받아 기행이적奇行異蹟을 보여준다. 예컨대 『동패락송』 소재 〈서약봉기일徐藥峰忌日〉과 〈사대부별업士大夫別業〉, 『학산한언』 소재 〈신선이 된 정렴鄭磏〉과 〈제말諸沫의 혼령〉 등이 있다. 먼저 〈서약봉 기일〉에서는 서성徐渻이 자신의 기일에 서경우徐景雨의 꿈에 나타나 임진왜란 중 귀양지에서 죽은 사람을 손님으로 맞이하고, 〈사대부 별업〉에서는 산중에서 처녀의 온가족을 죽인 귀신이 나타나 자기 시신의 고통을 호소하며 안장安葬해줄 것을 부탁한다. 또 〈신선이 된 정렴〉에서는 10년간 수양하여 신선이 된 정렴鄭磏이 시해尸解하는 순간에 시신이 가벼워지고, 〈제말의 혼령〉에서는 임진왜란 때 의병으로 전사한 제말諸沫이 정석유鄭錫儒의 꿈에 나타나 자기 업적과 명성이 후세에 전해지지 않음을 하소연한다. 이밖에도 이승과 저승을 오가는 귀신이나 속계와 선계를 넘나드는 선인들의 이야기가 많은데, 〈서약봉 기일〉의 경우에는 18세기 전대 및 후대를 관통하며 꾸준히 야담집에 실려 전한다. 또 죽어서 혼령이 된 사람은 물론이려니와 신선술을 익혀 시해한 사람까지 이야기에 등장하는 인물은 모두 살아있는 사람처럼 생각하고 행동하며, 그들에게 도움의 손길을 내밀어 문제를 해결하기도 한다.

열째, 잘잘못을 가리기 위해 송사訟事에 얽힌 사람들의 모습을 소재로 하여 선인과 악인 그리고 정직과 부정을 가려내는 이야기[송사담訟事談]다. 그들은 억울하게 송사에 휘말려 고민하지만, 결국 진실을 밝힘으로써 무고한 누명을 벗는다. 예컨대 『잡기고담』 소재 〈발간發奸〉과 〈청원淸寃〉, 『동패락송』 소재 〈칠곡옥사漆谷獄事〉 등이 있다. 우선 〈발간〉에서는 공물 대납을 둘러싼 사기 사건에서 위조된 문서가 국기일國忌日에 작성된 사실이 밝혀짐으로써 사건의 전모가 드러나며, 〈청원〉에서는 간통과 재산을 둘러싼 무고 사건에서 일부러 신체상 흉터가 있다고 속임으로써 과부의 억울한 누명이 벗겨진다. 또 〈칠곡옥사〉에서는 형제간에 벌어진 살인 사건에서 형관刑官이 재차 시신을 발굴하여 살펴보고, 결국 동생이 형수와 모의하여 조카를 죽인 사실을 밝혀낸다. 18세기 4종의 야담집에서 송사에 관련된 이야기[40]를 찾기는 쉽지 않다. 그러나 이 세 편의 작품만으로도 인간의 선악善惡과 사건의 곡직曲直을 가리는 과정과 결과를 충분히 알 수 있다. 특히, 각기 사건의 전말이 드러나고 당사자들의 무죄와 유죄가 밝혀지기까지 반전에 반전을 거듭하는 서사 전개 과정이 화소 못지않게 흥미롭다.

2) 야담 화소의 특징

앞서 10종의 화소를 기준으로 작품을 분류하고, 각 야담집에서 대

40 『동패락송』 소재 〈관원희官員戲〉의 경우, 다섯 처녀가 원님놀이를 펼치는 과정에 송사 모티프를 활용하지만, 송사담으로 보기는 힘들기 때문에 제외시켰다.

표작을 제시해 보았다. 일반적인 야담 작품이라면 대부분 이 범주를 벗어나지 않지만, 18세기 야담에서 특징적인 화소를 선별하라면 다시 5종을 꼽을 수 있다.

① 돈의 가치와 부에 대한 인식 변화를 담은 <u>치부담</u>
② 정인을 얻기 위한 특별한 방법과 감식안이 돋보이는 애정담
③ 정체성 혼란과 신분제 균열 등 세태를 반영하는 <u>군도담</u> 및 <u>추노담</u>
④ 응보하려는 의지와 주도면밀한 계획이 두드러진 응보담
⑤ 선인과 악인 그리고 정직과 부정을 판단하는 <u>송사담</u>

이 가운데 애정담과 응보담은 초기 야담부터 후기까지 다양한 형태로 꾸준히 만들어지고 유행한 대표적인 화소다. 그도 그럴 것이 남녀의 사랑을 비롯하여 은혜나 원수를 갚는 행위 등은 남녀노소 빈부귀천을 막론하고, 나아가 시공간을 초월하여 계속되는 이야기 소재다. 따라서 이는 18세기 야담에서 두드러진 양상이라고 보기 어렵다. 그럼에도 사랑하는 남녀를 얻기 위해 타고난 감식안과 기지라든가 남다른 행동과 방법을 동원하며, 보은과 복수를 이루기 위해 용의주도하게 계획을 이행하는 모습은 전대 및 후대 야담과 뚜렷이 대조된다.

반면에 치부와 군도 및 추노 그리고 송사는 18세기 야담에서 처음 등장하며, 4종의 야담집에서 집중적으로 다루어진 화소다. 예컨대 치부 관련 이야기는 전대에도 있었으나, 남녀 주인공이 우연한 기회로 재화를 얻어 부자가 된 내용이 대부분이다. 그런데 4종의 야담집에서는 돈의 가치를 분명히 인식한 남녀 주인공이 각자 여건에 맞는 가장 현실적이고 구체적인 경제 활동을 통해 부를 추구한다. 이는

18세기 시대상과 사회상을 충실히 담아낸 화소로 구성된 야담이라고 평가된다. 또한 몰락 양반이 생활고를 견디다 못해 도적 무리에 들어가거나 도망친 노비를 찾아가 밀린 신공身貢을 받아내는 이야기는 당시 사회적인 병폐와 모순적인 세태를 고스란히 담은 화소다. 특히, 그런 과정에 경험하는 정체성 혼란과 신분 계층의 균열 등은 군도담과 추노담을 18세기 가장 대표적인 야담으로 내세우기 충분하게 만든다. 또 송사 관련 이야기 역시 4종의 야담집에 처음 등장하여, 생활 주변에서 벌어지는 무고誣告와 문서 위조 및 살인 사건 등을 다룬다. 이런 야담 역시 혼란스런 사회와 각박해진 민심을 송사 모티브로 풀어내며 세태를 반영한 것이다.

요컨대 18세기 야담은 다양한 화소로 서사를 구성하면서도 당대에 특징적으로 나타난 치부와 군도 및 추노 그리고 송사 등 사회현상을 흥미로운 근원 이야기에 담아 유통시켰으며, 4종의 야담집 저자들 역시 그것을 시대적 변화 내지는 문제로 인식하고 취사선택했던 듯하다.

앞서 대략 10종으로 분류한 화소를 다시 작품집별로 집계하여 도표로 정리하면 다음과 같다.

〈표1〉 작품집별 소재 작품의 화소 현황

화소 종류		잡기고담	동패락송	삽교만록	학산한언	총계(篇)
致富談		1	5	6	2	14
愛情談	結緣談	3	22	5	3	33
	知鑑談	0	5	3	1	9
世態談	群盜談	2	0	2	0	4
	推奴談	1	2	2	1	6

應報談	報恩談	2	5	1	3	11
	復讐談	2	4	1	0	7
賢愚談	機智談	1	1	4	1	7
	愚昧談	5	0	0	1	6
奇異談	奇人談	3	6	1	5	15
	奇事談	2	4	0	14	20
運命談	運數談	1	1	0	0	2
	預言談	2	6	0	4	12
生活談	犧牲談	0	3	1	1	5
	正義談	3	7	4	8	22
神仙談	鬼神談	0	4	0	18	22
	仙人談	0	2	0	11	13
訟事談		2	1	0	0	3
총계(話)		30	78	30	73	211

위에 제시한 자료를 우선 화소별로 설명하자면, 4종의 야담집에는 기이한 사람이나 사건을 다룬 기이담이 가장 많으며, 귀신이나 신선의 이야기가 그 뒤를 따른다. 이는 야담 작품수가 제일 많은 『학산한언』 때문에 빚어진 결과이긴 하나, 당시 민간에 이러한 내용을 담은 이야기가 유행했으며, 야담 작가들이 평소 비범한 것에 관심을 두고, 그것을 다수 견문하여 기록했다[41]고 분석할 수 있다. 이어지는 내용은 남녀 주인공의 결연을 다룬 애정담과 등장인물이 은혜나 원수를 갚는 응보담으로, 여기서는 생활 주변에서 목격되는 지극히 현실적인 사건을 다루고 있다. 간혹 이야기 중간에 신이한 요소가

41 전대에 편찬된 『어우야담』과 『천예록』의 경우에도 비현실적이며 몽환적인 이야기가 무척 많다. 특히, 『천예록』은 전란부터 전염병까지 죽음에 관련된 암울한 사회 현실을 독특하고 출중한 인물과 기이하고 신묘한 현상에 기대어 표현하려는 저자의 편찬 의도가 담긴 야담집이다.

개입[42]되기도 하지만, 『동패락송』을 비롯한 4종의 야담집에서 골고루 발견되어 당시 민정民情과 민심民心을 살필 수 있다. 그 뒤를 잇는 치부담과 세태담은 상품화폐경제의 발달과 돈의 가치를 인정하는 시대상을 반영하는 화소다. 치부담을 비롯하여 군도담과 추노담은 모두 돈에 결부된 이야기로, 대부분 『삽교만록』과 『잡기고담』에 실려 전하며, 곤궁한 생활에서 벗어나려 애쓰는 주인공들의 모습이 핍진하게 그려져 있다. 이러한 화소는 18세기 야담에서 부각되는 것으로, 생활 능력이 부족해진 몰락 양반은 물론 하층민의 바람을 담아 이야기로 만들어내면서 야담 작가의 관심을 끌었으며, 구연과 기록 과정에서 소통과 공유의 매개체로 활용되었다고 생각한다.

그런데 한 편의 이야기가 하나의 화소로 구성된 작품도 있지만, 두 가지 이상의 화소가 공존하는 이야기도 많아서 사실상 명확한 화소 구분은 불가능하다. 예컨대 『잡기고담』에 실린 〈면화〉는 주인공이 추노 과정에서 발생한 위기 상황을 기지로써 벗어나는 이야기로 추노담과 기지담이 뒤섞인 작품이며, 『동패락송』에 실린 〈칠곡옥사〉는 형제간에 벌어진 송사에서 죽은 조카의 원혼이 나타나는 이야기로 송사담과 귀신담이 함께 담긴 작품이다. 또 『삽교만록』에 실린 〈검녀〉는 신묘한 검술을 지닌 여성이 주인집의 원수를 갚는 이야기로 기인담과 복수담이 공존하는 작품이며, 『학산한언』에 실린 〈분영〉은 생전에 사랑하던 두 남녀가 죽은 혼령과 산 사람으로 다

42 애정담에서 남녀 주인공이 서로 만나는 계기로 작용하는 '비[소나기]'와 '눈'이라든가, 마음을 결정하지 못해 망설이는 순간에 꾸게 되는 '꿈[절대자의 현몽]' 등이 있다. 또 응보담에서는 우연히 만난 제3자에게서 들은 '점괘'라든가 '예언' 등이 적중함으로써 주인공의 미래를 바꿔놓기도 하는 등 아직도 이야기 곳곳에 신이한 요소가 개입되는 경우가 많았다. 이에 대해서는 본 책 제4장 4절을 참조하기 바란다.

시 만나 함께 지낸 이야기로 결연담과 귀신담이 뒤섞인 작품이다. 그러나 전체 이야기에서 비중을 둔 주요 화소에 주목하고, 부수적인 화소는 서사에 미치는 영향을 고려하여 또 다른 하나의 화소로 인정하였다. 그 결과 다양한 화소를 통해 18세기 정치・경제・사회・문화・생활 전반에 대해 알 수 있으며, 더불어 화소가 작품에 미치는 서사 기능도 살필 수 있다는 데 의미를 두고자 한다.

위와 같은 화소 분류는 서사의 중심이 더 이상 특정 인물에 치중하기 보다는 흥미롭고 이목耳目이 집중되는 사건으로 변환되었음을 뜻한다. 예컨대 누구나 아는 인물이기 때문에 그와 관련된 사건이 전개되는 '인물담人物談'이 아니라, 누구나 한 번쯤 관심을 가질 만한 사건이기 때문에 그것이 누구의 '사건담事件談'이든 상관없어졌다는 말이다. 그런데 여기서 사건담을 견인하는 요인은 등장인물 자체의 비중이 아니라 그 행위다. 그가 어떤 행위를 함으로써 사건이 발생하고, 또 다른 행위를 함으로써 사태가 더욱 악화되기도 하며 문제가 해결되기도 한다. 따라서 이야기 속 사건 자체가 야담의 화소인 동시에 서사의 중심이라고 말할 수 있다.

또 이러한 사건담은 사건의 결과에 치중하기 보다는 과정 중심으로 서사가 전개된다는 점에서도 눈에 띈다. 예컨대 저자가 사건의 전말을 순차적으로 빠짐없이 기술하는 것이 아니라, 서사 전개에 꼭 필요한 주요 사건 위주로 축약과 삭제도 서슴지 않는다는 말이다. 특히, 이야기에서 핵심이 되는 사건을 부각시키기 위해 역행적 기술을 시도하거나 액자식 구성을 취하기도 하는데, 이는 결과에 구속되지 않고 자유롭게 서사를 전개하는 데 도움을 준다. 나아가 우리는 '과정 중심의 사건담'을 통해 이야기에 담긴 사건이 얼마나 다양한 지, 또 그것들이 당대 세태를 어떻게 반영하는지 잘 알 수 있다.

요컨대 18세기 야담은 기존에 유명인 중심의 '인물담'에서 흥미로운 사건 중심의 '사건담'으로 발전했으며, 이야기 또한 사건의 결과에 치중하기 보다는 과정 중심으로 전개되어 4종 야담집 저자들의 변화된 서사 인식 내지는 새로운 글쓰기 방식을 확인할 수 있다.

위에 제시한 자료를 다시 야담집별로 설명해보면, 『잡기고담』과 『동패락송』에는 다양한 화소의 이야기가 골고루 실려 있으나, 『삽교만록』과 『학산한언』은 그렇지 않아서 화소가 편중된 경향을 보인다. 먼저 『잡기고담』의 경우에는 총 24편 가운데 응보담과 현우담이 많고, 군도 및 추노 관련 세태담도 섞여 있으며, 다른 야담집에서 찾아보기 힘든 송사담이 2편이나 실려 있다. 그러나 귀신이나 선인이 등장하는 신선담은 1편도 없다. 이로써 『잡기고담』은 당대 사회상을 반영하는 현실적인 이야기가 주로 채록된 야담집이라고 할 수 있다. 다음 『동패락송』의 경우에는 총 57편 가운데 애정담과 응보담이 많고, 기이한 인물이나 사건을 다룬 기이담도 10편이나 되지만, 치부담과 세태담 및 송사담은 적은 편이다. 이로써 『동패락송』은 주변에서 찾을 수 있는 다양한 이야기를 채록하되 특별히 당대 사회상을 문제시하거나 거기에 주목하지는 않았다고 하겠다.

그 다음 『삽교만록』의 경우에는 총 20여 편 가운데 비현실적인 이야기보다 지극히 현실적인 이야기가 많은데, 치부담과 애정담이 주를 이루며, 운명담이나 신선담은 한 편도 실려 있지 않다. 특히, 4종의 야담집 가운데 가장 많은 치부담을 채록한 것으로 드러났다. 이로써 『삽교만록』은 일상생활에서 가장 핍진한 문제를 다루었으며, 경제 인식 변화에 따른 당대 사회상을 집중적으로 부각시켰다 하겠다. 마지막 『학산한언』의 경우에는 총 64편[43] 가운데 현실적인 이야기보다 비현실적인 이야기가 훨씬 많은데, 주로 운명담과 기이담에 치중되어 있으며, 군도나 추노 등 세태를 반영하는 이야기는 1편에 불과하다. 이로써 『학산한언』은 야담적 특징을 보이는 작품도 일상에서 한 걸음 물러나 비현실적이거나 이상적인 소재 위주로 담아냈음을 알 수 있다.

이러한 결과는 야담집 저자의 개인적 취향과 사회적 관심도에 따른 취사선택을 보여주며, 이를 통해 우리는 그들의 작가 의식을 짐작해볼 수 있다. 군도나 추노 및 송사에 관련된 이야기에는 사회 문제를 바라보는 저자의 관점이 담겨 있으며, 남녀의 결연과 보은 및 복수를 소재로 한 이야기는 행복한 삶과 정의로운 사회를 추구하는 저자의 소망을 담고 있다. 또 여러 가지 장사와 치산 방법을 동원하여 부자가 되는 등장인물의 모습에서 저자의 경제관념을 읽을 수 있으며, 정해진 운명에 따르거나 그것을 거스르는 등장인물의 모습과 각종 기행이적을 통해 저자의 인생관과 가치관을 엿볼 수 있다. 이처럼 야담의 화소는 넓게는 당대의 인물 형상과 사회 현상을 담고 있지만, 좁게는 저자의 작가 인식, 사회 관점, 소망, 경제관념, 인생관 및 가치관 등을 담아낸다. 덧붙여 이는 4종의 야담집 저자가 동일한 화소나 유사한 이야기를 다채롭게 작품화함으로써 각기 다른 서사 전개와 결론 도출을 보여주는 것으로도 확인할 수 있다.

그런데 18세기 야담에서 가장 돋보이는 특징 가운데 하나는 무엇보다 여성의 행위가 주요 화소로 전면에 등장한다는 점이다. 물론

43 앞서 『학산한언』 소재 작품 총 100편을 정리하며 필기적 색채가 강하여 야담으로 분류하기 힘든 36편을 제외하고 나머지 64편을 화소별로 분류한 것이다.

등장인물의 남녀 성비性比를 놓고 볼 때, 여성이 남성에 비해 수적數的으로 열세劣勢인 것은 사실이다.[44] 그럼에도 서사를 견인하는 힘이라든가 서사에 미치는 영향은 우리의 이목을 집중시키기에 충분하다. 이는 특히 4종의 야담집에서 다양한 서사 형태로 나타나며, 여성 인물에 대한 작가적 관심과 당대 사건에 대한 작가적 시각 그리고 서사를 구성하는 작가적 역량과도 결부되는 부분이다. 결국 당대 여성의 삶과 행동이 야담의 주요 화소로 채택되고, 그것은 각 야담집에서 내용상의 특징으로 드러난다.

첫째, 『잡기고담』에는 성적性的으로 자유로운 여성의 당돌한 행동이 사람들에게 웃음을 제공한다. 예컨대 〈환처宦妻〉에 나오는 옹희翁姬는 내시의 아내였다가 중과 결연하는 다소 파행적인 모습을 보이지만, 결국 부귀다남하고 백년해로하는 행복한 결말을 이끌어낸다. 또 〈치농癡儂〉에 나오는 아낙은 자기 집 대문 밖에서 비를 피하는 젊은 서생書生을 안마당을 거쳐 안방까지 끌어들이고 온몸을 던져 노골적으로 유혹한다. 또 〈곤경困境〉에 나오는 노파는 젊은 선비를 겁박하여 능욕하고는, 이후 선비의 부친상父親喪에 며느리를 자처하며 나타나는 등 뻔뻔스러운 모습을 보여준다. 이는 당시 여성들이 성적으로 비교적 자유로웠으며, 야담 저자들도 여성의 욕정을 인정하는 분위기였음을 알려주는 것이다. 특히 임매任邁는 그녀들을 건강한 성욕을 지닌, 긍정적인 성격에 적극적인 행동을 보이는,

44 4종의 야담집에서 여성 주인공이 서사에 크게 영향을 미치는 경우는 전체 작품 수의 1/3에서 절반이나 된다. 예컨대 『잡기고담』은 총 24편 가운데 9편, 『동패락송』은 총 57편 가운데 30편, 『삽교만록』은 총 20여 편 가운데 4편[9화], 『학산한언』은 총 64편 가운데 9편으로 확인된다.

살아 숨쉬는 캐릭터로 만들었다.

둘째, 『동패락송』에는 남의 손을 빌려 복수를 결행한 여성의 이야기가 실려 있다. 예컨대 〈아지씨阿只氏〉에 나오는 처녀는 위태로운 자기 처지를 글로 써서 과객에게 알리고, 그의 손을 빌려 자신을 겁탈하려는 종[奴]을 징치한다. 또 〈아환비丫鬟婢〉에 나오는 계집종은 동계桐溪를 유인하여 주인집 사연을 이야기하고, 그의 손을 빌려 여주인과 바람난 간부奸夫를 죽이고 음처淫妻를 벌한다. 또 〈궁마직宮馬直〉에 나오는 여자는 건장한 무변武弁에게 통곡하는 사연을 들려주고, 그의 손을 빌려 사랑하는 미소년을 죽인 궁마직을 죽여 원수를 갚는다. 이는 당시 여성들이 취약한 자기 처지를 제대로 인식하고 있었으며, 지인지감知人之鑑을 발휘하여 주도면밀하게 복수라는 목표를 이루었음을 말해준다. 특히, 노명흠盧命欽은 자신을 지키고 주인집을 살리며, 죽은 정인情人을 기리기 위해 현명하게 처신한 여성 캐릭터에 따뜻한 시선을 보낸다.

셋째, 『삽교만록』에서는 여성의 죽음이 사대부 남성의 관점에서 이해되고, 성리학적 측면에서 평가된다. 예컨대 〈심심당한화深深堂閑話〉에 나오는 여성들은 철저히 유교 이념에 갇힌 상태에서 의지처依支處를 찾지 못해, 정념情念을 어쩌지 못해, 동침同寢을 거절당해, 시침侍寢을 강요당해, 억울한 오해를 받아 자결한다. 이는 사대부 남성이라면 마땅히 주색酒色을 멀리하고, 정숙한 여성이라면 반드시 지조志操를 지켜야 한다는 논리에서 파생된 결과이다. 특히, 안석경安錫儆은 내로라하는 문신 학자의 개결한 성품을 부각시키기 위해 상대 여성을 모두 자진케 하고, 그것도 모자라 양자兩者의 행위를 낱낱이 비판하여 평어評語에 실어놓았다.

넷째, 『학산한언』에서는 생사生死의 간극間隙에서 드러나는 여성의 행위와 사회적 가치 이념을 밝힌다. 예컨대 〈길정녀吉貞女〉에 나오는 여성은 절개를 지키기 위해 곡기穀氣를 끊는가 하면, 사또에게 칼부림을 하며 덤비는 등 필사적으로 불의不義에 저항한다. 또 〈심생沈生〉에 나오는 종의 딸[香丹]은 사실상 아비를 배신하지만, 이후 자신을 희생함으로써 심생과 아비의 목숨을 구하는 반전을 이루어낸다. 또 〈분영粉英〉에 나오는 여성은 생전에 사랑하던 남성이 찾아오자, 그가 혼령인줄 알면서도 생시生時처럼 극진히 대우하고 사랑한다. 이는 모두 죽음을 앞둔 위기와 생사를 넘나드는 상황에서 자신이 옳다고 여기는 것에 최선을 다하고, 그것을 사회적 가치 이념과 접목시킨 결과이다. 특히, 신돈복辛敦復은 이들 작품과 일정한 거리를 두고 작가로서의 안목과 유자儒者로서의 관점에서 균형을 유지하며 여성 캐릭터를 담담히 그려낸다.

3. 작가 의식과 그 특징

민간에 구연되던 야담은 문자로 기록되면서 하나의 서사 장르로 정착되었다. 그것은 애초 대중의 요구에 의해 흥미로운 이야기로 창작되고, 다양한 화소로 시대상을 반영하는 역할까지 겸비하게 되었다. 다채로운 이야기는 거대한 이야기판에서 사람들을 웃기고 울리며 그 마음을 위로하고 격려하면서 향유 범주를 넓히고 계층을 넘어 확산되었다. 새로운 서사 장르를 원하던 이들에게 야담은 그야말로 신선한 충격이었다. 정해진 틀에 갇히지 않고 자유롭게 펼쳐지는 이야기, 신분을 따지지 않고 새롭게 등장하는 사람들, 이야기판에서 그대로 옮겨온 듯한 생동감과 현장감 등. 그러나 기록자의 입장에서 보면 이야기 자체만으로는 무언가 부족했다.

일반적으로 야담이라고 하면 인물・사건・배경을 갖추고 이야기판에서 구연되는 근원 이야기를 지칭한다. 다시 말해, 남녀 주인공이 특정한 시공간에서 일련의 사건에 노출되고, 그로 인해 발생한 문제를 해결하거나 주어진 상황에서 벗어나는 서사물敍事物을 가리키는 것이다. 요컨대 구연에 꼭 필요한, 기승전결起承轉結을 갖춘 서사 형태라는 말이다. 그런데 이를 기록한 야담 작품은 근원 이야기 이외에도 저자의 문학적 기량과 재능이 발휘되어 새로운 형태로 변모한다. 18세기 4종의 야담집에 실린 작품은 대개 '제목+근원 이야기+평어 또는 후일담+견문 과정' 등으로 구성되어 있다. 근원 이야기만 기록된 여타 작품에 비해 작가 의식[45]이 대량 투입된 셈이다.

말로써 듣는 이야기와 글로써 읽는 이야기는 사뭇 느낌이 다르다. 구연은 필요한 대목에서 온갖 소리와 몸짓으로 기교技巧를 부려 그것을 경험하거나 거기에 동참하는 사람들에게 재미와 감동을 줄 수 있다. 그러나 기록은 문학적인 장치를 따로 마련하지 않으면 행간行間에서 느껴지는 분위기와 의미를 포착하기 어렵다. 게다가 식자층으로서 민간의 비루한 이야기에 관심을 갖고 문자로 기록하는 데는 나름대로 명분이 필요했다. 따라서 그들은 야담집을 엮는 과정에서 야담 작품에 알맞은 제목을 붙이고, 근원 이야기를 채록한 이유나

45 야담 저자들은 당시 민간에 유행하는 이야기에 꾸준히 흥미를 갖고 관심을 기울이다가, 이후 기록 과정에서 자신이 견문한 내용을 취사선택하여 다채롭게 작품화하는데, 본 책에서는 그 취지 및 서사 방식을 아울러 작가 의식이라고 명명한다.

견문한 과정을 밝히며, 사건에 관한 후일담後日談 또는 평어評語 등을 근원 이야기에 덧붙임으로써 작가 의식을 표출했다. 아울러 근원 이야기에 서사 구성 방식으로 대화체를 활용하고 속담을 인용하거나 서술자가 직접 서사에 개입하는 것은 물론 액자식 또는 옴니버스 형식을 활용하기도 했다.[46]

야담 기록자가 근원 이야기를 제외하고 작품에서 작가 의식을 표현하는 대표적인 방법으로는 (1)제목 선정, (2)평어 부록, (3)후일담 기재, (4)견문과정 노출 등이 있다. 이는 기록자가 자신이 견문한 내용을 서사화한 뒤에 그 의도를 밝히는 주요 방식인데, 18세기 야담에서 전반적으로 두드러지는 특징이다.

1) 제목 선정

18세기 4종의 야담집 가운데 각 작품에 제목이 선정된 경우는 『잡기고담』이 유일하다. 전대 『어우야담』[47]의 경우에는 따로 제목이 없고, 이후 『매옹한록』[48] 또한 제목이 없으나, 『천예록』[49]의 경우에는

46 18세기 야담의 다양한 서사 구성 방식에 대해서는 본 책 제3장 3절에서 상세히 다룰 예정이다.

47 『어우야담』은 알려진 이본異本만 해도 30여 종이나 되는데, 여성들에게 읽힌 국문본도 있으며, 신활자로 간행된 만종재본이 가장 선본善本으로 알려져 있다. 본 책에서는 만종재본을 텍스트로 하였다.

48 『매옹한록』은 일본 천리대 도서관과 장서각 소장본 등이 있다. 본 책에서는 천리대본(상 146편, 하 108편)을 영인한 『한국야담자료집성』 Ⅶ(전 12권, 계명문화사, 1995.)을 텍스트로 한다.

49 『천예록』은 일본 천리대 도서관에 소장되어 있으며, 현전 천리대본(총 61편)과 문우서림본(총 44편)에서 겹치지 않는 1편을 감안하여 수록 작품은 총 62편으로 파악되었다. 본 책에서는 일본 천리대 소장본을 영인한 『한국야담자료집성』 Ⅷ(전

각 작품마다 제목을 붙였으며, 서로 관련된 두 편의 이야기가 제목까지 유사하게 나란히 실려 있다. 제목은 작품의 핵심 내용을 축약한 형태로 붙여지기 때문에 독자는 제목만 보고도 전체 내용을 짐작할 수 있는 경우가 많다. 예컨대 『천예록』에서 7언言의 간략한 문장 형식으로 붙여진 제목[50]은 그것 자체로 소략한 서사 형태를 띠지만, 근원 이야기에 치중하여 전체 줄거리를 축약하는 데 그친 감이 없지 않다. 그런데 『잡기고담』에서 2-3자字의 단어로 붙여진 제목[51]은 그보다 더욱 축약된 형태지만, 근원 이야기를 비롯하여 그것을 해석한 평어까지 아울러 제목에 반영시킨 점이 주목된다. 〈간부姦富〉와 〈곤경困境〉을 보면 이러한 사실을 확인할 수 있다.

① 〈화식열전貨殖列傳〉에서 칭하는 간부姦富는 바로 남의 무덤을 파듯 간악하게 다스리는 부류인데, 고문古文에서 지나치게 간악한 것을 또한 간姦이라고 한다. 이 사람도 간악한 방법으로 치부하였으므로

12권, 계명문화사, 1995.)을 텍스트로 하고, 정환국 교수가 원문 교감 및 번역 출간한 『교감역주 천예록』(성균관대학교 출판부, 2005.)을 참조하였다.

50 『천예록』에 보이는 이러한 특징은 대표적인 작가 의식 구현 방식으로, 야담에서 처음 시도되었으며, 훗날 『청구야담』에서 다시 보인다. 그리고 각 제목은 완벽한 문장 형태를 갖추고 의도적으로 배치되어 서사 구성에 단초端初이자 정점頂點으로 기능한다, 예컨대 『천예록』의 경우 〈정북창원견노면鄭北窓遠見奴面〉과 〈윤세평요곡매상尹世平遙哭妹喪〉, 〈생일임요구기장生日臨要救飢腸〉과 〈기진회수섭폐의辰會羞攝弊衣〉처럼 2편의 각 작품에 동일한 문장 구조로 제목을 붙이고, 2편을 아울러 말미에 하나의 평어를 덧붙였다.

51 진재교 교수는 「『雜記古談』 연구－그 성격과 작가의식을 중심으로」(1996)에서 이 점에 관해 논한 바 있다. 그는 임매任邁가 잡기雜記한 것에 개성적인 제목을 붙임으로써 독립 작품의 면모를 보이며 작가의식을 드러냈다고 주장한다. 예컨대 『잡기고담』의 제목은 〈여협女俠〉과 〈환처宦妻〉, 〈간부姦富〉와 〈곤경困境〉처럼 간략한 단어나 문구 형태로 붙여졌다.

'간부姦富'라고 제목을 붙인다.[52]

② 이야기를 들은 자들 역시 포복절도하지 않은 자가 없었으며, 세상에 곤란한 지경이 이보다 더 지나친 경우는 없다고 생각했다. 나는 사람의 '곤경困境'이란 모두 스스로 취한 것이라고 생각한다.[53]

당시 가난 때문에 정든 집과 고향을 버리고 떠난 사람들은 대부분 유리걸식流離乞食하고 지냈으며, 그 가운데 간담肝膽이 큰 일부는 군도의 산채山寨를 찾아가 스스로 도적이 되기도 했다. ①에서 허생許生은 '방중지사房中之事'로 '용빈구부用貧求富'하고 '선음치부宣淫致富'하는데, 이러한 경우는 다른 야담에서 찾아볼 수 없는 치부 방법[54]이다. 즉, 생활 터전을 잃은 허생과 여자들은 한 데 모여 일가一家를 이루고 다투어 아이를 낳음으로써 끊임없이 노동력을 재생산하며 살아간다. 저자는 〈화식열전〉에 "본업本業[농업]으로 치부하는 것이 최상책이고, 말업末業[상공업]으로 치부하는 것이 차선책이며, 간악한 방법으로 치부하는 것이 최하책이다.[本富爲上 末富次之 姦富最下]"라고 한 데서 뜻을 취하여 아주 간악한 방법으로 치부한 점

52 『잡기고담』, 〈姦富〉. 貨殖傳所稱姦富者 乃掘塚姦治之類也 而古文以爲宣淫者 亦謂之姦 此宣以淫致富 故以姦富目之.

53 『잡기고담』, 〈困境〉. 聞之者 亦莫不絶倒 以爲世間困境 無過於此 余以爲人之困境 皆自取之也.

54 『동패락송』 소재 〈광작廣作〉에는 허공許珙의 가족이 뿔뿔이 흩어져 형제는 절[寺]에서 기식하고, 형수와 제수는 각자 친정에서 지내다가 생활이 안정된 뒤에 돌아온다. 또 『청구야담』 소재 〈영산업부부이방營産業夫婦異房〉에는 가난한 신혼부부가 치부하기 전에는 자식을 생산하지 않으려고 10년간 따로 거처하기도 한다. 이러한 내용으로 미루어 볼 때, 〈간부〉에 나오는 허생은 특별한 방법으로 가난에서 벗어나 부자가 된 경우다. 이에 대해서는 제4장 4절에서 자세히 분석할 예정이다.

을 포착하여 제목[姦富]으로 만들었다고 분명히 밝혀두었다.

또 ②에서 아름다운 처녀를 보고 순간적인 욕정 때문에 잘못하여 노파를 범했다가 그에게 붙잡혀서 한바탕 곤욕을 치른 젊은 선비 이야기는 사람들에게 큰 웃음을 제공한다. 그러나 이후 선비의 부친상父親喪에 며느리를 자처하며 나타난 노파를 보며 선비는 물론 주변 사람들까지 웃지 못할 상황에 놓이고, 결국 한 때의 치기稚氣와 실수가 두고두고 그에게 곤혹스러운 경험을 하도록 만든다. 여기서 저자는 선비가 정욕 때문에 자초했던 곤란한 처지를 경계시키려고 그것을 제목[困境]으로 선정했음을 기술하였다.

요컨대 야담 저자가 제목을 선정하는 것은 작품의 전체 내용을 가장 포괄적으로 수렴하여 나름대로 작가 의식을 표현하는 방법이다. 그런 점에서 『잡기고담』은 임매任邁가 뚜렷한 작가 의식을 지니고, 근원 이야기는 물론 자신이 평어에 덧붙인 내용까지 포괄하여 2-3자字 단어로 간략하게 제목을 붙인 것이라고 파악된다. 이는 전대 『천예록』의 계보를 이었다고 볼 수 있으나, 임방任埅이 평어와는 별개로 근원 이야기의 내용만을 축약하여 7언言의 문장으로 제목을 붙인 형태에서 한 발 더 나아갔으며, 더욱 적극적으로 작가 의식을 드러낸 것이라고 생각한다.

2) 평어 부록

18세기 4종의 야담집 소재 작품에는 대다수 평어가 부록되어 있다. 전대의 『어우야담』은 물론 『매옹한록』의 경우에도 평어라고 할 만한 내용이 거의 보이지 않는다. 그러나 『천예록』의 경우에는 두 편의 이야기를 나란히 서술한 말미에 의도적으로 평어를 기록해 두고 있다. 저자는 이를 통해 두 이야기를 연속 기록한 이유를 밝히고, 자신이 말하려는 서사 주제를 잘 정리해둔 셈이다. 따라서 4종의 야담집에서 평어가 기재된 사실이 새삼스러운 발견은 아니다. 하지만 전대에 비해 훨씬 상세하고 주관적인 내용을 담고 있음이 확인된다. 특히, 『잡기고담』의 경우에는 거의 모든 이야기에 평어가 부록되어 있으며, 때로 근원 이야기의 앞뒤에 나란히 평어를 실어 놓기도 했다.[55]

대표 작품으로 〈면화免禍〉를 보면 이러한 사실을 잘 알 수 있다.

우리나라 노비법은 고려시대에 매우 엄정하여 노비 대장[賤籍]에 이름이 올라 있는 자는 평민平民과 함께 생활할 수 없었다. 조선시대에 이르러서는 그 법이 비록 고려시대 만큼 엄정하지 않지만, 역시 노비는 관직을 얻거나 관리가 되지 못하고, 양민良民과 천민賤民은 서로 혼인할 수 없다. 이 때문에 부유한 노복奴僕 가운데 족당族黨이 강성한 자들은 갖은 방법으로 자기 신분을 숨겨 대장에 이름이 올라가지 않도록 하며, 심지어 자기 주인을 살해하는 자도 있다. 근래에는 법망法網이 해이해져서 지금은 양민과 천민의 한계가 거의 사라졌다. ……(근원 이야기)…… 옛말에 이르기를, '사람이 다급해지면 지혜가 생겨난다.'고 했는데, 생生의 처지가 이와 같았다. 함정에 빠진 호랑이가 당할 피해는 곧 한 번 죽는다는 각오밖에 달리 행운이 없을 텐데, 그는 두 글자를 써서 정말 소식을 전할 수 있었다. 이 사람은 평상시에 지혜와 사려가 남보다 뛰어난 것이 아니라, 특히 자신이 필사적인 처지를 당하여 일념一念으로 살아날 계책을 구하고, 정신이 한 곳으로 모여서 심령心靈이 저절로 열렸기 때문이다. 진실로 세상에서 도리를 배운 자는 마음을 써

55 『잡기고담』 총 24편 가운데 〈수기數奇〉와 〈담명談命〉 2편에는 평어가 부록되지 않았으며, 전후 평어가 실린 작품은 〈기노奇奴〉·〈도재상盜宰相〉·〈발간發奸〉·〈보은작報恩鵲〉·〈면화免禍〉·〈곤경困境〉 등 6편에 이른다.

서 구하고 얻는 일이 하나같이 모두 이와 같으니, 온갖 도리가 다 명백한데, 어찌 어려운 처지가 되겠는가.[56]

저자는 본격적인 이야기를 시작하기에 앞서 우리나라 노비법에 관해 언급하며 그 속에 담긴 문제를 끄집어낸다. 고려시대에 시작되어 조선시대에 이르도록 노비대장에 이름이 오른 자들은 엄청난 신분 차별을 감내해야 했으며, 더구나 출사出仕와 혼인 문제에서 자유롭지 못했기 때문에 온갖 방법을 동원하여 법망에서 벗어나려 애쓴다는 것이다. 이처럼 저자는 서두에서 그것에 관련된 이야기를 들려주겠노라 공언公言한다. 그리고 근원 이야기가 끝나면 그에 대한 자기 의견을 다시 피력한다. 결국 노비법의 희생자는 노비뿐만 아니라 그 상전에까지 확대되어 사회 문제를 낳을 수밖에 없었고, 주어진 위기 상황에서 지혜로운 사람은 목숨을 보전하지만, 그렇지 못한 사람은 노비들에게 죽음을 당했던 것이다.

이처럼 전후 평어는 작품 도입부에서 전체 이야기와 관련된 일반적인 세태나 자기 생각을 간단히 언급하고, 말미에서 등장인물의 행위나 세상 사람들의 반응 등을 비평 형식으로 아울러 기록한 것이다. 임매任邁는 조선 후기 시대상과 사회상을 반영하는 이야기들을

56 『잡기고담』, 〈免禍〉. 我國奴婢之法 在麗時極嚴 名在賤籍者 不得與平民 齒至本朝 其法之嚴 雖不如麗代 而亦不得仕宦爲吏 良賤不得相婚嫁 以此奴婢之富豪 而族黨强盛者 百計隱漏 至有殺害其主者 近世以來 法網解弛 至于今日則良賤之界限 幾蕩然矣 ……(근원 이야기)…… 古語曰 人急則智生 生之所値如此 落阱之虎剝害 在卽一死之外 更無幸矣 而能以二字 眞傳消息 此非常時智慮有過於人者 特以身臨必死之地 一念求活 精神一到 而心靈自啓 苟使世之學道者 用心求獲一皆如此 則萬理明盡 夫豈爲難哉.

『잡기고담』에 수록하면서 각종 비리와 모순으로 얼룩진 세태에 관해 도입부에서 운을 뗀다. 위에서 살펴본바 역대 노비법에 관한 내용을 비롯하여, 노비 가운데도 영웅호걸이 숨어 있으며,[57] 도적 괴수도 환경에 따라 훌륭한 인물이 될 수 있으며,[58] 배은망덕한 사람은 미물微物보다 못하다[59]고 주장한다. 그리고 공물대납貢物代納의 실정 및 폐단에 관해 언급[60]하거나 남녀의 호색과 탐욕에 관한 속설[61]을 전하기도 한다. 이는 저자가 평소에 견문한 근원 이야기만 채록된 여타 야담 작품과 달리 이야기 속 등장인물과 사건을 매개로 사

57 『잡기고담』, 〈奇奴〉. 人之悖慢者 必曰奴隸 嘲愚庸者 必曰奴才 人家臧獲率多蚩蠢 爲人所賤 在中華自古已然 而東俗尤甚 賤踏之殆若犬彘牛馬然 然此輩中 亦豈無英雄魁傑之姿哉 天之生才 本不擇地 西京之衛將軍 東漢之李太守豈非出於奴僕 而偉績懿行 輝暎簡策 至今照人耳目 今有衛將軍之智略 李太守之忠誠 合爲一人而兼之以縻勒之勇 隮之以張園老校之計慮 則之人也 庸非其所謂奇偉卓犖間世而一見者乎 而事蹟不登於紀載 姓名亦不知爲誰 何豈不惜哉.

58 『잡기고담』, 〈盜宰相〉. 萬惡之中 惟盜最兇 殺人放火 刦掠財物 瞀不畏死恬不知恥 誠可憝而亦可卻也 然亦非庸碌瑣屑者所能爲也 朱夫子有言曰 杲老當時 若不爲僧 必爲大偷魁首 蓋其有傑特絶人之姿 而縛於刑律 纔免拔扈耳 自古綠林中 自號大王者 其財皆必有過於人者 若一朝投劍而反乎正 則漢之王常唐之李勣 豈不是名將 而晉之戴淵周處 不害爲名士矣 盜之才又曷可少哉.

59 『잡기고담』, 〈報恩鵲〉. 鳦知戊己 鵲知太歲 巢居知風 穴居知雨 人所不能物反能之 可謂異哉 然賦受偏塞 而一線之明 偶通於此 故知有所專 卽其常也間有懷恩不忘 圖報無窮 如雀環蛇珠 古人已記矣 是其知覺之靈 信義之性 實有與人不殊者 此又可異也 余觀世之享人之德 而忘之者滔滔也 甚或擠之井 而又下石者有之矣 以此較彼 非特不殊於人 實爲人所愧者亦多矣 是烏可以啁啾其音 羽毛其體 而忽之哉.

60 『잡기고담』, 〈發奸〉. 都下之民 所受貢物 多者爲米數百石 小亦近百石 而富者兼有數名子 其分給子女 互相買賣 同於田業 或付諸人 使之應供 而以其所受價 分給於本主 若授田佃戶而收其稅者 名之曰分實 都民生業之大利也.

61 『잡기고담』, 〈困境〉. 傳曰 男子六十 好色未已 世或有常賤婦女 老而彌恥者甚可笑也.

회 전반에 대한 자기 생각과 주장을 펼쳐 이해와 공감을 유도한 것이다.

또 『삽교만록』의 경우, 〈심심당한화深深堂閑話〉에서는 먼저 주색酒色에 관련된 여섯 가지 근원 이야기를 기록하고, 이어서 남녀 주인공의 행동에 관해 잘잘못을 가려 평어로 실어 놓았다. 저자는 비록 사대부적 관점에서 등장인물을 모두 비판하지만, 남녀 어느 한 쪽에 치우치지 않고 공정하게 평가를 내린다. 여섯 편에 각각 부록된 평어를 인용하면 이러하다.

> ① "이 이야기로 판단하건대 애당초 문산文山에게 두 가지 잘못이 있습니다. 군자는 한 발짝 내딛기에도 신중하여 소홀히 해서는 안 되거늘, 저물어 잠잘 곳을 정하는 데 어찌 그 처소를 살피지 않아서야 되겠습니까? 처음에 자세히 알아보지 않고 남자가 없는 사족士族의 집에 숙소를 잡은 것이 그 하나요, 처자가 등불을 들고 먼저 엿볼 때 뒤에 무슨 일이 일어나리라는 점을 고려하여 미리 피하지 않고 가만히 남아 있었던 것이 그 둘입니다. 이는 문산이 원칙적으로 잘못한 것입니다."[62]
>
> ② 세상 사람들이 '정암靜菴의 화는 그 여자의 원한에서 근원했다.' 고들 말한다. 여기서 그 여자의 잘못은 사사로이 엿보았다는 데 있을 뿐이나, 정암은 두 가지 잘못을 했다. 부친의 명이 불의가 아니거늘 따르지 않음이 하나요, 소녀를 지나치게 책망하고 가엾이 여겨 동정을 베풀지 않았음이 그 둘이라고 하겠다.[63]

62 『삽교만록』, 〈深深堂閑話〉. 然就此言而斷之 抑其始也 文山有兩失焉 君子一擧足 亦必祥愼 而不可苟 則暮夜寄宿 烏可不審其所館乎 始不詳問 而館於士族無男之家 一也 處女之持燭先覘 不思末後之將如何 而安坐不預避 二也 此則文山之失於經者也.

63 『삽교만록』, 〈深深堂閑話〉. 世以謂靜菴之禍 根於此女之寃 此則此女之失

③ 석주石洲가 누차 과거에 급제하지 못하고 끝내 시화詩禍로 죽으니, 세상 사람들이 '그 여자의 앙갚음'이라고들 한다. 여기서 석주의 잘못은 처음에 있으니, 무엇인가? 사랑방으로 안내하자 들어가고, 주식酒食을 내오자 받아먹으니, 부인들이 어떻게 생각했겠는가. 정말 억지로 간청해볼 만하다고 여긴 것이다. 마지막에는 석주가 옳았다. 한 번 혼인하면 종신토록 개가改嫁하지 않는 것이 부인의 도리라. 만약 저 젊은 부인이 미혹하여 그 도리를 잃었더라도 군자가 심히 책망할 것은 아니다. 그러나 군자로서 이미 결혼한 부인과 음란한 짓을 하도록 하면, 비록 뒤에 칼이 들어오더라도 어찌 지켜야 할 정도正道를 굽히겠는가.[64]

④ 여기서 이자의李諮議는 처변處變에 꾀가 없고 정도正道만 고수했지 권도權道가 부족했다. 인仁과 지智를 잃음이 크다고 하겠다. 만약 조금이라도 이름을 얻으려는 마음이 의義를 지키려는 사이에 섞여 있었다면 화禍를 받아 마땅하다. 이자의는 그 여자가 죽음을 무릅쓰고 와서 도저히 물러가게 할 수 없음을 알았을 때, 객점 주인을 불러 그녀의 아비를 데려올 필요는 없었다.[65]

⑤ 지금 보건대 사적私的으로 교외에 나갔다고 해서 마음을 놓아 술이 취해 어지러운 말을 지껄여 남의 신세를 그르치고 자기를 그르쳤으니, 애초의 잘못이 이것이다. 궁벽한 시골의 여자가 모두 예의를 안다고 할

只在於私窺而已 靜菴有兩失 父命非不義 而不從 一也 苛責稚女 而不垂矜恕 二也.

64 『삽교만록』, 〈深深堂閑話〉. 石洲屢擧不第 而終以詩業死 世以爲此婦之寃報云 此則石洲之失 在其初何 則延之外房而入焉 餉以酒食而受焉 婦人何知 固以爲可强也 若其終則石洲得之矣 一與之醮 終身不改 婦人道也 若稚婦迷亂 自失其道 君子固不當苛責 使君子而亂人已醮之婦 雖知刀鉅在後 何可撓所守之正乎.

65 『삽교만록』, 〈深深堂閑話〉. 此則李諮議處變無術 經而不權 有失於仁智也大矣 夫若有一毫立名之意 參錯於守義之間 則受禍也宜哉 使李諮議 決知其女之冒死不要退 則不必呼店人 而招女父.

수는 없겠으나, 고유한 천성天性의 발로發露로 알 수도 있는 것이거늘, 어찌 일체 선을 그어 무지無知라고 할 것인가. 속인다고 억측하여 시간이 지날수록 더욱 억지를 부렸으니, 끝까지 잘못한 일이 이것이다.[66]

⑥ 슬프다. 송강松江 같이 현명한 사람으로서 주색酒色을 멀리했다면 학문의 조예造詣와 공업功業의 수립이 마땅히 어떠했겠는가? 돌아보건대 하서河西가 그르친 것이니, 애석하도다! 대개 하서는 스스로 세상을 버린 분이라. 굳이 주색으로 자신을 더럽히려 한 것이나, 어찌 그 해가 멀리 미칠 줄 알았으랴. '고인은 명성과 덕망이 높아지면 더욱 근신했다'고 한 말은 진실로 까닭이 있다.[67]

각 편의 내용을 고려하여 평어의 서사를 요약하면 ①에서 ⑥으로 정리할 수 있다. 그런데 위의 요약한 평어는 저자가 각 근원 이야기를 기술하고 나서 해당 사건과 인물을 분석하여, 그에 대한 자기주장과 평가를 담은 대목이다. 저자의 관점에서 사태를 파악한 결과는 대략 이러하다. ①과 ②에서 문산과 정암은 자신들에게 의탁하려는 여성을 맞아 신중히 상황을 고려하거나 상대에게 동정심을 베풀지 않는 등 잘못을 범했다. 또 ③과 ④에서 석주와 이자의는 자기네 처지를 하소연하는 여성을 거절하는 방법에서 너무 강경히 대처하는 등 적절치 않게 처신했다. 그리고 ⑤와 ⑥에서 노봉과 송강은 세상

66 『삽교만록』, 〈深深堂閑話〉. 今乃以私行野次而忽之 遂至困酒而亂言 誤人而自誤 所謂失之於始者 此也 人中之處子 堅謂大人實使之耶 窮村女子 雖未必皆知禮義 秉彝之發 容有知之者 何可一切畫之以無知耶 逆詐之甚 持久愈堅 所謂失之於終者 此也.

67 『삽교만록』, 〈深深堂閑話〉. 嗚呼 以松江之賢 而又遠酒色 則其學問之所造功業之所樹 當如何哉 顧爲河西之所誤 惜乎 蓋河西則自棄於世者也 要以酒色爲累已 寧知其流害之遠耶 古人明德愈高 而謹愼愈至者 良有以也.

사를 일방적인 자기 시선으로 바라보고 편협한 생각에 사로잡혀 상대와 자신을 동시에 그르쳤다.

안석경安錫儆은 여러 가지 상황을 이야기로 전하며 그에 맞는 유자儒者의 행동을 평어에서 권유한다. 예컨대 양반 자제로서 매사에 신중히 처신하고, 상대를 너무 책망하지 말고 동정을 베풀기도 하며, 지나치게 정도正道만 내세워서는 안 되고, 때로 권도權道를 발휘하여 상대를 배려해야 하며, 자기 잣대로 상대에게 편견을 고집하지 말고, 명성과 덕망이 높을수록 매사 삼가야 한다고 말한다. 이는 각기 다른 이야기에 담긴 등장인물의 언행言行을 하나하나 분석하고 비판한 결과로, 이야기 속 인물과 상황에 접근하는 저자의 일관된 관점과 평가 기준이 잘 드러나 있다.

이러한 평어를 통해 저자는 시대와 사회의 모순과 비리를 개인의 삶과 행위에 투영시켜 비판하며,[68] 그로 인해 독자는 저자의 관심사나 가치관 등을 파악할 수 있다. 여기서 저자는 양반 사대부의 행동 지침을 정하고, 각기 다른 상황에서 최선의 문제 해결방안과 그에 따른 전망을 역설적으로 제시[69]하였다. 요컨대 야담의 저자가 평어를 덧붙이는 것은 작품의 전체 내용을 비평하거나 등장인물의 행위를 포폄하여 나름대로 작가 의식을 드러내는 방법이다.

68 조수삼趙秀三의 『추재기이秋齋紀異』를 살펴보면, '이야기 주머니[說囊]'라고 불리는 김옹金翁의 이야기가 실려 있다. 그는 이어俚語를 잘하여 청중을 포복절도시키면서도 이야기 내면에는 '세태를 비판하고 풍속을 경계하는 말[玩世警俗之語]'이 담겨 있다고 했다. 야담은 구연자와 기록자가 모두 이러한 작가 의식을 지니고 그것을 이야기로 풀어낸 것이다.

69 이야기 속 여성들을 죽음으로 이끈 남자 주인공들의 언행을 책망하고, 아울러 그녀들의 자진自盡 이후에 남자들의 삶이 순탄치 않았음을 부록하여 그렇게 행동하지 않았더라면 불행한 여생을 보내지 않았으리라고 에둘러 말한 것을 이른다.

3) 후일담 기재

18세기 4종의 야담집 소재 작품에는 평어 대신 후일담을 덧붙인 경우도 있다. 전대 『어우야담』에 이어 『매옹한록』의 경우에는 후일담이라고 할 만한 내용이 거의 보이지 않는다. 그러나 『천예록』의 몇몇 작품은 '지금도 ~라고 한다'는 형식으로 후일담을 기록[70]하고 있다. 이러한 서사 전통을 이어 18세기 야담집에는 후일담이 자주 보이는데, 특히 『학산한언』은 근원 이야기와 관련된 후일담을 다양하게 싣고 있다. 몇 가지 사례를 제시하면 다음과 같다.

> ① 효감천孝感泉은 지금도 그대로 있는데, 맑은 물이 샘솟는다. 고을 사람들이 아끼고 돌보면서 돌을 쌓았다고 한다.[71]
>
> ② 그 마을에 본디 서원書院이 있었는데, 그 대추나무는 지금도 서원의 마당에 남아 있다.[72]
>
> ③ 지금 그의 여러 자손들이 아직도 안국동安國洞에 살고 있다.[73]
>
> ④ 종희宗禧는 지금 나이 서른둘로, 경사京師 애오개[阿峴]에 와서 살고 있다. 내가 일찍이 그를 만나보니 용모가 단아하고 고결한 선비였다.[74]

---

70 『천예록』 소재 〈소설인규옥소선掃雪因窺玉簫仙〉에는 "지금도 맹산 사람들은 그녀가 살던 마을을 '좌랑촌佐郎村'이라 부른다고 한다.[至今孟山之人 名其所居之村 爲佐郎村云]"라고 하며, 또 〈제독나정출궤중提督裸裎出櫃中〉에는 "지금도 경주에서는 '궤짝 제독[櫃提督]'이라 하여 우스개 이야기로 전해지고 있다.[至今慶州府 以櫃提督 爲傳笑之資]"라는 식으로 후일담이 실려 있다.

71 『학산한언』, 〈효자 吳浚〉. 孝感泉至今尙在觱沸瀅澈 邑人愛護以石築云.

72 『학산한언』, 〈효자 鄭玉良〉. 其里本有書院 其棗樹至今留在庭中.

73 『학산한언』, 〈廉時道〉. 今其諸孫尙在安國洞.

74 『학산한언』, 〈효자 李墩〉. 宗禧今年三十二 來居京師阿峴 余嘗見之 貌端潔

효孝에 관련된 이야기는 언제 어디서나 끊임없이 창작되고 유행하여 여러 장르로 작품화 되었으며, 야담도 예외는 아니었다. 위에서 확인할 수 있는 것처럼 ①에서 오준吳竣이 시묘살이 중에 솟아났다는 효감천은 후대까지 예전 모습 그대로 전해지고 있다. ②에서 정옥랑鄭玉良이 밤새 울어서 겨울 대추를 얻었다던 대추나무는 여전히 서원 마당에 남아 있어 사람들에게 지극한 효심을 일깨워준다. 또 ③에서 정직하고 충성스러웠던 염시도廉時道는 그에 대한 보답으로 당대에는 복록福祿과 장수長壽를 누리고, 후대에는 번성해진 자손들이 안국동에 살고 있으며, ④에서 병든 부친을 살리기 위해 수차례나 손가락을 잘랐던 이발李坺[宗禧]은 어엿한 선비로 장성하여 애오개에 살고 있다.

이처럼 저자는 이야기 속 주인공이 살던 당대가 아니라 훨씬 후대에까지 근원 이야기의 증거로 샘이나 나무가 남아 있다던가, 아니면 주인공의 후손들이 살고 있다는 예를 들거나, 이도 아니면 예전에 직접 이야기 속 주인공을 만나보았던 경험 등을 끄집어내는 등 야담 말미에 후일담으로 다양한 흔적들을 부록하였다. 이는 하나의 이야기가 구두 창작된 시점始點부터 일정 기간 전해지다가 기록되는 시점時點까지 끊임없이 당대인에게 영향을 미쳤음을 시사示唆한다. 또 저자 역시 사건의 발생부터 결말까지 그 추이를 지켜보며 관찰자의 시점視點으로 이야기를 기록했음을 명시한다. 요컨대 후일담은 저자가 근원 이야기 밖에서 벌어진 상황까지 작품에 수렴함으로써 야담의 서사를 확장시키고자 한 작가 의식의 발로發露라 할 수 있다.

莊雅士也.

4) 견문 과정 노출

18세기에 4종의 야담집 소재 작품에는 저자가 필요에 따라 견문 과정을 드러낸 경우가 많다. 전대『어우야담』에서는 그런 기록을 거의 찾아볼 수 없으나,『매옹한록』이나『천예록』의 경우에는 저자가 직접 견문한 이야기에 한해서 출처를 분명히 밝힌다. 그런데 18세기 야담에는 특정 사건이나 흥미로운 이야기일수록 근원 출처부터 이후 재삼再三 견문되는 과정을 그대로 노출시킨 흔적이 자주 보인다. 예컨대『학산한언』의 경우에는 저자가 이야기 속 주인공에게 직접 듣거나,[75] 혹은 등장인물의 친인척에게 전해들은 내용[76]이 가장 많다. 그리고 가끔 주인공이나 등장인물과 전혀 관계없는 사람을 두 번 세 번 거치면서 전해들은 과정도 빠짐없이 기록하였으며, 그들의 성명까지 정확히 밝혀 놓았다.[77]

다음은 3단계를 거치며 야담을 보고 들은 과정을 기록한 부분이다.

> 허백虛白[成俔]은 손수 목록을 만들어 내용을 매우 상세히 기록하여 자기 집에 몰래 보관해두었다. 북청北靑 황류黃瀏의 둘째 아들 아무개가 그것을 얻어서 보고, 소책자의 상세한 내용을 외워서 상사上舍 이李 아무개에게 들려주었으며, 아무개가 나에게 이처럼 말해주었다. 대개

75 『학산한언』 소재 〈신돈복辛敦復의 친구〉는 신돈복이 친구에게 직접 들은 이야기다.

76 『학산한언』 소재 〈개심改心한 도적〉은 신돈복이 허정許炡의 외증손자 이유걸李維傑에게 전해들은 이야기다. 또 〈이광호李光浩와 신선술〉에서 이광호는 임방任埅의 고모부로, 임방의 아들 임정원任鼎元이 신돈복에게 들려준 이야기다.

77 『학산한언』 소재 〈신선 김세휴金世庥〉는 신돈복이 임정원에게 처음으로 이야기를 듣고, 나중에 권예權禰에게 더 자세히 들었다고 한다.

이 이야기는 고담古談으로 유행하여 정말로 이런 일이 있었는지 알 수 없었는데, 지금 허백의 기록이 이와 같으니, 어찌 크게 기이한 일이 아니겠는가.[78]

신선을 만난 성현의 경험을 담은 이야기[79]는 전대 『어우야담』에도 실린 작품이다. 그런데 『어우야담』에는 저자가 이를 견문한 내용이 전혀 담겨 있지 않다. 예를 들어, 기이한 경험을 서술하고 나서 "성현이 집에 돌아와서도 당황하여 정신을 잃어버린 듯했다. 이에 알고 보니 그가 만났던 자는 바로 여진인呂眞人[呂洞賓]이었으며, 대개 천보天寶 14년(755년)은 곧 여진인이 태화胎化한 해였다.[俔歸家惝若有失 仍識其所遇者 乃呂眞人也 蓋天寶十四年 卽呂眞人胎化之秋也]"라고 이야기를 마무리한다. 즉, 저자는 믿기 힘든 이야기에 과거 유명 선인仙人을 거론하며, 성현의 경험을 기정사실화 한 것이다.

반면 『학산한언』에서는 동일한 이야기를 기록한 다음, 더 가시적可視的인 증거로 성현에서 신돈복辛敦復에 이르는 견문 과정을 상세히 부록해 두었다. 이는 역사적 사실에 근거한 교훈적인 내용을 담당하던 필기의 연장선상에서 비롯된 글쓰기 관습이라고 할 수 있으며, 18세기 야담에서 그러한 경향이 더욱 두드러지는 것은 특이한 현상이다. 요컨대 야담 저자가 이야기 말미에서 견문 과정을 노출시키는 행위는 근원 이야기가 실존 인물의 실재 사건이었음을 명시하

78 『학산한언』, 〈신선을 만난 成俔〉. 虛白手目錄甚詳 爲其家秘藏 黃北靑㦎之次子某得見之 小冊細者 誦之於李上舍某 某語於余如此矣 蓋此說以古談行 未知眞有是事 今虛白之錄如此 豈非大可異者乎.

79 조수삼의 『추재기이』에도 신선을 놓친 유생兪生의 경험담이 실려 있는데, 등장인물이 바뀌었을 뿐 서사 구성 및 전개가 거의 유사하다.

며, 철저히 기록자의 입장에서 작품의 허구성을 상쇄시키려는 작가 의식에서 비롯된 방법이다.

이상으로 다양한 화소로 만들어져 구연되던 이야기를 야담 저자가 기록하는 과정에서 작가 의식을 표출하는 방법에 관해 살펴보았다. 그들은 흥미로운 근원 이야기를 기술하고 나서 작품 내용을 포괄적으로 수렴하여 간단명료한 제목을 붙이기도 하고, 평어에서 잘못된 시대상을 비판하거나 주인공의 행위를 일일이 포폄하기도 하며, 관련 후일담을 기록함으로써 서사를 이야기 밖까지 확대시키기도 하고, 작품의 허구성을 상쇄시키려 이야기 견문 과정을 자세히 밝히기도 한다. 이러한 과정은 야담 저자가 한 편의 작품에서 작가 의식을 표출하는 가장 적극적이고 효과적인 방법으로, 민간에 떠돌던 이야기에 의미를 부여하고 생명력을 불어넣는 데 일조한다. 이러한 일련의 문학적 행위는 18세기 4종의 야담집에서 부각되는 특징이다.

제3장

야담의 서사전략과 그 성과

1. 전대 양식의 수용과 서사 의식의 고양

18세기 야담집에서 전대前代 양식을 수용한 이야기들은 '고담古談'과 '전기傳奇'라는 용어와 '전傳'이라는 양식으로 등장한다. 고담은 구연을 대표하는 용어로, 이야기판에서 말하기의 전형적인 모습을 보여주며, 전기는 기록을 대표하는 용어로, 기존의 이야기책 소재 글쓰기와 비교하는 대상으로 쓰인다. 또 전은 야담과는 다른 양식으로, 남다른 삶을 살다간 인물을 입전立傳하여 새로운 글쓰기 형태를 보여준다. 그런데 고담이나 전기 및 전은 모두 허구적 사실 내지 사실적 허구[1]를 담보한 서사물이라는 전제하에 언급되고 있다.

고담古談은 예로부터 전해지는 설화說話와 18세기에 유행한 가담항설街談巷說을 아울러 지칭한다. 야담에서 '고담'이라고 지칭된 이

1 여기서 '허구'는 1차적으로 우연성을 내포한 비현실적인 내용을 가리키며, 2차적으로 가공된 서사를 지칭한다. 그리고 내용이 사실에 근거하고 일정 정도 허구가 가미된 것을 '허구적 사실'이라고 하며, 누구나 허구임을 알지만 작품에서 사실로 받아들여지는 것을 '사실적 허구'라고 적는다.

야기[2]에는 인물・사건・배경은 있으나, 저자는 그와 관련된 실질적인 언급—실존 인명, 실재 사건, 시간 및 장소 등—을 피함으로써 허구성을 확대시킨 감이 없지 않다. 예컨대 야담 속 화자話者는 물론 주인공이 실제 이야기의 중심에 놓여 있지만, 저자는 이들을 허구적 인물로 설정하거나 이야기를 일반적 사건으로 변환시킴으로써 청자나 독자의 관심과 흥미를 이끌어내는 동시에 구연자나 기록자로서 책임을 가볍게 만드는 경우가 많다. 즉, 화자는 주인공과 일정 거리를 유지하며 객관적인 입장에서 사태를 파악하고, 구연자나 기록자는 그보다 훨씬 자유롭게 서사를 전개할 수 있게 되는 것이다. 때문에 야담 저자는 서사체를 구성하려는 기양技癢과 거기에 문학적 수식을 가미하려는 가허架虛에 기대어 이른바 '~라고 하더라[云云]'는 방식으로 서사를 마무리한다.

또 전기傳奇는 이야기 특성상 신이성・우연성・허구성을 전제하고 있어서 사건의 사실 여부나 저자의 책임 유무를 따지기 곤란하다. 도저히 믿기 힘든 비현실적인 귀신과 이물異物의 등장, 아무런 개연성 없이 우연히 발생하는 사건의 연속, 아울러 일정한 패턴으로 마무리되는 갈등 해소와 해피엔딩 등. 이러한 양상과 특징을 보이는 전기는 이야기판의 생동감과 현장감을 내세워 민간의 다채로운 이야기를 담아낸 18세기 야담과는 거리가 멀다. 그러므로 야담에서 간혹 현실감이 부족한 장면이나 기이한 현상이 벌어지는 대목에서, 저자는 그런 전기적 요소를 무마시키기 위해 통유通儒로서 습득한 여

2 근원 이야기 속에 '고담'이라는 용어가 인용된 18세기 야담 작품으로는 『동패락송』 소재 〈고담古談〉, 〈신문외서생新門外書生〉, 〈관상觀相〉과 『학산한언』 소재 〈신선을 만난 성현成俔〉 등이 있다.

타 '전기'와의 유사성을 언급[3]하곤 한다. 그렇게 함으로써 오히려 야담과 전기의 변별력을 확보하는 동시에 기록자로서의 책임에서 벗어나며 허구 서사를 공식화하는 것이다. 예컨대 전기적 인물만큼 뛰어난 능력의 소유자라든가, 전기적 사건만큼 흥미롭고 기이한 소재라든가, 전기적 서사만큼 신비롭고 재미있는 이야기임을 강조한다 하겠다.

이에 반해 전傳은 흥미로운 인물에 주목하여 그의 일대기를 서술하고, 그와 관련된 주요 사건을 중심으로 서사를 구성한다. 전체 내용은 입전 인물에 대해 간략하게 설명하는 인정기술人定記述을 시작으로 특정 사건이 본격적인 이야기 형태로 전개되며, 작품 말미에 작가의 논찬論贊이 실리는 게 보통이다. 인물전은 조선 전기부터 후기를 관통하며 다양한 인물을 입전하고, 역사적 사건과 시대적 사회상을 담아내며 수많은 작품으로 탄생했다. 더구나 조선 후기로 접어들면서 여항閭巷에 숨겨진 하층민을 발굴하고, 그들의 모습과 삶을 집중 조명했는데, 그로 인해 도처에서 최고 기량을 지닌 전문인들이 대거 등장하기도 했다.[4] 게다가 인물의 특별함을 부각시키려다 보니, 일부 비현실적인 기이한 내용이 첨가되기도 했지만, 대부분 현

3 평어에서 '전기'라는 용어를 언급한 18세기 이전 야담 작품으로는 『천예록』 소재 〈고성향수병화어高城鄕叟病化魚〉와 18세기 야담 작품으로는 『잡기고담』 소재 〈여협女俠〉, 〈검기劍技〉, 〈의기義妓〉 등이 있다.

4 예를 들어, 제주 기민饑民을 구휼한 기생 만덕萬德을 비롯하여 시정市井을 주름잡은 특이한 이력의 소유자 광문廣文[達文]과 거문고로 주목받은 진정한 예인 김성기金聖基[金聖器] 등이 대표적 인물이다. 그들을 주인공으로 조선 후기에 다양한 서사 작품이 지어졌는데, 자세한 내용은 진재교 교수의 「한국 한문서사양식의 층위와 변모-傳, 野談, 記事를 중심으로」(『대동문화연구』 제40집, 성균관대학교 대동문화연구원, 2002. 101-135면)를 참조하기 바란다.

실에 기반한 사실을 다루었다. 특히, 18세기를 전후하여 서사 구성에서 동일 인물이 전과 야담에서 나란히 주인공으로 등장[5]하는 것을 비롯하여, 서사 양식에서는 전에서 작가의 논찬이 야담에서 저자의 평어評語와 유사한 형태를 보여, 두 장르가 서사 구성 및 양식적인 활용과 변모를 이룬 것[6]으로 파악된다.

앞서 거론한 저술 배경에서 양산되고, 구연과 기록이 길항拮抗하는 서사 형태를 보이는 야담이 전대 양식을 어떻게 수용하여 서사화했는지 살펴본다.

1) 근원 이야기에 고담 인용

구언에 관련된 '고담'이란 '옛날이야기'를 이르는 말이다. 예로부터 전해 내려오는 신화神話 · 전설傳說 · 민담民譚을 비롯하여 세간世間에 떠도는 이야기를 모두 지칭하는데, 특히 조선 후기에 야담이 유행하면서 부각되고 야담과 동일시된 용어다. 이 말에는 '시공時空을 초월한 재미있는 이야기'라는 의미가 내포되어 있다. 조선 후기에 거대한 이야기판이 형성되고 대단한 이야기꾼이 등장하여 야담이 유행했으며, 18세기 이후에는 '언문패설諺文稗說'을 아우르는 용

5 동일 인물이 전과 야담에서 나란히 등장하는 18세기 이전 작품으로는 『어우야담』 소재 〈홍도紅桃〉와 조위한趙緯韓이 지은 〈최척전崔陟傳〉이 있다. 또 18세기 작품으로 『학산한언』 소재 〈설생薛生〉과 오도일吳道一이 지은 〈설생전薛生傳〉 그리고 〈기승奇僧〉과 신광수申光洙가 지은 〈검승전劍僧傳〉, 『동패락송』 소재 〈조보朝報〉와 서형수徐瀅修가 지은 〈우온전禹媼傳〉 등이 여기에 속한다.

6 박희병 교수는 일찍이 "조선 후기 서사 문학은 흥미롭게도 여러 장르들의 혼합과 복합, 상호간의 교섭을 보여준다."(박희병, 『한국고전 인물전 연구』, 한길사, 1992. 4면 인용)라고 한 바 있다. 본 책에서 다루게 될 야담의 전대 양식 활용에는 '전傳'의 인정기술과 논찬이 대표적인 사례이다.

어로 쓰이기도 했던 사실을 감안하면, 세상에 존재하는 거의 모든 이야기를 가리킨다고 해도 과언이 아니다.

본 책에서는 18세기 야담을 고찰하기로 한 만큼 이 시기를 전후하여 보이는 문헌기록을 살펴본 바에 따르면, 고담은 패설稗說을 지칭하며 몇 가지 특성을 지닌 것으로 요약된다. 첫째, 신기하고 허탄한 내용의 재미있고 우스운 이야기로 심신心身에 위안을 주었다. 둘째, 처음에는 어린 아이나 부녀자들을 중심으로 유행하다가 나중에는 사대부들에게까지 확산되었다. 셋째, 경험이나 견문見聞이 구전되는 과정에서 특정한 이야기꾼이 등장하기도 했다. 넷째, 처음에는 민간에 떠돌던 이야기를 기록하다가 나중에는 새로운 이야기를 창작하기에 이르렀다.

이러한 특징을 지닌 고담이라는 용어가 18세기 야담에서 보이는 사례를 찾아보면, 『동패락송』 소재 작품에서 두드러지는데, 이는 특히 작품 속 근원 이야기에 인용된다. 아래 세 대목에서 우리는 고담의 성격과 역할을 파악할 수 있다.

> ① 늙은이와 젊은이가 섞여 앉아 술이 취해 분위기가 고조되자, 노권생老權生이 말했다. "오늘은 놀면서 즐기자꾸나. 젊은이들이 고담으로 나처럼 늙은이를 위로한다면, 어찌 늙은이의 마음에 기쁘지 않겠는가?" 이에 지모智謀가 뛰어난 젊은이가 권생權生이 객점客店에서 여자를 만난 이야기를 더 없이 재미난 고담으로 만들어 전체 내용을 갖추어 들려주자, 노권생은 즐겁게 이야기를 들다. ……(중략)…… 이에 (젊은이가) 웃으며 말했다. "시생侍生이 조금 전에 말씀 드린 이야기는 고담이 아니라 바로 아드님 눈앞에 닥쳤던 일입니다. 어른께서 이미 사리가 이러함을 아시고, (제가) 질문도 두세 차례나 드렸으니, 아드님에게 비록 이런

일이 있었더라도 어른께서는 반드시 죄를 물어 꾸짖지 않으시겠지요."[7]

② 이튿날 아침에 시아버지께 문안드릴 때, 부드러운 목소리와 걱정스러운 얼굴로 시아버지 곁에 앉아 말씀드렸다. 이윽고 이 일을 고담으로 만들어 전체 이야기를 아뢰고는 여쭈었다. "남자가 그 여자를 소실小室로 얻은 것은 인정상 어쩔 수 없었던 일이니, 그 부모된 자가 아무리 우리 시아버님처럼 엄할지라도 그 자식을 허물하지 않으시겠지요?" 시아버지가 말했다. "아무렴 그렇지, 아무렴 그렇지. 부모를 위한 도리로 비록 자식이 직접 소실을 들이는 것을 금해야 하지만, 이런 경우에는 결코 잘못이라고 말할 수 없지." 며느리가 말했다. "이것은 고담이 아니라 낭군郎君에게 바로 오늘 눈앞에 닥친 일입니다."[8]

③ 이생李生은 정녕 자기 소실에게 후일後日을 기약하고 경사京師로 돌아갔으며, 초상 빚을 다 갚고 신수가 확 트였다. 그 해에 등제登第하여 한림翰林으로 경연經筵에서 임금을 모시고 있었는데, 마침 주위가 조용하자 임금께서 말씀하셨다. "청컨대 신들은 고담이나 한자리씩 해보오." 이한림李翰林이 일어나 대답했다. "신이 몸소 겪었던 일을 고담으로 바꾸어 아뢰고자 합니다." 그리고는 영흥永興에서의 일을 처음부터 끝까지 갖추어 아뢰었다.[9]

7 『동패락송』, 〈古談〉. 老人與少年雜坐 酒闌興酣 老權生曰 今日之遊樂哉 少年輩以古談慰我老人 豈不使老人心喜乎 於是智謀少年 以權生店中逢女子 奇絶把作古談 備述一統 老權生樂聞之 ……(中略)…… 於是笑曰 侍生俄者之言 非古談也 卽是令尹目下所當之事 尊丈旣知事理之如此 而質言又二三次 令尹雖有此事 尊丈必不罪責矣.

8 『동패락송』, 〈新門外書生〉. 明朝省舅時 以愉聲惋色 坐舅傍奉話 仍以此事持作古談 誦達一統說 仰問曰 男子之得此妾 情之所不已 爲其父母者 雖嚴如我尊舅 不可咎其子耶 舅曰 誠然誠然 爲親之道 雖當禁其自之卜妾 而此則決不可以爲非矣 婦曰 此非古談 郎君卽日目前事也.

9 『동패락송』, 〈觀相〉. 李丁寧有後約於其妾 而李還京師 盡償喪債 身數旣通矣 當年登第 以翰林入侍筵中 適從容 上曰 請臣進古談可也 李起對曰 臣請以自己

〈고담古談〉은 권생權生이 노정路程에 청상과부와 결연하고 돌아오는데, 친구가 노권생老權生에게 '고담'으로 꾸며서 이야기하자, 노권생이 아들을 용서하는 내용이다. ①에서 우리는 고담을 둘러싼 모든 정황을 이해할 수 있다. 첫째, 고담은 당시 술자리나 놀이마당에서 흥을 돋우는 매개체였다. 주회酒會에서 술기운이 오르고 분위기가 좋아지면, 흥겹게 춤추고 노래하는 것과 함께 재미있는 이야기로 고담이 구연되었던 것이다. 둘째, 고담은 애당초 화자話者와 거리가 먼 이야기라는 사실을 전제했다. 친구가 권생의 경험을 마음 놓고 재미있게 들려줄 수 있었던 것도 처음부터 자기네와 상관없는 제3자의 사건이라는 거리감을 인정했기 때문이다. 셋째, 고담은 신기하고 허탄하지만 개연성과 타당성을 담보한 유기체라는 점이다. 당사자가 아니라고 해서 거짓이라 치부하기에는 인물・사건・배경이 완전히 구비된 작품이라 누구든지 수긍할 수밖에 없었던 듯하다. 이처럼 고담의 특성과 역할은 근원 이야기 속 구연자[등장인물]에서 이야기 밖 구연자[저자]까지 다수에게 암묵적으로 인정되며 서사에 활용되었다.

또 〈신문외서생新門外書生〉은 서생書生이 추노推奴 길에 낯선 여인과 결연하는데, 아내가 '고담'으로 시부모에게 아뢰어 그 여인을 소실로 맞아들이는 내용이다. ②에서 고담의 성격과 역할은 대개 두 가지로 요약된다. 첫째, 고담은 상호 신뢰를 바탕으로 한 상황에서 긍정적 효과를 발휘했다. 서생은 아내의 현숙함을 알았고, 시부모는 며느리의 효성을 알았기에 가족 간에 서로 믿고 편안한 분위기에서

所經歷 替古談以達矣 因備陳永興事始末.

이야기하고 귀 기울일 수 있었다. 둘째, 고담이 특정 사건을 해결하는 수단으로 활용되었다. 즉, 고담을 빙자한 이야기는 주어진 상황에서 벌어진 일을 의논하고 문제를 수습하는 데 가장 적절한 방법이었다. 특히, 남의 이야기처럼 말하고 듣는 과정에서 객관적인 관점을 유지하는 데 도움이 되었을 것이다. 이처럼 근원 이야기 속 등장인물은 고담의 특성을 최대한 활용하여 긍정적인 결과와 효과를 얻었다.

또 〈관상觀相〉은 이씨李氏가 무변武弁에게 내쫓겨 소복 여자의 도움으로 등제하고, 경연에서 자기 경험을 '고담'으로 임금에게 아뢰어 소실로 맞아들이는 내용이다. ③에서 우리는 또 다른 형태의 고담을 접하게 된다. 첫째, 고담이 남녀노소 지위고하를 막론하고, 심지어 임금까지, 누구나 향유한 이야기였다. 바야흐로 고담은 한 집안의 문제를 해결하고 상황을 호전好轉시키는 정도를 넘어 임금을 모신 경연에서 한가로운 시간에 정무政務로 지친 임금에게 재미와 휴식을 제공하는 소재로도 활용되었다. 둘째, 한 사람이 경험하고 견문한 내용을 직접 고담으로 바꾸어 구연하는 경우도 있었다. 지금껏 살펴본 고담이 주로 남의 이야기였거나, 아니면 자기 이야기를 남이 대신 해주는 데 머물렀다면, 이한림李翰林은 자기 이야기를 직접 고담으로 전달했다는 점이 특이하다. 이처럼 근원 이야기 속 고담을 향유하는 화자와 청자의 대상을 넓힘으로써 서사에도 기여한다.

이밖에도 『학산한언』에 실린 〈신선을 만난 성현成俔〉에서는 고담의 근원과 견문을 밝힌다. 첫째, 고담이 확산되는 경로를 밝혀둔 점이 눈에 띈다. 예컨대 아주 작은 책에 잔글씨로 쓰인 내용을 북청北靑 황류黃瀏의 둘째아들이 보고, 그것을 이상사李上舍에게 들려주었으며, 이상사가 다시 신돈복辛敦復에게 말해주었던 것이다. 둘째,

고담의 근원을 추적하여 사실 여부를 검증하려고 애쓴 흔적이 보인다.[10] 고담이 대부분 사실 여부를 확인할 수 없는 반면, 이 이야기는 경험자가 직접 기록한 책이 발견됨으로써 확실한 진원지가 밝혀진 만큼 기이한 내용을 성현成俔의 경험담으로 인정한 것이다.

지금까지 야담의 구연 과정에서 근원 이야기에 쓰인 고담이라는 용어를 중심으로 그 특징을 요약 정리해보았다. 고담이 신기하고 허탄한 이야기라는 선입견이나 고정관념에서 벗어나 나름대로 고유한 특성을 지닌 용어임을 확인할 수 있었다. 아울러 전대前代부터 전해지던 고담이라는 구연 형태가 후대後代로 내려와서는 야담에 인용됨으로써 더욱 재미있고 완성된 서사체로 정착되었다. 특히, 임매任邁가 지은 『잡기고담』의 경우에는 야담집 명칭에 아예 '고담'이라는 용어가 들어있는데, 저자가 고담의 특성을 명확히 이해하고 의도적으로 서명書名에 사용한 것이라 추측된다. 이처럼 야담 또는 야담집에 쓰인 고담은 '구연의 성가聲價이자 결과'라는 의미를 지니며, 일정 정도 서사에 허구적인 요소를 가미한다. 요컨대 구연 과정에서 다채롭고 흥미로운 서사체로 향유된 '실제에 바탕한 허구' 내지는 '허구에 빗댄 실제' 이야기라고 할 수 있다. 따라서 저자들은 고담의 견문 과정을 거슬러 이야기의 근원에 접근하려 했던 것이다.

---

10 『학산한언』, 〈신선을 만난 成俔〉. 虛白手目錄甚詳 爲其家秘藏 黃北靑懰之次子某得見之 小冊細者 誦之於李上舍某 某語於余如此矣 蓋此說以古談行 未知眞有是事 今虛白之錄如此 豈非大可異者乎 其酒豈非所謂朱草汁耶 嘗見抱朴子云 朱草善生名山巖石下 刳之汁如血 狀如小棗 長三四尺 枝葉皆赤 莖如珊瑚 以玉及銀金投其中 便可丸如■ 久則成水 名爲玉醴 服之長生云.

2) 평어에 전기 인용

고담과 나란히 '전기'라는 용어도 특정 상황에서 효과를 발휘한다. 기록에 관련된 '전기傳奇'란 당唐나라 시기에 나온 단편소설을 이른다. 전기는 '창작 의도가 기이한 것을 좋아한[作意好奇]' 데서 붙여진 명칭이다. 현실적으로 일어날 수 없는 기이하고 신비로운 사건을 담아내면서, 그것을 통해 현실의 벽을 넘기도 하고 현실을 풍자 비판하기도 한다. 요컨대 현실에서 부딪치는 한계를 상상력으로 극복하려는 데서 생겨났으며, 이야기를 통해 사회의 모순과 불만을 해소하고 정신적 해방감을 맛볼 수 있다.

본 책에서는 18세기 야담을 고찰하기로 한 만큼, 이 시기를 전후하여 기록된 용례부터 찾아보면, 박태순朴泰淳은 『어우야담』을 평가하면서 "유몽인柳夢寅은 사람이 가볍고 허탄했으며, 그 국조國朝 전고典故를 이야기하는데 사실이 아닌 내용이 많았다."고 언급한다. 또 "부녀자와 아이들이 쓰는 속된 언문을 뒤섞어 쓰기도 했다."고 전한다. 그런데 여기서 무엇보다 주목해야 할 것은 『어우야담』이 전기(체)와 비교되었다[11]는 점이다. 전기는 시공을 초월한 배경에 허탄한 내용[12]을 담아 유려한 문장으로 표현된 글로, 아마도 오락과 교훈

11 朴泰淳, 『東溪集』 권7 〈題於于野談〉. 其所著述 散亡殆無餘存 獨野談傳行於世 以其多說委巷可笑之事 人頗稱道 然夢寅爲人浮誕 其說國朝典故 失實甚多 又以婦孺俚諺 參錯其間 張文忠公於漫筆 固已譏之矣 以今觀之 傳奇小說雖不必一一据實 而亦自有其體 乃欲馳騁其文辭 摸擬莊馬篇法 亦已失小說之體矣 及其文章信美矣 自許太過 至欲凌駕歐陽 可見浮誕之一事也 玆並錄之.

12 박희병 교수는 "우리는 전기의 특성으로 대개 환상성·초현실성·낭만성을 거론"하지만, "전기소설로 간주되는, 또 간주되어야 할 작품들 중에는 환상성이나 초현실성이 전연 없는 작품도 엄연히 존재한다."라고 언급한 바 있다.(박희병, 『韓國傳奇小說의 美學』, 돌베개, 1997. 15면 인용)

이 공존하는 허구적인 이야기라는 특성 때문에 비교 대상이 되지 않았을까 생각한다.

18세기는 바야흐로 야담의 시대였다. 민간에서는 풍부한 이야기가 유전流傳되었고, 식자층에서는 그것을 다양한 서사 형태로 기록하였다. 그 과정에서 풍부한 이야기가 '고담'을 빙자하여 구연되었다면, 다양한 등장인물은 '전기'를 인용하여 비교되곤 했다. 이는 특히 작품 속 평어에 등장하여 허구적 사실에 기댄 기록자의 저작 행위를 합리화시키기도 한다. 야담에서 보이는 전기에 대해 살펴보면, 전대 『천예록』에 실린 사람이 홍어로 변하는 이야기[13] 〈고성향수병화어高城鄕叟病化魚〉가 있다. 임방任埅은 평어에서 근원 이야기가 '선뜻 믿기 힘든 기이한 일'이지만, 중국의 전기에 실린 이야기를 들어 '믿지 않을 수 없는 변이變異'라고 결론 내린다.[14] 이처럼 야담에 등장하는 기이담奇異談은 간혹 전기와 비교되는데, 이는 저자가 그 비현실성과 신이성에 주목한 결과다. 이를 통해 우리는 야담 저자가 민간에 유행하는 유명 전기 작품을 두루 섭렵하고 있었으며, 야담에 보이는 기이한 내용을 전기적 요소로 인식하였음을 알 수 있다.

임방任埅의 손자인 임매任邁도 『잡기고담』에서 전기를 언급하며 이야기에 신비감을 더하고 신빙성을 구한다.

13 유몽인柳夢寅의 『어우야담』에 실린 〈홍어洪魚 이야기〉가 가장 흡사한 내용이다. 또 조수삼趙秀三의 『추재기이』에 실린 〈물고기로 변한 노파〉 이야기도 변신 대상이 할머니라는 점에서 같은 맥락으로 읽힌다.

14 『천예록』, 〈高城鄕叟病化魚〉. 評曰 曾見傳奇 有薛主簿化鯉 李生化虎之說 而疑其誕也 今仍高城叟昇平族之事 而窮思之 萬物莫不有變化矣 雀爲蛤而雉化蜃 鼠爲鴽而蛙爲蟹 人亦物之一也 寧獨無變化哉 雖然非常理也 請歸之於變異焉.

① 전기를 두루 읽어보면, 검객劍客으로 원수를 갚은 자 또한 있으나, 다만 그들은 한때 의기意氣로 사소한 원한을 갚는 데 만족했을 뿐이다. 대저 저 같은 자들이야말로 진실로 천리天理와 민이民彝의 정의正義를 얻었다고 이를 만하다. 아! 도둑이라고 할 수 있겠는가.[15]

② 내가 『사기史記』 〈열전列傳〉에 실린 검객 이야기를 읽어보니, 형가荊軻와 섭정聶政 같은 부류는 그 용맹을 직분으로 여겼을 뿐이지 기예技藝로 칭송된 적이 없었다. 또 전기에서 보이는 섭녀聶女와 위랑韋娘 같은 경우는 공중을 날며 바람을 가르고 몸을 날려 허공을 찌르니, 또한 다만 이런 방기方技와 이술異術로 검선劍仙이라 불렸을 뿐이다. 만약 그들이 치고 찌르고 날아오르고 뛰어넘는 기묘하고 장성함이 귀신 같았다면, 예나 지금이나 일찍이 그것에 미친 자가 없었다고 기술되었을 것이다. 그런데 이른바 귀신처럼 기묘奇妙하고 장성壯盛한 검술劍術은 본디 직접 이처럼 번잡하게 기술된 적이 없었는데, 특히 우리나라 사람들이 이 공자公子에게서 혀를 내두르는 기이함을 처음으로 발견한 것인가? 아니면 이런 기예가 유독 일본日本에서만 전해지고, 중화中華 여러 나라에는 없었던가?[16]

③ 대개 기생집은 불구덩이다. 예나 지금이나 유람하는 자제들이 여기에 이르러 자기 몸을 빠뜨려 패가망신에까지 이른 경우를 어찌 다 말할 수 있겠는가. 가난한 자를 싫어하여 내치고, 새로운 사람을 얻으면 옛 사람을 잊어버리는 것은 기녀에게 일상적인 일이므로 오래 전에 맺

15 『잡기고담』, 〈女俠〉. 歷觀傳奇 劍客之報讐者 亦有之矣 只是以一時意氣 快心於睚眦耳 夫若此者 眞可謂得天理民彝之正 嗚呼 可以盜也哉.

16 『잡기고담』, 〈劍技〉. 余覽史傳所載劍客 如荊聶之流 職其勇耳 非以藝見稱也 又如聶女韋娘之見於傳奇者 則其排空御風度身針孔 亦只是方技異術 號爲劍仙耳 若其擊刺騰踔奇壯如神 則古今記述未嘗有及之者 無乃所謂劍術之奇壯如神 本自如此無煩記述 而特東人刱見咤異於此公子耶 抑此藝獨傳於日本 而中華諸國未之有耶.

은 인연도 갑자기 자취를 잃어버린 듯하다. 아무리 거친 베옷에 서리를 맞으며 문을 향해 굶주림을 하소연해도 끝내 수긍하지 않고 차가운 눈빛으로 한 번 돌아볼 뿐이다. 그런데 다행히 장선달張先達이 만난 기녀는 전기에 실린 견국부인汧國夫人과 자못 비슷하여 추천하기에 충분하므로 이처럼 기록한다.[17]

〈여협女俠〉은 어려서 어머니를 여읜 두 자매가 아버지를 죽이고 도망친 계모와 그 간부奸夫를 찾아가 뛰어난 검술로 부모의 원수를 갚는 이야기다. ①에 등장하는 두 자매는 부모의 원수를 갚기 위해 유명한 검사劍師를 찾아가 뛰어난 검술을 전수받는다. 절치부심切齒腐心하며 검술을 익힌 자매는 계모와 간부의 자취를 추적하여 어느 날 밤 두 사람을 죽이고 머리를 베어 사라진다. 저자는 평어에서 자매의 행위를 분석하고 평가하는 데 자신이 열람한 전기를 인용하며, 여타 전기에서 두 자매처럼 의협심과 결단력을 지닌 협객俠客을 찾기 어려움을 주장한다. 즉, 임매任邁는 전기를 인용함으로써 자매의 오랜 끈기와 노력을 부각시키고, 그들이 지극한 효성과 올바른 도리를 다했다고 평가한 것이다.

또 〈검기劍技〉는 왜국에 포로로 끌려간 종실宗室 공자公子가 빼어난 검술을 익혀 양부養父[倭將]의 원수를 갚고 환국還國하는 이야기다. ②에서는 더 많은 검협劍俠을 거론하여 설득력을 높인다. ①에서 자매가 남다른 효성과 의협심으로 자식의 도리를 다한 경우라

17 『잡기고담』, 〈義妓〉. 蓋妓館火坑也 古今治遊子弟到此而陷其身 以至敗家亡身者 何可勝道 而厭貧逐 得新忘舊者 妓之常也 故宿昔纏綿 忽若遺跡 雖葛帔冒霜 向門叫饑 終無肯 冷眼一顧也 幸張之遇妓也 此與傳奇所載汧國夫人者 頗相似 有足可尙 故記之如此.

면, ②에서는 공자의 뛰어난 검술에 집중하여 반증 자료로 사전史傳과 전기傳奇를 인용한다. 저자는 먼저 『사기史記』 〈자객열전刺客列傳〉에 등장하는 형가荊軻와 섭정聶政을 언급하는데, 그들의 무모한 '용맹'에 비해 공자의 신묘한 '검술'[18]은 그것을 능가하는 부분이라고 설파한다. 또 공자의 변화무쌍한 검술을 증명하기 위해 전기에 나오는 섭은랑聶隱娘[19]과 위랑韋娘[20]을 끌어 오는데, 이 또한 검객의 수준을 평가하는 기준에서 '용맹'보다 '기술'이 우선임을 주장하려는 의도에서다. 저자는 공자를 중국 전기에 등장하는 주인공들과 비교하며 조선 최고의 검협으로 인정한 것이다.

전기에서 가장 많이 활용되는 소재는 남녀의 결연담이나 보은담·복수담이다. 재자가인才子佳人이 등장하여 여러 요인으로 이별했다 재회하는 이야기거나 불우한 처지의 인물이 성공하여 은혜를 갚

18 공자公子의 검술 시범 장면은 아주 구체적으로 묘사되어 현장감과 생동감을 동시에 느낄 수 있다. 이는 야담 구연 현장의 분위기와 구연자의 재량을 가늠할 수 있는 부분으로, 18세기 여타 작품에 유사한 화소가 교착되어 나타나기도 한다. 이에 대해서는 본장 4절에서 상세히 다룰 예정이다.

19 『태평광기太平廣記』 소재 〈섭은랑전聶隱娘傳〉에 나오는 섭은랑은 어려서 스승에게 기절奇絶한 무예를 전수받은 후 탐관오리를 징치한다. 그녀는 깊은 산중에서 검술을 익혀 허공을 날며 신묘한 검술을 펼치고, 새들에게 접근해도 눈치 채지 못할 정도였다고 한다. 『태평광기』 卷194, 〈聶隱娘〉. 一年後 刺猿狖 百無一失 後刺虎豹 皆決其首而歸 三年後能飛 使刺鷹隼 無不中 劍之刃漸減五寸 飛禽遇之 不知其來也.

20 호여가胡汝嘉의 〈위십일랑전韋十一娘傳〉에 나오는 위랑韋娘은 군대에 간 남편이 소식도 없이 돌아오지 않자, 평소 믿고 따르던 도고道姑에게 의지한다. 어느 날 밤 쳐들어온 낯선 남자의 위협에 반항하고 맞선 이후, 그녀는 도고에게서 다양한 검술을 배우고 익혀 걸출한 여협으로 변신한다. 덧붙여 김조순金祖淳이 쓴 〈오대검협전五臺劍俠傳〉에서 위랑은 신기神技에 가까운 검술을 보유한 인물로 그려지며, 홍선紅線과 더불어 형가荊軻나 섭정聶政과 비교 평가된다.

고 검객이 되어 정의로운 복수를 행하는 이야기가 대부분이다. 앞서 살펴본 두 이야기는 전형적인 검객의 복수담으로, 주인공들의 의지와 행위가 여타 전기 작품에 등장하는 인물과 비교해도 손색이 없기에 저자는 평어에서 이를 인용했던 것이다.

또 다른 이야기 〈의기義妓〉는 부잣집 출신의 가후친군駕後親軍 장선달張先達이 기생집을 드나들다가 패가망신하자, 기녀가 그와 동거하며 다시 가업家業을 일으키고 풍요로운 생활을 되찾도록 내조하는 이야기다. 전기에는 기녀 이야기가 자주 나온다. 양가良家의 자제와 사랑에 빠지는 경우, 본처를 내치고 내실內室을 차지하는 경우, 정인情人을 내조하여 성공시키는 경우, 재화財貨를 좇느라 끊임없이 벌 나비를 찾아다니는 경우, 평생을 수절守節하며 지조志操를 지키는 경우 등. ③에서 저자가 언급한 견국부인汧國夫人 이야기는 『태평광기太平廣記』 소재 〈이왜전李娃傳〉을 가리킨다.[21] 이왜李娃도 장안長安의 기녀로서 형양공滎陽公의 아들을 정성껏 내조하여 그를 장원급제시키고, 이후 부모에게 효도하고 자식을 양육한 결과 견국부인에 봉해진 인물이다. 장선달이 만난 의로운 기녀 이야기와 겹치는 부분이 많아, 앞서 비교 대상으로 인용한 다른 전기에 비해 가장 유사점이 두드러진다.

임매任邁는 조부 임방任埅의 뒤를 이어 야담집을 남기면서 작품 평어에서 등장인물의 비교 대상으로 다양한 전기를 제시했다. 이러한 경향은 당시 전기가 크게 유행하고 탐독되는 사회적인 분위기에 이들 가문 역시 전기를 즐겨 보는 전통에서 기인한 것이 아닌가 한

21 『태평광기』, 〈李娃傳〉. 汧國夫人李娃 長安之倡女也 節行瓌奇 有足稱者 故監察御史白行簡爲傳述……(下略).

다. 또한 독서와 견문으로 축적된 지식을 야담 기록 과정에 적극 활용한 사례라고 할 수 있다.

지금까지 야담의 기록 과정에서 평어에 실린 전기를 중심으로 그 인용 의도와 목적을 정리해보았다. 저자는 야담에 등장하는 주인공의 남다른 면모를 전기적 인물과 비교함으로써 그들의 기행이적奇行異蹟을 부각시키려고 했다. 다시 말해, 전기는 18세기 야담에 이르러 주인공의 특징을 비교, 부각시키는 데 활용되면서 재자가인이 아닌 하층민의 이야기에 비교 대상으로 역할 전환을 이루었다. 즉, 생활 주변에 등장하는 평범한 인물을 전대 기록에서 찾아낸 비범한 인물과 비교함으로써 흥미로운 서사에 교훈적인 요소를 강화한 것이다. 따라서 야담이 평어에 인용된 전기는 '기록의 활용이자 성과'라는 의미를 지닌다. 요컨대 저자는 풍부한 독서 이력과 해박한 지식으로 고양된 작가 의식을 동원하여 등장인물의 절특한 면모를 부각시킴으로써 더욱 흥미롭고 다채로운 서사체를 완성시켰다.

3) 등장인물에 전 활용

18세기 야담은 전대 양식을 수용하여 작가 의식을 표출했는데, 구연 과정에서는 근원 이야기에 고담古談이 인용되고, 기록 과정에서는 평어에 전기傳奇가 인용되었다. 게다가 몇몇 이야기는 전傳으로도 지어져 다양한 서사 형태로 민간에 향유되었다.[22] 전대 사례로는 『어우야담』 소재 〈홍도紅桃〉와 조위한趙緯韓이 지은 〈최척전崔陟

22 여기서는 서사 장르로서 '전'과 '야담'의 태동을 기준으로 삼아 전을 야담보다 전대에 놓았을 뿐이다. 따라서 특정 작품의 저술 시점을 비교하면, 야담보다 먼저 발표된 전이 있고, 전보다 앞서 지어진 야담도 있음을 밝혀둔다.

傳〉[23]이 있다. 17세기에 저작된 두 작품 가운데 〈최척전〉은 기존 양식인 전을 활용한 것이고, 〈홍도〉는 야담의 단초를 보여준다고 하겠다. 특히 〈최척전〉의 경우, 최척崔陟에 대한 인정기술로 이야기가 시작되며, 서사 전개 과정에서 옥영玉英의 꿈에 '장육존불長六尊佛'이 세 차례나 등장하는 등 비현실적인 요소가 개입되었다. 또 작품 말미에서는 최척과 옥영이 백년해로한 후일담을 싣고, 옥영의 정성으로 빚어진 기이한 일이라는 평가와 더불어 저자가 최척에게 직접 경험담을 들은 사실까지 기록해 두었다.

18세기에는 『학산한언』 소재 〈설생薛生〉과 오도일吳道一(1645-1703)이 지은 〈설생전薛生傳〉, 또 〈기승奇僧〉과 신광수申光洙(1712-1775)가 지은 〈검승전劍僧傳〉, 그리고 『동패락송』 소재 〈조보朝報〉와 서형수徐瀅修(1749-1824)가 지은 〈우온전禹媼傳〉 등이 야담과 전으로 나란히 저술된 대표작이다. 그러면 동일 인물과 관련 사건이 각기 다른 장르[24]인 야담과 전에서 어떻게 서사화 되었으며, 야담 저자들은 전대 양식인 전을 어떻게 활용하여 작품화했을까?

일단 야담과 전의 전체 구성을 살펴보면, 대략 야담은 근원 이야

23 〈최척전〉은 조선·중국·일본·안남 등지를 배경으로 전란에 얽힌 최척 일가의 이산離散과 재회再會를 담아낸 작품으로, 〈최척전〉에 나타난 동아시아 서사 체험과 인식에 대한 논고가 발표된 바 있다. 진재교, 「越境과 敍事－동아시아의 서사 체험과 '이웃'의 記憶」, 『한국한문학연구』 제46집, 한국한문학회, 2010. 129-162면 ; 이채경, 「〈崔陟傳〉에서의 동아시아 인식－배경 및 형상화를 중심으로」, 『국제언어문학』 제18호, 국제언어문학회, 2008. 209-227면.

24 진재교 교수는 한문서사양식 가운데 전과 야담 및 기사를 중심으로 허구화 과정을 연구한 바 있다. 여기서 그는 전과 서사한시로 지어진 '만덕萬德', 전과 야담으로 남겨진 '광문廣文(達文)', 전과 기사로 지어진 '김성기金聖基(金聖器)' 이야기를 통해 서사양식이 상호 넘나들고 소통하면서 개방적으로 변모하고 역동적인 면모를 보여준다고 주장했다. 진재교(2002), 전게서 참조.

기와 평어[후일담 또는 견문 과정 포함]로 이루어지고, 전은 인정기술과 일화 그리고 논찬으로 이루어진다. 다시 말해, 특정 인물을 입전한 전은 그 인물의 인적사항 소개를 시작으로 주목할 만한 사건이 담긴 이야기를 기술하고, 마지막으로 그 인물과 사건에 대한 긍정적 논의와 칭찬으로 마무리된다. 반면에 특정 사건을 중심으로 엮어진 야담은 서사적 배경과 등장인물이 간략히 언급되고, 이어 흥미로운 이야기가 기술되며, 말미에 그 사건과 인물에 대한 평가가 부록된다. 그런데 전에서 보이는 인정기술이 야담에서는 근원 이야기에 포함되거나 배제되었으며, 또 긍정적인 논의와 칭찬을 담은 논찬이 주관적인 비판과 포폄을 담은 평어로 남게 되었다.

(1) 설생 이야기

〈설생〉과 〈설생전〉[25]은 속세를 벗어나 회룡굴回龍窟에서 은거하는 설생薛生의 남다른 생활궤적을 담고 있다. 처음에 설생은 절친하던 벗에게 어지러운 세상에서 벼슬하느니 함께 은거하자고 권하지만, 친구는 부모를 버리고 떠날 수 없다며 거절한다. 그렇게 헤어진 두 사람은 20여년 후에 강원도에서 은자隱者와 관찰사觀察使의 신분으로 다시 만난다. 두 작품을 비교해 볼 때, 근원 이야기에서 〈설생전〉이 〈설생〉에 비해 훨씬 감상적이고 비현실적인 분위기를 조성하며 설생의 등장과 그가 사는 회룡굴을 표현함으로써 설생의 선인

25 〈설생전〉을 비롯한 신선전의 전傳 장르 관련 양상에 대해서는 박희병 교수의 「異人說話와 神仙傳(Ⅰ·Ⅱ)-說話·野談·小說과 傳 장르의 관련양상의 해명을 위해」(『한국학보』 14권 4호/15권 2호, 일지사(한국학보), 1988/1989.)를 참조하기 바란다.

적인 모습과 아름다운 별천지로서 회룡굴을 부각시켰다.[26] 이는 서사를 조직하는 작가의 취향이나 재능에서 기인한 것일 수도 있지만, 전과 야담이라는 서사 양식의 차이에서 비롯된 것이라 생각한다. 즉, 야담이 전보다 현실적인 이야기를 간략하게 풀어냈다고 할 수 있다.

다음은 두 작품의 도입부와 결말부에 해당하는 대목이다.

> ① 광해군 때 어떤 설생薛生이라는 자가 청파靑坡에 살았는데, 글재주가 넉넉하고 기개와 절조를 숭상하였다. 과거 공부를 업으로 삼았으나 몇 차례나 불운하여 합격하지 못했다. 일찍이 추탄楸灘 오윤겸吳允謙 공과 무척 친하게 지냈다.
>
> ② 나는 설생의 일을 사천槎川 이병연李秉淵에게 듣고 이처럼 기록하였다. 그 뒤에 상서尙書 오도일吳道一이 저술한 『서파집西坡集』을 얻어 보니, 역시 〈설생전〉이 있었는데, 내가 기록한 바와 크게 다르지 않았다. 설생을 어찌 동국東國의 이인異人이 아니라고 하겠는가? 이는 마땅히 후세에 가르쳐서 사라지지 않도록 해야 할 것이다. 오도일은 추탄楸灘의 손자다.[27]

> ① 청파리靑坡里는 지금 경성京城 남반리南半里에 있는데, 그곳에

---

26 〈설생전〉의 이러한 면모에도 불구하고, 박희병 교수는 오도일吳道一이 이인설화異人說話에 경도되거나 신선을 동경한 것이 아니라 평소 기문이담奇聞異談을 즐기고 자신이 전문한 이야기에 흥미를 느껴 작품을 썼다고 파악한다. 박희병(1988), 전게서 25-53면 참조.

27 『학산한언』, 〈薛生〉. 光海時 有薛生者 居靑坡 富辭藻 尙氣節 業科而數奇不利 嘗楸灘吳公允謙甚善 ……(中略)…… 余聞薛生事於李槎川 記之如此 其後 得見吳尙書道一所著西坡集 亦有薛生傳 與余所錄 大同小異 薛生 豈非東國之異人哉 此宜垂示不朽耳 道一楸灘之孫也.

어떤 설생이라는 자가 살고 있었다. 그는 기개와 의리가 있고 문사를 좋아하는 기사奇士로, 과거 공부를 업으로 삼았으나 끝내 합격하지 못했다. ……(중략)…… 생은 성이 설씨로, 그 이름은 잊어버렸다. 관찰사 또한 무슨 성씨에 이름이 무언지 모르는 사람이지만, 대개 인조조仁祖朝에 현달했던 관인이라고 한다. 그 일을 내게 전해준 사람은 수성隋城에 사는 최성윤崔聖胤이다.

② 다음과 같이 찬한다. 마음에 즐거우면 행하고, 걱정스러우면 하지 않으니, 진실로 군자는 시기적절한 도를 따라 몸을 드러내고 숨긴다. 설생은 어지러운 왕조와 정치적 혼란 때문에 도망가서 은거하며 나타나지 않았으니, 대저 현명한 임금이 나시고, 여러 현자가 즐비한 날을 맞이하여 비록 관리로서 울분을 토하며 조정에 서기를 바라더라도 또한 좋았을 것이다. 돌아보건대 그저 빛을 숨기고 그림자를 숨긴 채 기필코 세상에서 종적을 없애 훗날을 기약했으니, 기이한 일이다. 아니면 그 마음에 본래 이 세상이 자기에게 부족하다고 여겨 은거함으로써 고상한 것이라고 생각했던가? 그것도 아니면 처음부터 세상을 잊는 것에 과감하지 못한 자여서 특히 난세를 피해 도망가서 현묘한 변방에서 이치를 체득하고, 마침내 즐기는 것을 바꾸지 않은 자인가? 예전에 주周나라가 쇠하자, 노자老子는 자기가 이룬 학문을 버리고 또한 현허玄虛한 것처럼 심천深處에 숨어서 은자隱者를 자처하여 명성이 높아졌다. 지금 설생의 시종始終을 추적해보면, 그의 허무 또한 이런 부류의 사람에게 배운 것인가? 비록 그렇더라도 그는 세상 사람들이 종신토록 힘껏 애써 명예를 쫓는 것을 보면서 더러운 곳에 처했어도 부끄러워하지 않고, 형벌에 저촉되더라도 그만두지 않는 자였으니, 그 현명함 역시 뛰어났다.[28]

28 吳道一, 〈薛生傳〉. 青坡之里 在今京城南半里所 有一薛生居焉 有氣義 好文辭 業科坐奇 竟不利 ……(中略)…… 生姓薛氏 失其名 觀察公亦不知某姓某名人而蓋仁廟朝達官云 傳其事於余者 隋城居崔生聖胤甫也 ……(中略)…… 贊曰 樂

①과 ②는 각기 인정기술과 논평에 해당되는 부분이다. 그런데 두 작품에서 기술한 내용과 방식이 조금 다르다. 인정기술의 경우, 〈설생〉은 끝 부분에 주인공 설생이 오윤겸吳允謙과 평소 친분이 있었다고 덧붙인다. 이는 서두에 입전된 주인공의 신상과 이력만을 상세히 기술하는 전과 다르며, 이후 서사에 꾸준히 등장하는 또 다른 인물에 관해 소개함으로써 야담 저자가 서사 전개의 흐름과 개연성을 동시에 설명한 대목이다. 반면에 〈설생전〉은 일반적인 전처럼 서두에서 인정기술을 했으나, 이야기 결말과 논찬 사이에서 주인공에 관해 다시 한 번 설명한 것이 주목된다. 또 자신의 견문 과정을 밝히면서 이야기를 전해준 인물의 실명을 거론한 점도 특이하다.

또 논평의 경우, 〈설생〉에서는 '설생은 동국의 이인이므로 후세에 가르쳐 사라지지 않도록 해야 한다'고 간략히 평가하면서 이야기 견문 과정을 기술하였다. 또 자신이 전해들은 이야기와 전으로 기록된 내용을 비교 검토한 사실까지 아울러 밝혀두었으며, 특히 기록자[吳道一]가 등장인물[吳允謙]의 손자임을 명시하여 작품의 사실성 여부에 확신을 보였다. 반면에 〈설생전〉에서는 이야기 속 설생의 모든 행위를 칭찬 일색으로 마무리한다. 예를 들어, 그가 어지러운 왕조와 정치적 혼란을 뒤로 한 채 은거한 군자이며, 그런 그를 노자에 빗대어 논의한 결과, 뚜렷한 기준에 따라 행동한 현자라고까지 칭송

則行憂則違 固君子顯晦隨時之道 薛生以昏朝政亂之故 逃隱不見 則迄夫聖明中興群賢林立之日 雖彈冠吐氣 願立於朝 亦可矣 顧乃藏光匿影 必期於滅迹於世而後已 可異焉 抑其志 本以斯世爲不足乎已 而隱以爲高者歟 抑初非果於忘世者 而特避地逃亂 得之於玄虛塞兌之中 終有所不可移之樂者歟 昔周衰 老聃去其爲學 亦以深藏若虛 自隱無名爲高 今以生之始終迹之 其無亦學此類者歟 雖然 其視世之終身役役乾沒名韁 處汚穢而不羞 觸刑辟而不止者 其賢亦遠矣.

한 것이다.

이러한 기술은 야담의 저자가 전대 양식인 전傳을 활용하여 나름대로 변개시킨 결과라고 할 수 있다.[29] 우선 전의 인정기술 방식을 활용했지만, 주인공과 더불어 주요 등장인물을 소개하면서 서사 전개를 자연스럽게 유도하였다. 특히, 이야기 속 등장인물의 실명實名을 거론하는 동시에 시공간적 배경을 구체적으로 제시하여 사실성을 확보했다. 또 전의 논찬 방식을 활용했지만, 평어에서 주인공의 행위를 보다 객관적인 시각에서 일반적인 내용으로 비평했으며, 평가와 함께 견문과 검증 과정 그리고 등장인물과 기록자의 관계까지 밝힘으로써 이야기를 기정사실화했다. 이처럼 야담은 전 양식을 활용했으나, 새로운 방식으로 작가 의식을 표출하고 있는 것이다.

(2) 검승 이야기

〈기승〉과 〈검승전〉[30]은 임진왜란을 전후하여 전략적으로 조선에 잠입했다가 잔류하게 된 왜인 검객의 이야기다. 등장인물과 배경이

29 야담과 전의 관련 양상을 해명하는 논문에서 박희병 교수는 또 〈설생전〉이 "서두가 기존의 전傳 형식과 달리 야담조로 시작되어 야담의 어투가 농후"하며, "작품 말미에 논찬을 붙임으로써 전傳의 관행을 따르고 있지만 야담계 한문단편소설의 범주"에 든다고 했다. 특히 "작품 전편을 통해 야담적 정취와 스토리텔링의 투식이 드러나지만, 전기적 색채가 다분히 가미되어 있다."고 덧붙였다. (박희병, 「異人說話와 神仙傳(Ⅱ)－說話・野談・小說과 傳 장르의 관련양상의 해명을 위해」, 『한국학보』 15권 2호, 일지사(한국학보), 1989. 70-97면. 95면 인용) 그러나 필자는 유사한 작품을 형식적인 측면에서 살펴보면, 야담은 전의 양식을 수용했다고 생각한다.

30 〈검승전〉의 인물형과 서술자를 비롯하여 야담과의 관련성에 대해서는 다음 논문을 참고하기 바란다. 정하영, 「〈劍僧傳〉의 人物型과 갈등 양상」, 『고전문학연구』 제22권, 한국고전문학회, 2002. 93-123면. ; 정인혁, 「〈劍僧傳〉 서술자의 정체성 연구」, 『한국고전연구』 제16집, 한국고전연구학회, 2007. 197-225면.

거의 비슷하고, 그들이 엮어내는 사건도 유사하게 전개된다. 어떤 선비가 절에서 기거하다가 노승老僧이 사부師傅의 재齋를 지내며 슬피 우는 것을 목격하는데, 이후 노승이 들려주는 이야기가 흥미롭다. 그는 왜국에서 조선에 보낸 첩자로, 우연히 검객을 만나 다른 첩자들은 모두 죽고, 두 사람만 목숨을 건져 사부로 받들며 살게 된다. 하지만 같이 살아남았던 자가 사부를 살해하는 것을 보고는 그를 죽이고 나서 속죄하는 마음으로 중[僧]이 되어 매년 사부의 제사를 지내온 것이다.

여기서 노승의 지난 이야기는 끝난다. 그러나 야담인 〈기승〉에서는 하나의 사건이 더 벌어지면서 서사가 이어진다. 바로 노승의 검술 시범 장면이 들어간 것이다. 선비가 노승의 검술이 어느 정도인지 묻자, 그는 며칠간 심신을 가다듬은 후 산중에서 신묘한 검술을 직접 보여준다. 이 대목은 노승의 움직임과 칼끝의 분위기가 다채로운 묘사와 유려한 문장으로 펼쳐지는데, 이야기판에서 재미나게 구연되었을 법한 장면이다.[31] 이처럼 근원 이야기의 연장선에 또 다른 사건이 삽입되는 경우는 흔치 않다. 이는 아마도 구연에 기댄 야담

31 『학산한언』, 〈奇僧〉. 孟公仍請曰 上人之劍術 可得見乎 僧曰 吾今甚老癈而不試久 而卒難爲之 公姑留數日 俟吾稍有心氣 試爲之耳 翌日 邀孟公至一處 有一栢樹 大可十圍 上干雲霄 僧袖出兩物 團圓如毬 用繩堅縛 去繩訖見 兩個鐵塊 卷帖如拳 以手平展 則數尺霜刃 光如秋水 而卷舒呂紙 僧把雙劍起舞 始也顚動低昂頗遲 俄而 漸見迅疾 揮霍風生 久之 騰湧飄浮 立在空中 盤旋去來 已而只見一個銀瓮 出沒於栢樹層葉之間 掣電閃鑠 倏長倏短 襲暎岩壑 遍是霜雪 栢葉紛紛 飛落如雨 孟公神惱魄懍 不能正視 其栢葉多寸斷 而樹枝半童矣 良久僧方投下 立於樹下 吐氣數口曰 氣衰矣 非復少年時也 始吾壯時舞劍 此樹之下葉 多中破如細絲 今則不然 全葉落者多矣 孟公大異之 謂僧曰 上人神人也 僧曰吾非久死矣 亦不忍吾迹之永泯 故爲言公如此 公遂辭歸 其後數年 公遇楓岳僧問之 其僧已死茶毗云.

의 특성상 근원 이야기가 새롭게 첨부되면서 서사가 확장된 듯하다. 또 당시 왜국에서 선발되어온 첩자라면 빼어난 검술 소유자일 테고, 이야기를 전하는 입장에서 어떻게든 그 사실을 증명할 근거가 필요했으며, 구연 현장에서는 내용의 사실 여부를 증명하는 동시에 재미를 더하는 방법으로 또 다른 뒷이야기를 붙인 것이라 생각한다. 그렇게 구연에서 재미를 충족시키고, 기록에서 서사를 확장시키는 일석이조의 효과를 거둔 셈이다.

다음 대목 또한 두 작품의 도입부와 결말부에 해당된다.

> ① 감사 맹주서孟胄瑞는 산수 유람을 좋아하여 소싯적에 일찍이 금강산金剛山에 들어가 경치 좋은 곳을 다 찾아다녀서 그윽하고 조용한 곳에 이르렀다. 어떤 아주 정결한 암자에 나이 백여 세 되는 노승이 한 사람 있었는데, 용모가 예스러우면서도 건장하고, 예우가 정성스러우면서도 공손하여 맹공孟公이 무척 기이하게 여겼다.
>
> ② 내가 『임진록壬辰錄』을 읽어보니, 이런 내용이 실려 있었다. 강남江南사람 허의준許儀俊이 장사를 하다가 일본의 포로가 되어 살마도주薩摩島主의 사랑을 받았다. 관백關伯이 조선에 침입하려 한다는 소문을 듣고 친분이 있던 주균왕朱均旺을 보내 상국上國의 변방 장수에게 투서하기를, 관백이 대마도주對馬島主에게 명하여 일곱 명을 분장시켜 고마高麻를 건너가서 지형을 살펴보고 돌아와 보고하도록 했다는데, 이 여덟 명의 중인 듯하다.[32]

32 『학산한언』, 〈奇僧〉. 孟監司胄瑞 愛山水遊 少時 嘗入楓岳窮探 至幽深處 有一菴 極精潔 老僧一人 年百餘歲 容貌古健 執禮虔恭 孟公甚異之 ……(中略) …… 余閱壬辰錄有云 江南人許儀俊 以客商被擄於日本 爲薩摩島主所愛 聞關伯入寇 遣所親朱均旺 投書上國邊師曰 關伯命對馬島主 粉作七等人 渡高麻相地還報云 此八僧也.

① 임진왜란 후 50여년, 어떤 나그네가 오대산五臺山에서 글공부를 하고 있었다. 어떤 나이 팔십에 깡마르면서도 날쌔고 사나운 중이 있었는데, 그와 더불어 말해보면 자못 깐깐하였으며, 언제나 곁에서 글 읽는 소리를 듣기 좋아했다.

② 외사씨外史氏는 논평한다. 검사劍師는 협객으로서 은자일 것이다. 임진왜란을 당해 초야의 용맹한 사람으로 홍계남洪季男과 김응서金應瑞 같은 인물들은 떨치고 일어서 적을 막아 싸워서 큰 공을 세웠다. 이 검사의 경우에는 숨어서 나오지 않고 공명으로 자신을 드러내려고 하지 않았으니, 무슨 까닭인가? 그는 경이로운 기술을 지녔으되 임진년 변란은 실로 천수天數라, 구구한 인력人力으로 종식시킬 수 없음을 알았던 것이다. 예로부터 지력과 용맹으로 신이한 능력을 지닌 사람이 화를 면치 못한 사례가 많았는데, 우리나라처럼 작은 나라는 더욱 심했다. 우리 역사를 보면, 남이南怡와 김덕령金德齡 등이 곧 그러했다. 때문에 이 검사는 암혈巖穴의 사이에서 늙어 죽으면서도 후회하지 않았다. 그는 세상에 전하는 바 '이자二子가 만난 백두은자초의객白頭隱者草衣客' 같은 부류가 아니었을까. 그가 자기 성명을 끝내 일러주지 않음에 이르러서는 더욱 기이하다 하겠다. 그런데 검사는 두 왜인과 10여 년을 같이 지냈으니 이들의 심술心術을 충분히 짐작할 수 있었을 것이다. 하나는 적이요, 하나는 아들이거늘, 둘 다 자기 옆에 가까이 두었다가 마침내 자기가 전수해준 기술로 적에게 해를 입었다. 명철보신明哲保身에는 밝았으되 사람을 알아보는 데는 어두웠다 하겠다. 그야말로 '단표單豹를 안에서 기르매 범[虎]이 그 밖에서 잡아먹는다'는 격이 아니겠는가. 그래서 맹자孟子는 '예羿 또한 죄가 있다'고 말했던 것이다. 저 오대산의 노승은 왜인이지만 기남자奇男子라고 할 것이다.[33]

---

33 申光洙, 〈劍僧傳〉. 壬辰後五十餘年 客有讀書五臺山者 有僧年八十 癯而精悍 與之語頗詰 常在旁 喜聞讀書聲 ……(中略)…… 外史氏曰 劍師俠而隱者乎 當壬辰之難 草埜勇□□缺二字 如洪季男金應瑞輩 多奮起捍賊 立奇功 劍師伏

①과 ② 역시 인정기술과 논평 부분이다. 그런데 두 작품은 앞서 살펴본 〈설생〉이나 〈설생전〉과 비교할 때 내용이 조금 다르다. 인정기술의 경우, 예를 들어 두 편의 이야기에서 주인공은 단연코 노승이다. 그런데 노승에게서 지난 사연을 이끌어내고, 전체 서사를 이끌어가는 화자가 등장한다. 일반적으로 야담이나 전은 저자가 사건의 전말이나 주인공의 심경까지 상세히 기술하는 이른바 '전지적 작가시점'을 취하나, 여기서는 따로 화자를 설정하여 그가 서사의 중심에서 주인공과 함께 사건을 경험하는 '3인칭 주인공시점'을 취했다. 따라서 서두의 인정기술에도 가장 먼저 등장하여 화자로서 주인공을 소개하고, 이후 끝까지 주인공의 행적을 따라가는 입장이다.

게다가 〈기승〉은 "용보는 예스러우면서 건장했으며, 예우도 정성스러우면서 경건했다."고 밝혀 노승의 건장한 풍모와 격식 있는 태도를 강조했다. 이를 통해 우리는 지난 과오를 속죄함으로써 인자하고 후덕한 노승의 모습을 상상할 수 있다. 그에 비해 〈검승전〉은 전 형식에 걸맞게 노승의 모습에 더 집중하여 "깡마르면서도 날쌔고 사나우며, 말해보면 자못 깐깐했다."고 묘사한다. 이를 통해 우리는 그가 어떤 삶을 살아왔으며, 그런 모습이 어디서 온 것인지를 짐작할 수 있다.[34] 게다가 "언제나 곁에서 글 읽는 소리를 듣기 좋아했다."

而弗出 不欲以功名自顯 何哉 彼有異術 誠知壬辰之變 天數也 非區區智力可弭 自古智勇異能之士 多不免小國尤甚焉 雖以國朝言之 南怡金德齡 皆是已 故劍師寧老死巖巖而弗悔也 豈世傳二子所遇白頭隱者 草衣客之流也歟 至若不言其姓名 尤奇矣哉 然劍師與二倭處十數年 亦可以知心術矣 一爲賊一爲子 而肘腋之 卒以其道授賊自戕 明於保身 闇於知人 殆所謂單豹養內 虎食其外者邪 故孟子曰 羿亦有罪焉 抑五臺老僧 夷狄而奇男子也夫.

34 이후 노승이 사부를 처음 만나는 대목에서도 스승의 인상적인 모습이 자세히 묘사[海岸有石陡立百餘尋 見一人雨笠衣 坐其上 別部譟而仰發銃 其人劍揮之

는 대목은 노승이 산문山門 생활이나 불법佛法 공부에 구애된 사람이 아니라는 사실을 단적으로 드러낸다.

또 논평의 경우, 〈기승〉에서 평어는 신기한 검술을 지닌 노승이나 그의 검술 시범에 관해 전혀 언급하지 않고, 다만 기승의 존재와 왜인의 조선 파견 사실에 대한 검증으로 마무리된다. 예를 들어, 『임진록』에 '7인을 분장시켜 조선을 정탐하러 보낸 기록'이 있었는데, 노승이 말한 8인의 승려가 그들이라고 주장한다. 물론 총원總員이 다르긴 하지만, 당시 왜국에서 조선에 정탐꾼을 보낸 사실은 야담 구연은 물론 기록을 통해서도 확인된 셈이다. 그에 비해 〈검승전〉에서는 사부의 인물됨을 논의하여 명철보신明哲保身에는 밝았으되 사람을 알아보는 데 어두웠다고 평하며, 노승은 공명을 버리고 초야에 은거한 협객으로 왜인임에도 기남자奇男子라고 칭한다. 특히, 작품에서는 표제 인물로 노승을 내세웠으나, 논평에서는 노승의 사부인 검사劍師에 초점을 맞춘 것이 주목을 끈다.[35]

이처럼 야담에서 전 양식을 활용한 것이 인정기술과 평어다. 그런데 〈기승〉은 인정기술에서 주인공 노승의 등장과 소개에 앞서 화자인 맹주서孟冑瑞에 관한 설명을 기술하여 두 등장인물이 만나는 계기이자 서사 전개의 복선伏線으로 삼았다. 또 평어에서는 근원 이야

丸輒紛紛雨落 倭益忿環不去 已而 其人騰而鳥下 飛劍往來人肩如草薙]되는데, 이를 통해 사부의 비범한 능력과 검술을 확인할 수 있다.

35 이러한 작품 특성에 대해 정하영 교수는 "〈검승전〉의 작자는 논평을 통해서 작품의 의미와 주제를 밝히고 있다. 이 작품의 의미는 검승劍僧과 검사劍師의 관계를 통해 잘 드러난다. 〈검승전〉은 전쟁의 와중에서 일어난 적대자 사이의 인간적 만남과 교류의 이야기다."라고 말한 바 있다.(전게서 117면 인용) 또 정인혁은 "〈검승전〉은 전임에도 불구하고 입전한 인물에 대해 집중하지 않는 논찬부를 갖고 있다."라고 하였다.(전게서 222면 인용)

기에 대한 의혹과 허구성 여부를 역사 기록물에 근거하여 저자 나름대로 추론하고 결론지음으로써 야담 작품의 또 다른 마무리 방식을 보여준다. 이처럼 야담은 전대 양식을 활용하면서도 다양하게 변개시켜 작가의식을 표출하였다.

(3) 수급비 이야기

『동패락송』 소재 〈조보〉와 〈우온전〉[36]은 등장인물이 수급비水汲婢(또는 酒湯婢)와 우하형禹夏亨으로 설정되어 있으며, 두 사람의 결연을 소재로 하여 뛰어난 지감知鑑과 강인한 생활력을 지닌 여성의 삶을 보여준다. 천한 신분의 그녀가 우하형에게 마음을 준 것은 그의 골상骨相을 보고 머지않아 귀하게 되리라 믿었기 때문이다. 이렇듯 특별한 재능을 발휘하여 상대와 결연하는 여성의 이야기는 야담에서 흔히 보이는 유형으로, 그녀들은 대부분 자신을 희생시켜 어려움에 처한 남자 주인공을 도와주고, 그 보답으로 결연結緣하거나 치부致富하는 등 자기목표를 달성한다. 수급비 역시 주도면밀한 계획과 용의주도한 행동으로 우하형을 현달케 했으며, 결국 천한 신분으로 입전되는 호사를 누렸다.

① 병사 우하형禹夏亨은 평산平山사람이다. 그는 몹시 가난한 무변

36 서경희는 〈조보〉에 등장하는 여성인물 형상에 주목하여 사고와 행동의 독특한 성격을 규명한 바 있다. 즉, 명분보다 실리를 우선시하고, 사회윤리보다 개인의 사상감정을 중시하며, 부富를 귀貴의 수단으로 삼는 현실긍정의 사고방식을 지녔으며, 남성과 대등한 위치에서 여성의 권리를 주장하고 또한 관철시키는 등 새로운 인간형을 제시한다고 했다.(서경희, 「한문단편에 나타난 이조후기 여성상-〈朝報〉를 중심으로」, 『한국한문학연구』 제3권, 한국한문학회, 1978. 227-243면)

으로 관서지방 강변 고을에서 북쪽을 방어하는 수자리를 살았는데, 우연히 퇴기退妓로서 수급비가 된 여자를 얻어 동거하였다.

② 나는 누차 평산平山을 지나다녔다. 평산 동쪽 10리 마당리馬堂里 큰길가에 서향西向한 것이 바로 병사의 묘이고, 그 오른쪽 10여 보에 있는 것이 곧 그 소실의 무덤이다. 행인들이 그곳을 가리키며 지난 이야기를 말하곤 했다. 우씨 집안에서는 지금도 그 서모庶母의 제사를 받든다고 한다.[37]

① 우온禹媼은 이름이 합정合貞으로 관서의 의주義州 출생인데, 평산平山 우하형禹夏亨의 소실이 되었기에 붙여진 호칭이다. 본디 천한 노비의 집에서 태어나 고을의 주탕비酒湯婢로 등록되어 있었다.

② 유종원柳宗元이 마숙馬淑의 묘지명(〈태부이경외부마숙지太府李卿外婦馬淑誌〉-필자주)을 지은 것을 두고 모곤茅坤은 기녀에 대해서는 비지碑誌의 글을 짓지 않는 법이라고 비판하였다. 그렇다면 입전하는 것은 더욱 불가한 일이 아닌가. 그런데 석숭石崇을 위해 죽은 녹주綠珠가 입전된 바 있으며, 관반반關盼盼이 연자루燕子樓에서 지내며 10여일 밥을 먹지 않다가 마침내 죽으니, 이 일을 시詩로 노래하였다. 무릇 평소에 받은 은정이나 감동으로 인해서 일시에 사생결단한 경우, 기려서 노래하거나 전을 짓는다 하여 부당할 것이 없다. 더구나 우온으로 말하면, 지감知鑑이 풍부하고 치산治産에 특별한 재능이 있었다. 기왕에 '자신을 이루고[成己]' 또 능히 '남을 이루고[成人]' 또 최종으로 절조를 이룬 것이다. 위의 두 여성에 비해 훨씬 우뚝하여 견주기도 어렵지 않은가. 그만두어라. 누가 감히 우온은 입전할 대상이 못된다고

37 『동패락송』, 〈朝報〉. 禹兵使夏亨 平山人也 以至窮武弁 往戍北防於關西江邊邑 偶得退妓爲水汲者 與同枕席 ……(中略)…… 余屢過平山 平山東十里 馬堂里大路傍 西向 乃兵使墓 其右十餘步 卽其妾塚 行人指點 而談其事 禹氏至今祀其庶母云.

말하랴. 나의 이 글은 아마도 부끄럽지 않으리라.[38]

두 작품을 비교해 볼 때, 〈조보〉가 〈우온전〉에 비하여 훨씬 서사 편폭이 길면서 자세한 내용을 담고 있다. 특히, 주목할 사건이나 주요한 대목에서는 대화체를 활용하여 서사를 풍부하게 만들었다. 예컨대 수급비가 혼자 사는 장교將校를 찾아가서 몸을 의탁하는 장면에서는 모든 상황을 치밀하게 처리하려는 그녀와 인정에 따라 무난하게 대응하려는 장교의 성격이 대화를 통해 선명히 대비된다.[39] 또 그녀의 죽음을 전후하여 울면서 가재도구를 부탁하는 자부子婦[40]와 장례 및 제사 절차를 결정하는 적자嫡子의 말[41]은 그녀가 우히형 한 사람뿐 아니라 집안에서도 인정받았음을 부각시켰다. 물론 야담과 전이라는 장르별 특성이 다르고, 그에 따라 서사 구성 역시 다른 양상을 보이는 게 사실이다. 그러나 개연성을 띠며 서사가 전개되고,

38 徐瀅修, 〈禹媼傳〉. 禹媼名合貞 關西義州人 而平山禹夏亨之少室也 家故賤隷 籍於州之酒湯婢 ……(中略)…… 論曰 柳宗元銘馬淑 茅坤以倡不應銘法譏之 銘之不可 則傳之愈不可耶 然綠珠爲石崇死而猶立傳 關盼盼居燕子樓 不食旬日竟卒 而詩歌其事 夫以平日之恩愛 感慨取決於一時 尙且歌而傳之無不可 若媼之識能饒鑑 才能饒辦 旣成己 又能成人 而終以成其末節者 視二女 不尤卓然較難已乎 孰敢謂媼之不可傳也 嗚呼 余辭其庶無愧矣.

39 『동패락송』, 〈朝報〉. 厥女卽就鰥居將校之家 將校喜其爲人之不愚迷 要以爲後妻 厥女曰 吾繼君前妻 代掌家産 捧收物件 不可朦朧 須以長件記 錄出家裝器皿幾何 穀物幾何 布帛幾何 照數付我可也 校曰 夫婦邂逅 將期偕老 豈可錄出件記 以相授受 有若致疑者乎 固請 乃依從其言.

40 『동패락송』, 〈朝報〉. 嫡子婦泣而辭之曰 庶母之於吾家 功勞何如 勤勞何如 尊舅下世後 吾將依仰庶母如尊舅 凡於家事 欲一切因舊 而庶母何忍出此言.

41 『동패락송』, 〈朝報〉. 嫡子曰 吾於此賢庶母 不可用世俗待庶之禮 必當三月而葬 別廟而祀矣.

일련의 사건이 마무리되는 방식은 동일하다 하겠다.

야담에서 기존 전 양식을 활용한 측면은 바로 인정기술과 논평이다. 인정기술의 경우, 〈조보〉는 '병사 우하형이 평산 사람'이라는 말로 시작하여 그가 동거한 수급비로 자연스럽게 연결되었다. 그러나 〈우온전〉은 전형적인 전 양식을 취하여 그녀의 이름과 출신, 주탕비에서 우하형의 소실이 된 사실까지 간략히 기술되었다. 두 작품이 인정기술 방식으로 서두를 꺼내지만, 〈조보〉가 우하형에 주목하여 그의 인적사항을 소개했다면, 〈우온전〉은 우온을 주인공으로 삼아 그녀의 인적사항을 기술하고 있다. 남녀 주인공 가운데 한 사람을 택하여 작품 전면에 내세운 것이다.

또 논평의 경우, 논찬은 전에서 작가가 특정 인물을 입전하여 서사를 전개한 다음, 작품 말미에서 인물과 사건에 관해 덧붙이는 평가이다. 이는 야담에도 활용되어 다양한 형태로 부록되면서 작가 의식을 표출하였다. 예컨대 〈우온전〉에는 '그녀가 풍부한 지감과 특별한 재능으로 자신을 이루고[成己], 남을 이루고[成人], 절조를 이루었다[成節]'며 그녀의 남다른 면모를 칭찬한다. 그러나 〈조보〉에는 인물이나 사건에 관한 평가가 기술되지 않고, 이야기를 들은 저자가 평소 자기 경험을 말하는 형식으로 마무리되었다. 사실 천한 신분과 어려운 처지에 감내했던 자기희생적 면모와 목표를 향해 용감히 나아간 그녀의 행동은 앞서 우하형의 아들과 며느리의 말에서 낱낱이 드러났다. 그래서 저자는 평어를 과감히 생략하고 실제 견문한 내용과 세인世人들의 후일담으로 대신한 것이다.

이처럼 야담 저자는 전 양식을 활용하면서도 작품 내용에 따라 남녀 주인공 가운데 한 사람을 택하여 전면에 내세우고, 그를 중심으로 서사를 전개하여 전에서 나란히 보이는 이야기와 차별된 내용을 담기도 했다. 또 전대 양식의 단순 모방이 아니라 그것을 새롭게 변모시켜 인물에 대한 논찬보다는 사건에 대한 세인들의 포폄을 더함으로써 작가 의식을 표출하는 동시에 장르적 특성을 더하기도 했다. 요컨대 전에서 인물 중심의 인정기술과 서사를 야담에서는 사건 중심의 서사로 변용하였으며, 인물에 대한 긍정적 논의와 칭찬 일색인 전의 논찬을 야담에서는 사건에 대한 사실성 여부와 견문한 세인들의 평가로 확대시켰다.

야담에서 전 양식을 활용하여 작품을 구성하는 데 필요한 것은 도입부의 인정기술과 결말부의 평어다. 그런데 이처럼 전에서 인물 중심의 인정기술과 서사를 야담에서는 사건 중심의 서사로 변화시켰으며, 전에서 인물에 대한 긍정적 논의와 칭찬 위주의 논찬을 야담에서는 사건에 대한 사실성 여부와 견문한 세인들의 평가로 확대시켰다. 즉, 야담은 전 양식을 단순히 모방하는 데 그치지 않고 특정 부분을 적절히 활용하는 새로운 서사 방식을 개척했다. 요컨대 야담 저자는 근원 이야기에 '고담'을 언급하고, 평어에 '전기'를 인용하며, 또 '전' 양식을 활용하여 작품화했다. 그렇게 전대 양식을 야담에 적극 수용함으로써 모방에서 창조로 나아가 고양된 서사 의식을 보여준다.

2. 구연과 기록의 넘나듦을 통한 서사 구성

야담은 구두 창작과 기록 과정을 거쳐 완성된, 구연과 기록을 넘나드는 서사 형태라는 것만으로도 흥미로운 한문학 장르다. 그런데 이러한 형태는 조선 후기의 변화하는 시대상과 다채로운 인물상을 담아내기 위한 서사 문학의 필수요건이었다. 새로운 시대와 새로운 사회 그리고 새로운 사람들이 어우러진 이야기는 야담이라는 새로운 장르에 담겨야 했던 것이다. 『어우야담』 소재 몇몇 작품에서 알 수 있듯이, 초기 야담은 민간의 흥미롭고 특별한 이야기를 기록한 단형 서사체로, 사대부 일화가 중심인 필기와 유사한 형태를 보인다.

이후 18세기로 들어서면서 야담은 본격적인 서사 작품 형태를 갖추기 시작했다. 예컨대 구연 단계에서 근원 이야기 속 사건의 인과관계라든가 개연성이 더욱 뚜렷해졌으며, 기록 단계에서 작품에 저자의 평어나 후일담이라든가 견문 과정이 첨부되었다. 특히, 야담 평어는 구연에 기댄 근원 이야기에 기록자의 해석과 평가를 담은, 구연과 기록을 넘나드는 양상을 보여주는 단적인 부분이다. 물론 한 편의 이야기가 구연될 때도 청중의 반응 등 집단적인 비평이 담겼을 테지만, 저자가 기록 과정에 덧붙인 개인적인 평어는 이와 구분된다. 야담 저자는 평어에서 이야기 속 등장인물을 바라보는 시각, 사건을 다루는 관점, 시대를 아우르는 인식까지 여지없이 노출시킨다. 그렇게 함으로써 근원 이야기에 한정된 서사를 작품 전체로 확장시켰다고 볼 수 있다.[42]

42 진재교 교수는 한문서사양식의 변모에 관해 "이조후기에 오면 작가의 입장과 견문의 차이, 기술 태도, 또는 대상 인물과 사건을 바라보는 작가의 시각 등과 같은 다성성多聲性을 수용하면서 허구지향을 드러내며, 구연(이야기)이 서사양식에 광범위하게 들어가 양식의 변모에 영향을 준다."고 했다. 진재교(2002), 전게서 105면 인용.

1) 구연 현장의 생동감 재현

야담 작품은 크게 '근원 이야기[有로 시작, 云으로 종결]'에 '작가 의식[견문 과정, 평어, 후일담 등]'이 보태져서 구성된다. 여기서 근원 이야기는 구연에 해당되는 부분이고, 작가 의식은 기록에 관련되는 부분이다. 그런데 작품 속 근원 이야기는 대개 '○○에 어떤 ○○가 살았는데[有]'로 시작해서 '○○는 ○○했다고 한다[云]'로 종결된다. 이는 1인칭 주인공 시점의 직접 화법이 아니라 3인칭 관찰자 시점의 간접 화법으로, 저자가 근원 이야기와 일정 거리를 유지하면서 야담이 직간접 견문에서 비롯된 서사 구연 형태임을 나타낸다. 예컨대 『잡기고담』와 『동패락송』 소재 작품은 대부분 이러한 형태를 유지한다.43

> ① 몇 년 전, <u>어떤 유명한 재상이</u> 고성군수高城郡守로 있었다. 어느 날 한 벼슬아치가 찾아와 뵙기를 청하는데, 마침 밥상을 받은 때라 군수는 밥상에 있던 홍어탕洪魚湯 한 그릇을 주면서 먹으라고 했다. ……(중략)…… 이때부터 온 집안사람이 모두 홍어洪魚를 먹지 않고, 여러 자손들에 이르러서는 매번 삶거나 구운 홍어를 보면 마음에 놀랍고 편치 않아서 <u>자기도 모르게 눈물을 흘린다고 합니다</u>.44

43 『잡기고담』은 총 24편 가운데 '有'로 시작되는 작품이 16편, '云'으로 끝나는 작품이 9편, '有'로 시작해서 '云'으로 끝나는 작품이 6편이다. 또 『동패락송』은 총 57편 가운데 '有'로 시작되는 작품이 7편, '云'으로 끝나는 작품이 36편, '有'로 시작해서 '云'으로 끝나는 작품이 18편이다. 이로써 살펴보건대 『잡기고담』과 『동패락송』은 '有'로 시작해서 '云'으로 끝나는 작품이 전체의 1/4에 해당되는 것을 확인할 수 있다. 덧붙여 『천예록』은 총 62편 가운데 '有'로 시작되는 작품이 29편, '云'으로 끝나는 작품이 16편으로 집계되었다.

44 『천예록』, 〈高城鄕叟病化魚〉. 頃年 有一名宰 作倅高城 日有品官來謁 適値

② 경성京城에 사는 어떤 양갓집 과부가 재산은 넉넉하고 생김새도 어여뻤다. 그래서 어떤 고용인이 음탕한 마음을 품고 그녀의 재산까지 빼앗을 생각으로 과부의 집안일을 도맡아 하면서 정성껏 봉양하는 척했다. ……(중략)…… 형관刑官이 마침내 고용인에게 장杖을 치며 엄하게 심문審問하니, 과연 그 무고함을 자복하여 과부는 혐의를 벗을 수 있었다고 한다.[45]

③ 영남嶺南에 사는 어떤 사인士人이 말 한 마리와 종 둘을 이끌고 수백 리 노정으로 길을 떠났다. 객점客店까지 못 가서 날이 저물었는데, 멀리 한 외딴 마을에 어떤 양반의 장사庄舍가 있는 것이 보였다. ……(중략)…… 이미 혼례를 올리고 하룻밤을 지낸 뒤에 즉시 권속眷屬을 데리고 돌아왔는데, 내실內室의 행차가 넉넉히 갖추어져 매우 흡족하였으며, 그 집에서 평생 편안히 지냈다고 한다.[46]

④ 어떤 한 역관譯官이 재물을 가벼이 보고 시선施善을 좋아하여 매번 다녀올 때마다 자기 토지를 팔아서 호조戶曹에 갚았으며, 부족한 것은 일가一家에서 채우는 형편이라 일가들이 상사上使에게 청탁하여 그가 가는 것을 막았다. ……(중략)…… 노역관老譯官은 하는 수 없이 전부 싣고 돌아와 호조의 돈을 상환하고도 남은 것이 동료 역관들의 갑절이나 되어 자기 때문에 낭패한 여러 친족에게 나누어주고, 그 자신도 역시 부자가 되었다고 한다.[47]

飯時 倅以飯中洪魚湯一器饋之 ……(中略)…… 自此一門 皆不食洪魚 至於諸子 每見烹炙洪魚 心有所驚疑不安 自不覺垂涕云.

45 『잡기고담』, 〈淸寃〉. 京城有良家婦寡 居饒於財 姿容亦艷 有傭雇生心 幷謀其人財 乃爲婦幹家事 盡誠力以奉之 ……(中略)…… 刑官乃杖傭嚴問 果首服其誣 婦得淸脫云.

46 『동패락송』, 〈阿只氏〉. 嶺南有一士人 以一馬兩奴 作數百里程 行違店日暮 遙望一孤村 有兩班庄舍 駈馬直到門前 寂無人跡 下馬登軒 則塵埃滿壁 極目荒凉 進退莫決 姑爲留坐 ……(中略)…… 旣醮經宿後 卽爲捲歸 內行純備甚宜 其家穩度平生云.

> ⑤ 광해군光海君 때 한사漢師에 어떤 한 큰 상인이 항상 북경北京을 오가며 장사를 했다. 그러나 호탕하고 방종하여 돈을 낭비하여 평안감영平安監營에 은자 7만 냥을 빚졌다. ……(중략)…… 안찰사按察使가 크게 기이하게 여겨 감탄하기를, "이 사람은 참으로 큰 영웅일세. 내가 사람을 잘못 본 게 아니었군." 하고는 당시 집권자인 재상에게 천거하여 누차 진장鎭將을 역임했다고 한다.[48]

인용문은 전대의 『천예록』에서부터 18세기 4종의 야담집에 실린, '유有'로 시작해서 '운云'으로 종결되는 대표적인 사례를 든 것이다. 그런데 ①-⑤를 자세히 살펴보면, 근원 이야기의 배경으로 설정된 시대[광해군 등]나 장소[고성, 경성, 영남, 북경 등]는 구체적으로 명시된 반면, 등장인물에 대해서는 개략적으로 언급되고 있음을 알 수 있다. 예를 들어, 남녀 주인공의 타고난 신분[양반, 선비 등]이라든가 현재 사회적 지위[재상, 과부, 역관, 상인 등]만 기록되었을 뿐 실제 인명이 거론되지 않은 것이다.

그런데 야담은 왜 이런 방식으로 이야기를 시작하고 마무리했을까? 그것은 구연 현장에서 이야기꾼들이 하던 방식을 그대로 보여주는 듯하다. 구연자들은 민간에 유행하던 이야기를 수집하고, 그것을 일부분 고치고 다듬어서 청중에게 다시 들려주곤 했다. 물론 자신이 직접 경험한 이야기가 종종 섞여들 수도 있지만, 대부분 간접 경험

47 『삽교만록』, 〈北京丐者〉. 有一譯官 輕財好施 每行 賣庄土 以償戶部 不足則取足於宗族以償 故宗族爲之請於上使 ……(中略)…… 老譯官不得已盡載而歸 既償之戶部 而所餘盖倍於同僚 乃以分諸宗族之由己而破業者 己亦爲富家云.

48 『학산한언』, 〈큰 상인〉. 光海時漢師 有一大賈 常行廢着於北京 而豪縱浪費 負西關巡營 銀七萬兩 ……(中略)…… 按使大異之 歎曰 此眞大英雄也 吾不失人矣 薦之宰執 累歷鎭將云.

을 통해 견문한 내용이기에 처음부터 그러한 방식을 취하고 유지할 수밖에 없었을 것이다. 또 기록자가 다양한 이야기를 자유롭게 구사하기 위해 제3자의 입장을 취하는 것이 더 편했을지도 모른다.

앞서 살펴본 것처럼 근원 이야기에서 무명인이 등장할 때는 '유有'로 시작되지만, 실명이 거론되는 이야기에서는 '유有'가 생략된 경향을 보인다. 특히, 『학산한언』에서 이런 경향이 두드러지는데,[49] 소재 작품 중 대다수 이야기에 실명實名이 거론되며, 이야기에 관련된 시공간적 배경은 물론 등장인물의 특성이 개략적으로 기술되었다. 이러한 서술 방식은 전대 필기 또는 전에서 인정기술에 해당되는 부분과 같은 맥락으로 보인다. 따라서 무명인無名人의 이야기를 채록한 야담의 경우, '유有' 또는 '운云'을 사용한 것은 '누가 ~ 그랬다더라'는 제3자의 구연적 면모를 담아낸 방법이라 할 수 있다.

그런데 『잡기고담』 소재 〈환처宦妻〉와 〈치농癡儂〉, 그리고 〈곤경困境〉 등은 또 다른 방식의 구연 특징을 보여준다.

> ① 호서지방 공주公州에 구리내[銅川]라고 불리는 큰 마을이 있는데, 그 마을에 어떤 옹희翁姬가 살고 있었다. ……(중략)…… "그 뒤에 이 마을로 이사 와서 전장田庄을 경영하며 함께 산 지 50여 년입니다. 그 동안에 아들딸을 낳아 길러 자손이 성행하고, 곡식이 창고에 가득하며, 소와 말도 마구간을 채우니, 그 중[僧]이야말로 두터운 복福을 받은 자가 아니겠습니까?" 이윽고 사람들이 다시 한바탕 웃었다.[50]

49 4종의 야담집 가운데 『삽교만록』은 기술 방식에서 전형적인 필기와 한문단편으로 분명히 구별되나, 『학산한언』은 간혹 야담적 특징을 지닌 필기와 필기적 특징을 보이는 야담이 혼재되어 그 구분이 모호한 작품도 많다. 그런데 실존 인물이 등장하는 경우, 대부분 '有'가 생략되어 나타난다.

② 어떤 젊은 서생書生이 임금님의 거둥 행차를 보러 갔다. 모두 세 사람의 친구가 도로 왼쪽에 서 있었는데, 사람이 너무 많이 모였다 흩어져 돌아가는 길이라 동반한 친구를 잃어버린 채 머뭇거리고 있었다. ……(중략)…… 서생은 멍해졌다가 크게 깨닫고는 손뼉을 치며 탄식하는 것이었다. "과연 그렇군, 과연 그래. 내가 그걸 깨닫지 못했구먼." 사람들이 모두 포복절도抱腹絶倒하였다.[51]

③ 어떤 젊은 선비가 먼 고을에 관리를 지내는 아버지를 뵈러가기 위해 경사京師에서 길을 떠났다. 지나는 길에 한 마을에서 날이 저물어 쉬면서 하룻밤 묵어가기로 했다. ……(중략)…… 할멈은 힘껏 손을 내지르고 발로 땅을 구르며 소리쳤다. "무뢰한 사람이구먼. 네가 나를 몰래 겁박하여 첩으로 삼아놓고, 이제는 시아버지에게 분상奔喪하는 것도 허락하지 않느냐?" 이렇게 고함치고 욕하기를 그만두지 않았다. 길 가던 자들이 깜짝 놀라며 웃음을 터뜨렸고, 그 말을 들은 자들 역시 포복절도하였다.[52]

세 편의 근원 이야기는 모두 구체적인 실명이 거론되지 않은 남녀 주인공이 등장하는 것으로 이야기가 시작된다. 그리고 남녀 주인공의 말과 행동으로 인해 주변 사람들이 한바탕 웃음을 터뜨리는 것으

50 『잡기고담』, 〈宦妻〉. 湖西公州有大村 名銅川 村中有翁姬居焉 ……(中略)…… 其後移接於此村 廣營田庄 同居五十餘年 生男育女 子孫盛行 穀粟滿庫 牛馬盈廐 厥僧豈非厚福者乎 仍復大笑.

51 『잡기고담』, 〈癡儂〉. 有年少書生 爲瞻動駕 偕數三儕友 立於道左 人叢紛還 失其同伴踽踽焉 ……(中略)…… 生怳然大悟 拍手歎曰 果然果然 吾正不覺也 人皆絶倒.

52 『잡기고담』, 〈困境〉. 有年少士子 其父爲遠邑守宰 自京省覲 路經一村 因日暮止宿 ……(中略)…… 媼極力相掙 滾於土中 而呼曰 無賴子 汝潛刦我爲妾 而今不許奔舅喪耶 叫罵不已 路傍過者 莫不駭愕齒冷 聞之者 亦莫不絶倒.

로 이야기가 마무리된다. 그런데 이러한 서두와 결말은 모두 구연 현장의 분위기를 고스란히 전달하는 대목이다. 예컨대 ①에서 시골에 사는 할멈, ②에서 친구들과 놀러 나간 젊은 서생, ③에서 먼 고을로 아버지를 뵈러가는 젊은 선비는 모두 당시 주변에서 쉽게 마주치는 인물이다. 또 그들의 성명을 모르는 것이 서사 전개에 아무런 영향을 주지 않으며, 구연이나 기록 과정에서도 청자나 독자의 이해와 흥미를 해치지 않는다.

이렇게 시작된 이야기는 흥미로운 내용과 즐거운 분위기를 유지하며 사람들에게 한바탕 웃음을 제공한다. 그런데 여기서 웃음은 근원 이야기 안팎을 넘나들며 유쾌한 분위기를 지속시킨다. 하나는 근원 이야기 속 사건 현장에서 터지는 남녀 주인공 주변인들의 웃음이고, 다른 하나는 근원 이야기를 견문한 기록자 주변인들의 웃음이다. 예컨대 ①에서 뻔뻔스러운 옹희의 마지막 말을 들은 사람들, ②에서 어리석은 서생이 뒤늦게 사태를 깨닫는 것을 본 사람들, ③에서 어처구니없는 할멈의 언행을 보고 들은 사람들은 모두 이야기 속 주변인이다. 또 각 이야기가 구연되는 현장과 기록된 문헌을 견문하는 사람들은 이야기 밖 주변인이라고 할 수 있다. 위 인용문에는 제시되지 않았으나, 구연을 경험한 청자와 기록을 견문한 독자는 엄연히 존재했다. 이처럼 근원 이야기는 구연과 기록을 넘나들며 흥미롭게 서사화 되었으며, 야담 작품에는 그 흔적이 고스란히 담겨 있다.

야담 작품의 화자가 구연자처럼 이야기판의 분위기를 유지하는 경우도 보인다. 예컨대 『잡기고담』에 실린 〈환처宦妻〉 같은 경우에는 한양에서 공주를 오르내리며 전장을 관리하는 선비에게 자신의 과거를 들려주는 옹희가 이야기 속 주인공이자 야담 작품의 화자에 해당된다. 그녀는 평소 '익살스럽고 재미난 이야기를 잘하는[滑稽善談笑]'[53] 한마디로 타고난 이야기꾼이다.[54] 그런 그녀가 자기 경험을 털어놓으려 하자, 옹翁은 '망령 든 할망구'라고 눈을 흘기며 만류한다.[55] 아니나 다를까. 그녀는 이야기의 실마리를 '젊어서 산승山僧과 화간和奸을 했다'는 말로 풀어내기 시작한다. 이쯤 되면 강담사講談師를 해도 좋은 실력이다. 옹희는 선비에게 결정적인 한마디를 던짐으로써 상대의 호기심을 자극하여 흥미를 유발시킨 것이다.

> 어느 날 저녁에 생生은 영감 할멈과 함께 등잔불 아래에서 이야기를 나누고 있었다. 그런데 할멈이 영감을 힐끗 보고는 미소를 지으며 말했다. "늙은 몸이 소싯적에 일찍이 산승山僧과 화간和奸을 했는데, 산승의 태도가 무척 우스꽝스러웠답니다." 그러자 영감이 흘겨보며 화가 나서 말하기를, "망령 든 할망구가 또 해괴한 말을 하고 싶구먼." 하며 자못 부끄럽고 겸끄러워하는 기색이 역력했다. 생이 그에게 우스운 곡절

53 전대『어우야담』에 실린 김인복金仁福이라는 인물도 '구변이 좋고 우스갯소리를 잘하기[有口辯善詼諧]'로 유명했다. 〈김인복의 입담〉에서 그가 갓끈을 너무 짧게 매어서 웃느라 갓끈이 끊어진 가난한 선비에게 쏟아내는 한바탕 언변은 구연자로서 그의 능력을 유감없이 보여준다.

54 『잡기고담』, 〈宦妻〉. 湖西公州有大村 名銅川 村中有翁姬居焉 家極饒 有子四五人 皆爲官將校 翁亦以貲受堂上帖 玉圈紅絛 稱長於隣里 有京城士子 田庄在湖右 逐歲往來 路經銅川 常主翁家 翁姬見生至 輒迎接款待 爲酒鷄以進之 情甚親熟 姬年雖老 顔貌白晳 肥膚豊膩 滑稽善談笑 間以諧謔 極有風度.

55 이처럼 노부부가 서로 밀고 당기며 자기네 이야기를 시작하는 대목은 동시대 유만주兪晩柱가 쓴 〈기여산점옹사記礪山店翁事〉의 서두에도 보인다. 다만 영감이 적적함을 달래고자 이야기를 꺼내고, 할멈이 저지하는 상황이 〈환처〉와 대조된다. 兪晩柱, 『通園遺藁』, 〈記礪山店翁事〉. 客有南遊者 宿於礪山店舍 一翁一媼在焉 客雨滯三日 引翁使傳奇以慰寂 翁曰 不必傳他人奇 請以目經 某某郡人小頗不庸 娶於同郡女 女卽彼媼也 媼遽止之曰 毋 翁若不聞續曰 彼媼也少有色.

> 이 있음을 눈치 채고 역시 웃으며 말했다. "아주머니, 이게 무슨 말입니까? 제법 놀랍고 들을 만한 이야기겠죠." 그러자 할멈이 크게 웃으며 영감에게 말했다. "당연히 설파說破해야겠지요?" 영감은 외면하며 대답했다. "자네가 말하고 싶으면 말해야겠지." ……(중략)…… "날이 저물어 저녁이 되자, 나는 부엌에 들어가 새색시가 할 일을 했지요. 이날 밤 중과 함께 새벽까지 온전히 합궁合宮하니, 산승은 처음으로 참맛을 알았고, 둘이서 미칠 듯이 좋아서 정말 기절할 뻔했지요." 영감이 옆에서 똑바로 쳐다보며 말했다. "부끄러움도 없구먼." 할멈이 처음에 말을 시작할 때부터 이야기하다가 웃고, 웃다가 또 이야기했는데, 강제로 혼인하는 즈음에 이르러 영감이 입에서 성난 소리를 냈다. 그러나 할멈이 매번 두 손을 흔들며 웃기자, 영감도 어쩔 수 없이 또한 웃고 말았다.[56]

여기서 그녀의 말에 장단을 맞춰주는 또 한 사람이 등장하는데, 바로 마주앉은 선비다. 그는 말을 꺼내면서도 망설이는 옹희를 '아주 신기한 이야기를 들려줄 것 같다'며 부추겨 그녀가 속내를 털어놓도록 만든다. 이는 구연 현장에 두 부류의 청중이 있었음을 짐작할 수 있는 대목으로, 극단적인 이야기는 하지 말라는 사람들과 신기한 내용을 빨리 들려달라는 사람들이 팽팽하게 대치하면서 이야기판의 긴장감을 고조시킨다. 아직 옹희의 이야기는 본격적으로 시

56 『잡기고담』, 〈宦妻〉. 一夕 生偕翁姬 敍話於燈下 姬忽睨翁 微笑曰 老身少也曾與山僧和奸 僧之態 甚可笑也 翁仄目而嗔曰 妄老姬 又欲發怪駭話 頗有羞澁之色 生揣其有可笑委折 亦笑曰 姬是何言 頗駭聽聞 姬大笑語翁曰 當說破乎翁面外而答曰 汝欲言則言之 ……(中略)…… 日旣夕 入廚中 作新嫁娘任職 是夜與僧達宵穩會 山僧初嘗珍味 雙樂欲狂 眞堪絶倒也 翁在傍直視曰 無恥 姬自初發言 說而笑 笑又說 語及劫婚之際 翁隨口發嗔 而姬輒揚手而謔之 翁亦奈何亦笑.

작되지 않았으나, 이미 형세는 구연자가 청중을 쥐락펴락하는 데[57] 이르렀다.

애초 익살스럽고 재미난 이야기를 잘하는 옹희와 달리, 옹은 자기 과거를 서술하는 데 익숙지 못한 인물이다. 특히, 산승이었던 자신이 그녀를 만나 강제로 혼인하는 장면과 이후 본가本家로 돌아가 첫날밤처럼 합궁하는 장면에서는 여지없이 민망해하며 그녀를 나무란다. 그러나 옹희는 매번 그를 어르고 달래며 어색하고 부끄러운 분위기를 해소시키고 이야기를 계속한다. 이처럼 구연 현장에서도 구연자가 결정적인 말로 청중의 호기심을 자극하고, 그에 맞서는 부류까지 두루 포섭하여 서사를 전개하며, 결국 만류하던 사람들도 차츰 이야기에 녹아들어 서사에 함께 공감하고 동참하도록 만들었을 것이다.

이밖에 적절히 인용된 속담俗談도 구연의 흔적을 짐작할 수 있는 부분이다. 야담에서 근원 이야기 속 등장인물은 자기 처지나 주어진 상황을 적절한 속담에 비유하는데, 이는 특히 『동패락송』[58]에서 자주 목격되며, 인물 간 대화에서 주로 포착된다. 따라서 추측건대 하나의 이야기가 만들어져 이야기판에서 구연될 때, 민간에 소통되고

57 이러한 분위기는 조수삼趙秀三의 『추재기이』 소재 〈전기수傳奇叟〉에 고스란히 담겨 있다. 당시 한양의 번화가에서 전기傳奇를 읽어주던 노인은 '소설을 읽다가 몹시 들을 만한, 가장 긴장되고 중요한 대목에 이르면 갑자기 입을 다물고 아무 말도 하지 않아, 사람들이 그 다음 대목을 듣고 싶어서 다투어 돈을 던지게 만든다(夫至最喫緊甚可聽之句節 忽默而無聲 人欲聽其下回 爭以錢投之曰 此乃邀錢法云)'고 했다.

58 『동패락송』 소재 〈염鹽〉·〈수원이동지水原李同知〉·〈유기장서柳器匠壻〉 등에서 보인다. 이는 본장 3절에서 자세히 분석할 예정이므로 여기서는 구연 과정에 구현된 서사가 기록으로 연결되면서 서사에 진전을 가져온 정도만 기술한다.

유행하던 속담을 서사에 삽입한 것이다. 그 결과 속담은 서사에 구연의 묘미를 더하면서 청중의 공감을 이끌어낸다. 즉, 야담 기록자는 이처럼 구연 현장의 분위기를 최대한 살리고자 노력했으며, 그러한 작가 의식은 서사를 현장감 있고 생동감 넘치는 형태로 진전시켰다.

2) 기록 과정의 사실성 검증

구연 현장의 이야기를 기록하면서 야담 저자들은 작품에 또 다른 서사 방식을 도입하는데, 그것은 근원 이야기를 어떻게든 의미화시켜 자기 명분과 작가 인식을 피력하려는 의도에서였다. 근원 이야기가 단지 흥미로운 이야기로 존재해서는 별다른 가치가 없었기에, 그것을 나름대로 해석하고 의미와 가치를 부여하는 방법을 모색했던 것이다. 그래서 자신이 채록한 이야기가 실존 인물의 실제 사건이었음을 증명하는 근거로 견문 과정과 그에 관련된 인물을 밝혀두었다. 또 이야기 속 등장인물과 관련 사건에 대한 후일담을 기술하여 또 다른 증거 자료로 삼았으며, 평어를 활용하여 이야기의 주제를 강조하는 동시에 서사 기록 형태를 또 다른 자기 경험으로 내면화시켰다.

구연과 기록을 넘나드는 야담 작품에서 평어는 온전히 기록자의 몫[59]에 해당된다. 전대 『천예록』은 두 편의 근원 이야기를 기술하고

59 야담은 구연 및 서사에 무게를 두면 근원 이야기가 중요하고, 기록에 초점을 맞추면 저자나 편자의 인식과 의도가 의미 있어진다. 그러나 어떤 조건을 붙이든 근원 이야기가 야담의 중심이며, 서사에 야담으로서 가치를 부여할 수밖에 없다. 이러한 전제하에 근원 이야기의 연장선상에서 평어를 기록자의 몫으로 설정한 것이다.

나서 두 작품을 아울러 평어를 부록하는 독특한 작품 구성 방식을 보이며, 이는 18세기를 뛰어넘어 후대 『동야휘집』에서 다시 확인된다. 18세기에는 4종의 야담집 가운데 『잡기고담』에서 집중적으로 평어가 덧붙어 그 계보를 이었으며, 나머지는 필요에 따라 간혹 평어가 부록되었다. 그러나 『청구야담』을 비롯한 후대 야담집 소재 작품은 평어 없이 근원 이야기만 기록된 형태이므로 평어는 18세기 야담에서 두드러지는 특징이라고 할 수 있다.

평어는 저자가 근원 이야기 속 인물과 사건에 대해 직간접적으로 평가하는 방식에 따라 세 가지 유형으로 나뉜다. 첫째, 저자가 직접 자기 의견을 주장하는 것으로, 대부분 평어가 여기에 해당된다. 둘째, 일반적인 사람들의 생각을 언급하고 다시 저자의 의견을 적는 것으로, 객관적인 생각과 주관적인 의견이 공존하며, 흔히 근원 이야기 앞뒤에 나란히 붙는다. 셋째, 다른 사람의 의견으로 자기주장을 대신하는 것으로, 저자는 남의 입을 통해 넌지시 의견을 피력한다. 또 평어가 부록되는 위치에 따라 세 가지 유형으로 나뉜다. 근원 이야기 앞에 붙는 전평어前評語, 뒤에 붙는 후평어後評語, 앞뒤에 나란히 붙는 전후평어前後評語가 있다. 일반적으로 가장 흔한 평어 부록 방식은 저자가 직접 자기 의견을 제시하며 근원 이야기 뒤에 붙이는 것이다.

『잡기고담』에 실린 작품을 예로 들면 다음과 같다. 첫째, 〈치농癡儂〉은 저자의 개인적인 비평으로 작품이 마무리된다. 그런데 아낙의 노골적인 유혹을 알아차리지 못한 유생은 어리석은 사람이 아니라 순수한 마음을 솔직하게 드러낸 것일 뿐이라고 평가하여, 다른 시각과 관점으로 이야기를 해석한다. 둘째, 〈곤경困境〉은 서두에서 일반적인 사람들의 생각을 언급하고, 말미에서 다시 주관적인 비평을 더한다. 이처럼 서사의 핵심 내용을 간략히 제시하며 이야기를 시작하고, 다시 저자의 의론과 평가를 덧붙여 전개된 서사를 수렴하며 작품을 마무리한다. 셋째, 〈환처宦妻〉는 이야기를 공유한 주변 사람들의 비판과 평가를 기록하여 평어로 삼는다. 저자는 제3자의 다양한 논평으로 자기 생각을 대신한 것이다.

특히, 『잡기고담』에는 근원 이야기에 다양한 방식으로 평어가 부록된다. 예컨대 작품 말미에서 저자가 직접 자기 의견을 주장하거나 타인이 논평한 내용을 옮겨 적은 후평어, 작품의 서두에서 일반적인 내용을 언급하고 말미에서 다시 저자의 주관적인 평가를 덧붙이는 전후평어 등이 있다.[60] 임매任邁는 거의 모든 인물과 사건에 대해 주관적인 생각을 피력하는데, 서두에서 평범한 사람들의 생각이나 세상의 가치관을 언급하고, 말미에서 다시 주관적인 비평을 더하는 전후평어는 다른 야담집과 뚜렷이 구별되는 특징이다.

전후평어는 도입부에서 전체 이야기와 관련된 일반적인 세태나 자기 의견을 간단히 언급하고, 말미에서 등장인물의 행위나 세상 사람들의 반응 등을 비평 형식으로 아울러 기록한 것이다. 예컨대 〈곤경困境〉은 전후평어가 부록된 작품으로, 세상에 전하는 말로써 이야기를 시작하는데, 저자가 서두에서 굳이 그처럼 언급하는 까닭은 이어지는 내용이 여기에 딱 맞아떨어지기 때문이다.

60 『잡기고담』 총 24편 가운데 〈수기數奇〉와 〈담명談命〉 2편을 제외한 22편에 평어가 부록되어 있으며, 전후평어가 부록된 작품이 〈기노奇奴〉·〈도재상盜宰相〉·〈발간發奸〉·〈보은작報恩鵲〉·〈면화免禍〉·〈곤경困境〉 6편으로, 전체 작품의 1/4이나 된다.

> 전하는 말에 '남자는 예순 살에도 호색好色을 그만두지 않는다.'고 하였다. 그런데 세상에는 간혹 보통의 부녀자 중에 늙어서도 수치를 모르는 자가 있으니, 무척 가소로운 일이다. ……(중략)…… 나는 사람의 '곤경困境'이란 모두 스스로 취한 것이라고 생각한다. 만약 젊은 유생이 소년으로서 삼가야 할 경계를 지켰더라면 어찌 이런 일이 벌어졌겠는가. 인가人家의 자제들은 마땅히 이를 보고 경계로 삼아야 한다. 만약 이것을 모든 일에 적용시켜 한 걸음을 내딛는 순간에도 개미집을 보호하듯 조심스레 행동한다면, 눈앞에 펼쳐진 길은 탄탄대로일 것이다.[61]

남자는 아무리 늦은 나이라도 호색을 그만두지 않는다는 말이 세상에 전해지지만, 간혹 나이든 부녀자로서 이에 못지않은 짓을 하고도 부끄러운 줄 모르는 사람도 있다고 저자는 말한다. 이는 본격적으로 이야기하기에 앞서 독자의 호기심을 자극하며 뒤에 어떤 이야기가 서술되는지를 짐작케 한다. 아니나 다를까. 젊은이를 겁박하여 능욕하고도 오히려 큰소리치며 재차 곤경에 빠뜨리는 할멈이 등장한다. 야담에서 근원 이야기가 구연에 가깝다면, 평어는 기록에 해당되는 과정이라고 할 수 있다. 그러나 작품 서두에 보이는 전평어는 이어지는 서사의 연장선에 놓여 구연을 견인한다. 따라서 그것은 구연과 기록의 교차점에 놓인다고 하겠다.

이야기 속 젊은 유생은 또래 처녀를 탐내다가 할멈에게 들켜서 능욕을 당하고 풀려나는데, 이후 부친상父親喪에 할멈이 며느리를 자

61 『잡기고담』, 〈困境〉. 傳曰 男子六十 好色未已 世或有常賤婦女 老而彌恥者 甚可笑也 ……(中略)…… 余以爲人之困境 皆自取之也 若使生謹守少年之戒 則寧有是哉 人家子弟 當視此爲戒 推之萬事 無不跬步之頃 折施蟻封 則眼前路逕 無非坦塗.

처하며 찾아와서 다시 곤경에 처한다. 근원 이야기 내용을 축약해 놓은 듯한 전평어는 일반적인 세태를 반영하며 기록자의 집필 의도를 드러낸다. 그리고 이야기 뒤에 '곤경이란 스스로 취한 것'이라는 후평어를 덧붙인다. 여기서 저자는 젊은 유생이 곤경에 처한 것은 결국 자기 잘못이며, 매사 경계하고 조심하는 사람의 앞길은 탄탄대로일 것이라고 주장한다.

이처럼 『잡기고담』에는 이야기 전후에 나란히 평어가 덧붙여지기도 한다. 먼저 표면상 전평어는 작품 내용의 핵심을 간략히 제시하며 이야기를 시작하고, 후평어는 이야기에 대한 저자의 평가로 작품을 마무리한다. 또 내용상 전평어는 이어지는 서사에 영향을 미침으로써 구연에서 자유롭지 못하며, 후평어는 이야기 속 등장인물과 사건을 매개로 사회 전반에 대한 저자의 생각과 주장을 펼쳐 독자의 이해와 공감을 유도한다. 따라서 전후평어는 구연과 기록의 교차점에서 근원 이야기의 서사를 자연스럽게 연결시키고 저자의 논의를 전개하거나 수렴시키는 데 기여한다.

이와 달리 한두 작품의 경우에는 근원 이야기를 공유한 주변 사람들의 비판과 평가를 기록하여 평어로 삼기도 했다. 예컨대 〈환처〉는 근원 이야기를 들은 사람들의 반응을 기록함으로써 저자의 의견을 직접 노출시키지 않으면서 평어를 대신한다.

> 내가 예전에 몇몇 손님과 함께 이 이야기를 웃음거리로 삼은 적이 있었다.
>
> 어떤 손님이 다음과 같이 말했다. "남녀 정욕의 사특함은 본디 사람의 형기形氣에서 나오는 사사로움으로 없을 수가 없는 것이다. 지금 내시의 아내를 보면 더욱 어려운 일이다. 대개 들어보면 내시의 탐욕은

보통 사람보다 갑절이나 되며, 잠자리에서 광탕狂湯함이 특히 심한데, 욕정이 불꽃처럼 일어나지만 이를 배설하지 못하니, 끌어안고 뒹굴거나 심지어 살갗을 깨물기도 한다. 이러한 때를 당하면, 비록 옛날 정숙한 여자가 예로써 자신을 단속한 경우라도 어찌 '제 마음은 오래 된 우물물과 같습니다.'라고 말하겠는가. 그 사람이 도망쳐서 남을 따라갈지라도 음분淫奔이라고 가혹하게 책망하기는 어렵다."

그러자 한 사람은 다음과 같이 말했다. "국초國初에는 일찍이 내시가 장가드는 것을 금지했으나, 후대로 내려오면서 자연스레 중간에 사라져서 다시 관여하고 규제할 수 없게 되었다. 지금은 장가들지 않는 자가 없고, 또 더하여 첩까지 두는 자도 간혹 있다. 이 여자가 스스로 말한 것을 살펴보니, 그 원망스러운 마음과 우울한 기운이 천지조화를 손상시키기에 족하다. 나라에서 예전에 금지한 것을 다시 분명히 밝히고, 집안에 숨겨둔 여자를 모두 적발해내어 젊은 중들과 짝지어 준다면, 남녀가 각자 소원을 이루고 나라에도 정역丁役이 보태지는 이익이 생길 것이다."

또 한 사람이 다음과 같이 말했다. "옛날에 탁문군卓文君이 과부로서 사마상여司馬相如를 따라 도망갔던 일은 오늘날에 풍류화본風流話本이 되었다. 지금 이 여자의 행적은 비록 사분私奔일지라도 원래 절개를 잃은 것이 아니고, 사태가 지극이 방일放佚하나 실제로 쫓아갈 사람을 선택하였으니, 탁문군과 비교해도 오히려 낫다고 하겠다."

사방에 앉아 있던 사람들이 배를 잡고 웃었다.[62]

62 『잡기고담』, 〈宦妻〉. 余嘗與數客 共談此說以資笑噱 客曰 男女情慾之慝 固人之形氣之私 所不能無者 至於閹宦之妻 尤有難焉 蓋聞閹者之耽 倍於恒人 枕席之間 狂湯特甚 慾火熾發 而無以散泄 則摟抱宛轉 幾至噬嚙肥膚 當此之時 雖古貞女以禮自持者 安能曰 妾心古井水也 其逃出從人 有難苛責以淫奔也 一人曰 國初曾有內侍娶妻之禁 而降自中棄 不復關制 今則無不娶妻 又加以姬妾者 間有之矣 觀此姬之所自敍 則其怨曠之恨 幽蔚之氣 足以感傷天和者 國家宜申明舊禁 而悉發其所家畜者 給配於年少僧徒 則男女各適其願 而國家亦有添

저자는 내시의 아내가 중과 결연한 이야기를 사람들에게 우스갯거리로 들려주었다가 뜻밖에 다양한 논평을 얻었다. 한 사람은 "내시의 아내가 성생활이 불가능한 남편에게서 도망친 것을 음분淫奔이라고 책망할 수는 없다."고 말하며, 또 한 사람은 "내시의 축첩蓄妾을 풀어 젊은 여성을 연소한 중들과 짝을 지어 주면 나라에도 유익함이 생긴다."고 말하며, 또 다른 사람은 "내시의 아내는 스스로 배우자를 선택하여 결연했으니 탁문군卓文君 보다 낫다."고 말한다. 논의의 초점이 미시적인 관점에서 이야기 속 주인공들의 언행을 포폄하는 데 머물지 않고, 거시적인 관점으로 당대 성 소수자인 내시와 중의 혼인제도에까지 나아간 것이다. 이는 동일한 이야기를 각기 다른 시각에서 평가한 것으로, 세 사람은 각자 개인적·사회적·국가적 측면에서 내용을 분석하고 결론을 내렸다. 그리고 저자는 제3자의 논평으로 넌지시 자기 생각을 내보인 셈이다.

여기서도 구연과 기록이 넘나드는 양상을 발견할 수 있는데, 먼저 근원 이야기 속 화자인 옹희가 자기네 부부의 결연 과정을 선비에게 들려주고, 또 누군가 그 이야기를 청중에게 들려주는데, 청중은 저자를 비롯해 세 사람의 논평자를 가리킨다. 이렇게 1차적으로 자기 경험을 직접 전달하거나 2차적으로 그것을 간접 견문하는 단계는 모두 구연 과정에 해당된다. 그리고 이후 구연 현장에 동석했던 저자가 세 사람의 의견과 주장을 수렴하여 대신 들려주는 것은 근원 이야기 밖에서 이루어진 또 다른 구연 방법이라고 할 수 있다. 요컨대 이 모든 말하기 과정은 단계별로 서사화 되고, 저자의 기록을 거

丁之益矣 又一人曰 昔卓文君 以寡婦私奔馬卿 至今爲風流話本 今此姬跡雖私奔 元非失節 事極放佚 實擇所從 較之卓女 固爲勝之 四座捧腹.

쳐 작품으로 완성된 것이다.

3) 구연과 기록을 넘나드는 서사

야담의 구연적 특성을 임매任邁만큼 잘 아는 저자도 드물었던 듯하다. 임매는 〈기노奇奴〉에서 야담이 구연 과정에서 어떤 경로로 어떻게 변하는지 탐색했으며, 당시 전해지던 두 근원 이야기를 나란히 비교 기록함으로써 그 과정을 꼼꼼히 추적한다. 다음 인용문은 구연과 기록을 교직交織하는 시점에 저자의 서사 의식을 파악할 수 있는 대목이다.

> ① 내가 일찍이 이 이야기를 몇 사람에게 들었으나, 전하는 내용이 각기 달랐다. 이른바 계해년癸亥年 공신功臣 아무개 공이 혹 연양延陽 이공李公이라고도 하고, 혹 원평原平 원공元公이라고도 하여 누구인지 알 수 없으며, 나도 누구라고 칭할 수 없다.[63]
>
> ② 무인도에 있는 논밭에 대한 이야기가 사실인지 아닌지 모르겠지만, 만약 그렇다면 과연 그 공신이 원평군原平君이란 말인가. 이것 역시 상세하지 않다. 또 저 종도 영웅의 안목을 지녔는데, 어찌 기미를 알아채지 못하고 직접 그 얼굴을 보며 일러준 뒤에 알았겠는가. 이는 결코 사실과 맞지 않음을 알았으므로 내가 취하지 않았다. 그 전후로 한 일을 보면 실로 기이하기 그지없다. 변화무쌍한 행적을 그리는 데 혹 지나친 말도 있으나, 〈도화원기桃花源記〉의 무릉武陵 어부나 〈자허부子虛賦〉의 자허子虛 같은 부류가 아니니 살펴볼 만하다.[64]

63 『잡기고담』, 〈奇奴〉. 余嘗聞此說於數人 而傳之各異 其所謂癸亥功臣某公者 或云延陽李公 或云原平元公 未知定爲何公 余固不得以稱焉.

64 『잡기고담』, 〈奇奴〉. 海島田庄之說 姑未知其虛實 而若然則 果是原平耶 此

③ 내가 이미 이 이야기를 기록했지만, 또 어떤 사람이 연양군延陽君의 가노家奴 아무개에 관한 다른 사건을 전해 주었다. 이 이야기와 대동소이大同小異한데, 처음과 끝이 전혀 달랐다. 두 이야기가 각기 서로 전해지면서 오래될수록 점점 와전訛傳되어 하나로 합쳐진 것이 아닌가 한다. 그러나 그 이야기는 연양군의 방계傍系 후손에게 직접 들은 것을 내게 전한 것이라 더욱 확실하고 믿을 만하므로 아래에 적는다.[65]

④ 내가 이 이야기를 듣고 그 전에 들은 것과 비교해 보았다. 어떤 사람은 종을 안방에 불러놓고 물은 사람이 원평군이라고 했는데, 이 이야기에 근거하면 사실이다. 또한 문 앞에서 계략을 가르치고 무인도에 곡식을 쌓아둔 것은 연양군의 가노가 한 일이라고 하는 자도 있으니, 이에 근거하면 사실과 어긋난다. 하지만 元氏의 집이 무인도의 전장田庄에서 참깨[芝麻]를 거두어들인다는 것은 많은 사람이 전하는 사실이다.[66]

⑤ 그렇다면 이 이야기는 한 사람의 이야기가 아니라 두 사건에 대한 이야기가 분명하다. 다만 이야기가 전해지는 과정에 잘못되고 뒤섞여 하나로 엇갈리고 바뀌었을 것이다.[67]

亦未可詳也 且彼英雄心眼 豈不能覺察於幾微 而直待其面告而後知之哉 此則決知其爽實 余不取焉 跡其前後所施爲 實爲奇狀 變化莫測容 或有過溢之辭 其非武陵子虛之類 則審矣.

65 『잡기고담』, 〈奇奴〉. 余旣成此記 而又有人傳 延陽家奴某乙事 與此大同少異 而其首尾全別 意者 二事各相傳 說久而漸訛 合而爲一歟 其說人 實得於延陽傍孫諸李 而傳之於余 尤爲眞的可信 故記如左.

66 『잡기고담』, 〈奇奴〉. 余得聞此說 而以前所聞者參之 或者之言 以內室召問爲原平者 據此則乃延陽也 門前指畫 海島積穀 爲延陽家奴者 據此則又亡是 而元氏家海庄芝麻 人多傳爲實.

67 『잡기고담』, 〈奇奴〉. 然則此其別是 一人各爲二事也 明矣 特以傳說訛誤混幷 爲一錯互相換.

기록 과정을 거친 야담 작품에 비해 아직 민간에서 구연되는 이야기가 어떤 특성을 지니는지 살필 수 있는 대목이다. 〈기노〉에는 두 편의 서로 다른 근원 이야기가 병기竝記되면서 그 전후에 이야기의 동일하고, 유사하고, 차이나는 부분을 저자가 비교 분석한 결과를 실어 놓았다. 임매任邁가 이런 서사 방식을 취한 이유는 '이야기를 몇 사람에게 들었으나, 전하는 내용이 서로 달랐기' 때문이다. 이는 야담의 구연적 면모를 단적으로 보여주는 말인데, 이를 계기로 그는 '이야기를 듣고, 전에 들은 이야기와 비교하게' 된다. 여기서는 근원 이야기와 별개로 사람들이 하는 여러 가지 말을 참조했던 듯하다.

그리고 기록자의 입장에서 구연을 통해 간접 견문한 이야기의 사실성 여부를 고민하기 시작한다. 이는 구연으로 습득된 이야기를 기록하는 과정에서 저자가 직접 근원 사실에 접근할 수 없었기 때문이다. 예를 들어, 종[奇奴]의 주인이 연양군延陽君인지 원평군原平君인지가 주요 비교 대상인데, 이 문제는 무인도에 있는 논밭이 누구 소유인지와 혼사를 정하는 일에서 어느 집안이 중매했는지를 가지고 대상을 밝히려 한다. 또 이를 추적하는 과정에서는 '자세하지 않은 것'과 '사실과 맞지 않은 것'은 기록에서 제외시키기로 한다. 그렇게 근원 사실을 확인하는 가운데 '두 이야기가 각각 전해지다가 오래될수록 점점 와전되어 하나로 합쳐지기'도 하고, '이야기가 전해지는 과정에서 잘못되고 뒤섞여 하나로 엇갈리고 바뀌기'도 한다는 결론을 얻어낸다.

〈기노〉는 주인에 대한 남다른 충심忠心과 다가올 사태에 대비하는 예지叡智를 겸비한 종의 이야기로, 이는 당시 인증된 근원 사실에 속한다. 그러나 그 주인이 누구인지 검토한 결과, 이는 연양군이나 원평군 한 사람의 이야기가 아니라 연양군과 원평군 두 사건에 대한 이야기라는 것이다. 저자의 말처럼 야담은 사람들에 의해 내용이 변모되거나 시간이 지나면서 와전되는 속성을 지닌다. 그는 이러한 양상을 분명히 알았기에 야담의 서사화에 누구보다 신중했다. 게다가 기록된 후에 더 이상의 변모 또는 와전을 방지하려고 평어에 공을 들였던 듯하다.

야담 저자는 구연과 기록을 넘나들며 작품을 만들고, 평어를 통해 작품을 이해하는 새로운 관점을 독자에게 제시하기도 한다. 따라서 이야기판에서는 근원 이야기가 재미나게 구연되고, 그것을 들은 청중이 각자 내용을 이해하는 것으로 끝난다. 그러나 이후 저자가 이야기를 채록하고, 거기에 자신은 물론 제3자의 평가를 덧붙이는 것으로 기존의 이야기가 새롭게 해석된다. 18세기 야담은 전대 『천예록』의 계보를 이어, 구연을 통한 근원 이야기에 저자의 평어가 부록되면서 구연과 기록이 넘나드는 가운데 이야기 안팎으로 서사 영역이 확대되고 서사 구성이 변모되었다. 그러나 후대로 갈수록 『청구야담』처럼 문헌을 통해 전승되면서 평어는 점차 사라지게 된다.

『동패락송』에도 평어가 보이지만, 노명흠盧命欽은 가능한 객관적인 입장에서 생각을 정리하고 있다. 특히, 이야기 속 사건이 종결된 이후에 자신이 확인한 결과나 견문한 후일담으로 비평의 강도를 낮추었다. 예컨대 〈조보朝報〉 같은 경우에는 저자가 직접 이야기의 배경 지역을 답사함으로써 우하형禹夏亨과 수급비水汲婢의 무덤이 서로 10여보餘步 거리에 있음을 확인하고, 우씨禹氏 집안에서 여전히 서모庶母[수급비]의 제사를 지내고 있다는 사실을 후일담으로 전한다.[68] 이는 야담에서 근원 이야기의 사실 여부를 밝히며 평어에 대신하는 또 다른 방법이다. 즉, 저자는 등장인물과 사건에 대해 직접적인 포폄을 삼가고, 대신 두 사람의 결연結緣과 수급비의 지감知鑑을 객관적인 사실에 근거하여 증명시킨 셈이다.

게다가 한두 작품의 경우, 세상 사람들의 의혹과 인정을 기록하여 평어로 삼기도 했다. 예컨대 〈납채선納采扇〉에서는 '양사언楊士彦이 서자庶子가 아닌가 의심하는 사람들의 말이 전혀 근거 없지는 않다[疑蓬萊爲庶者 本非誣也]'고 했으며, 〈치숙癡叔〉에서는 '임진왜란 때 바보 아제가 사는 고을은 평안했다[壬辰搶攘時 癡叔所居一境 晏然無警云]'고 덧붙였으며, 〈김창의사부인金倡義使夫人〉에서는 '김천일金千鎰의 창의시말倡義始末은 부인의 도움이 컸다[金公之倡義始末多夫人之助云]'고 하여 사람들이 인정하는 일반적인 말을 대신 전한다. 이는 공론화된 평가를 통해 재확인한 사례로, 야담 저자는 근원이야기와 함께 사람들의 의견을 통합하여 제3자의 입장에서 평어로 삼은 것이다.

그런데 『삽교만록』에 보이는 평어는 앞서 살펴본 두 야담집과 다른 분위기를 견지한다. 특히, 〈심심당한화深深堂閑話〉 같은 경우에는 남녀 간에 정념情念과, 그로 인해 발생한 사건과 남녀 주인공의 행위를 이야기하지만, 안석경安錫儆은 유교 이념에 근거하여 어느 한 쪽만 탓하지 않으며 신중한 처신을 강조했다는 점에서 균형적인 태도를 보인다.[69] 그는 다양한 근원 이야기를 철저히 자기 관점에서

68 『동패락송』, 〈朝報〉. 余屢過平山 平山東十里 馬堂里大路傍 西向 乃兵使墓 其右十餘步 卽其妾塚 行人指點 而談其事 禹氏至今祀其庶母云.

69 이강옥 교수는 〈심심당한화深深堂閑話〉에 담긴 "이야기들은 여성의 강렬한 정욕 표현을 담은 점에서 의의가 있다, 여인은 위험한 사랑 표현을 하였고, 선비는 타자에 대한 아량이 모자랐다는 이유에서 비극적 삶을 살게 된다. 결과적으로 보면

분석하여 평어로 덧붙임으로써 구연에서 보이지 않던 교훈적인 측면을 강조하며 서사를 보완했다.

반면에 『학산한언』은 다른 야담집에 비해 평어의 분량이 많지도, 내용이 남다르지도 않다. 다만 기이담奇異談과 신선담神仙談 등 비현실적인 이야기가 많은 탓인지 '기이한 일'이라는 말을 반복해서 기록한 점이 눈에 띈다. 예컨대 부석사浮石寺 암자에 있던 세 그루 〈선비先飛 나무〉 이야기는 신령스럽고 괴이한 일[其亦靈怪哉]이며, 신돈복辛敦復의 이름을 말하자 요귀가 더 이상 출현하지 않는 〈신돈복의 친구〉 이야기도 평어에서 기이한 일[良可異也]이라고 간략히 기록해두었을 뿐, 근원 이야기의 서사에만 집중하였다.

일반적으로 야담 저자는 평어를 통해 작가 의식을 표출하고, 그 작품을 이해하는 새로운 관점을 독자에게 제시한다. 이야기판에서는 근원 이야기가 재미나게 구연되고, 그것은 각 청자가 내용을 즐기고 이해하는 것으로 끝난다. 그러나 이후 저자가 이야기를 기록하고, 거기에 자신은 물론 제3자의 평가를 덧붙임으로써 기존 이야기가 새롭게 거듭나는 것이다. 요컨대 18세기 야담 작품은 구연에서 얻어진 '근원 이야기'와 기록에서 생겨난 '평어'로 구성되며, 이야기판의 분위기와 흔적을 고스란히 담은 민간의 객관적인 이야기에 저자의 주관적인 평가가 다양한 방식으로 더해져 구연과 기록을 넘나드는 서사체로 완성된다. 즉, 이야기 속 등장인물과 주변 사건 외에

여인의 정욕을 담기는 했으되, 여인의 정욕을 인정하기는커녕 그것이 비극을 초래하는 위험한 것임을 주창한 셈이다."라고 했다.(이강옥, 「야담에 나타나는 여성 정욕의 실현과 서술 방식」, 『한국고전여성문학연구』 제16권, 한국고전여성문학회, 2008. 175-217면. 181-182면 인용)

도 그 이야기를 견문한 저자와 제3자까지 등장하여 인물과 사건에 대해 포폄을 가하는 등 근원 이야기 안팎으로 서사 영역이 확대되고 서사 구성이 변모되었다. 이는 18세기 야담에서 두드러지는 특징으로, 근원 이야기에 영향을 끼치지 않으면서도 작품 전체 서사를 진전시켰다.

3. 당대 현실의 반영과 서사 구성의 다양화

야담은 대체로 민간에서 창작 구연되다가 식자층에 의해 채집 기록된 조선 후기 고유한 서사 장르라고 알려져 있다. 그것은 유명한 역사 인물을 비롯하여 무명의 하층민에 이르기까지 다양한 인물 군상과 그들 주변에서 일어난 흥미로운 사건들을 담아낸다. 따라서 여기에는 조선 후기 시대상과 사회상을 반영하는 다채로운 내용이 포함되어 있으며, 또 이러한 이야기가 서사 작품으로 완성되기까지는 야담 저자의 남다른 서사 의식과 구성 방식이 필요했다. 게다가 저자가 시대를 바라보는 관점과 사회를 인식하는 태도 및 인물에 접근하는 방식 등이 보태져 완정한 서사체로 구현되었다.

야담 저자는 자신이 견문한 근원 이야기를 작품화할 때 다양한 방식으로 서사를 구성한다. 18세기 야담에서 확인되는 것은 대화체 활용, 속담 인용, 서술자 개입, 액자식 구성, 옴니버스 형식 등이 있다. 여타 서사 장르 가운데 필기筆記나 전傳 같은 경우에는 저자가 경험이나 견문을 담아내면서 사실을 기록하는 데 중점을 두기 때문에 다양한 서사 방식을 필요로 하지 않는다. 그러나 야담의 경우에는 구연 과정에서부터 사실에 허구가 개입되고, 기록자는 이를 상쇄시키는 방법을 시도한다. 야담에서 보이는 다양한 구성 방식은 결국 서사를 재미있게 풀어내는 효과를 거두었으나, 실사와 허구가 길항하는 야담의 존재 가치를 위협하는 것에 대한 방어 기제로 해석될 수도 있다. 18세기 야담에서 그 사례와 성과를 정리하면 다음과 같다.

1) 대화체 활용

18세기 4종의 야담집 소재 이야기는 대화체를 활용한 서사를 많이 담고 있다. 전대 야담이 근원 이야기를 간략히 서술하거나 간혹 대화체를 활용하여 서사를 전개했다면, 4종의 야담집은 등장인물 간 대화가 서사를 이끌어 간다고 여길 만큼 빈번하게 싣고 있다. 전대의 『천예록』에서 완정한 서사 형태[70]를 갖추며 본격적인 대화체가 발견되지만, 구연에서 느껴지는 분위기나 흥미를 살리기 보다는 서사 전개상 꼭 필요한 대목에서만 활용되었다.

반면 『동패락송』의 경우에는 사건의 발단을 간략히 언급한 다음, 이후 사건 전개 과정에서 등장인물이 특정 상황을 장황하게 설명하거나 또는 등장인물 간에 주고받은 대화로 일관한 작품도 보인다. 특히, '고담'을 빙자하여 자기나 타인의 경험을 직접 말하는 경우[71]

70 김준형 교수는 『천예록』에 대해 평가하기를, "비교적 완정한 형식을 취하며, 소재 작품도 소설적인 확장을 보이는 게 적지 않다고 했다. 비슷한 두 이야기를 묶고 평어를 붙인 점, 칠언七言으로 제목을 붙인 점 등이 야담의 전형적인 형태를 갖춘 것이다. 칠언 제목은 『청구야담』, 두 이야기를 묶고 논평하는 방식은 『동야휘집』에 와서야 가능했다."라고 했다.(김준형, 「천예록 원형재구와 향유양상 일고」, 『한국한문학연구』 제37권, 한국한문학회, 2006. 459-501면. 463면 인용)

71 『동패락송』 소재 〈고담古談〉에서는 권생權生이 객점에서 우연히 만난 여자와

도 있으며, 여러 사람이 등장하여 각자 자기 입장과 의견을 제시하는 경우도 있다. 그 중에 대화체로 등장인물의 특성과 서사의 재미를 살린 〈관원희官員戲〉를 살펴보자.

이윽고 큰 처녀가 좌수座首의 죄를 심문하는데, 형리刑吏를 맡은 넷째 처녀가 큰 처녀의 분부를 듣고 말을 전했다. "혼인이 어떤 인륜지대사人倫之大事인데, 너희 막내딸도 역시 이미 혼기婚期가 지났고, 그 언니들이 늦어진 것은 더 논할 필요도 없다. 너는 어찌 우유부단하게 하나 같이 마음대로 혼인을 시키지 않는단 말이냐?" 그러자 좌수 처녀가 대답했다. "하교下敎하시는 말씀은 지당하오나, 가세家勢가 빈궁하여 혼구婚具를 마련할 수 없다 보니 자연스레 이 지경에 이르렀습니다." 원님 처녀가 또 말했다. "혼례婚禮나 상례喪禮는 집안 형편대로 하여, 다만 물 한 그릇을 떠놓고 혼례를 올리는 경우도 있는데, 어찌 이부자리와 모든 혼구가 갖추어지기를 기다린단 말이냐? 그대의 말이 어리석구나." 그러자 좌수 처녀가 또 말했다. "신랑감 역시 구하기 어렵습니다." 원님 처녀가 또 말했다. "진실로 널리 구한다면, 어찌 사람이 없는 것을 걱정하겠느냐? 내가 들은 소문으로 말하면 같은 고을에 송좌수宋座首·김별감金別監·오별감吳別監·최별감崔別監·정좌수鄭座首 집안에 모두 신랑감이 있다니, 이만해도 다섯 사람이다. 이들은 전직 향임鄕任에다 문벌門閥도 그대 집안과 비슷한데, 어찌 더불어 혼인시키지 않는가?" 그러자 좌수 처녀가 말했다. "삼가 마땅히 중매를 넣

결연하고 돌아온 내력을 그 친구가 엄정한 노권생老權生에게 고담으로 아뢰며, 〈신문외서생新門外書生〉에서는 서생書生이 부실副室을 얻어 돌아오자 그 정실正室이 시부모에게 고담처럼 아뢰며, 〈관상觀相〉에서는 이한림李翰林이 낯선 여인과 결연했던 자기 경험을 직접 고담으로 꾸며 임금에게 아뢰는 것이다. 이것을 일상적인 대화체라고 할 수는 없지만, 넓은 의미에서 자기 목적을 이루려는 의도에서 이루어진 대화로 파악된다.

> 어 의논해 보겠습니다." 원님 처녀가 말했다. "그대의 죄는 벌을 받아 마땅하나 사정을 짐작하여 풀어주노라. 만약 서둘러 정혼定婚하지 않으면, 뒤에 죄를 면하기 어려울 것이다."[72]

다섯 처녀가 벌이는 '원님놀이[官員戱]'[73]는 대화체의 특성을 십분 발휘하여 구연 현장의 분위기까지 그대로 살려준다. 예컨대 놀이 현장에서 각자 맡은 배역에 따라 목소리와 몸가짐이 달랐을 테고, 대화체로 서사가 전개되지 않으면 놀이로서 아무런 재미도 없을뿐더러 처녀들이 의도하는 효과도 거두지 못했을 것이다. 즉, 혼기婚期를 넘기고도 집안 형편 때문에 시집을 가지 못한 처녀들의 마음은 이어지는 대화에서 적극적이고 능동적으로 표현된다. 원님과 좌수로 분한 그녀들은 대화를 통해 혼수품과 가문을 따지며 차일피일 혼인을 미루는 우유부단한 부모를 꾸짖고, 고만고만한 집안끼리 잘 협의하여 자기네 짝을 찾을 수 있기를 소망한다.

---

72 『동패락송』, 〈官員戱〉. 伯處女乃數座首罪 第四處女以刑吏傳語聽分付 其分付曰 婚姻何等大倫 而汝之末女 亦已過時 其諸兄之晼晩 已無可論 汝何優遊不斷 一任其廢倫耶 座首處女所對云 下敎至當 而家勢赤立 婚具罔措 自爾致此矣 官員處女又曰 婚喪稱家有無 只可以酌水成禮而已 何待衾枕凡具之備耶 汝之言迂矣 座首處女曰 郎材亦難得矣 官員處女又曰 苟能廣求 何患無人 以吾所聞言之 同郡宋座首金別監吳別監崔別監鄭座首家 皆有郎材 已足五人之數 同是前鄕任班閥 與汝家相等 何不與之結姻耶 座首處女曰 謹當通媒以議矣 官員處女曰 汝罪當有罰 而斟酌放送 如不斯速定行 則後難免罪矣.

73 이헌홍 교수는 〈관원희〉에서 다섯 처녀가 재판 놀음을 벌이는 과정에 송사訟事 모티브를 활용했다고 기술했다.(이헌홍, 「문헌 소재 송사설화의 유형과 의미」, 『야담문학연구의 현단계』 1, 보고사, 2001. 409-438면) 필자는 대화체가 송사 현장에서 당사자들의 처지를 대변하고 반론을 제기하는 데 매우 적절했으며, 야담 속 재판 놀음에도 적극 활용되었다고 생각한다.

이밖에 대화체를 활용한 사례는 『삽교만록』에 실린 〈선천김진사宣川金進士〉에서도 확인된다. 어느 날 군도群盜의 산채로 초치招致되어 간 김진사는 자신을 대장으로 삼은 도적들이 올린 부자 명부名簿와 재물 장부帳簿를 보고, 이제부터 계획적으로 재화를 탈취하고 체계적으로 재산을 관리해주겠노라고 약속한다. 그러기 위해서는 재물을 절용節用해야 하며, 모두 자신의 말에 복종하겠노라는 다짐을 받는다.[74] 이 대목은 김진사와 두령의 짤막한 대화로 일관되는데, 두 사람의 신분과 지위의 차이에서 오는 절도 있는 행동을 대변한다. 덧붙여 이 작품은 준마駿馬를 타고 그를 초치하러 온 미소년美少年과 그에게 군도를 맡기는 두령, 심지어 산채에 납치되어 있던 여자들까지 모든 사건 진개 과정을 대화체로 이어간다.

이러한 대화체는 야담 저자가 구연의 효과를 유지하면서 이야기에 재미를 더하려 의도한 부분으로, 18세기에 구비 전승의 서사 출현과도 맞물린다. 다시 말해, 구연 현장을 그대로 기록물에 옮겨와 여러 등장인물을 입체적으로 표현하면서 그들의 성격을 사실적으로 부각시킨 것이다. 그로 인해 이야기에 흥미와 개성을 부여하면서 서사 전개에 긴장감과 긴밀함을 유지시킨다. 요컨대 저자들은 대화체가 구연의 묘미를 살리면서도 서사 전달에 효과적인 방식임

---

74 『삽교만록』, 〈宣川金進士〉. 金進士曰 你使吾爲大將乎 曰 然 曰 然則能一從我令否 曰 然 曰 然則不從令者 吾欲劍斬之如何 曰 敢不惟命 曰 古語云 盜賊相聚 無終日之謀 你輩亦然乎 人而無終日之謀 何以謀終身之便樂乎 曰 小人無遠謀 幸大將有以教之 曰 前日所聚之財 其餘幾何 必皆有簿 其速納于我 甲胄者雙進錢穀錦帛衣服之簿 旣覽曰 徒知廣取 而不能節用 是以江海而實漏巵也 何時而足乎 自今吾欲制節用度 汝輩有或不肯從令者乎 曰 誰敢不聽令者乎 曰 然則衣食之用 一從我節制 且聚財之時 亦一從我令 不者 皆劍斬之 曰 惟大將之令.

을 간파했으며, 이후 대화체는 야담 서사 구성에 점차 활용 빈도가 높아진다.

2) 속담 인용

18세기 4종의 야담집 소재 이야기에는 속담을 인용한 대목이 눈에 띈다. 전대 야담에서 거의 보이지 않던 이러한 기술 방식은 서사 전개상 꼭 필요한 대목에서 적절히 활용되어 등장인물의 성격이나 그들이 처한 상황을 단적으로 표현한다. 이는 구연의 흔적을 짐작할 수 있는 부분이기도 하지만, 야담 저자가 이야기를 채록하는 과정에서 이야기 속 등장인물의 처지나 주어진 상황을 속담에 비유하여 서술했을 수도 있다. 이러한 사례는 『동패락송』에서 자주 눈에 띈다.

> ① 그 아비가 말하기를, "우리가 비록 곤궁해서 죽을 지경이어도 평민과 혼인하다니, 어찌 거듭 난감하지 않겠느냐?"라고 하자, 아들이 말했다. "아버지 말씀은 매우 오활迂闊합니다. 우리가 이 지경에 이르렀으니, 진실로 이른바 '새벽 호랑이 중이든 개든 가릴 겨를이 없다.'는 격이지요." 드디어 아들은 자기 아비의 해진 의관衣冠을 빌려 입고 장풍헌張風憲을 찾아가서 말했다. "제가 드리고 싶은 말이 있어서 왔습니다."[75]
>
> ② 김생金生이 말하기를, "그건 그렇지만, 나에게는 정실正室이 있소. 자네의 인물과 자산을 가지고 남의 아랫사람 노릇을 하기란 아마도 달갑지 않을 것이오."라고 하자, 여자가 말했다. "제 처지가 바로 '새벽 호랑이 중이든 개든 가리지 않는다.'는 격이니, 정실이 있고 없고는 논

---

75 『동패락송』, 〈鹽〉. 其父曰 窮雖欲死 結姻平民 豈不重難乎 金子曰 父言甚闊 到此地頭 眞所謂晨虎不暇擇僧狗者也 遂借着其父弊衣冠 就見張風憲曰 吾有所欲言而來矣.

할 바가 아닙니다. 제가 마땅히 성심을 다해 복종하고 섬기며 좋은 관계를 유지할게요." 드디어 두 사람은 운우지정雲雨之情을 맺었다.[76]

③ 이교리李校理가 장인에게 "무사히 버들고리[柳器]를 바쳤습니다."라고 보고하니, 장인이 말했다. "솔개가 천년을 살면 역시 꿩 한 마리를 잡는다더니, 우리 사위가 버들고리를 납품하고 퇴짜를 맞지 않았으니, 참으로 기이한 일이다. 오늘 저녁에는 밥을 더 먹어도 좋다." 이튿날 아침에 일찍 일어나 마당을 쓸고 있는데, 장인이 말했다. "어리석고 게으른 우리 사위가 어제는 버들고리를 잘 납품하고, 오늘은 일찌감치 마당을 쓸고 있으니, 해가 틀림없이 서쪽에서 뜬 게로군."[77]

①에서 '새벽 호랑이 중이든 개든 가릴 겨를이 없다.'는 속담은 가난한 김생金生의 아들이 비슷한 처지인 장풍헌張風憲의 딸에게 장가들기 위해 하는 말이다. 그는 빈궁한 처지에 늙도록 장가들지 못한 처지를 인정하면서 상대의 신분을 따지지 않고 혼인할 의사가 있음을 밝히는 대목에서 이 속담을 인용한다. 밤새 굶주린 호랑이는 새벽에 마주친 대상이 사람이든 짐승이든 가리지 않고 우선 배를 채워야 한다. 이처럼 김생의 아들은 이러지도 저러지도 못하는 가난한 노총각의 처지를 굶주린 호랑이에 비유한 것이다. ②에서도 같은 속담이 인용된다. 김생은 추노推奴를 위한 청탁 편지를 얻으러 가던 길에 비를 만나 낯선 집에 투숙하는데, 사고무친四顧無親 처녀가 자

76 『동패락송』, 〈水原李同知〉. 金生曰 此則然矣 而我有正室 以汝人物資生 去爲人下 似非所甘矣 女曰 吾之踪地 正似晨虎不擇僧狗 正嫡有無 非所可論 吾當盡心服事 不敢失好矣 遂與結雲雨之歡.

77 『동패락송』, 〈柳器匠壻〉. 報于主翁曰 無事納器矣 主翁曰 鳶壽千年 亦捉一雉 吾婿納器 不見退者 誠一異事 今夕加飯可也 翌朝 早起掃庭 主翁曰 以吾婿之癡且懶 昨日善納器 今日早掃庭 日必西出矣.

신에게 의탁하고 싶다는 바람에 난감해진다. 그는 빈궁한 데다 이미 정실을 둔 처지라 처녀를 부실로 맞아들일 입장이 아니다. 그러나 처녀의 입장에서 보면, 혈혈단신孑孑單身으로 야반도주夜半逃走할 처지도 아니라 이것저것 따질 겨를이 없다. 이처럼 처녀는 도저히 어찌할 수 없는 자기 처지를 굶주린 호랑이로 표현한 것이다.

③에서는 다른 속담이 인용된다. 이교리李校理는 평소 무능하고 게을러서 유기장柳器匠 내외에게 온갖 구박을 받으며 생활한다. 그러던 어느 날, 그가 항상 퇴짜를 맞던 버들고리[柳器]를 무사히 관청에 바치고 돌아오자, 유기장은 어리석고 게을러서 아무것도 못 하리라 믿었던 그에게 '솔개가 천 년을 살면 꿩을 한 마리 낚아챈다.'고 말한다. 맹금류猛禽類에 속하는 솔개가 꿩 한 마리 낚아채지 못하면, 무슨 쓸모가 있겠는가? 유기장은 바로 아무짝에도 쓸모없다고 여긴 사위를 솔개에 비유하고, 그가 요행히 버들고리를 바친 것이라 생각하며 우스갯소리로 칭찬한 것이다.

속담을 활용한 사례는 『삽교만록』에 실린 〈선천김진사宣川金進士〉에서도 확인된다.

김진사金進士가 말했다. "옛말에 '<u>도적이 서로 모이면 하루의 계책도 없다</u>.'더니, 너희가 그렇구나. 사람으로서 하루의 계책도 없는데, 어떻게 편안하고 안락한 평생을 도모하겠느냐?" 그러자 도둑들이 말했다. "소인들은 멀리 내다보는 지모智謀가 없으니, 대장께서 잘 가르쳐 주십시오." 김진사가 다시 말했다. "지금까지 모은 재물 중에 남겨진 것이 얼마나 되느냐? 필시 모두 장부가 있을 테니, 그것을 빨리 내게 가져오너라." 그러자 두령이 돈과 양곡, 비단과 의복 등의 장부를 나란히 가져다 올렸다. 김진사가 쭉 훑어보고 나서 말했다. "한갓 많이 취할 줄만 알았지 절용節用할 줄은 몰랐으니, 이야말로 '밑 빠진 독에 물 붓기'라 언제 충족되겠느냐? 이제부터 내가 용도를 제한할 테니, 너희 중에 혹 내 명령을 따르지 않을 자가 있느냐?" 그러자 도둑들이 말했다. "누가 감히 명령을 따르지 않겠습니까?"[78]

어느 날 군도群盜에게 초치된 김진사는 서적에서 배운 지식과 남다른 지략을 겸비한 적괴賊魁로서 수년간 산채에서 생활한다. 처음에 그는 도적들의 형편과 생활 방식을 가늠하고 그 문제에 대한 해결책을 제시한다. 즉, 자신을 우두머리로 앉힌 도적들이 기록한 부자 명부와 재물 장부를 보고, 앞으로 탈취한 재물의 절용節用을 강조한 것이다. 이때 그는 도적들의 잘못된 생활 방식을 꼬집어 말하며 '도적이 서로 모이면 하루의 계책도 없다.'라거나 '밑 빠진 독에 물 붓기'라는 속담을 인용한다. 이는 그동안 아무런 계획도 세우지 않고 남의 재물을 빼앗아 뒷일은 생각하지 않은 채 흥청망청 써버린 도적들의 행태를 비유한 것이다. 김진사는 그런 상황을 속담으로 표현하여 도적들을 경계시켰으며, 이후 재물의 탈취 기준과 적절한 대책을 제시함[79]으로써 설득력을 높인다.

이처럼 야담에서 근원 이야기 속 등장인물은 자기 처지나 주어진

78 『삽교만록』, 〈宣川金進士〉. 曰 古語云 盜賊相聚 無終日之謀 你輩亦然乎 人而無終日之謀 何以謀終身之便樂乎 曰 小人無遠謀 幸大將有以敎之 曰 前日所聚之財 其餘幾何 必皆有簿 其速納于我 甲胄者雙進錢穀錦帛衣服之簿 旣覽曰 徒知廣取 而不能節用 是以江海而實漏巵也 何時而足乎 自今吾欲制節用度 汝輩有或不肯從令者乎 曰 誰敢不聽令者乎.

79 김진사는 속담을 활용하여 도적들을 경계시키고, 이어 "부호富豪의 재산을 빼앗되 절반만 취하고, 사람을 해치지 말고, 집에 불을 지르지 말라."고 엄명嚴命을 내리며, 여기에 "금령禁令을 어기면 목을 베어 죽이겠다."고 덧붙인다.

상황을 적절한 속담에 비유하여 말하는데, 이는 인물 간 대화에서 주로 포착된다. 따라서 하나의 이야기가 만들어져 이야기판에서 구연될 때, 민간에 소통되거나 유행하던 속담이 자연스럽게 대화에 활용된 것을 기록 과정에 그대로 옮겨놓은 것이다. 더구나 '해가 서쪽에서 뜬다.'는 말이나 '밑 빠진 독에 물 붓기'는 지금도 자주 사용되는 속담이다. 요컨대 야담에 등장하는 속담은 특정 상황에 대한 부가 설명 없이도 누구나 알고 있는 의미를 전제로 서사 내용을 이해하기 쉽게 만들어준다.

3) 서술자의 개입

18세기 4종의 야담집 소재 이야기에는 서술자가 직접 서사에 개입하는 경우도 있다. 이는 구연 보다는 기록 과정에서 저자의 구기口氣가 확연히 느껴지는 부분이다. 전대 야담집을 살펴보면, 이야기판의 분위기를 살리기 위해 생생한 구연이 이루어지고 있지만, 정작 서사에 도움이 되는 설명은 거의 없었다. 그런데 이후 4종의 야담집에서는 저자가 서사에 직접 개입하여 필요한 대목에서 설명을 덧붙이고 있다. 다음은 『동패락송』에 보이는 사례다.

① 말을 어느 마을 모퉁이 빈 방앗간에 세워두고 주인과 하인이 함께 오들오들 떨고 있었다. 그때 소복을 입은 어느 시골 여자가 열 예닐곱 살 되는 딸과 열 살 남짓 되는 아들을 데리고 방앗간을 지나갔다. 이윽고 소복한 여자가 혼자 다시 와서 이생李生에게 물었다. "어디서 오신 객客인데 이런 곤경을 만났습니까?" 이생이 대략 그 연유를 들려주었더니, 그 여자가 말했다. "상도 나으리께서는 영낙없이 돌아가시게 되었

소.” – ‘상도 나으리’란 北方사람들이 흔히 경사京師의 문벌 좋은 양반을 지칭하는 말이다. – “나는 이 마을의 과부요. 비록 관가의 명령을 어길지라도 설마 나를 죽이겠소. 내가 사람을 살려야지.”[80]

② 조태억趙泰億이 경상감사慶尙監司가 되어 지방을 순시하였다. 언양彦陽에 도착하여 관청에 앉아 공사公事를 듣고 있는데, 관사 담장 밖에서 어떤 사람이 큰 소리로 다급하게 부르는 것이었다. “대년이, 대년이. 내가 지금 밖에서 혼금閽禁에 걸려 들어가지 못하고 있으니, 어떻게 하나?” – *대년大年이란 조태억의 자字였다.* – 그러자 조태억이 곧 응답을 했다. “자네는 왜 이렇게 늦게 오나? 내가 한창 자네를 기다리고 있으니, 자네는 어서 들어오게.”[81]

③ 이는 대개 버드나무나 상수리나무의 즙이 본래 비옥해서 땅에 한 자 남짓 들어가면 흙의 기운이 온전해지고 또 새로워지기 때문이다. 겨울을 넘기면서 비와 눈이 또 구멍으로 흘러 들어가 말뚝의 비옥한 즙과 뒤섞여 깊이 스며들면 조[粟]의 싹이 정말 무성해진다. 씨앗을 땅에 심을 때 깊이 심으면 늘 윤기를 띠므로 바람에도 두렵지 않고 또 가뭄에도 두렵지 않다. 장차 씨앗이 풀뿌리로 들어갈 즈음에 풀뿌리와 멀리 떨어져 있으면, 풀이 그 흙의 기운을 분산시킬 수 없으므로 결실이 커지는데, 이것은 당연한 이치다. 동흘東屹이 농사의 이치를 깊이 알았다고 할 수 있다.[82]

80 『동패락송』, 〈觀相〉. 立馬村隅空杵間 主奴共波咤矣 有素服村女 携十六七歲女子 及十餘歲男子 歷過杵間而去 俄而 素服女獨自復來 謂李曰 何處客遭此厄境耶 李略道其由 女曰 上道進賜死必矣 – *上道進賜者 北人稱京華兩班之方語也* – 我是村寡婦 雖違官令 官不至打死我 我當活人矣.

81 『삽교만록』, 〈彦陽〉. 趙泰億爲嶺南伯 巡行郡縣 到彦陽 方坐館受衙 館垣之外 有人大聲而急呼曰 大年大年 吾在此 而阻閽不得入 奈何 – *大年者 泰億之字也* – 泰億卽應之曰 汝之來 何其晩也 吾方苦待汝 汝其速入.

82 『학산한언』, 〈田東屹과 李尙眞〉. 此蓋柳櫟之汁素沃 而入地尺餘 則土氣全而又新矣 經冬雨雪之汁 且流入穴中 與錐之沃汁 瀜合而深漬 則粟固茂茁 種之

사실 이 대목에서 청자나 독자가 '상도 나으리[上道進賜]'라는 호칭을 모른다고 해서, 그에 대한 설명이 없다고 해서 서사 전개상 흐름이 깨지진 않는다. 그러나 ①의 경우, 일부 지역에서 쓰이는 호칭이나 특정 상대를 부르는 명칭을 누구나 다 알지는 못하기 때문에 저자가 야담 기록 과정에 개입하여 간략한 설명을 덧붙임으로써 독자의 이해를 돕고 있다. 즉, 북방사람이 아닌 독자를 배려하여 서사에 적극 개입한 것이다. 그런데 처음에는 선비를 '객客'이라고 칭하던 시골 여자가 그에게 사연을 듣고 나서 '상도 나으리'라고 호칭을 바꾼 게 심상치 않다. 여기서 그녀가 처음으로 그를 '상도 나으리'라고 부른 시점에 서술자가 개입하여 설명을 덧붙이는데, 이후에도 그녀는 그를 같은 호칭으로 부른다. 또 ②의 경우, 특정 인물의 자字에 대한 설명을 덧붙이기 위해 서술자가 개입하는데, 이 또한 독자를 배려한 행위로 보인다. 이러한 호칭 설명과 그에 따른 서술자의 개입은 독자로 하여금 서사 이해를 돕고, 서사 전개를 자연스럽게 하는 효과를 거둔다.

그런데 ①에서 처음 보는 시골 여자가 빈한貧寒한 선비 앞에서 자신을 낮추며 그를 '상도 나으리'라고 부르는가 하면, ②에서 평소 일면식一面識도 없는 조태억의 자를 빈궁貧窮한 선비가 어떻게 알고 '대년'이라고 부르는지는 별 문제가 되지 않는다. 물론 시골 여자는 이생李生의 관상을 보고 그가 머잖아 현달하게 되리라는 것을 알았고, 빈궁한 선비는 다급한 마음에 함부로 감사의 친구인 척했던 것이다.

入地也 深則常帶潤氣 故旣不畏風 又不畏旱 且種入草根之際 去草根遠 則草不能分其土 故結實碩大 此當然之理也 東屹可謂深於農理矣.

야담이 민간에 구연될 때야 어떤 용어로 어떻게 서사가 전개되었는지 알 수 없지만, 식자층에 의해 기록되는 즈음에는 낯선 용어가 눈에 띄어 설명을 보태지 않을 수 없었을 것이다. 예컨대 구연 현장에서는 이에 관해 모르거나 의문을 품은 청중이 구연자에게 질문하면, 구연자가 즉석에서 아는 대로 답변할 수 있다. 그러나 기록 과정에서는 독자가 그것에 의문을 가지더라도 서로 문답問答할 여지가 없으므로 이러한 용어에 대해 미리 설명해 놓은 것이다. 이는 야담 저자가 흥미로운 이야기에 주목하면서도 설명이 필요한 부분에서 독자의 이해를 돕겠다는 의식을 지니고 서사를 구성했다는 사실을 증명한다.

그런데 ③의 경우, 서술자 개입의 또 다른 유형을 보여준다. ①②처럼 낯선 용어를 간단히 설명하는 것이 아니라, 농사 이치에 대해 전문지식을 설명해놓았기 때문이다. 근원 이야기에서 지략과 감식안을 겸비한 전동흘田東屹은 이상진李尙眞을 위해 빈곤구제책을 마련한다. 그는 우선 술을 빚어 사람들에게 먹이고 나서 버드나무나 상수리나무로 만든 말뚝을 50개씩 가져오라고 한다. 그리고 온 밭에 두루 말뚝을 꽂아두었다가 겨울이 지나고 봄이 오자, 말뚝을 뽑아낸 자리마다 조[粟]를 심는다.[83] 이 대목에서 전동흘이 사람들에게 그런

83 『학산한언』, 〈田東屹과 李尙眞〉. 一日 初冬末 東屹謂李公曰 子之形貌 終當貴富 而今貧困如此 無以濟援 吾有一計 子但依而行之 歸取五斗米及麯 授李公曰 但釀之熟則告我 李公如其言 釀旣熟 東屹乃遍告邑人曰 李措大雖貧 乃賢士夫也 奉偏親 無以爲生 今欲經紀生理 所需者 柳櫟木錐也 爾輩須飮其酒 每人但致柳櫟錐 長一尺半 五十介足矣 邑人莫曉其意 然素信東屹 又重李公 皆許之 東屹乃出其酒 飮二百餘人 數日後 皆致柳櫟錐如其數 東屹出牛馬 盡載之 與李公同往乾芝山下 有一柴場 刈草淨盡 乃東屹土也 東屹與公及其僕 遍揷木錐 入地可尺數寸 訖謂李公曰 此當明春可種粟 乃歸 及至明春凍解 東屹乃取早粟種

일을 시킨 이유가 궁금해지는데, 저자가 이야기에 개입하여 자세한 설명을 들려준다.

바로 겨우내 비옥해진 나무즙이 조의 싹을 무성하게 만들고, 또 흙의 기운을 북돋아서 조의 결실을 커지게 하는 것이다. 이는 그 효능에 대한 검정 여부를 떠나서 농사 이치에 통달한 사람이 아니면 알기 힘든 내용이다. 또 저자가 농사에 관한 전문지식을 어떻게 습득했는지 알 수 없지만, 이 대목은 이야기 속 전동흘의 지략을 부각시키는 데 일조한다. 이처럼 서술자가 서사에 직접 개입하여 전문지식을 길게 설명하는 경우는 흔치 않다. 그러나 저자는 독자의 이해를 돕기 위해 과감히 이야기에 뛰어들어 설명하는 방식을 통해 자신이 알고 있는 지식을 기정사실화한다.

4) 액자식 구성

18세기 4종의 야담집 소재 작품에는 액자식 구성을 취한 이야기가 많다. 액자식 구성이란 하나의 이야기 속에 또 다른 하나 이상의 이야기가 숨어 있는, 외부 이야기가 일종의 액자 역할을 하고 내부 이야기가 사건의 중심이 되는 구성 방식이다. 어찌 보면 이야기 속 구연자와 기록자, 그리고 또 다른 이야기 속 등장인물과 화자 등이 동시에 존재하는 야담에 가장 적합한 서사 구성 방식이라고 할 수 있다. 전대『천예록』소재〈잠계봉중일타홍簪桂逢重一朶紅〉에는 등장인물이 현재 죽음을 앞두고 과거를 회상하는 방식으로 이야기가 전

携李公往 拔其錐 每穴下種七八粒 又拉新土 略下穴中而覆之 及至夏 粟苗之出穴中者 甚碩茂 乃拔去其細者 只留大者三四莖 草生則刈淨之 及結 穗大如錐 極穎粟打之 出五十餘石 李公大喜猝富.

개된다.[84] 따라서 그것은 현재보다 과거에 더 비중이 실리고, 오래 전에 종료된 상황을 들려주는 데 그칠 뿐, 이후 새로운 사건이나 상황으로 연결되지 않는다.

그런데 『동패락송』에 실린 〈궁마직宮馬直〉은 그렇지 않다. 예컨대 『천예록』에서는 심희수沈喜壽가 일타홍一朶紅과의 연애담을 병조좌랑兵曹佐郞에게 들려주는 단순한 서사 구도를 보인다면, 『동패락송』에서는 창기娼妓 출신의 소복 여자가 문사文士에게 자기 이야기를 들려주고 있다. 거기에는 창기와 소년의 연애담을 비롯하여 소년을 죽인 궁마직을 무변武弁이 응징하는 복수담도 함께 실려 있다.

> 옛날에 어느 문사文士가 용산龍山에서 글공부하는 모임에 나갔는데, 이웃집 어떤 여인이 슬프게 곡하기를 새벽부터 해가 저물 때까지 그치지 않았다. 문사들이 그녀가 상민 과부라는 말을 듣고 다함께 그 집에 가보니, 바로 소복을 입은 여자였다. 그리 애통해 하는 연유를 묻자, 그 여자가 대답하는 것이었다. "저는 본래 이 성 안에서 이름난 창기娼妓였습니다. ……(중략)…… 무변武弁이 말했다. "마땅히 갖가지로 너를 희롱하여 어떻게든 이놈을 끌어내야 했지. 낮에 이놈이 뒷담에 엎드려 훔쳐보고 있었는데, 눈빛이 불량하더군. 그놈이 밤에 나를 해치러 오리라는 것을 내가 이미 알고 있었으므로 문을 마주보고 거짓으로 자

84 『천예록』, 〈簪桂逢重一朶紅〉. 公笑曰 吾於他人 不曾言之 君今有問 何必隱之 吾當細言之 老夫少年時事 君其勿笑也 ……(中略)…… 相公果於翌日捐館. 원문에서 확인할 수 있듯이, 심희수沈喜壽가 죽음을 앞두고 병조좌랑兵曹佐郞에게 젊었을 적 자신과 일타홍一朶紅의 사랑 이야기를 들려주는 것으로 이야기가 전개된다. 이에 관해 이신성 교수는 작품 구조를 '현재-과거사-현재-죽음-評曰'로 파악하고, '과거사'가 이야기의 핵심이며, 평어에서 본 바 일타홍의 지절志節과 조신操身에 작가 의식이 집결되어 있다고 했다.(이신성, 「〈一朶紅 이야기〉의 전개양상과 그 의미」, 『한국한문학연구』 제14권, 한국한문학회, 1991. 139-180면. 159면 인용)

는 척했더니, 과연 열린 문으로 칼을 지니고 들어오는 자가 있더군. 내가 소매 속에서 철퇴를 가지고 들어오는 놈을 쳐서 죽였다네." ……(중략)…… 창기는 드디어 경사京師에 집을 팔아버리고 용산龍山으로 떠나와서 소년을 위해 수절하며 살았다. 오늘이 바로 소년이 살해당한 날이었으므로 제사를 마치고 애통함을 참을 수 없었다고 한다.[85]

이야기에는 우선 그녀가 사랑한 소년少年이 등장하고, 다음으로 그녀의 이웃에 살면서 소년을 살해한 궁마직宮馬直이 등장하며, 또 그녀의 사정을 듣고 나서 궁마직을 죽임으로써 그녀와 소년의 원수를 갚아주는 무변武弁이 등장하고, 마지막으로 소년의 제삿날 통곡하던 그녀가 말해준 사연을 듣는 문사文士가 등장한다. 이처럼 그녀를 중심으로 펼쳐지는 액자식 구성 이야기가 한 편 이상으로 확장되는 것을 볼 수 있다. 즉, 단일한 액자가 아니라 두세 개의 액자가 겹쳐진 구성 방식이다. 여기서 작품 가장 바깥 큰 액자에 담긴 내용은 현재 소복 여자가 문사에게 지난 사연을 들려주는 이야기로, 과거를 회상하는 출발점이다. 다음 액자에 담긴 내용은 그녀가 무변의 도움을 받아 소년을 죽인 궁마직을 처단하는 이야기로, 본격적인 서사의 전환점이다. 가장 안쪽 작은 액자에 담긴 내용은 과거 미소년과 창기의 사랑 이야기로, 연계되는 모든 사건의 시발점이라고 할

85 『동패락송』, 〈宮馬直〉. 昔有文士 出棲于龍山 隣屋有女人 哀哭自曉至日晩不止 文士輩聞知其爲常漢寡女 齊就其家 則乃素服女子也 問其哀痛之由 其女子對曰 妾本是城內名娼也 ……(中略)…… 武弁曰 當盡戱汝 要致此漢 午間 此漢壓後墻窺睨 而眼色不良 吾已知夜來害我 故當門佯睡 而果有開門持劍入者 吾以袖中鐵椎 迎擊而殺之矣 ……(中略)…… 娼遂賣京屋 出去龍山 爲少年守節 今日是少年罹害日 故祭罷哀不能止云矣.

수 있다.

그런데 〈궁마직〉에서 또 하나 주목할 것은 액자 속 등장인물의 호칭과 화자의 전환이다. 처음에 소복 여자가 문사에게 현재 처지를 이야기하면서 자신을 '제[妾]'라고 하다가,[86] 과거 무변과 미소년에 관련된 사건을 이야기하면서 자신을 '그녀[娼]'로 바꾸어 부른다.[87] 그녀가 예전에 '유명한 창기'였다는 점을 감안하더라도 이처럼 인칭 대명사가 바뀐 것은 저자가 특별한 구성 방식을 염두에 두고 서사를 전개했음을 알 수 있다. 즉, 도입부에서 1인칭 주인공 시점이 액자 속 이야기에서 3인칭 관찰자 시점으로 바뀐 것이다.

이러한 서술 방식은 각 이야기를 별개로 인식하고 사건의 시점時點과 화자의 시점視點을 달리 배치한 결과이며, 이야기 속 여성 주인공에게 적합한 호칭을 사용함으로써 독자의 이해를 돕는 효과를 거둔다. 게다가 무변이 그녀의 동의하에 소년의 원수를 갚으려고 범인을 찾는 시점부터 이야기는 새로운 국면을 맞이하고, 서사를 이끌어가는 인물도 창기에서 무변으로 바뀐다. 과거부터 지금까지 액자 속 서사 주체였던 '그녀'가 일순간 '무변'으로 바뀐 것이다. 야담에서

86 『동패락송』, 〈宮馬直〉. 其女子對曰 妾本是城內名娼也 一日富貴家宴 夕歸餘醺在面 新月如鏡 乘輿散步 則前街有一少年男子 着草笠步過 其貌如玉 一見已不勝慕悅 進前以告曰 妾是娼 而家在此街內 可能乍入 吸烟茶否 少年卽快允携入室中 張灯對坐 其喜可掬.

87 『동패락송』, 〈宮馬直〉. 娼接語請入 一如前夜 行杯罷終 娼泣告曰 奉邀進賜主 非牽情窃 有目前罔極罔措事 敢欲貽勞於進賜主 進賜肯之 則謹當終身爲妾爲婢 以報其恩矣 仍細陳之 武弁曰 慘矣 使買斂布以來 武弁脫衣講臂 從容襲殮裹以油芚 且覓廣耳 踰城往埋之. / 娼卽沽進美酒以代夕炊 娼歌一曲 少年和之其聲繞樑 又彈琴 琴亦如之 娼不及問其爲誰家子 只其才貌以爲平生奇絶 情愛如山 滅燭經雲雨 而兩相熟眠 乍醒更欲緊抱 則腥寒襲臂 定睛視之 則劍割其腹流血滿席 娼驚慌而起.

서사 주체가 변경된 경우는 찾아보기 어려운데, 아마도 액자식 구성에서 과거를 회상하는 대목이기에 가능했을 것으로 보인다.

전체 서사가 액자식으로 구성된 이야기는 『삽교만록』에 실린 〈검녀劍女〉를 빼놓을 수 없다. 검녀가 과거에 경험한 사건을 이야기하는 것은 단지 회상이 아니라 앞으로 벌어질 사태에 대한 기제機制나 복선伏線으로 작용하며, 어떤 면에서는 실질적인 서사 전개의 견인차 역할을 담당한다. 그러한 사례의 한 대목이다.

> 그녀가 갑작스레 독한 술과 좋은 안주를 차려놓고 달 밝은 밤에 한가한 틈을 타서 자기 평생을 직접 말하는 것이었다.
>
> "이 몸은 아무개 씨의 종이었는데, 마침 주인집 아가씨와 같은 해에 태어났기 때문에 주인집에서 특별히 아가씨의 소꿉 시중을 들게 되었고, 장래 시집갈 때에는 교전비轎前婢로 보내려 하였답니다. 겨우 아홉 살에 주인집이 권세가에게 멸문滅門되어 전원田園도 다 빼앗기고, 오직 아가씨와 유모만 목숨을 부지하여 타향으로 달아나 숨었습니다. 노예로 따라간 사람은 오직 이 한 몸뿐이었습니다. ……(중략)…… 돌아보건대 3년간 가까이 모신 나머지 작별의 예禮가 없을 수 없으며, 또 평생 뛰어난 재주를 끝내 숨기고 선생에게 한 번도 보여주지 않아서는 안 되겠으니, 선생은 억지로 이 술을 드시고 담력을 키워서 상세히 지켜보십시오."[88]

88 『삽교만록』, 〈劍女〉. 其妾忽具猛酒嘉膳 乘閒夜月明 而自敍其平生曰 身是某氏之婢也 而適與主家娘子 同歲而生 故主家特與娘子而爲使 使爲將來嫁時轎前婢 年僅九歲 而主家爲勢家所滅 田園盡爲所奪 而只餘娘子與乳姆 逃匿他鄉 隷而從者 唯此一身耳 ……(中略)…… 顧三年昵侍之餘 不可無留別之禮 且平生絶藝 不可終閟而不一見於座下 座下其强飮此酒 壯其膽魄 得以詳看之.

그녀가 소응천蘇凝天을 찾아와 몸을 의탁한 이유는 그가 기사奇士로 알려졌기 때문이다. 그러나 함께 지내다 보니 소응천은 일반 사대부와 다를 바 없는 인물이었다. 그래서 그녀는 그를 떠나기로 마음먹고 자기 과거를 털어놓았다. 지난 일에는 주인집의 불행에 얽힌 아가씨와 자신의 어린 시절 이야기와 더불어 멸문지화滅門之禍의 원흉을 찾아서 복수하는 이야기가 하나의 액자 속에 담겨 있다. 무엇보다 지나간 사연 중에서 8년의 행적이 독자의 시선을 사로잡는다. 열 살 남짓부터 주인집 아가씨와 함께 남장男裝을 하고 2년간 검객을 찾아다니며, 이후 5년간 검술을 익히고 보검寶劍을 사들여 원수를 처단하기까지 그녀의 모습은 지금껏 소응천이 동거한 여자와는 전혀 다른 인물이다. 그러나 현재 그녀가 보여주는 빼어난 검술[89]은 과거와 연결 선상에 위치한 남다른 삶의 흔적이다. 요컨대 액자식 구성은 과거와 현재를 넘나들며 액자 안팎에서 상반된 인물을 담아낸다.

이처럼 야담 저자는 전체 이야기 속에 또 다른 이야기를 담아 액자식으로 작품을 구성하기도 했는데, 거기에는 하나 또는 둘 이상의 이야기가 담겨 있기도 했다. 또 단순히 과거를 회상하는 방식으로 그것을 이용하기도 했지만, 앞으로 벌어질 사건의 요인이자 복선으로 활용하기도 했다. 이것이 여느 액자식 구성과는 다른 18세기 야담에서 보이는 서사 구성 방식이다. 이처럼 다양한 구성 방식은 야

89 검술 시범 장면은 〈검녀〉에서 아주 중요한 대목으로, 그녀의 뛰어난 검술은 과거에 주인집 아가씨와 합심合心하여 가문의 원수를 갚는 데서 비롯되었으며, 현재 기사奇士로 알려진 소응천과 작별하기에 앞서 그를 전율하게 만든다. 이에 대해서는 본장 4절에서 자세히 다룰 예정이다.

담의 서사 내용을 더욱 풍부하게 만들고 서사 수준을 한 단계 높여 주었다.

5) 옴니버스 형식

18세기 4종의 야담집 소재 작품에는 옴니버스 형식을 취한 이야기도 있다. 옴니버스 형식은 동일한 화소를 가지고 서사를 전개한다는 점에서 야담에 적합한 구성 방식으로, 구연보다 기록 과정에서 산출된 것이다. 즉, 각기 다른 이야기가 현장에서 구연되었으나, 일정한 주제로 수합되기는 어려웠으며, 이는 기록 단계에서 화소와 주제를 의식한 저자에 의해 특정 형식으로 구성되었을 것이다. 옴니버스 형식은 전대 및 후대 야담집에서 그 사례를 발견할 수 없으며, 18세기 야담 중에서도 〈심심당한화深深堂閑話〉에만 보인다.

> ① 손곡蓀谷의 심심당深深堂에서 주인 신사겸申士謙, 청주淸州 황성약黃聖若과 더불어 한담閑談을 나누었다. 문문산文文山・조정암趙靜菴・김하서金河西・권석주權石洲・민노봉閔老峯・김문곡金文谷・이자의李諮議의 일에까지 이야기가 미쳤는데, 모두 여색女色에 관한 것이었다.[90]
>
> ② 문산文山이 말하기를, "시신이 쌓여 있으니, 염습殮襲하여 매장은 해드리겠소만 여행 중에 갑자기 부인을 얻어 돌아가는 것은 크게 예의에 어긋나는 일이라 결코 안 됩니다." 하니, 처녀가 일어나서 절하고 안으로 들어갔다. 이윽고 다시 나와서, "아까 뵙고 말씀드린 소원은 곧

90 『삽교만록』, 〈深深堂閑話〉. 嘗於蓀谷之深深堂 與主人申士謙 及淸州黃聖若閑話 迤及文文山趙靜菴金河西權石洲閔老峯金文谷李諮議之事 皆關於女色者也.

군자께 몸을 바쳐 이승에서 다른 데로 시집가지 않겠다는 뜻입니다. 죽고 사는 일이 오늘에 달렸으니, 군자는 측은히 여기소서." 하고 문산의 소매를 잡는 것이었다. 그러나 문산은 완강히 거절하고 날이 밝기를 기다렸다.[91]

③ 정암靜菴이 대답하기를, "그 여자가 부모의 명命과 중매의 말에 의하지 않고 사사로이 남자를 엿보아 음심淫心이 발동했으니, 그 허물이야말로 죽어도 아까울 것이 없습니다. 아버지께서는 의로운 방법으로 자식을 가르치셔야 하거늘, 어찌 소자로 하여금 음녀淫女를 취하라 하십니까?" 하여, 공公은 길게 한숨을 쉬며 더 말하지 못했다. 그 아비는 눈물을 흘리며 돌아가서 차마 그 딸을 바로 보지 못했다. 그 여자의 병세가 더욱 위급해지자, 그 아비가 다시 정암의 집에 와서 애원하였다. "이제 사세事勢가 급박해져서 만에 하나 요행을 바랄 따름이옵니다." 공 또한 눈물을 흘리며 재차 정암에게 명했으나, 정암은 끝내 순종하지 않았다.[92]

④ 노부인이 말했다. "나는 저 어린 손부孫婦가 인도人道를 모르는 게 불쌍하고, 또 후사後嗣를 구할 데도 달리 없습니다. 공은 부디 애련히 여겨 오늘밤 손부와 동침하시어 인도를 알게 하고, 다행히 아들을 얻는다면, 이는 權氏로 권씨를 잇는 것이니, 남보다 낫지 않겠습니까?" 石洲가 정색을 하고 그 불가함을 말하니, 노부인이 한숨을 쉬고 눈물을 흘리며 말했다. "안 되는 줄 모르는 바 아니나, 이 어린 손부에게는 안

91 『삽교만록』, 〈深深堂閑話〉. 文山曰 積屍則可以斂埋矣 客遊倉卒 取婦人而去 大違禮義 決不可矣 女起拜而入 俄又來請曰 向者之來見 求托同房而夜語 便是獻身於君子 此生更無他適之意矣 死生惟今日 君子哀矜而念之 首把文山之袖 文山辭拒達曉.

92 『삽교만록』, 〈深深堂閑話〉. 對曰 其女不由父母之命 媒妁之言 而私窺男子 至生淫心 此其罪也 死無足惜 大人當訓子以義方 何至使兒取淫女乎 公太息不能復言 其人泣退 不忍見其女 其女病益急 其人哭趨靜菴之家 且哭且言曰 今已急矣 尚冀萬一之幸 公亦涕下 而又命靜菴 靜菴終不從.

되는 일인 줄 모르겠습니다." 석주가 완강히 거절하고 듣지 않자, 젊은 부인이 먼저 일어서고, 중년 부인은 따라 일어서고, 노부인도 뒤따라 일어서며 거듭 간청했다. "그래도 허락할 수 없을까요?" 석주는 끝내 허락하지 않았다.[93]

⑤ 이자의李諮議가 말하기를, "남녀가 유별하니, 비록 천인賤人의 딸이라도 담을 넘어 남자를 만나는 게 옳지 못하거늘, 하물며 토관土官의 딸이야 말해 무엇 하겠소? 어서 일어나 가시오. 어서 일어나 가요." 하니, 그녀가 말했다. "예의를 모르는 바 아니오나, 아녀자의 정情이 승勝하니 어찌합니까? 오늘밤 죽어도 못 물러가겠습니다." 이자의가 심한 말로 굳이 거절하고 큰소리로 꾸짖었으나, 그녀는 끝내 물러가지 않고 다만 이렇게 말했다. "저를 죽이고 살리는 것이 오직 오늘밤에 달려 있습니다. 제발 예의는 덮어두세요. 저도 그쯤은 모르지 않습니다." 이자의는 막무가내임을 깨닫고 객점 주인을 불러 그녀의 아비를 데려오게 했다.[94]

⑥ 그 뒤 그 집에서는 감히 그 누이를 출가시킬 수 없었고, 그 누이 또한 말하기를, "반야半夜 동안이나 대감이 주무시는 곁에서 모셨으니, 저는 대감의 여자입니다. 다른 데로 시집갈 수 없어요." 했다. 그가 틈을 보아 이 말을 노봉老峯에게 아뢰고, "제 누이가 이미 과년過年합니다. 대감께서 어여삐 여기시길 바라옵니다." 했으나, 노봉은 "처자가 무엇을

93 『삽교만록』, 〈深深堂閑話〉. (老婦人曰) 吾哀此婦 不及知人道 而且所後 無所於求 願公哀憐之 今夕與此婦同衾 俾知人道 而幸生一子 是用權氏而紹權氏也 不猶愈於他人乎 石洲正色而言不可 老婦人太息流涕而曰 非不知不可 在吾稚婦 不知爲不可 石洲堅拒不聽 稚婦人先起 壯婦人隨之 老婦人且起 而猶請曰 尙有可許乎 石洲終不許.

94 『삽교만록』, 〈深深堂閑話〉. 曰 男女有別 雖賤女不可踰墻而從男兒 況土官之女乎 速起而去 速起而去 曰 非不知禮義 奈兒女之情勝何 今夜之事 雖死不可退 李諮議苦口堅拒 至發呵叱 終不退而但曰 殺我活我 只在今夜 莫言禮義 吾非不知也 李諮議度無可奈何 遂呼店人 招致其女之父.

알았겠느냐? 이게 다 자네 의중이지, 어서 시집보내라." 했다. 그는 울면서 자기 누이가 정말 그러함을 하소연했으나, 노봉은 끝내 믿지 않았다. 이처럼 오고간 일이 한두 번이 아니었으나, 노봉은 끝내 믿지도 않고 그녀를 맞아들이지도 않았다.[95]

⑦ 정송강鄭松江은 어려서부터 기이한 기질이 있어 남달리 개결하고 몸가짐이 엄격하여 옛 성현의 학문에 뜻을 두었다고 한다. 그런데 일찍이 하서河西를 찾아가 보니, 하서는 때마침 취하여 잠들었다가 손님이 왔다는 말을 듣고 곧 일어나서 두 시녀의 부축을 받으며 꽃나무 사이로 나오는데, 가장 고아高雅하고 풍취 있는 자태를 한 채 취한 걸음을 한쪽으로 치우쳐 걸었다. 좌정한 뒤에 담론談論이 쇄락하여 속세에 높이 뛰어나 보였다. 송강은 흔연히 흠모하여 이때부터 좋은 술과 아름다운 여자를 별로 멀리하지 않은 것이다.[96]

안석경安錫儆은 심심당深深堂에서 신사겸申士謙·황성약黃聖若과 한담閑談으로 나누었던 이야기를 들려주는데, 여기에는 익히 알려진 유명 학자와 문인 그리고 젊은 여성들이 등장한다. 그런데 저자는 서두에서 이야기 소재가 모두 여색女色에 관한 것이었다고 밝히며 여섯 편의 이야기를 연관시켜 소개한다. 예를 들어, 문산文山 문천상文天祥과 소복 처녀, 정암靜菴 조광조趙光祖와 이웃집 처녀,

95 『삽교만록』, 〈深深堂閑話〉. 其後其家不敢嫁其女 女亦曰 半夜侍坐相公之臥側 吾則相公之侍女也 不可以他適 其人嘗乘間 以此言告於老峯曰 吾妹年已過矣 願大監垂矜 老峯曰 處子何知 此皆汝意也 卽歸嫁之 其人泣言 其女實如是 老峯終不信 如斯往返者 非一再 而老峯終不信而不許.

96 『삽교만록』, 〈深深堂閑話〉. 鄭松江幼有異質 淸介絶人 持身嚴苦 有志於聖賢之學 嘗往候河西 河西時方醉眠 聞有客卽起 兩侍女扶腋出花間 河西雅有風姿 而醉步欹側 旣定坐 談辨灑落 高出世間 松江欣然盛慕之 自此値佳酒名姬不甚遠之.

석주石洲 권필權韠과 세 부인, 이자의李諮議와 이웃 처녀, 노봉老峯 민정중閔鼎重과 비장裨將의 누이, 하서河西 김인후金麟厚와 송강松江 정철鄭澈을 내세워 남녀 간에 연정 고백과 그 대처법을 논의한다. 이야기 속 남자 주인공들은 철저히 성리학적 기준에서 자신을 단속하고, 남성 중심 사회구조에서 여성들을 평가한다. 그리고 저자는 각 이야기에서 보여준 남녀 주인공의 행위에 주목한다.

①은 〈심심당한화〉의 도입부에 해당되며, 저자는 작품 도입부에서 미리 이 작품이 옴니버스 형식으로 구성되었음을 밝혀 두었다. 그리고 이어지는 ②-⑦은 남자 주인공들이 각자 명분을 내세워 여색을 경계하는 대목이다. 즉, ②에서 가화家禍를 당한 처녀는 치상治喪을 도와준 문산文山에게 몸을 의탁하려 했으나, 문산은 정식 혼례를 통하지 않고 부인을 얻는 것은 잘못이라며 거절한다. 또 ③에서 이웃집에 사는 처녀는 단정한 선비 정암靜菴에게 반해 상사병이 들었지만, 정암은 그녀가 사사로이 남자를 엿본 음녀淫女라고 비난하며 아버지의 명命을 거역한다. 그리고 ④에서 권씨 집안 노부인은 석주石洲를 설득하여 손부孫婦와 동침시켜 후사後嗣를 얻으려 했으나, 석주는 애절한 소원을 거절함으로써 젊은 부인에게 수치심을 안겨준다. 또 ⑤에서 객점 이웃에 사는 여자는 정념情念을 못 이겨 한밤에 자의諮議의 처소로 뛰어들었지만, 자의는 여자의 아비를 불러와 딸의 잘못을 지적하며 훈계한다. 게다가 ⑥에서 비장裨將의 누이는 만취한 노봉老峯을 하룻밤 모신 것 때문에 평생 그를 따르려 했으나, 노봉은 비장이 누이를 내세워 딴마음을 품었다고 오해한다. 또 ⑦에서 송강松江은 개결한 마음과 엄격한 행실로 학문에 뜻을 두었지만, 하서河西는 흐트러진 모습을 보임으로써 그가 주색에 빠지

도록 만든다.

그런데 ①-⑦에서 저자와 한담을 나눈 대상을 포함하여 남자 주인공들은 모두 유교 이념에 철저한 인물이다. 예컨대 ②-⑤에서 그들이 상대 여성을 거부하는 요인은 모두 성리학적 정도正道에 어긋나기 때문이다. 그러므로 남자 주인공들의 눈에 비친 여성들은 너무나 파격적인 행위를 강요하는 비도덕적인 인물임에 틀림없다. 게다가 ⑥에서 노봉이 취중에 저지른 자기 잘못은 덮어둔 채 비장의 언행을 오해하여 함부로 비난하는 것도, ⑦에서 송강이 취중에 시녀의 부축을 받는 하서의 모습을 고상한 풍류로 받아들이는 것도 결국 왜곡된 자기 관점에서 비롯된 행동이다.

그러나 저자는 등장인물의 행위를 평가하는 데 어느 한쪽으로 치우치지 않고 그 잘잘못을 포폄한다. 그는 근원 이야기에서 남자 주인공으로 하여금 여성들의 행동을 비판하도록 만들고, 다시 평어에서 직접 남자 주인공의 행동을 비평한다. 그런데 이는 다채로운 근원 이야기만큼 다양한 관점에서 인물과 사건을 분석한 내용이라고 할 수 있다. 이처럼 안석경은 주색酒色을 화소로 한 여러 인물과 사건을 연관시켜 하나의 작품으로 엮어내기 위해 옴니버스 형식으로 서사를 구성했으며, 뚜렷한 주제 의식을 가지고 여섯 이야기의 특성을 탐색하여 독특한 야담 작품을 완성했다.

이상으로 야담에서 보이는 대화체 활용과 속담 인용 및 서술자의 개입 그리고 액자식 구성과 옴니버스 형식에 관해 살펴보았다. 전대 야담에서 두드러지지 않던 이러한 서사 구성 방식은 18세기 4종의 야담집에서 부각되는 특이점이다. 저자는 견문한 이야기를 어떤 방식으로 더욱 재미있고 설득력 있게 서사화할지 고민했다. 그리고 자신의 풍부한 문학적 재량과 다양한 기술적 장치를 동원하여 더욱 다채로운 이야기로 만들었으며, 결국 작품 안팎에서 저자와 독자가 소통하는 것은 물론 근원 이야기 안팎에서도 등장인물 간에 소통과 공유를 이끌어냈다.[97]

4. 인물과 소재의 재배치와 서사의 역동성

이른바 야담의 전성기라고 부를 18세기에는 다양한 야담집이 산생産生되었다. 전대 『어우야담』과 『천예록』에서 보이는 몇몇 이야기가 18세기 야담집에 전승된 것[98]을 제외하면, 이 시기에 나온 야담은 거의 자저自著 형태의 작품집으로 출현하고 있다. 18세기 이후 19세기에는 문헌전승에 기대어 전대 야담을 그대로 수록한 편저編著의 성격이 강한 데 비해, 18세기 4종의 야담집은 당대에 구연된

97 『동패락송』 소재 〈아지씨阿只氏〉·〈아환비丫鬟婢〉·〈궁마직宮馬直〉에는 저자가 의도한 일련의 서사 장치가 활용되었다. 즉, 여성 주인공들의 말과 글[諺書]을 비롯하여 눈짓과 몸짓은 남녀 주인공이 상호 소통하는 매개체로 쓰이며, 지원자는 피 지원자들의 사연에 공감하고 그것을 공유하는 데로 나아간다.

98 전대 『어우야담』과 『천예록』에서 동일한 작품이 18세기 4종의 야담집에 전승된 경우를 살펴보면, 『잡기고담』과 『삽교만록』에는 전승 작품이 전혀 없다. 반면 『어우야담』은 『동패락송』에 3편(〈청의동자青衣童子〉·〈이좌랑경류李佐郎慶流〉·〈유기장서柳器匠壻〉)과 『학산한언』에 3편(〈신선을 만난 성현成俔〉·〈보주寶珠와 앙화殃禍〉·〈서약봉기일徐藥峰忌日〉)이 전승되었으며, 또 『천예록』은 『동패락송』에 7편(〈두신痘神〉·〈가평교생嘉平校生〉·〈장도령蔣道令〉·〈소설掃雪〉·〈일타홍一朶紅〉·〈완승頑僧〉·〈서약봉기일徐藥峰忌日〉)과 『학산한언』에 1편(〈서약봉기일徐藥峰忌日〉)이 전승되었다.

야담을 작자가 직접 수집 채록한 자저의 성격을 뚜렷하게 보여준다. 그리고 대부분의 소재 작품은 별개의 화소話素[99]를 다루지만, 일부 작품은 유사 화소가 교착交錯과 변개變改를 거친 형태로 서사를 전개하고 있다. 이는 18세기 야담의 특징이라 할 수 있다.

18세기 야담의 서사 구성을 살펴보면, 대략 일곱 가지로 정리할 수 있다.

첫째, 동일한 화소가 전승傳承[100]된 경우인데, 이는 전대 야담집에 실린 이야기가 후대에 그대로 기록된 것이다. 예컨대 『어우야담』의 〈홍어洪魚〉가 『천예록』의 〈고성향수병화어高城鄕叟病化魚〉로 전승되고, 『어우야담』의 〈청의동자青衣童子〉·〈이경류李慶流〉가 『동패락송』의 〈청의동자青衣童子〉·〈이좌랑경류李佐郎慶流〉로 전승되었으며, 또한 『어우야담』의 〈성현成俔〉이 『학산한언』의 〈신선을 만난 성현成俔〉 등으로 전승된 것을 확인할 수 있다. 이들 사례는 주로 전대 야담에서 사람이 물고기로 변하는 이야기를 비롯하여 신숙주申叔舟·이경류李慶流·성현成俔 등 역사적 인물에 관련된 비현실적인 신이담神異談의 경우에 해당된다. 특히, 전대 양식인 필기筆記나 전기傳奇의 이야기가 18세기 야담집에도 동일한 소재와 인물로 정착된 것이다.

99 화소話素란 작품에 자주 나타나는 특정한 요소로서 작품의 소재나 제재 또는 주제 등과 관련하여 다양하게 표출된다. 그런데 하나의 작품은 단일한 화소를 갖기도 하며, 여러 가지 화소로 구성되기도 한다. 상세한 내용은 제2장 각주 36)을 참조하기 바란다.

100 전승傳承은 전대前代의 문화나 풍속 및 제도 등을 후대後代에 전하여 계승하는 것을 말한다. 야담에서는 동일하거나 유사한 화소를 가지고 각기 동일하거나 유사한 서사가 전개되지만, 전·후대 개념을 기준으로 계승된 흔적이 보이는 경우를 지칭한다.

둘째, 유사한 화소[101]가 전승된 경우로, 전·후대 야담의 주제나 소재가 비슷하고 인물이나 사건은 약간 다른 것이다. 예컨대 『어우야담』의 〈성산월星山月을 거절한 서생書生〉이 『잡기고담』의 〈치농癡儂〉으로 전승되고, 『어우야담』의 〈강자신姜子愼〉이 『동패락송』의 〈상죄償罪〉로 전승되었으며, 또한 『어우야담』의 〈정인지鄭麟趾〉가 『삽교만록』의 〈심심당한화深深堂閑話〉 등으로 전승된 것을 확인할 수 있다. 대체로 전대 이야기에서 어리석은 행동으로 비웃음을 받는 인물이나 과거에 악행을 저질렀다가 속죄하는 인물, 그리고 여성의 연정을 거절하여 화를 당한 인물 등의 이야기가 18세기에 유사한 서사로 야담집에 정착된 것이다.

셋째, 동일한 화소를 전재轉載[102]한 경우로, 같은 이야기가 동시대 야담집에 나란히 실린 것이다. 예컨대 『천예록』의 〈기진회수섭폐의忌辰會羞攝弊衣〉가 『동패락송』·『학산한언』에 〈서약봉기일徐藥峰忌日〉로 전재되고, 『동패락송』의 〈연도戀盜〉가 『삽교만록』에 〈연도戀盜〉로 전재되었으며, 그리고 『삽교만록』의 〈변사행邊士行〉이 『학산한언』의 〈심생沈生〉 등으로 전재된 사실을 확인할 수 있다. 18세기 야담 가운데 자기 제삿날 후손의 꿈에 나타난 서성徐渻을 비롯하여 당대 군도담群盜談과 추노담推奴談에서 그 사례가 발견된다.

101 유사한 화소는 야담에서 1차적으로 근원 이야기의 주제나 소재가 비슷하고, 2차적으로 인물이나 사건이 약간 다르지만 비슷한 형태로 서사가 전개되는 것을 가리킨다. 예술 작품의 경우, 비슷한 것끼리 차이가 줄어들면 결국 동등해지는데, 동등한 것에 가까운 상태를 유사하다고 일컫는다. 여기서는 동등하여 일치되는 상태를 동일한 것으로 정리한다.

102 전재轉載는 이미 발표된 문장을 다른 지면紙面에 옮겨 싣는 것을 말한다. 야담에서는 동일하거나 유사한 화소의 이야기가 동시대 작품집에 보이는 경우를 지칭한다.

이는 인물과 소재는 물론 서사 구성 및 전개 과정이 동일하게 서술된 것이다.

넷째, 유사한 화소를 전재한 경우로, 동시대 야담에서 주제나 소재가 비슷하지만 인물이나 사건 전개 과정이 약간 다른 것이다. 예컨대 『천예록』의 〈지리산로미봉진智異山路迷逢眞〉이 『동패락송』의 〈장도령張都令〉으로 전재되고, 『잡기고담』의 〈천연天緣〉이 『동패락송』의 〈해풍군정효준海豊君鄭孝俊〉으로 전재되었으며, 그리고 『동패락송』의 〈광주경안정생廣州慶安鄭生〉이 『학산한언』의 〈허정許烶〉 등으로 전재된 사실을 확인할 수 있다. 18세기 야담에서 시해尸解하여 신선이 되었다는 인물, 기이한 경험을 하며 배우자를 찾은 인물, 정직하고 충실한 삶에 대한 보답으로 목숨을 구한 인물 등의 이야기가 세부적인 차이를 보이며 유사한 서사 형태로 동시대 야담집에 실린 것이다.

다섯째, 유사한 화소가 교착交錯[103]된 경우로, 동시대 야담집에 실린 이야기의 일부분이 다른 작품집에 뒤섞여 기록된 것이다. 예컨대 『삽교만록』의 〈검녀劍女〉가 『잡기고담』의 〈여협女俠〉+〈검기劍技〉와 『학산한언』의 〈기승奇僧〉, 그리고 『동패락송』의 〈묘墓〉가 『잡기고담』의 〈검기劍技〉+〈청원淸寃〉 등으로 교착된 것을 확인할 수 있다. 비록 야담의 서사 구성과 전개는 다르지만, 인물이 처한 상황이나 행동 방식이 부분적으로 겹치면서 새로운 서사로 탄생되

103 교착交錯은 여러 가지 요소가 이리저리 엇갈려 뒤섞인 것을 말한다. 야담에서는 동일하거나 유사한 화소의 이야기가 동시대 작품집에 혼재된 경우를 지칭한다. 본 책에서는 유사한 등장인물과 그 주변 사건을 중심으로 특정 화소가 전체 서사에 삽입 또는 접목된 형태를 가리키며, 이는 4종의 야담집에서 두루 보인다.

었다. 이러한 교착의 경우는 18세기 야담에서 두드러지며, 18세기 4종의 야담집에 골고루 담겨 있다.

여섯째, 유사한 화소가 변개變改[104]된 경우로, 동시대 야담의 주제나 소재가 유사하지만 서사의 구성과 전개가 다르게 바뀐 것이다. 예컨대 『잡기고담』의 〈면화免禍〉가 『삽교만록』의 〈언양彥陽〉으로, 『동패락송』의 〈진안좌수鎭安座首〉가 『학산한언』의 〈전동흘田東屹과 이상진李尙眞〉 등으로 변개된 것을 확인할 수 있다. 이러한 변개는 18세기 야담 가운데 추노담에서 주인공이 위기를 모면하는 기발한 방법, 특정 인물의 교유관계와 입신양명 등을 담은 이야기에서 주로 포착된다. 이는 인물과 사건 및 배경 등을 교직함으로써 새로운 서사를 구성한 것이다.

일곱째, 창작된 화소가 기록된 경우로, 이전 야담집이나 동시대 작품집에 보이지 않는 새로운 이야기를 기록한 것이다. 위 여섯 가지 경우를 제외한 작품이 여기에 해당되며, 이는 18세기 4종의 야담집이 문헌전승에 따른 편저가 아니라 구연전승에 기댄 자저라는 사실을 증명한다.

이처럼 18세기 야담의 서사 구성 양상은 대략 일곱 가지로 정리할 수 있는데, 여기서 동일한 화소가 전승된 경우와 창작된 화소를 기록한 두 경우를 제외하면, 모두 인물과 소재를 재배치하여 서사를 재구성한 것이라고 할 수 있다. 사실 18세기 야담은 거의 구연을 통

104 변개變改는 다르게 바꾸고 새롭게 고치는 것을 말한다. 야담에서는 동일하거나 유사한 화소의 이야기가 각 야담집에서 전혀 다른 양상으로 나타난 경우를 지칭한다. 본 책에서는 동일한 등장인물을 중심으로 일부 서사가 전개되고, 그에 연계된 주변 사건이 확장 전개되면서 특정 화소가 부록된 형태를 가리키며, 이는 4종의 야담집에서 두루 보인다.

해 창작된 화소로 이루어지지만, 유사한 화소가 전재되는 과정에서 교착 또는 변개되기도 하는데, 이는 4종의 야담집에 두루 나타나는 현상이다.

1) 유사 화소의 교착

18세기 야담에서 인물과 소재가 교직되어 서사화된 사례는 유사 화소가 교착 및 변개된 작품에서 분명히 포착된다. 유사 화소가 교착된 경우는 동시대 야담집에 실린 이야기의 일부가 다른 작품에 뒤섞여 기록된 것을 말하는데, 『삽교만록』에 실린 〈검녀劍女〉가 대표적인 작품이다. 이는 『잡기고담』 소재 〈여협女俠〉과 〈검기劍技〉의 화소가 교착되어 있으며, 〈검기〉의 일부 화소는 다시 『학산한언』 소재 〈기승奇僧〉[105]에도 나란히 실려 있다. 또 『동패락송』에 실린 〈묘墓〉는 다시 『잡기고담』 소재 〈검기劍技〉와 〈청원淸冤〉의 화소가 교착된 형태를 보여준다. 이 작품들은 야담의 서사 구성 및 전개는 다르지만, 등장인물이 고난과 역경을 극복하는 소재가 부분적으로 엇갈리고 뒤섞여 새롭게 서사화된 것이다.

105 18세기 전후에 동일한 인물과 사건을 다룬 일부 작품은 각기 다른 장르인 전傳과 야담으로 저술되었는데, 〈기승〉도 여기에 해당되는 작품이다. 이러한 경우로는 오도일吳道一의 〈설생전薛生傳〉과 『학산한언』 소재 〈설생薛生〉을 비롯하여 신광수申光洙의 〈검승전劍僧傳〉과 『학산한언』 소재 〈기승奇僧〉, 서형수徐瀅修의 〈우온전禹媼傳〉과 『동패락송』 소재 〈조보朝報〉 등이 있다. 이들 야담 작품은 모두 전대 양식인 전傳을 활용하여 서사를 구성했으며, 예컨대 전傳의 인정기술과 논찬이 야담에서 근원 이야기와 평어로 남겨졌다. 이에 대해서는 본 책 제3장 1절을 참조하기 바란다.

(1) 개인의 복수와 검술 시범

* 삽교만록 〈검녀〉 =	잡기고담 〈여협〉+	〈검기〉	= 학산한언 〈기승〉
두 여자	두 자매		
가문의 복수	가족의 복수	양부의 복수	
뛰어난 검술		뛰어난 검술	뛰어난 검술

『삽교만록』에 실린 〈검녀劍女〉는 두 개의 화소를 지닌 작품으로, 『잡기고담』 소재 〈여협女俠〉과 〈검기劍技〉의 내용이 적절히 조화되어 하나의 서사체로 완성된 듯하다. 예컨대 두 여자 주인공이 가족을 죽이고 가문을 멸족시킨 대상에게 복수하는 내용은 〈여협〉과 유사하며, 소응천蘇凝天을 떠나기 전에 여자가 보여주는 검술 시범 장면은 〈검기〉와 흡사하다.

〈검녀〉에서 검녀는 기사奇士인 줄 알았던 소응천을 떠나기에 앞서 자기 과거를 털어놓는다.[106] 그녀의 이야기에는 두 여자가 등장하는데, 바로 남의 집 종이었던 자신과 주인집 아가씨다. 검녀는 주인 아가씨의 몸종으로 지내다 교전비轎前婢로 보내질 운명이었으나, 주인집이 화를 당하여 재산마저 다 빼앗긴 채 숨어사는 처지가

106 〈검녀〉는 안석경安錫儆의 친구 단옹丹翁이 들려준 이야기로, 현재 소응천蘇凝天을 떠나는 검녀의 이야기와 과거에 그녀가 주인집 아가씨와 함께 복수한 이야기로 구성된다. 즉, 단옹의 이야기 속에 소응천과 검녀가 등장하고, 그녀의 이야기 속에 다시 주인집 아가씨가 등장하는 전형적인 액자 형식을 취한다. 〈검녀〉와 관련하여 여성 인물 형상과 서사 전통에 대해서는 다음 논문을 참조하기 바란다. 조혜란, 「조선의 女俠, 劍女」, 『한국고전여성연구』 제12권, 한국고전여성문학회, 2006. 265-287면 ; 강혜규, 「삽교만록 안석경의 〈검녀〉 연구－女俠敍事 전통의 계승과 수용」, 『한국한문학연구』 제41권, 한국한문학회, 2008. 445-475면.

되고 만다. 이후 두 사람은 가문의 원수를 갚기로 결심하고, 남장男裝을 한 채 검사劍師를 찾아 2년 남짓 떠돌다가, 최고의 스승에게 5년간 검술을 배워 허공을 날아다닐 경지에 이른다. 그리고 드디어 가문을 멸족시킨 원수를 찾아가 복수의 칼날을 휘두른다.

여기서 원수를 응징하는 장면은 비교적 간략하게 기술되었다. 화를 당하고 나서 거의 8년 만에 치러진 복수치고는 지나치게 축약된 느낌마저 든다. 그러나 무엇보다 두드러지는 것은 두 여자가 복수를 전후前後하여 보여준 행동이다. 예컨대 검술을 터득한 뒤에는 도회지에서 기예를 팔아 보검寶劍을 사들이고, 원수를 갚은 뒤에는 자결하거나 배우자를 찾아 떠나는 것이다.

두 여자의 복수에 얽힌 이야기를 시사 분질로 나타내면 다음과 같다.

① 두 여자는 동년배로 주인 아가씨와 계집종의 관계로 생활한다.
② 9세 때 권세가에게 멸문滅門을 당하여 타관他官으로 피신한다.
③ 10세 지나 2년 만에 검사劍師를 찾아가 5년간 검술을 익힌다.
④ 기예技藝를 팔아 보검을 사고 원수를 찾아가 복수한다.
⑤ 주인 아가씨는 자결하고, 계집종은 소응천蘇凝天에게 의탁한다.

이처럼 두 여자가 복수하는 내용은 〈여협〉에서도 확인할 수 있다. 어려서 어머니를 여읜 자매는 아버지를 독살하고 도망친 계모와 간부奸夫를 찾아서 복수하기로 결심한다. 이들 또한 경주慶州에 신묘한 검술을 지닌 사람[107]이 있다는 소문을 듣고 찾아가서 10년간 검

107 필자는 이러한 소재를 비롯하여 야담집에 실린 신라 및 경주 관련 이야기를 분석하고, 그 특징을 규명한 바 있다. 이채경, 「야담집 소재 신라 및 경주 이야기 연구－『천예록』, 『잡기고담』, 『동패락송』을 중심으로」, 『신라문화』 제41집, 신라문

술을 배우고 익혀 비법을 전수 받는다. 이후 남장男裝을 하고 이름을 숨긴 채 사방을 떠돌며 원수의 행방을 뒤쫓는다. 오랜 기다림 끝에 드디어 자매는 두 남녀가 원주原州 객점에 투숙했다는 사실을 알고, 마침내 묵은 원한을 갚는다.

그런데 자매가 10년 세월을 절치부심切齒腐心한 것에 비하면, 복수 장면은 아주 간략하게 처리되고, 무엇보다 복수를 전후한 자매의 행적에 관심이 집중된다. 그들은 한밤에 단출한 복장으로 칼을 어루만지며 계획을 점검하고, 도와주겠다는 정시한丁時翰의 제의를 단호히 거절하며, 날이 밝기 전에 갑자기 들이닥쳐 두 남녀의 머리를 단칼에 베어간다. 이는 피살자의 신원이 밝혀지지 않게 함으로써 살인이 자기 부모와 가문에 연관되지 않도록 하려는 의도[108]에서였다. 아울러 다른 누구의 목숨도 해치지 않고 남의 재물은 조금도 빼앗지 않았다는 점에서 두 남녀에게 한정된 치밀하고 과감한 응징임을 확인할 수 있다.

자매의 복수에 얽힌 이야기를 서사 분절로 나타내면 다음과 같다.

① 두 자매는 산후병으로 어머니를 여의고 이웃에서 길러진다.
② 계모가 이웃 교생과 눈이 맞아 아버지를 독살하고 떠난다.

화연구소, 2013. 353-382면 참조.

108 이는 이야기 속에서 자매가 직접 말한 것이 아니라, 『잡기고담』의 저자 임매任邁가 〈여협女俠〉의 평어評語에서 모든 정황을 추측하여 내린 결론이다. "曰 此尤可見其誠孝之至也 殺人之獄 必有檢驗 不檢驗則不成獄 不成獄則不償命 苟爲告官 則雖有明師士 不得不按例檢驗 其父之死已久矣 拔塚破棺 使其已朽之骨 更受灰淋醋洗酷 則是無異重懼刑戮也 孝子之心 其可忍乎 不如是 則將無以決仇人之腹 而窮天之寃 無時而可洩也 孝心於此 誠可難處矣 其不自爲首者 亦不欲家醜之外揚也 其自言曰 事若發露 惟當獨死 固已拚一命矣 彼豈畏死者哉."

③ 경주의 유명한 검사劍師를 찾아가 10년간 검술을 익힌다.
④ 원수를 찾아다닌 끝에 한양漢陽에서 충주忠州로 내려간다.
⑤ 한밤에 객줏집에서 두 남녀를 죽이고 머리를 베어간다.

대동소이한 〈검녀〉와 〈여협〉의 복수 구도[109]에는 몇 가지 유사점이 발견된다.

첫째, 두 사람으로 이루어진 남장 여자이다. 예컨대 〈검녀〉에는 주인집 아가씨와 계집종이 등장하고, 〈여협〉에는 연년생 자매가 등장한다. 당시 정치 사회적인 요인으로 불행을 당한 여성들은 신체적인 열세를 극복하고 복수를 감행한다. 둘째, 가문과 가족의 원수를 갚기 위해 검술을 익힌다. 예컨대 검녀는 빼어난 검술로 가문을 멸족시킨 세도가를 응징하고, 자매는 아버지를 독살한 계모와 간부를 처단한다. 셋째, 복수를 치밀하게 준비하고 단호하게 결행한다. 예컨대 검녀는 기예를 팔아 보검을 사들여 원수 집안사람들을 죽이며, 자매는 복수할 기회를 노리다가 두 남녀의 머리를 베어 감으로써 흔적을 남기지 않는다. 넷째, 자기네 힘으로 문제를 해결하고는 미련 없이 떠난다. 예컨대 복수 후에 주인집 아가씨는 선영에 고하고 자결하며, 검녀는 소응천을 찾아가 의탁하고, 자매는 완전히 종적을 감춘다.

그런데 이처럼 유사한 서사 구도를 지닌 이야기는 목표[복수]를 성취한 결과보다 그것을 향해 나아가는 과정 ③과 ④에 서사의 초점이

109 조혜란은 〈검녀〉가 두 여성 검객의 복수의 서사이자 탐색의 서사라고 하였다. 특히, 검녀는 하층 여성으로서 주체성을 지니고 스스로 체제 밖의 삶을 선택한 인물이라고 평가했다. 조혜란(2006)의 전게서 275-282면을 참조하기 바란다.

맞춰져 있다. 다시 말해, 여성 주인공들이 가문을 파멸시키고 부모를 살해한 원수에게 칼날을 들이대는 순간보다 복수를 결심하고 계획을 세워 하나하나 실행하는 지난한 과정이 상세히 기술된 것이다. 두 작품은 등장인물과 사연이 각기 다르게 설정되었으나, 복수의 요인과 그 성취 과정에서 절박함과 긴장감을 유지하며 결말로 치닫는다. 그리고 복수 후에 또 다른 서사가 전개되는데, 바로 검술 시범 장면이다.

> ① 사뿐히 가벼운 제비처럼 움직이더니, 별안간 칼이 날자 몸을 솟구쳐 칼을 옆구리에 끼었다. *처음에는 사방으로 흩어져 꽃잎이 떨어지고 얼음이 부서지는 듯하더니, 중간에는 둥글게 뭉쳐서 눈보라가 치고 번개가 치는 듯하다가, 마지막에는 훨훨 비상하여 고니가 날아오르고 두루미가 날아오르는 듯했다.* 사람은 보이지 않고, 또한 칼이 어디서 오는지도 보이지 않았다. 다만 한 줄기 흰 빛이 동쪽에서 두드리고 서쪽에서 부딪치며 남쪽에서 번쩍이고 북쪽에서 번뜩이는 듯하면서 휙휙 바람이 일고 싸늘한 빛이 하늘을 얼어붙게 했다. 갑자기 고함 소리가 한 번 들리고 쩍하며 뜰의 나무가 갈라지더니, 칼이 던져지고 사람이 우뚝 섰으며, 남겨진 칼 빛과 남은 기운이 차갑게 끼쳐왔다.110
>
> ② 이윽고 옷을 걷어 올리고 칼을 뽑아 두 손에 잡고는 천천히 움직이자, 칼날이 번뜩이며 달구어졌다. *처음에는 유성流星이 꼬리를 끄는 듯하더니, 점점 달빛이 갈라지고 기울어지는 듯하다가, 검세劍勢가 재빨리 한 바퀴 돌고 나서는 차가운 빛이 온 방을 두루 비추었다.* 찬바람

110 『삽교만록』, 〈劍女〉. 翩然若輕燕 而瞥然騰劍 竦身挾之 *始也四撒 花零氷碎 中焉團結 雪滾電鑠 末乃翱翔鵠擧鶴翥* 不可見人 而亦無由見劍 秖見一段白光 撞東觸西 閃南掣北 而颯颯生風 寒色凍天 俄叫一聲 砉然割庭柯 而劍擲人立 餘光剩氣 冷遍於人.

이 휙 불고 찬 기운이 사람에게 끼치자, 모두 두려워하며 집밖으로 흩어져 나갔다. 잠깐 사이에 갑자기 그 사람은 보이지 않고 다만 한 길이나 되는 은 항아리가 집과 처마 사이에서 회전했다. 보랏빛 번개가 여러 줄기 오르내리고, 번뜩이는 빛 무리가 사방에 가득하니, 모두 얼굴을 마주하고도 서로 보이지 않았으며, 꼼짝없이 한 구석에 서서 벌벌 떨며 감히 숨조차 쉬지 못했다.[111]

③ 노승은 쌍검을 잡고 일어나 춤을 추었다. *처음에는 머리를 움직이며 굽어보고 올려다보는 모양이 자못 느렸다. 조금 뒤에는 점차 빨라지면서 휘두르는 칼날에 바람이 일었다. 한참 뒤에는 솟아올라 회오리바람처럼 떠다니며 공중에 선 채로 빙글빙글 돌면서 왔다 갔다 하는 것이었다.* 이윽고 다만 하나의 은 항아리가 잣나무의 층층 잎 사이로 나타났다 사라졌다 하며 번갯불을 끌어온 듯 번쩍이다 녹이내리고, 갑자기 길어졌다 갑자기 짧아졌다 하며 바위 골짜기에 스며들어 비치기도 하여 온통 서리와 눈으로 뒤덮인 듯한데, 잣 잎이 어지럽게 비처럼 날리며 떨어졌다.[112]

①에서 그녀는 어려서 팔도를 떠돌며 찾은 스승에게 검술을 배우고 익혀 비로소 허공을 날아다니게 된다. 그처럼 뛰어난 기예를 팔아 보검을 손에 넣기까지 또 검술을 갈고 닦아 최고 경지에 이른다. 그런 그녀의 기량은 소응천을 만나 살면서 수년간 묵혀두었지만 전

111 『잡기고담』, 〈劍技〉. 乃揭衣發劍 握之兩手 徐徐運動 劍花閃鑠 *初如流星洩芒 漸如隙月斜明 旣已劍勢轉急一圍 寒光遍照一室* 而陰風颯颯 冷氣逼人 衆皆悚然 迸出戶外 俄頃之間 倏失其人 而但一丈銀瓮轉於堂室軒廡之間 紫電百道上下 揮霍光彙四塞 衆皆對面不相見 束立一隅 戰慄不敢息.

112 『학산한언』, 〈奇僧〉. 僧把雙劍起舞 *始也 顚動低昂頗遲 俄而 漸見迅疾 揮霍風生 久之 騰湧飄浮 立在室中 盤旋去來* 已而只見一個銀瓮 出沒於栢樹層葉之間 掣電閃鑠 倏長倏短 襲映岩壑 遍是霜雪 栢葉紛紛 飛落如雨.

혀 녹슬지 않았다. 처음에는 꽃잎이 떨어지고 얼음이 부서지듯 조용히 시작되나, 점점 눈보라가 휘날리고 번개가 치는 듯 거세지더니, 나중에는 고니와 두루미가 날아오르듯 허공에서 싸늘한 빛과 바람을 가르는 소리만 들린다. 특히, 그녀는 완벽한 복장에 연화검蓮花劍 한 쌍을 든 전형적인 검녀의 모습을 보여준다.

검녀의 뛰어난 검술은 무엇보다 소응천의 반응을 통해 여실히 드러난다. 그는 처음에 술기운을 빌려 꼿꼿이 앉아 버틸 수 있었으나, 차츰 기세를 몰아가는 기예를 보고는 손발이 떨리고 몸이 오그라들어 꼼짝할 수 없으며, 나중에는 그 기세에 눌려 거의 인사불성人事不省이 되고 만다. 보통 사람의 담력과 정신으로는 감히 제대로 바라볼 수 없을 만큼 빼어난 검술에 기사奇士로 알려진 그도 옴짝달싹 못하고 얼어붙었다가 그녀가 비로소 칼을 거두고 따뜻한 술로 자축한 뒤에야 제정신을 차린다.

②에서 종실宗室 공자公子가 보여주는 검술도 그야말로 신기神技에 가깝다. 그가 자리에서 일어나 옷자락을 걷고 칼을 뽑아 들었을 뿐인데, 구경꾼들은 이미 숨조차 쉴 수 없을 만큼 긴장감에 휩싸이고 만다. 드디어 유성이 꼬리를 끌며 사라지듯 천천히 움직이던 칼끝은 점차 기세를 더해 온방에 싸늘한 빛과 찬 기운을 몰고 와 사람들을 집밖으로 끌어낸다. 그리고 어둠속에서 은 항아리처럼 둥글게 원을 그리다가 상하좌우에서 번뜩이며 사람들을 구석으로 몰아 벌벌 떨게 만든다. 그렇게 압도적인 분위기에서 검술 시범이 끝나자, 사람들은 가슴을 쓸어내리고 혀를 내두르며 신묘神妙한 검술을 칭찬하지 않을 수 없다.

공자는 왜국에서 검술을 익힌 지 오래고, 조선으로 돌아와서는 칼을 뽑아본 기억조차 없다. 게다가 이제는 늙어서 숨결마저 가쁜 처지라 기량을 최대한 발휘하지 못했다고 탄식한다. 그럼에도 불구하고 구경꾼은 한광寒光과 냉기冷氣 때문에 집밖으로 내몰렸다가 어둠과 두려움 때문에 다시 묶인 듯 숨죽여야 했다. 이후 갑자기 들려온 부딪치는 쇳소리와 외마디 비명은 이야기 속 검술 시범 현장이나 이야기 밖 구연 현장에서 긴장과 전율의 절정을 보여주며, 여기에 동참한 사람들은 최고의 검술과 극한의 공포에 사로잡혀 정신을 잃을 지경이다.

이러한 대목은 ③에서도 그대로 표현된다. 금강산 암자에 거처하는 노승이 죽은 스승의 재齋를 지내며 통곡하는 사연을 들려준다. 그는 임진왜란 이전 조선에 건너온 왜국 첩자들 중 한 사람으로, 어느 날 자기네가 죽이려던 선비에게 도리어 붙잡힌다. 이후 첩자들은 선비를 스승으로 모시며 검술을 전수 받고 나서 모의하여 스승을 살해한다. 그는 사제師弟의 의리를 저버린 일행을 징치懲治하고 승려가 된 것이다. 생전에 스승에게 전수 받은 검술은 오랜 세월이 흘러 늙고 병들어 기량을 제대로 발휘하지 못해도 보는 이를 전율케 한다.

처음에는 느리게 움직이며 조용히 온몸을 풀고, 점차 움직임이 빨라지면서 휘두르는 칼날에서 바람이 일더니, 한참 뒤에는 회오리바람처럼 재빠르고 차갑게 허공을 가르며 날아다닌다. 어느새 노승의 형체는 사라지고, 서릿발 같은 칼날이 번뜩이는 모습만 보인다. 그것은 크게 원을 그리며 잣나무의 층층 잎 사이로 나타났다 사라졌다 하면서 번갯불처럼 번쩍이기도 하고, 갑자기 길어졌다 짧아지기도 하여 눈을 현란하게 만들고 마음을 산란하게 만든다. 이윽고 가느다란 잣 잎이 비처럼 떨어지며 검술 시범은 끝난다.

검술 시연에서 공통으로 기술된 내용을 서사 분절로 나타내면 다음과 같다.

① 처음에는 시범자의 동작이 느리고 칼끝이 조용히 움직인다.
② 다음에는 시범자의 동작이 빨라지고 검세劍勢가 격렬해진다.
③ 나중에는 시범자가 공중을 날고 검광劍光만 허공에 번뜩인다.

〈검녀〉와 〈검기〉 및 〈기승〉의 주인공들은 개인적인 복수를 위해 유명 검객에게 검술을 배우고 익힌다. 시간이 지날수록 갈고 닦은 기예는 절등한 경지에 이르러, 신묘한 검술 시연은 보는 자로 하여금 정신을 잃게 만든다. 특히, 위 공통 서사 분절은 시범자의 움직임과 검기劍氣의 변화를 점층법漸層法으로 처리하여 빼어난 검술을 부각시켰다. 이는 유사한 형태의 근원 이야기에 구연자나 기록자의 서사 의도와 재량이 가미된 대목으로, 주인공들이 지난한 과정을 거쳐 성취한 복수에 정당성을 강화하고, 나아가 그 행위에 대한 명분과 함께 자부심을 제공한다. 또한 느리다가 빨라지는 시범자 행위의 완급緩急이라든가, 상하전후좌우로 이동하는 관찰자의 시선이라든가, 검술 시범 진행에 따라 경험하는 놀라움과 두려움의 층위層位라든가, 인물과 사물의 변화로 인해 생동하고 역동적인 장면이 연출되며 문학적인 효과를 창출한다.

이상으로 살펴본 〈검녀〉에는 〈여협〉과 〈검기〉의 두 화소가 교착[삽입 또는 접목][113]되어 있음을 알 수 있다. 또 〈검녀〉와 〈검기〉에

113 여기서 삽입과 접목은 상대적인 용어로, 기존 서사에 일정 화소가 끼어드는 것을 기존 서사의 입장에서 보면 '삽입'이며, 삽입된 일정 화소의 입장에서 보면 '접목'

서 보이는 검술 시범 장면은 〈기승〉에도 실려 있음이 확인된다. 이러한 사실로 미루어 볼 때, 당시 서로 다른 근원 이야기가 민간에 유행하고 있었으며, 두 이야기를 접한 구연자나 기록자가 이를 하나의 서사 작품으로 만들거나 또 다른 서사에 접목시켜 새로운 서사 형태로 재창조한 것이다. 특히, 18세기 야담에서 보이는 유사 화소 교착 현상은 각기 다른 이야기로 서사를 확장하며 다채로운 이야기를 양산했다.

이처럼 유사 화소가 교착된 양상은 동시대 여타 야담에서도 보인다. 『동패락송』에 실린 〈묘墓〉 역시 두 개의 화소를 지닌 작품으로, 왜국에 포로가 되었다가 생환生還한 이야기와 신체상 특징으로 헤어졌던 가족과 재회하는 이야기를 담고 있다.

(2) 포로의 귀환과 신체적 특징

*	동패락송 〈묘〉	=	잡기고담 〈검기〉	+	〈청원〉
	왜장 양자		왜장 양자		
	환국		환국		
	아랫배 북두칠성				아랫배 화상흉터

임병양란壬丙兩亂을 겪으면서 조선 팔도는 황폐해지고 민심은 피폐해졌다. 가족을 잃고 집을 떠나 전국을 떠도는 사람이 있는가 하면, 심지어 외적外賊에게 붙잡혀 죽음을 당하거나 타국에 포로로 끌려간

이라고 할 수 있다. 예컨대 〈검녀〉에는 〈여협〉과 〈검기〉의 일부 화소가 삽입된 것이며, 〈여협〉과 〈검기〉의 화소는 〈검녀〉에서 접목된 상태라고 볼 수 있다. 이 두 가지 양상을 아울러 '교착'이라 부르기로 한다.

사람도 있었다. 18세기 야담에는 왜적倭賊의 포로가 되었다가 살아 돌아온 인물이 자주 등장한다. 그 가운데 〈묘墓〉는 『잡기고담』 소재 〈검기劍技〉와 유사한 상황에서 왜국으로 끌려갔다 생환한 이야기다. 그들이 왜국에서 어떻게 생활했으며, 어떤 과정으로 환국했는지 살펴보자.

〈묘〉에서 경성京城의 삼형제는 막내가 장가들어 처가에 있을 때 임진왜란을 만난다. 신혼의 막내는 두 형이 집으로 돌아와 함께 피란을 가자는 권유에 마지못해 아내와 헤어져 떠나온다. 그렇게 눈물을 흘리며 생이별한 이후 삼형제는 왜병에게 붙잡혀 두 형은 참수되고, 막내는 왜장의 눈에 띄어 겨우 목숨을 건진다. 왜장은 그를 양자養子로 삼아 왜국에 데려가지만, 그는 시험에서 두 차례 낙방함으로써 위기에 직면한다. 그러나 한 번은 왜장의 도움으로 죽음을 면하고, 또 한 번은 고승高僧의 사면 요청으로 목숨을 부지하여 불문佛門에 의탁한다. 우여곡절 끝에 막내는 조선으로 되돌아온다.

이처럼 임진왜란 때 포로가 되어 왜국에 끌려갔다가 되돌아오는 인물은 〈검기〉에도 등장한다. 종실 공자 역시 왜적에게 붙잡혀 죽음에 직면하지만, 다행히 왜장의 눈에 띄어 목숨을 보전한다. 왜장은 공자를 양자로 삼아 왜국에 데려가서 친자식처럼 키우며 10년간 검술을 가르쳐 기예를 완성시킨다. 그러고 나서 자기 대신 원수를 갚아달라고 부탁하며, 공자는 마침내 결전決戰을 치르고 원수의 목을 베어 돌아온다. 이후 왜장은 은혜에 보답하기 위해 온갖 물질공세를 펼치나, 공자는 한사코 거절하고 수십 년 만에 조선으로 되돌아온다.

두 남자가 겪은 포로 생환담生還談에서 공통된 서사 분절은 다음과 같다.

① 임진왜란 때 왜적에 죽을 위기에서 목숨을 보전한다.
② 왜장에 의해 왜국에 포로로 끌려가 함께 생활한다.
③ 수십 년간 왜인과 부자/사제 관계를 맺고 복수한다.
④ 그 대가로 안전과 영화를 보장 받지만 거절한다.
⑤ 조선으로 돌아와 조정/가정에서 안정을 되찾는다.

〈묘〉에서 막내와 〈검기〉에서 공자는 임진왜란 당시 어리고 사랑스러운 용모 덕분에 목숨을 보전한 채 왜국의 포로로 끌려가 왜인과 부자父子 또는 사제師弟의 인연을 맺고 생활한다. 다행히 죽음을 면했으나 타국에서 포로 생활은 힘들었을 테고, 가족과 나라를 해친 원수에게 아비 또는 스승의 호칭을 써야 했으니 죽음보다 나을 게 없는 삶이었을 터다. 그리고 수십 년 후, 각자 특정 사건을 계기로 '환국還國'이라는 간절한 소원을 이룬다. 막내는 사부師父로 모시던 고승高僧의 죽음 때문에, 공자는 양부養父의 원수를 갚아준 대가로 생환하는데, 각자 신분이 다르고 지나온 삶의 궤적이 달라도 고국과 고향으로 되돌아오고 싶은 마음은 똑같았다.

이후 〈묘〉에서 조선으로 돌아온 막내는 옛 고향집에서 가족을 찾는다. 그는 선친의 묘에 배알하고 나서 평양감영平壤監營으로 아들을 찾아가지만, 가족과 재회는커녕 왜승倭僧으로 간주되어 쫓겨나는 등 곤욕을 치른다. 결국 막내 부부는 절망 속에서 기발한 방법으로 상대를 확인한다. 남편이 살아있을지도 모른다는 희망을 지녔던 아내가 부부만이 아는 신체적 특징에 대해 묻자, 막내는 "아내의 아랫배에 일곱 개의 까만 점이 있으며, 그것을 '북두칠성'이라 부르며 어루만지곤 했다.[吾妻小腹下 有七點黑子橫於肥膚 同裯撫摩時 戲以爲北斗七星矣]"고 대답한다. 이를 계기로 마침내 부부는 서로를 확인하고 해후하는데, 이처럼 헤어졌던 가족이 신체적 특징으로 상대를 확인하는 것은 다른 장르의 이야기에도 등장한다.[114]

〈청원淸寃〉에서는 은밀한 신체적 특징을 송사訟事에서 진실을 밝히는 데 이용한다. 양가良家의 과부에게 흑심을 품고 그녀를 무고誣告하여 재산을 빼앗으려는 고용인의 모함은 치밀하고 계산적이다. 그는 과부를 정성껏 받들고 은밀히 대하여 이웃사람들이 두 남녀의 관계를 의심하게 만든 이후, 그녀가 자신과 사통私通하다가 배신했다며 그녀를 관가에 고발한다. 그녀는 음녀淫女로 몰려 결백을 증명할 도리가 없었으나, 꾀를 내어 거짓으로 '불두덩에 있는 커다란 화상 흉터[小腹下橫紋之間 火瘡瘢痕 大如手掌]'를 찾아서 밝히라고 제의한다. 제 꾀에 넘어간 고용인은 몰래 알아낸 거짓 흉터를 말하지만, 결국 과부는 신체의 특징을 빌미로 그의 모함에서 벗어나고 억울함을 설욕한다.

두 남녀는 ⑤에서 숨겨진 신체 특징을 이용하여 가족을 되찾거나 억울한 송사에서 진실을 밝히는데, 그들이 목표를 이루는 구체적인 과정에서 공통된 서사 분절은 다음과 같다.

114 조위한趙緯韓의 〈최척전崔陟傳〉에서는 최척崔陟과 맏아들 몽석夢釋이 지리산智異山 연곡燕谷에서 헤어진 이후, 각자 누르하치[奴酋] 진영에 포로로 잡혀 있다가 조선말 때문에 서로 눈치를 채고, 결국 최척이 몽석의 등에 있는 붉은 점을 확인하면서 부자父子가 재회한다. 필자는 〈최척전〉의 배경인 '중국/일본/안남'에 나타난 지역적 의미를 연구 발표한 바 있다. 이에 대해서는 이채경(2008)의 전게서 209-227면을 참조하기 바란다.

⑤-㉠ 막내는 가족에게 신원을 확인할, 과부는 송사에서 결백을 입증할 방법이 없다.

⑤-㉡ 은밀한 신체적 특징에 대해 직접 사실을 말하거나, 거짓으로 만들어 이용한다.

⑤-㉢ 막내는 헤어졌던 가족과 재회하고, 과부는 송사에서 오명汚名을 설욕한다.

예컨대 〈묘〉에서 왜승으로 간주된 막내의 목숨을 살려준 것은 신혼에 보았던 검은 점 일곱 개로, 부부만이 공유할 수 있는 신체의 비밀이 드러남으로써 가족이 재회하고 행복한 결말을 맞는다. 또 〈청원〉에서 부정한 여인으로 치부된 과부의 명예를 되찾게 해준 것 역시 거짓 화상 흉터로, 사통한 남녀가 공유할 수 있는 증거가 조작됨으로써 도리어 진실이 밝혀진다. 요컨대 두 작품은 구체적인 상황이나 증거를 찾는 방법에서 차이가 나지만, 사실이 드러나고 진실이 밝혀지는 과정에서 내밀한 관계에만 알 수 있는 신체적 특징이 주요하게 작용한 것이다.

이상으로 살펴본 〈묘〉에는 〈검기〉와 〈청원〉의 두 화소가 교착되어 있음을 알 수 있다. 앞 서사 분절 ⑤에서 왜국에 끌려가서 왜장의 양자로 생활하다가 수십 년 만에 환국하는 내용과, 뒤 서사 분절 ③에서 자기 신원身元[또는 伸冤]을 밝히기 위해 신체상 특징을 이용하는 대목이 그것이다. 이러한 양상은 야담 구연자나 기록자가 민간에 유행하던 서로 다른 이야기를 교차 또는 접목시켜 새로운 서사 형태로 만든 결과이다. 각 이야기에서 시공간적 배경을 달리하고 인물과 소재를 재배치함으로써 새로운 이야기가 만들어지고 서사가 역동적으로 바뀌었다.

그러면 이런 야담이 민간에 유행한 까닭은 무엇일까? 18세기는 사화士禍나 전란戰亂의 영향에서 차츰 벗어나는 시기였으나, 전대에 발생한 사건 관련 이야기는 더욱 확대되는 추세였다. 특히, 정국 변화에 화를 당한 가문도 속출했으며, 전란 때문에 가족이 왜국으로 끌려간 사례도 빈번했다. 그런 경우에 부모와 가문의 원수를 갚고, 우여곡절 끝에 환국하는 사람도 존재했으며, 그들의 이야기는 '효孝'와 '협俠' 또는 '충忠'과 '의義'를 내세우며 다양한 작품으로 엮어졌다.[115] 그 과정에서 흥미로운 내용이나 인상적인 대목은 서로 다른 이야기를 넘나들며 인물과 소재가 재배치되어 새로운 서사를 형성했다.

2) 유사 화소의 변개

유사 화소가 변개된 경우는 동시대 야담으로 주제나 소재가 비슷하지만 서사의 구성과 전개가 다르게 바뀐 것을 말하는데, 『삽교만록』 소재 〈언양彦陽〉과 『잡기고담』 소재 〈면화免禍〉 및 『학산한언』 소재 〈심생沈生〉이 대표적인 작품이다. 이는 추노 과정에서 주인이 기지를 발휘하여 위기를 모면하는 방법이 부분적으로 다르게 서사화[116] 된 것이다. 이처럼 야담에서 인물과 소재가 재배치됨으로써

115 필자는 『잡기고담』의 서사 구도를 '탈脫/출出'과 '귀歸/환還'으로 파악하고, 그것은 주인공들이 '의義[충忠/효孝/열烈]'를 추구하는 과정에서 나타난 결과라고 정리한 바 있다. 이채경, 「『雜記古談』 서사 연구-서사 구도 및 유형을 중심으로」, 『동방학』 제27집, 한서대 동양고전연구소, 2013. 123-167면 참조.

116 이는 근본적으로 근원 사실의 다양화에서 기인한다. 당시 추노는 사회적인 현상이었으며, 그 과정에서 빚어지는 주인과 반노의 갈등 상황은 거의 유사한 면모를 보인다. 본 책에서는 추노담의 다양한 근원 사실에 근거하되, 이후 그 해결책에서

새로운 서사로 거듭난 사례는 18세기 4종의 야담집에서 두루 발견된다.

(1) 추노 과정의 기지와 생환

* 삽교만록 〈언양〉 ≠	잡기고담 〈면화〉 ≠	학산한언 〈심생〉
추노에서 위험	추노에서 위험	추노에서 위험
기지 발휘	기지 발휘	기지 발휘
대년大年	휘흠徽欽	희생

18세기 야담에는 가난한 주인과 도망친 반노叛奴가 대립하는 추노 사건을 소재로 한 이야기가 많다.[117] 그 가운데 『삽교만록』 소재 〈언양彦陽〉과 『잡기고담』 소재 〈면화免禍〉는 유사한 화소가 변개된 작품으로, 노비에게 신공身貢을 받으러 떠난 주인이 위험에 처했다가 기지機智를 발휘하여 위기에서 벗어난 이야기를 담고 있다. 이 밖에도 『삽교만록』 소재 〈변사행邊士行〉과 『학산한언』 소재 〈심생沈生〉[118]은 주인이 노비에게 살해될 위기에 처한 상황은 같지만, 그

주인이 기지를 발휘하거나 노비가 희생되는 부분에 주목하여 근원 이야기의 부분 변개로 논의를 전개한다.

117 추노 이야기에서 주인과 반노의 갈등을 다룬 것은 다음 논문을 참조하기 바란다. 정명기, 「奴-主의 어울림과 맞섬」, 『한국언어문학』 제21권, 한국언어문학회, 1982. 111-128면. ; 정인혁, 「主-奴 상호이해형 推奴 이야기 연구」, 『고소설연구』 제29권, 한국고소설학회, 2010. 349-377면.

118 『삽교만록』 소재 〈변사행邊士行〉과 『학산한언』 소재 〈심생沈生〉은 야담 서사 구성상 동일한 화소가 전재된 작품이나, 여기서는 유사 화소가 변개된 작품인 『삽교만록』 소재 〈언양彦陽〉과 『잡기고담』 소재 〈면화免禍〉의 서사와 비교 분석하기 위해 활용키로 한다.

대처 방법에서 다른 양상을 보여주는 작품이다.

① 조태억趙泰億이 경상감사慶尙監司가 되어 지방을 순시할 때였다. 언양彦陽에 도착하여 관청에 앉아 공사公事를 듣고 있는데, 관사 담장 밖에서 어떤 사람이 큰소리로 다급하게 부르는 것이었다. "대년大年이, 대년大年이! 내가 여기서 혼금閽禁에 걸려 들어가지 못하고 있으니, 어떻게 하나?" 대년大年이란 조태억의 자字였다. 그러자 조태억이 곧 응하여 말했다. "자네는 왜 이렇게 늦게 오나? 내가 한창 자네를 기다리고 있으니, 자네는 어서 들어오게."[119]

② 노비들이 빙 둘러앉아 지켜보면서 한 구절도 다른 말을 적어 넣지 못하게 하니, 생生은 간장肝腸이 찢어지는 듯했다. 생은 어쩔 수 없이 시키는 대로 서명을 하려다가 갑자기 한 계책이 떠올라 다 쓴 편지를 가져다가 마지막에 '휘흠徽欽' 두 글자를 써넣었다. 노비들이 비록 글자를 알지만 역시 그 뜻을 이해하지 못해 부자父子 사이에 주고받는 서찰에서 버릇처럼 쓰는 말이라고 인식하였다.[120]

③ 한밤중에 문 밖에서 수많은 횃불이 일제히 밝혀지자, 흉악한 무리가 에워싸고 들이닥쳐 과연 여자를 불러 나오라고 했다. 선비는 여자 옷을 입고 머리를 풀어 얼굴을 덮은 채 뛰쳐나가 재빨리 달려갔다. 그 마을에서 관아까지는 거리가 멀지 않아 선비는 곧장 관아 문 앞에 이르러 큰 소리로 부르며 문을 두드렸다.[121]

---

119 『삽교만록』, 〈彦陽〉. 趙泰億爲嶺南伯 巡行郡縣 到彦陽 方坐館受衙 館垣之外 有人大聲而急呼曰 大年大年 吾在此 而阻閽不得入 奈何 大年者 泰億之字也 泰億卽應之曰 汝之來 何其晩也 吾方苦待汝 汝其速入.

120 『잡기고담』, 〈免禍〉. 衆環坐臨視 俾不得參入一句別語 生肝腸如裂 而生不得不依以書之 忽生一計 寫訖就紙末書徽欽二字 衆奴雖能識字 亦不解其意 認以爲父子間書札 日月下例用之語也.

121 『학산한언』, 〈沈生〉. 夜將半 門外衆炬齊明 凶徒擁入 果呼女出 士人以女

①에서 평소 일면식一面識도 없던 경상감사 조태억의 자字를 함부로 부른 그에게는 절박한 사연이 숨겨져 있다. 다급하게 감사를 찾아와서 친구를 사칭할 만큼 위험한 처지에 놓인 그는 추노하러 갔다가 위기에 봉착했던 것이다. 감사가 맞장구를 치며 맞아주지 않았더라면 꼼짝없이 객지에서 반노들의 손에 죽을 처지였다. 그가 다짜고짜 감사를 찾아와 도움을 청해야 했던 근본 원인은 가난이다. 포의布衣로 궁색한 형편에 상喪을 당하여 빚이 쌓이자, 궁여지책窮餘之策으로 나선 추노 길이었다. 그러나 번성해진 반노들이 상전을 없애려고 덤비니, 형세가 다급해질 수밖에 없었다.

그는 감사가 굉장한 도량과 민첩한 식견을 지닌 사람이라는 소문을 듣고 자기 목숨을 구해줄 인물이라 확신하며 찾아간다. 그러나 감사를 만날 핑계도 없고 예법을 갖출 여유도 없었기에 친구를 자처하며 함부로 감사의 자字를 부른 것이다. 다행히 감사는 그를 선뜻 친구로 맞아들여 너나들이를 하며 위기를 모면시켜준다. 반노들에게 쫓겨 극한 상황에 몰린 그의 목숨을 구해준 것은 '대년大年'이라는 한 마디였다.

②에서 호서湖西에 살던 가난한 선비는 도망간 노비들이 관서關西에서 번성해졌다는 소문을 듣고 아들과 함께 노비들을 추심推尋하러 길을 떠난다. 도중에 청북태수淸北太守가 된 친척에게 아들을 부탁하고 혼자서 반노들의 주거지를 찾아간다. 일이 거의 마무리되어 갈 무렵, 수십 명의 노비가 찾아와서 자기네 근거지와 앞길을 위태롭게 했다며 그를 죽이려고 한다. 그가 노비 문서를 태우고 빈손으

服被髮蒙面 躍出疾走 此村距官門不遠 士人直抵官門 大呼叩門.

로 돌아가겠다고 애걸했으나 소용없는 데다 반노들은 아들까지 함께 죽일 계획이다.

그는 반노들이 협박하는 바람에 하는 수 없이 편지를 쓰면서도 그들의 음모를 알릴 방법을 찾는다. 그리고 다급한 상황에서 기지를 발휘하여[122] 편지 말미에 '휘흠徽欽'이라는 두 글자를 써넣는다. 노비들이 글자는 알아도 그 의미를 몰랐기 때문에 편지는 무사히 전해지는데, 여기서 '휘흠'은 송宋나라 말 '정강지변靖康之變'으로 죽은 휘종徽宗과 흠종欽宗 부자父子를 가리키며, 아버지와 아들이 포로가 되었다가 죽은 사실을 염두에 둔 말이다. 역사적 사실을 알아야 그의 의도를 파악할 수 있었으며, 그로 인해 반노들의 음모를 밝힐 수 있었던 셈이다.

①과 ②는 모두 18세기 사회상을 반영하는 추노 관련 기지담機智談으로, 당시 위험에 처한 상전의 이야기는 유사한 화소가 다양한 형태로 변개되어 여러 야담집에 전재되었다. 예컨대 반노들은 밀린 신공을 받으러 온 주인을 살해하기로 모의하고, 주인들은 목숨이 위태로운 극한 상황에서 벗어나려 각자 기지機智를 발휘한다. ①에서는 도량과 식견을 갖추었다는 감사를 찾아가 '대년大年'이라는 자字를 부름으로써 위기를 전환시키고, ②에서는 아들에게 보내는 편지에 '휘흠徽欽'이라는 글자를 적음으로써 상황을 알린다. 결국 지혜롭고 위기 대처 능력이 뛰어난 지원자[감사와 태수]의 도움으로 주인

122 〈면화〉의 평어에서 임매任邁는 '누구나 다급한 상황에도 정신을 집중하면 지혜가 생겨나서 위기를 모면할 수 있다.'고 주장한다. "古語曰 人急則智生 生之所値如此 落阱之虎剝害 在卽一死之外 更無幸矣 而能以二字 眞傳消息 此非常時智慮有過於人者 特以身臨必死之地 一念求活 精神一到 而心靈自啓 苟使世之學道者 用心求獲一皆如此 則萬理明盡 夫豈爲難哉."

들은 목숨을 보전하고, 반노들은 형벌에 처해진다.

③에서 경사京師에 사는 선비는 선산善山으로 추노하러 가서 노비들의 후대厚待를 받으며 향단香丹이라는 계집종에 빠져 시간을 보낸다. 그러나 처음부터 신공을 바칠 생각이 없던 반노들은 주인을 죽여 후환을 없애려고 공모한다. 위기 상황을 전혀 모르는 주인과 달리, 살해 음모를 알아차린 향단이 주인에게 알리고 위기에서 벗어날 방법을 아뢴다. 반노들이 쳐들어오면, 두 사람이 옷을 바꿔 입고 주인은 여장女裝을 한 채 빠져나가 관아로 도망치고, 그녀는 남장男裝을 한 채 반노들의 손에 희생되기로 한 것이다. 그런데 이 주인은 위기 상황에서 ①②의 주인들처럼 기지를 발휘하기는커녕 아무런 대비책이 없다. 따라서 기지를 발휘하여 대책을 마련하는 사람은 향단이며, 그녀는 자기희생을 담보로 상전의 목숨을 구한다.

③ 또한 주인이 추노에서 위기 상황에 맞닥뜨린다는 점에서 ①②와 유사한 화소지만, 당사자가 아니라 제3자[반노의 딸]가 기지와 희생으로 주인의 목숨을 구한 점에서 또 다른 변개 양상을 보여준다. 예컨대 심생沈生은 앞서 주인들만큼 위기 상황에 주도적이고 능동적으로 대처하지 못하며, 미모와 기지를 겸비한 지원자[향단]의 계획에 보조적이고 수동적으로 끌려갈 뿐이다. 따라서 다른 주인들이 감사監司를 찾아가서 친구인 척하거나 편지에 암호를 적어 태수太守가 알아차리도록 하는 등 적극적이고 기발한 방법으로 위기를 모면하는 것과 대조된다.

이처럼 생활고로 인한 추노 과정에서 주인은 물론 반노들도 위기에 봉착하는데, 경제적 궁핍을 해결하려는 주인보다는 경제적 부담과 함께 안정된 생활을 위협 받은 노비들이 더욱 절실한 처지였다.

그런데 양자兩者의 갈등에서 빚어진 사태는 동일하지만, 갈등을 극복하고 사태를 해결하는 양상은 각기 다르다. 18세기 야담 구연자나 기록자들은 추노로 인해 생사生死의 간극間隙에서 벌어진 사건을 다양하게 변개시켜 서사를 구성하였으며, 세태의 단면과 문제적 사건을 부각시켜 다채로운 서사체로 만들었다. 그러면 이런 내용이 야담의 주요 화소로 채택된 까닭은 무엇일까?

18세기는 돈의 가치가 중시되고 경제관념이 점차 바뀌면서 군도群盜 및 추노推奴에 관련된 생계형 범죄가 빈발했다. 가난을 견디다 못한 일부 양반들은 도적이 되고, 가난에서 도망친 일부 노비들은 추심하러 온 주인을 살해하는 등 반인륜적反人倫的 행위가 자행되었다. 또 상품화폐경제와 도시 상공업의 발달로 신분제도마저 흔들리기 시작해 각종 모순과 비리가 만연했다. 야담은 이러한 세태의 부작용을 상쇄시킬 수 있는 흥미로운 사건과 악영향을 개선할 수 있는 비범한 인물을 채록했으며, 그 과정에서 유사한 화소를 변개시켜 새로운 결말을 얻어내고 역동적인 서사를 창출했다.

제4장

야담의 주제 구현과 형상화 양상

1. 문제적 여성 인물의 등장과 현실 비판

18세기 야담은 남다른 작가 의식과 생동하는 서사적 면모를 갖추었으며, 거기에는 다양한 신분과 처지의 인물 형상이 담겨 있다. 특히, 전대에서 찾아볼 수 없는 여성 주인공이 대두되는가 하면, 타고난 개성과 자의식을 지닌 문제적 여성 인물이 다수 등장한다. 이들 여성은 대체로 당대 여성의 현실에서 벗어나 자신의 삶을 개척하고 문제를 해결하는 적극적인 여성들이다. 남성 위주의 사회 현실과 가부장제에 매몰되지 않고, 이러한 현실을 문제 삼고 자신의 삶을 개척한다는 점에서 문제적이다.

17세기 이전까지 상대적으로 자유로운 분위기에서 생활하던 여성들은 후기로 가면서 점차 여성의 정절貞節 등을 강요하는 사회 분위기에 억압을 받아야 했다. 그에 대한 반작용으로 18세기 야담에는 여성들이 유교 이념과 사회 관습에 얽매이지 않고 독립적이며 자의식이 강한 주도적 인물로 그려지기 시작했다. 게다가 미천한 신분과 사회적 약자로 등장하면서도 여느 남성들 못지않은 의협義俠과 지략智略을 겸비한 인물상으로 부각된 것이다.

1) 자기 운명을 개척한 여성

『동패락송』 소재 〈지례김별감댁비知禮金別監宅婢〉에 등장하는 계집종은 아주 흥미로운 문제적 인물이다. 그녀는 계집종으로 태어났으나 지혜와 성심誠心을 겸비하고 용의주도하게 계획을 이행하여 결국 신분 상승에 성공하고 행복한 여생을 보낸다. 다시 말해, 자기 주도적으로 인생을 개척한 여성 인물이다. 이는 후대 『기리총화綺里叢話』[1]에 〈비점복지婢占福地〉와 『청구야담』에 〈점명혈동비혜식占名穴童婢慧識〉으로 전승되었다.[2]

---

1 『기리총화綺里叢話』는 3권 1책 필사본으로, 임형택 교수 소장본을 비롯하여 영남대 동빈문고본과 연세대 소장본 및 연민문고본 등이 있다. 불분권 1책으로 동빈문고본은 제3권에 해당되고, 연세대 소장본은 발취한 것이며, 연민문고본은 제2권이 낙질 상태이므로 본 책에서는 비교적 선본에 속하는 임형택 소장본을 텍스트로 한다. 저자에 대해서는 김영진 교수가 이현기李玄綺로 밝혔으며, 저작 연대는 임형택 교수가 작품을 분석하여 1817년 이후에서 1825년 전후로 좁혔다. 그런데 당시 야담을 향유하고 야담집을 편찬한 대상이 노론계 경화세족인 데 반해 『기리총화』의 저자 이현기는 선대부터 출사出仕를 통해 사대부 계층으로서 지체를 유지한 소론계 인물로 알려졌다. 김영진, 「『綺里叢話』에 대한 일고찰－편찬자 확정과 후대 야담집과의 관련 양상을 중심으로」, 『한국한문학연구』 제28권, 한국한문학회, 2001. ; 임형택, 「『綺里叢話』 소재 한문단편」, 『민족문학사연구』 제11권, 민족문학사연구소, 1997. ; 이승현, 「『綺里叢話』 硏究」, 성균관대 석사학위논문, 2008.

2 본 책에서는 전대 작품집 『천예록』과 『매옹한록梅翁閒錄』을 비롯하여, 후대 『계서잡록溪西雜錄』과 『기리총화綺里叢話』 및 『청구야담靑邱野談』과 『동야휘집東野彙輯』을 중심으로 18세기 야담의 전승 결과를 살펴보기로 한다. 앞서 『천예록』은 일본 천리대 도서관 소장본을 영인한 『한국야담자료집성』Ⅷ을 텍스트로 하고, 『매옹한록』은 일본 천리대 도서관 소장본을 영인한 『한국야담자료집성』Ⅶ을 텍스트로 한다고 밝혔다. 아울러 『계서잡록』은 여러 이본 가운데 서울대 규장각 소장 일사문고본과 『한국야담자료집성』Ⅴ를 텍스트로 했는데, 최근에 정명기 교수

먼저 영리한 계집종 이야기 〈지례김별감댁비〉는 대략 다음과 같은 서사 분절을 보인다.

① 계집종은 김별감의 장지葬地를 보는 과정에 명혈名穴을 알아둔다.
② 아비 묘를 옮길 계획을 세우고 곡식을 모은다.
③ 술을 빚고 밥을 지어 마을사람들을 설득한다.
④ 승려가 지정한 명당에 아비의 묘를 이장移葬한다.
⑤ 신분 변화를 위해 멀리 강릉江陵으로 이사移徙한다.
⑥ 재상가 홀아비에게 의탁하여 자식을 낳고 생활한다.
⑦ 신분 상승을 위해 다시 한양漢陽으로 이사移徙한다.
⑧ 장성한 아들에게 들려주는 옛날이야기를 도둑이 엿듣는다.
⑨ 도둑이 김별감의 아들에게 알려서 김생이 그녀를 찾아온다.
⑩ 김생을 극진히 대접하고, 도둑을 죽여 후환後患을 없앤다.

①-④에서 나이 어린 계집종은 스님이 지정한 명혈을 알아두었다가 아비의 묘를 그 자리로 이장移葬한다. 그런데 명당을 기억하여 아비의 묘 자리로 보전한 것도 기특하지만, 이장을 계획하고 실수없이 준비하여 실현하는 것도 남다르다. 드디어 이장을 마친 그녀는 ⑤에서 당대當代에 발복하기를 바라며 강원도 강릉으로 이사하여

가 12종의 이본 서지 사항을 비교 분석하여 서울대 중앙도서관 소장본 권1-3과 규장각 소장본 권4가 완질 『계서잡록』의 면모를 보인다고 발표했다.(정명기, 「완질 『계서잡록』(일사(1)본)의 출현에 따른 제 문제」, 『洌上古典硏究』 제40집, 열상고전학회, 2014. 171-207면) 또 『기리총화』는 임형택 교수 소장 필사본을, 『청구야담』은 버클리대 극동도서관 소장본을 영인한 『서벽외사해외수일본』 을乙, 『동야휘집』은 서울대 규장각 가람문고본을 텍스트로 한다. 또 『청구야담』은 서울대 규장각 한글 필사본을 참조했음을 밝혀둔다.

첫 번째 신분 변화를 시도한다. 즉, 지례 김별감댁 계집종에서 강릉 재상가 홀아비의 첩妾이 된 것이다. 이후 그녀는 ⑦에서 다시 한양으로 이사하여 두 번째 신분 변화를 시도한다. 즉, 명실상부 대저택을 소유한 명문거족이 된 것이다. 이처럼 그녀는 자칫 무모해 보이는 목표를 이루기 위해 우선 치밀하게 계획을 세우고, 이후 오랜 시간 공들여 하나하나 계획을 이행한다.

위 서사 분절 가운데 ④⑤⑦에 해당되는 대목을 좀 더 자세히 살펴본다.

> 그녀는 즉시 준비해두었던 두어 섬의 곡식으로 술을 빚고 밥을 지어 그들에게 먹이고 계획대로 이장을 했다. 그리고 여자는 스스로 '우리 아버님의 산소 자리가 비록 명당이라지만, 내가 남의 집 종노릇으로 늙어 죽는다면 어디서 발복發福하겠어? 장차 여기를 떠나 몸을 의탁할 데를 찾아야지.'라고 생각했다. 그러고는 소백산과 태백산을 넘어 강릉江陵에 이르렀다. 그곳에 가니, 재상 집안의 친척으로 객지로 흘러온 가난한 홀아비가 있었다. 그녀가 자청하여 그의 살림살이에 힘을 보태겠다고 하자, 홀아비는 그녀의 용모와 행동거지가 단정하고 제법 예의를 아는 것을 보고 흔쾌히 첩으로 들여 정실과 다름없이 대했다. ……(중략)…… 그녀의 남편은 한양漢陽으로 가서 명문거족들이 사는 동네에 천금을 주고 대저택을 사들였다. 이사할 즈음에 그녀가 말했다. "이들 가운데 본래 있던 종들은 제 신분이 비천하다는 것을 알고 있어서 남들에게 쉽게 누설할까 두려우니, 그들은 한꺼번에 떨어뜨려 놓고 농장을 지키도록 하는 게 좋겠습니다. 한양에서 높은 값으로 널리 구하여 2-30명의 종을 사들이고, 그들과 함께 내려와 이삿짐을 싸고 따르게 한다면, 저의 근본을 지워 없앨 수 있을 듯합니다." 남편은 과연 그 말에 따라 한양 집으로 이사를 했다.[3]

인용문에서 확인할 수 있듯이, 계집종의 신분 변화는 한 차례 '이장移葬'과 두 차례 '이사移徙'를 통해 이루어진다. 당대의 면천免賤과 후대의 발복發福을 위한 그녀의 노력은 이장에서 시작되어 이사로 마무리된다. 여기서 '옮기다'는 뜻의 '이移'는 죽은 자와 살아있는 자에게 모두 적용되어, 그녀는 죽은 아비의 '묘 자리[陰宅]'와 살아있는 자신의 '집[陽宅]'을 차례로 옮김으로써 발복과 천교遷喬를 가능케 하여 신분 상승에 성공한 셈이다. 게다가 그녀는 여느 지략가 못지않은 계획과 실천으로 목표를 달성하는 모습을 보여준다. 강릉에 이르자 재상가 홀아비를 찾아가서 몸을 의탁하고, 한양으로 이사하며 본래 있던 종들을 남겨두어 신분이 탄로 나지 않게 하는 등 두 차례 이사 과정에도 차질없이 행동한다.

그런데 ⑧과 ⑨에서 뜻하지 않은 일로 예전 신분이 탄로 날 위기에 처한다. 그녀가 장성한 아들에게 감춰왔던 과거 이야기를 들려주는데, 도둑이 그 말을 듣고 김별감의 아들을 찾아가서 고한 것이다.

> 김생金生은 그 말을 듣고 기뻐하며 행장을 차려 상경上京했으며, 도둑은 김생의 마부로 사칭하고 따라갔다. 그녀의 집 대문 밖에 이르러 종에게 지례 김별감댁에서 왔다고 알리도록 하였다. 대부인大夫人은 깜짝 놀라 기뻐하며 말했다. "우리 오라버니께서 오셨구나." 그녀는 엎

3 『동패락송』, 〈知禮金別監宅婢〉. 卽以所備數石穀 作酒飯饋之 如計移窆 婢自思曰 吾父葬穴雖吉 若爲人家婢僕而終老 則何從而發福 吾將去之 而求所以托身 踰大小白 抵江陵 則有宰相家宗族 流落鰥居且貧者 厥婢乃自請 效力於井臼 鰥措大見兒 容止甚端 頗解人事 樂而畜之 無異正室 ……(中略)…… 夫遂入洛 買得千今甲第於右族洞內 當其搬移之際 女曰 此中本來奴僕 知吾地賤 恐易漏洩於人 莫如一併落置 使守庄土 廣求京中以重價 購得數三十奴僕 與之偕來 以備行李所隨 則根本似可泯矣 夫果依其言 就移京第.

어질 듯 달려 나가 김생을 안채로 맞아들이고, 동기간同氣間에 적조積阻했던 정을 풀어놓았다. ……(중략)…… 밤이 깊어진 뒤에 건장한 종 두세 명을 불러 이렇게 부탁하는 것이었다. "우리 오라버니가 데려온 종놈은 큰 죄악을 저지른 놈일세. 자네들은 모름지기 그놈에게 무수히 술을 권하여 취해 떨어지기를 기다렸다가 밤중에 업어다가 강물 속에 던져버리게." 건장한 종들은 그녀의 분부대로 그에게 취하도록 술을 권하고 결박하여 강에 던져 넣었다. 도둑은 이로써 영원히 입을 놀리지 못하게 되었다.[4]

그러나 서사 분절 ⑩에 해당되는 위 인용문에서 그녀는 도둑의 말을 듣고 자신을 찾아온 김생[김별감의 아들]을 반갑게 맞이하여 오라비로 정성껏 대접한다. 즉, 부잣집 대부인으로서 옛 상전의 아들을 동기간처럼 대우하며 자기 입장을 밝히고 그를 도와주기로 결심한 것이다. 그런 한편으로 건장한 종들을 시켜 술 취한 도둑을 강에 던져 죽여 버리라고 부탁한다. 오랜 시간을 들이고 힘든 노력을 기울여 얻어낸 자기 신분을 고수하기 위해 그녀는 더욱 치열하고 완벽하게 대응했던 것이다. 결국 그녀의 신분과 안위를 위협하는 요소는 사라지고, 수십 년 만에 처지가 바뀌어 다시 만난 노주奴主는 서로 친분을 유지하며 살아간다.

앞서 문제적 여성 인물상이라고 기술했던 것도 이런 모습 때문이

4 『동패락송』, 〈知禮金別監宅婢〉. 金自樂聞 而治裝上京 偸兒乃詐爲金御者而來 來到此家門外 因內奴僕 報以知禮金別監來到 大夫人驚喜曰 吾兄來矣 顚倒延入內舍 備敍同氣積阻之情 ……(中略)…… 夜深後 招數三健奴 托曰 吾兄之奴有大罪惡 汝輩須無數勸酒 俟其爛醉 乘夜負厥漢 投之于江中 健奴依敎 勸醉金奴 縛而沉江 偸兒之口 於是乎永滅.

다. 객관적으로 볼 때, 그녀는 아무런 대가 없이 명당을 훔치고, 거짓말로 둘러대며 아비의 묘를 이장했으며, 신분을 속이고 재상가 홀아비와 결연하고, 예전에 알던 종들을 외면함으로써 신분을 감추었으며, 자기 과거를 엿듣고 옛 주인에게 밀고密告한 도둑을 죽이고, 위험인물로 간주되는 주인을 온갖 방법으로 회유하는 등 아주 위험한 캐릭터다. 그럼에도 그녀가 영리하고 지혜로운 인물로 보이는 것은 뚜렷한 목표 의식을 갖고 적극 노력하여 목표를 이룸으로써 자기 인생을 변모시킨 데서 나아가 기존 신분을 넘어섰기 때문이다. 바꿔 말하면, 미천한 신분을 타고난 사람들에게도 영특한 인물이 존재하며, 지혜와 정성을 겸비한 인물에게 신분의 경계는 노력 끝에 변화시킬 수 있는 것이었다.

『기리총화』에 전승된 〈비점복지婢占福地〉는 기존 이야기가 약간 변개되고[5] 다른 내용이 첨가되어 새로운 이야기를 구성한다. 예컨대 지례 김별감은 관동關東의 곽생郭生으로 바뀌고, 따라서 그녀가 강릉으로 이사하는 대목 ⑤는 불필요해졌으며, 아주 가난하고 우둔한 양민과 혼인하는 대목이 실려 있다. 또 승려가 장지葬地를 알아

5 『기리총화』 소재 〈비점복지婢占福地〉는 『청구야담』 소재 〈점명혈동비혜식占名穴童婢慧識〉과 동일한 내용이다. 아울러 『청구야담』에는 이와 유사한 이야기가 다수 실려 있다. 즉, 〈정가성지사청치동定佳城地師聽癡僮〉에는 어린 계집종이 길지에 몰래 어미를 이장하고 도망쳤다가 반족班族과 혼인하여 부자가 되고, 도둑의 밀고로 찾아온 옛 주인을 후대하여 보낸 이야기가 일부 내용으로 담겨 있다. 또 〈송반궁도우구복宋班窮途遇舊僕〉에는 몰락 양반집 종 막동莫同이 도망하여 재산을 모은 다음, 사족士族의 칭호를 얻고 최승지崔承旨가 되기까지 부단한 노력과 주인에 대한 배려가 생생하게 그려진다. 이는 모두 '종의 발복發福'이라는 화소가 전체 서사에 부분적으로 활용되거나, 인물과 사건이 재배치되어 또 다른 서사로 만들어진 사례다.

보는 과정 ①에서 풍수를 볼 줄 아는 곽생의 아들이 개입함으로써 길지吉地를 무시하고 직접 묘 자리를 결정한다. 게다가 한양 생활 ⑦에서 동비童婢가 만난 이웃사람이 이이첨李爾瞻으로 설정되고, 그에 관련된 개인적인 사건이 정치적인 색채를 띠며 전개된다. 이 밖에 ⑨와 ⑩은 거의 동일한 내용이다. 다만 도둑을 살해하는 대목은 빠져 있다.

그런데 〈비점복지婢占福地〉에서 한양으로 이사한 그녀가 이이첨을 둘러싸고 벌이는 사건이 담긴 부분은 주의를 요한다. 이로 인해 서사 편폭이 늘어난 것은 물론 여성 인물의 행동이 더욱 문제적으로 비춰졌기 때문이다.

⑦-1 남편에게 의관을 갖추고 단정히 앉아 책을 읽도록 하여 '도덕군자'로 칭해진다.

⑦-2 주변 사람들의 칭찬을 들은 이이첨은 그녀의 남편을 두려워하는 마음이 생긴다.

⑦-3 병든 이이첨에게 몰래 키운 송아지로 육포肉脯를 만들어 주어 병이 낫게 한다.

⑦-4 이이첨이 남편을 찾아오자, 겸손한 지사처럼 행동하여 관직에 천거되도록 한다.

⑦-5 장성한 아들로 하여금 이이첨의 허물을 기록한 상소문을 한 장 지으라고 한다.

⑦-6 아들이 권세가라면서 거절하자, 절연絶緣으로 협박하며 글을 짓도록 한다.

⑦-7 남편에게 그 글을 베껴 써서 바치도록 하여, 남편은 견책과 벌을 받는다.

⑦-8 인조반정으로 적신賊臣들은 제거되고, 남편은 상소 때문에 추앙

을 받는다.

서사 분절을 정리한 것만 보더라도 전체 서사에서 따로 떼어내 하나의 이야기로 만들어도 좋을 정도다. 그녀는 일자무식一字無識인 남편에게 종일 책을 펴놓도록 하여 주변의 칭송과 함께 요주의要注意 인물인 이이첨李爾瞻의 관심까지 끌어낸다. 또한 계획적으로 직접 만든 육포를 이이첨에게 주어 병을 호전시키는가 하면, 결국 이이첨이 겸손을 가장한 남편을 관직에 천거하도록 했다. 이이첨은 그녀의 술수를 전혀 모르는 채 한없는 호의를 베풀지만, 수단과 방법을 가리지 않고 접근했던 그녀는 일순간 등을 돌려버린다. 아들이 짓고 남편이 베껴 쓴 상소문 한 장으로 이이첨은 정계에서 완전히 사라지고, 남편은 조야朝野에서 추앙 받는 인물로 남게 된다.

앞서 살펴본 김별감댁 계집종에 비해 곽생의 동비童婢는 타고난 감식안을 지닌 인물로 등장한다. 그러나 이야기에서 그녀가 남몰래 길지에 아비의 묘를 이장하는 것은 다른 사람이 묘지로 점거할까 우려한 것이자, 훗날 천직賤職에서 벗어나길 기대하는 마음이기도 하였다. 이는 김별감댁 계집종이 면천과 발복을 목표로 장기적인 계획에 첫발을 내딛는 것과 크게 대조된다. 또 모친과 함께 밤중에 몰래 이장하고 나서 혹시라도 발각될까봐 봉분을 만들지 않는 등 떳떳하지 않은 의도와 방법 및 과정을 통해 복지福地를 차지한 셈이다. 그녀의 탐욕스럽고 음흉한 면모는 이후 전개되는 서사에서 더욱 두드러진다.

김별감댁 계집종은 진심으로 이웃사람들을 설득하고 정성껏 이장을 마친 다음, 강릉으로 이사하여 배우자를 찾아 혼인하고, 한양으로 이사하여 자식들을 관직에 진출시킨다. 그리고 이런 과정에서 부지런히 일하고 알뜰히 살림을 늘려 차근차근 부와 명성을 쌓는다. 반면, 곽생의 동비는 상대의 마음을 이용하고 시국時局을 파악하는 능력을 발휘하여 명성과 관직을 손에 넣는다. 예컨대 위에 등장하는 이이첨의 경우, 그가 정권의 중심에 있을 때는 육포를 만들어 바치는 등 아부와 뇌물로 마음을 사로잡지만, 권세를 잃을 조짐이 보일 때는 잘못을 낱낱이 기록한 상소를 올리는 등 배신과 허물로 상호 관계를 정리한다. 따라서 지혜롭고 정당하게 목표를 이룬 김별감댁 계집종에 비해 곽생의 동비는 지혜를 넘어서 영악한 모략가이자 약삭빠른 기회주의자로서 면모를 보이며 문제적 인물의 캐릭터가 강해졌다. 그러나 사회적 약자로서 비판의식을 드러내거나 성공담으로서 주제를 구현하는 데 크게 도움이 되지는 못했다.

두 여성은 모두 자기 운명을 스스로 개척한 인물이다. 지고지순한 마음을 지녔든 중상모략을 수반한 행동을 보이든 그들은 자기네 힘으로 기회를 잡고, 부단한 노력으로 부富와 명성名聲을 얻었으며, 결국 신분을 바꿔 가족과 행복한 여생을 보낸다. 그들이 제도적으로 불가능한 최하층민에서 최고위층으로 신분 상승을 이루었기에 남다른 이야기로 전해지고, 현실적으로 가능한 최선의 방법을 찾아 최상의 목표를 향해 나아가는 모습을 실감나게 표현했기에 뛰어난 작품으로 평가된다. 다만 18세기 야담이 이장 및 이사를 통해 인생을 변화시킴으로써 신분제도에 대한 비판 의식을 드러낸 데 비해, 후대 작품은 개인의 영달榮達과 행복에 초점이 맞춰져 작품 주제가 더 이상 확대되지 못한 감이 없지 않다.

2) 자기 욕망을 표현한 여성

『잡기고담』에는 자기 욕망을 적극적으로 표현하고, 어떻게든 그것을 얻기 위해 노력하는 여성 주인공의 모습이 두드러진다. 당시 제도적인 모순이나 사회적인 시각에서 자유롭지 못했던 여성에게도 엄연히 욕망은 존재했으며, 이를 해소하기 위해 다양한 몸짓을 보이며, 구체적이고 적극적인 방법으로 자기 삶에 변화를 추구한다. 여기서는 〈환처宦妻〉의 내용을 분석하며 문제적 여성 인물의 행위와 그 의미, 아울러 그런 인물 형상이 드러내고자 한 비판의식을 알아보기로 한다.

우선 근원 이야기의 서사 방식에 주목해 보면, 『잡기고담』 소재 작품에 등장하는 여성 주인공들은 망설임 없이 자기 생각과 느낌을 말하고, 사건의 중심에서 적극적인 몸짓과 과감한 행동으로 그것을 확인시켜준다. 특히, 이들 작품은 대부분 전대나 후대 야담집에서 찾아볼 수 없으며, 여성들의 행위가 구체적으로 기술되어 서사에 현장감과 생동감을 부여한다.

환처宦妻의 파란만장한 이야기는 여성 주인공이 자기 정체성을 자각하는 데서 비롯된다. 내시와 혼인했으나 남녀의 이치를 모른 채 지내던 그녀가 정욕을 깨닫고 억제하려 애쓰는 모습은 애처롭기까지 하다. 욕망은 잊으려 할수록 더욱 간절해져서 '해마다 화창한 봄날에 벌 나비가 나는 것을 보고, 꾀꼬리가 지저귀는 것을 들을 때면, 욕정이 들끓고 생각이 깊어지는데, 좋은 옷과 음식이 무슨 상관이냐?[每當春陽和暢 蜂蝶悠揚 鸎鶯流聲 欹枕欠伸 情思蕩深 默想重重 錦繡玉飯 於我何關]'고 생각하는 대목에서 그 심리 묘사는 최고조에 달한다. 특히, 자연의 모습에 빗대어 인간의 정욕이 자연스러운 것임을 인정하고 강조한 점이 눈에 띈다. 또 도망치다 발각되면 죽을 수도 있지만, '붙잡혀서 죽는 한이 있더라도 여기서 말라 죽을 수는 없다'고 다짐하는데, '말라 죽는다[乾死]'는 고백에서 그녀가 얼마나 고통스러운 시간을 견디며 의미없는 시간을 보냈는지 짐작할 수 있다.

이후 어떻게든 중[僧]과 결연하려는 그녀의 의지는 과감한 행동으로 표현된다. 그 동안 내시와 살면서 남들처럼 결혼생활을 못하다가 필사적으로 탈출한 입장에서 보면 그녀의 몸짓은 절실해질 수밖에 없다. 그러나 속세와 인연을 끊고 생활하던 중의 입장에서 보면 상대를 아무리 어르고 달래도 벗어나기 힘든 난감한 상황이다. 게다가 완곡하게 회유하는 말보다 앞서 몸짓으로 접근하는 그녀의 행위는 집요하기까지 하다.

① 갑작스레 중의 '팔뚝을 잡아[執其腕]'채더니,
② 애걸하는 중을 '잡아당겨 앉히고[挽之 使之坐]'는,
③ 두 손으로 중의 '얼굴을 어루만지다[拭其面]'가,
④ '꼭 끌어안고 누워서 합궁[緊抱而臥 使之合]'한다.[6]

옹희翁姬가 그들 내외의 결연 장면을 회상하는 대목은 마치 당시로 되돌아간 듯 구체적으로 기술되었다. 그래서 듣는 사람으로 하여금 현장에 함께 있는 듯 사실감을 부여하며 구연의 묘미를 그대로

6 『잡기고담』, 〈宦妻〉. 遽前執其腕 僧大驚 欲奪手以走 被我執之甚固 不得脫 但哀乞 願女主相捨 我挽之 使之坐曰 師且坐 我有說話 師爲僧有何好 與我爲夫婦居生 則我包裹中 約有數百 師得妻 又得財 不亦樂乎 僧忽聞此言 紅潮漲面 喉吻如噁 只俛首涕泣 有若小孩子可矜 我引手拭其面 謂之曰 與我就彼 摟之入林中 緊抱而臥 使之合 此際僧情動 但戰棹甚 霎時而罷.

전달한다. 또 그녀의 행위는 시간의 흐름에 따라 순차적으로 진행되고, 장소의 이동에 따라 점차 강화되어 나타난다. 그녀의 말은 어린아이를 달래듯 완곡하지만 결국 파계破戒를 권유하고, 그녀의 행동은 어린아이를 다루듯 조심스레 접근하지만 결국 늑혼勒婚을 강요한다. 위에서 보듯이 완곡하고 정당해 보이던 몸짓은 차츰 강압적이고 부당한 형태로 바뀌었지만, 그녀는 자신이 계획한 대로 목적을 달성했다.

그런데 여기서 그녀가 만난 대상은 모두 남성성을 거세당한 인물이다. 타의他意에 의해 처음으로 혼인했던 내시는 육체적으로 남성성을 잃어버린 처지고, 자의自意로 찾아내 결연한 중은 정신적으로 남성성을 거부하는 처지다. 또 이들은 결국 돈 때문에 자기네 남성성을 자의반타의반 거세시킨 인물이기도 하다. 내시는 그녀를 사들이고 호의호식하는 것으로 육체적인 상실을 대신했으며, 중은 노모를 봉양하며 그 바람에 부응하는 것으로 정신적인 상실을 정당화시켰다. 그러나 내시가 육체적인 거세를 극복하지 못해 자기 삶을 잃어버린 반면, 중은 정신적인 거세를 극복하고 옹희와 다복한 삶을 누리며 백년해로한다.[7]

저자는 이처럼 드라마틱한 그녀의 삶을 야담으로 엮으며 또 다른 문제적 인물을 등장시켜 서사를 전개한다. 어떤 식으로든 남성성을 거세당하고 성 소수자에 속하는 내시와 중은 당대 결혼제도의 모순

7 진재교 교수는 "'환처'가 잘못된 제도와 억압의 공간을 탈출하여 새로운 삶을 개척하고, '옹희' 내외가 병작을 통해 부농으로 성장하여 행복한 삶을 누리는 것은 모두 '돈'에 관련된다."고 했다. 이어 "〈환처〉에서 돈의 역할과 행방이 문제적인 것을 감안하면, 이는 '경제' 내지 '돈'의 의미를 새로운 각도에서 부각시킨 작품"이라고 덧붙였다. 진재교(2002), 전게서 247-248면 인용.

과 정역제도丁役制度의 허점虛點을 드러내는 데 적합한 인물이다. 이는 작품 말미에 부록한 평어[8]를 통해서도 잘 드러난다. 예전에는 내시가 혼인하는 것을 법으로 금지했으나, 지금은 버젓이 장가들 뿐만 아니라 축첩까지 서슴지 않는다. 실제로 결혼생활이 불가능한 처지임에도 경제력을 내세워 여성을 소유하고 그들의 사랑과 행복을 억압하는 것이다. 그런데 이처럼 상대 여성의 심신을 괴롭히는 행위를 국가에서 엄중단속은커녕 수수방관하고 있는 입장이다. 즉, 당대 결혼제도와 정역제도에 대한 비판의 목소리를 내시의 아내가 자신을 억압하는 남성에게서 벗어나 여성의 정욕을 인정하고 행복을 추구하는 모습으로 대신한다.

그런데 〈환처〉에서 문제적 인물로 묘사된 여성의 행동과 더불어 사람들의 반응은 여러모로 웃음을 제공한다. 이는 동시대 〈심심당한화深深堂閑話〉에서 각 여성들이 상대에게 자기 마음을 전하려다가 끝내 자진하는 것[9]과는 작품 경향이 전혀 다르다. 당시 사계층士

8 『잡기고담』, 〈宦妻〉. 余嘗與數客 共談此說以資笑噱 客曰 男女情慾之慝 固人之形氣之私 所不能無者 至於閹宦之妻 尤有難焉 蓋聞閹者之耽 倍於恒人 枕席之間 狂湯特甚 慾火熾發 而無以散泄 則摟抱宛轉 幾至噬嚙肥膚 當此之時 雖古貞女以禮自持者 安能曰 妾心古井水也 其逃出從人 有難苛責以淫奔也 一人曰 國初曾有內侍娶妻之禁 而降自中棄 不復關制 今則無不娶妻 又加以姬妾者 間有之矣 觀此姬之所自敍 則其怨曠之恨 幽蔚之氣 足以感傷天和者 國家宜申明舊禁 而悉發其所家畜者 給配於年少僧徒 則男女各適其願 而國家亦有添丁之益矣 又一人曰 昔卓文君 以寡婦私奔馬卿 至今爲風流話本 今此姬跡雖私奔 元非失節 事極放佚 實擇所從 較之卓女 固爲勝之 四座捧腹.

9 〈심심당한화深深堂閑話〉 총 6편 이야기 중 5편에는 문산文山 문천상文天祥·정암靜菴 조광조趙光祖·석주石洲 권필權韠·이자의李諮議·노봉老峯 민정중閔鼎重 등과 만난 여성들이 자기 정념情念과 정렬貞烈 및 실연失戀 때문에 끝내 자결하는 이야기가 담겨 있다. 그런데 이 이야기들은 여성의 정욕에 초점이 맞춰진

階層의 인식과 사회 분위기는 후자後者에 가까웠으나, 야담 저자는 여성을 억압하는 여러 요소들에 대한 반작용으로 자의식을 지니고 자기 욕망을 실현하는 여성을 작품에 등장시켰다고 해석된다. 특히, 임매任邁는 그녀들을 자의식이 강한 긍정적인 성격에 적극적인 행동을 보이는, 살아 숨 쉬는 캐릭터로 만들고 흥미롭게 표현했다.

3) 일상 현실에 대응한 여성

『동패락송』 소재 〈관원희官員戱〉는 재미있는 놀이를 통해 자기네 운명을 바꿈으로써 당대 결혼 풍습을 비판한 이야기로, 『청구야담』에 〈작선사수의계홍승作善事繡衣繫紅繩〉과 『동야휘집』에 〈오녀가인태수희五女嫁因太守戱〉로 전승되었다. 그런데 다섯 처녀의 원님 놀이는 18세기 야담에서 뚜렷한 목적 아래 재력과 문벌에 경도傾倒된 결혼 풍습에 대한 비판을 담은 독특한 이야기지만, 후대로 가면서 근원 이야기에 담긴 의미와 의도는 물론 처녀들의 모습과 의지마저 퇴색되었다. 즉, 〈관원희〉에서 다섯 처녀는 '오늘밤에도'라고 하여[10] 평소 결혼 풍습에 관해 문제의식을 가지고 자주 연극판을 벌인 듯하나, 〈오녀가인태수희五女嫁因太守戱〉에는 달밤에 적적하여 우연히 놀이를 펼친 것[11]으로 나온다. 따라서 18세기 당대 처녀들이

것이 아니라, 저술 의도가 유자儒者로서 주색酒色을 경계해야 한다는 데 있으므로 전혀 다른 관점을 지향한다.

10 『동패락송』, 〈官員戱〉. 五處女相謂曰 今夜亦爲官員戱可乎 皆應聲曰 諾.

11 『동야휘집』, 〈五女嫁因太守戱〉. 有五介處女 皆編髮至趾 長大如壯男 以布裳藁履 相携到後園中 時則林籟已寂 山月微明 一女朗誦曰 月白風淸 如此良夜何 一女微吟曰 今夕何夕 三星在天 一女笑而拍其肩曰 癡婢子 還不解羞恥 乃位此間商量 一碩女曰 且賓閒話 又作太守戱 何如 僉曰 好矣.

결혼과 인생에 관해 주도적으로 생각하며 원님놀이를 즐긴 것과 대비된다. 또 〈관원희〉에서 처녀들은 혼사에 아무런 결격 사유가 없는 심신이 건강한 상태지만, 〈작선사수의계홍승作善事繡衣繫紅繩〉에는 처녀들이 평소에 훈육을 받지 못해 집안일에 어설프고, 나이는 많고 몸은 성숙했으나 오직 노는 것만 일삼으며 세월을 보낸 것[12]으로 되어 있다. 이처럼 무능하고 게으른 캐릭터로 인해 결혼 풍습에 대한 비판 의식은 약화된 듯하다. 결국 〈관원희〉에 등장하는 처녀들은 일상에서 문제를 찾아내고 사회적인 병폐를 인지함으로써 그것을 해결하거나 개선시키려는 의식이 뚜렷한 문제적 인물로 그려져 비판의 강도를 높이고 주제를 확대시킨다. 이것이 후대에 전승된 야담에 비해 18세기 작품에서 부각되는 특징이다.

또 『학산한언』 소재 〈길정녀吉貞女〉와 『청구야담』에 전승된 〈거강포규중정렬拒强暴閨中貞烈〉에 나오는 길녀吉女도 당대의 문제적 인물 형상에 속하는 여성 주인공이다. 그녀는 향관鄕官의 서녀庶女로 태어나 고아가 된 불우한 처지에서 불합리한 현실에 대항하여 적극적으로 자기 인생을 개척한 부류다. 당시 야담을 비롯해 수많은 이야기에서 여성들은 자기 정절을 지키거나 억울함을 드러내기 위해 스스로 목숨을 끊곤 했다.[13] 여기서 칼은 자신을 위협하는 남

12 『청구야담』, 〈作善事繡衣繫紅繩〉. 其女子素無教訓 年雖長大 而針線杵臼之役 皆不通曉 惟事遊戲度日 故人無願之者云.

13 대개 열녀전烈女傳에서는 정절을 지키기 위해 자결한 여성들의 행위를 높이 평가하고, 야담에서도 그에 버금가는 여성들의 죽음이 미화되어 나타나곤 한다. 예컨대 18세기 야담 작품 중 『동패락송』 소재 〈납채선納采扇〉에서는 적서차별을 근심한 양사언楊士彦의 어머니가 자식의 앞날을 위해 자진自盡하며, 『삽교만록』 소재 〈심심당한화深深堂閑話〉에서는 선비에게 연정을 고백했다가 거절당한 처녀들이 한이 맺혀 자결自決하며, 『학산한언』 소재 〈심생沈生〉에서는 주인과 아비의 목숨

성들을 향한 것이 아니라 절체절명의 순간에 여성들 자신에게 겨눠지는 도구였으며, 요컨대 그것은 여성의 정절을 대변하는 상징물로 그려졌다. 그러나 길녀에게 칼은 자신을 억압하는 대상이나 부조리한 사회에서 벗어나는 유일한 매개물이자, 자신의 항변을 단적으로 보여주는 최고의 무기다.[14] 즉, 사회적 약자로서 길녀가 직접 칼을 휘둘러 자신의 운명을 좌우하려는 당숙堂叔과 운산원雲山員의 항복을 받아낸 것은 더욱 적극적으로 현실에 대응하는 문제적 인물 형상이다.

이상으로 살펴본 바에 따르면, 야담 작품에서 여성 주인공의 활약이 점차 대두되는 가운데 18세기 야담은 문제적 인물 형상을 담아내고 있다. 이야기 속 여성들은 자의식이 강하고 독립적인 인물로, 남성들 못지않은 지략과 용기를 겸비하고 자기 운명을 스스로 개척하며, 잘못된 결혼 제도 및 풍습을 비판하고, 부조리한 권력과 남성 중심의 사회에 항거한다. 이러한 그들의 모습은 구체적인 묘사와 사실적인 표현으로 생동하는 인물상을 빚어내며 비판의식을 담은 온

을 살리기 위해 반노의 딸 향단香丹이 스스로 죽음을 택한다. 반면에 길녀는 살아남아서 불의不義에 항거하는 쪽을 선택한 것이다.

14 『학산한언』, 〈吉貞女〉. 女食兩日 氣已充壯 而其夕卽婚日也 倅來留外室 叔始啓戶引出 女方貼身戶內 見戶開 持刀躍出 迎擊其長子 一聲跌仆 女乃號呼跳踼 不計男女長幼 遇則斫之 東西隳突 誰復能禦 頭破面壞 流血滿地 無一人敢立於前者 倅見之 神魂飛越 肝膽俱墜 未暇出戶 但於戶內 牢縛窓環 莫知所爲 女蹴踏戶闥 手足俱踴 奮力擊窓 窓戶盡破 極口大罵曰 汝受國厚恩 享此專城 當竭力撫民 圖酬吾君 而今乃殘虐生靈 漁色是急 締結本邑之凶民 威刦士大夫之小室 是禽獸之所不如 天地之所不容 我將死汝手 必殺汝 與之俱死 爽言如鋒刃 烈氣如霜雪 叫罵之聲 震動四隣 觀者皆至 繞屋百匝 莫不嘖嘖嗟歎 有爲之搤腕者 有爲之泣下者.

전한 서사체로 거듭난다. 후대에도 18세기적 상황은 계속되었을 테고, 그 관련 작품도 새로운 내용이 첨가되거나 약간 변개되는 등 확장된 서사를 보이며 다수 전승되었으나, 18세기 야담에 비해 점차 문제의식이 퇴색되고 주제 의식이 약화되어 뚜렷한 작품 성가를 보이지는 못했다.

2. 체제 모순의 포착과 복수複數의 시선

18세기 야담에는 추노 과정에서 가난한 주인과 도망친 반노가 대립하는 이야기를 비롯하여 가난 때문에 자의반타의반으로 도적이 되는 선비 이야기가 눈에 띈다. 이는 전대 『어우야담』이나 『천예록』에서는 전혀 보이지 않다가, 당대 야담집에 처음 등장함과 동시에 다수 작품이 집중 수록되었으며, 후대 『기리총화綺里叢話』 및 『계서잡록溪西雜錄』과 『청구야담』 및 『동야휘집』에 일부 전승되었다고 하나 전혀 다른 서사 형태를 보이므로 18세기 야담이 더욱 주목된다. 이러한 양상은 추노 및 군도가 18세기를 전후하여 발생되었으며, 그에 따른 정체성 혼란과 신분제 균열을 반영하는 세태를 당대 야담에 담아낸 것[15]이라고 할 수 있다. 추노 및 군도 이야기를 다룬

15 신분제 균열을 초래한 근본 요인은 경제관념 및 생활의 변화에서 찾을 수 있다. 즉, 돈의 가치가 중시되면서 각자 부富를 추구하게 되었는데, 그 과정에서 경제활동 능력을 지닌 자들이 득세하고, 심지어 치부致富를 통해 신분마저 사고팔게 되었던 것이다. 이러한 사회상을 반영하는 대표적인 것은 치부담致富談이지만, 18세기 이전부터 야담에 등장한 화소이므로 제외시켰다. 다만 치부담의 경우, 18세기 이전 야담에는 주인공들이 우연히 요행으로 부자가 되고, 18세기 야담에는 다양하고 구체

기존 연구에서는 이를 사회적인 배경[16] 내지는 계층 간 입장[17]을 통해 문제와 갈등에 접근하였다. 본 책에서는 이러한 사회 문제를 바라보는 야담 속 등장인물과 저자의 시선에 관해 분석해 본다.

1) 추노와 위기 탈출

추노담의 경우, 18세기 대표 작품으로 『잡기고담』에 〈면화免禍〉, 『삽교만록』에 〈언양彦陽〉과 〈변사행邊士行〉, 『학산한언』에 〈심생沈生〉이 전하며, 후대 작품으로 『청구야담』에 〈겁구주반노수형劫舊主叛奴受刑〉과 〈노온려환납소실老媼慮患納小室〉 등이 전해진다. 또 군도담의 경우, 18세기 대표 작품으로 『잡기고담』에 〈도재상盜宰相〉과 〈도은盜隱〉, 『삽교만록』에 〈선천김진사宣川金進士〉와 〈사우四友〉가 전하며, 후대 작품으로 『기리총화』에 〈김생전金生傳〉, 『계서잡록』에 〈녹림당괴수綠林黨魁帥〉, 『청구야담』에 〈논의리군도화

적인 경제활동을 통해 부자가 되는 점이 대조된다.

16 군도담群盜談은 조선 후기 유민과 신분제도 균열에서 기인하며, 18세기 야담에서 집중적으로 보인다. 군도담에 관한 연구는 다음 논문을 참조하기 바란다. 한희숙, 「조선 명종대 群盜의 발생 배경과 활동의 특징」, 『조선시대사학보』 제10권, 조선시대사학회, 1999. 1-33면. ; 정하영, 「義賊說話 〈盜宰相〉考」, 『고소설연구』 제9권, 한국고소설학회, 2000. 335-368면.

17 추노담推奴談은 기존의 신분제도 균열 및 경제인식 변화에서 오는 '노奴-주主'의 갈등을 다루며, 전・야담 등 여러 장르에 두루 나타나지만, 18세기 야담에서 집중적으로 보인다. 특히, 야담 서사에서는 '노-주'의 갈등 양상을 대부분 사대부적 지향의 해결 방식으로 표현한다. 추노담에 관한 연구는 다음 논문을 참조하기 바란다. 정명기, 「奴-主의 어울림과 맞섬」, 『한국언어문학』 제21권, 1982. 111-128면. ; 정인혁, 「主-奴 상호이해형 推奴 이야기 연구」, 『고소설연구』 제29권, 한국고소설학회, 2010. 349-377면. ; 정준식, 「추노계 야담의 서사적 양상과 의미」, 『야담문학의 현단계』1, 보고사, 2001. 380-408면.

양민論義理群盜化良民〉, 『동야휘집』에 〈책실신경벌포의責失信警罰布衣〉 및 『기문총화記聞叢話』에 〈회양협淮陽峽〉 등이 전해진다. 18세기 사회상을 오롯이 담아낸 추노담과 군도담은 경제 논리에 입각한 신분 변동과 체제 모순을 주제로 삼고, 등장인물의 입장에서 사태를 바라보고 문제를 해결하려는 시각을 보여준다.

가난한 선비가 생활고로 인해 노비들에게 신공身貢을 받으러 떠났다가 위험한 상황에서 벗어나는 이야기 추노담은 18세기에 많이 창작되어 널리 향유되었다. 그런데 유사한 화소가 다양한 형태로 변개되어 여러 야담집에 전재되었으며, 대략 다음과 같은 공통 서사 분절을 지닌다.

① 생활고에 시달리던 선비가 멀리 노비들을 추심하러 간다.
② 반노들이 신공을 바치던 중에 상전을 죽이기로 모의한다.
③ 선비가 기지를 발휘하여 위기상황을 지원자에게 알린다.
④ 지원자가 의미/의도를 알아차리고 선비의 목숨을 구해준다.
⑤ 반노들을 처벌하고 신공을 받아 무사히 귀가한다.

〈면화免禍〉는 〈언양彦陽〉과 나란히 노비들을 추심하러 간 주인이 위험에 처했다가 기지機智를 발휘하여 위기에서 벗어나는 이야기를 담고 있다.[18] 〈면화〉에서 가난한 선비는 아들과 함께 추노를 하러

18 〈변사행邊士行〉과 〈심생沈生〉은 주인이 추노 과정에 반노들에게 살해될 위태로운 상황은 같지만, 그 대처 방법에서 〈면화免禍〉나 〈언양彦陽〉과 다른 양상을 보여주는 작품이다. 두 작품은 모두 노비의 딸이 추심하러 간 상전을 대신하여 죽음으로써 아비를 포함한 반노叛奴들로부터 상전을 구한 동일한 이야기다. 다만 서사 구성 방식상 작품 말미에 충효열忠孝烈을 겸비한 노비의 딸에게 정려旌閭가 내렸다는 대목을 〈변사행邊士行〉에는 근원 이야기에 포함시켜 마무리했으며, 〈심생沈生〉

가는데, 그들에게 얼마간 신공을 받아 돌아가면 생계를 유지할 수 있었기 때문이다. 그러나 추심이 거의 마무리될 무렵, 수십 명의 반노들이 찾아와서 자기네 생활을 위태롭게 했다며 그를 죽이려고 한다. 경제 변화에서 기인하고 생활 여건에 잠재되어 있던 주인과 노비 간 갈등이 불거져 강상綱常의 윤리倫理가 무너진 것이다. 이는 누가 어떻게 접근하더라도 부정적으로 보일 수밖에 없는 상황이다. 그런데 선비는 ②에서 반노들의 항거에 부자父子가 모두 살해될 위기에 처하자, ③에서 기지를 발휘하여[19] 편지 말미에 '휘흠徽欽'이라고 적음으로써 무사히 위기를 모면한다.

> 생生은 곤궁한 처지에 그 노비들을 추심하려고 자기 아들과 함께 관서關西로 가던 도중에 고을 태수에게 아들을 부탁하고, 또 관서지방을 통과시키라는 통행증을 받아서 직접 노비들의 거처를 찾아갔다. ……(중략)…… 생은 어쩔 수 없이 시키는 대로 서명을 하려다가 갑자기 한 계책이 떠올라 다 쓴 편지를 가져다가 마지막에 '휘흠徽欽' 두 글자를 써넣었다. 노비들이 비록 글자를 알지만 역시 그 뜻을 이해하지 못해 부자父子 사이에 주고받는 서찰에서 버릇처럼 쓰는 말이라고 인식하여 자기 사람을 시켜 그 아들에게 전하도록 했다.[20]

에는 평어로 처리한 점이 약간 다르다. 자세한 내용은 본 책 제3장 4절을 참조하기 바란다.

19 이에 대해 임매任邁는 〈면화〉의 평어에서 '누구나 다급한 상황에도 정신을 집중하면 지혜가 생겨나서 위기를 모면할 수 있다.'고 주장한다. "古語曰 人急則智生 生之所値如此 落阱之虎剝害 在卽一死之外 更無幸矣 而能以二字 眞傳消息 此非常時智慮有過於人者 特以身臨必死之地 一念求活 精神一到 而心靈自啓 苟使世之學道者 用心求獲一皆如此 則萬理明盡 夫豈爲難哉."

20 『잡기고담』, 〈免禍〉. 生欲困之而推其奴 偕其子間關西行 托其子於邑守 又請簡以通關節 躬至其處 ……(中略)…… 生不得不依以書之 忽生一計 寫訖就紙

이 이야기는 『청구야담』에 〈겁구주반노수형劫舊主叛奴受刑〉으로 전승되었으나, 양반이 혼자서 추노를 떠나며, 절친한 원님과 호적을 열람한 뒤에 노속奴屬들을 찾아 나선 것으로 그려진다. 또 반노들에게 붙잡혀 '휘흠'이라고 덧붙인 편지를 보내는 대상을 원님으로 기록하였다. 그런데 '휘흠'은 송나라 황제 휘종과 흠종으로, 이들은 '정강지변靖康之變'에 부자가 모두 피살되었다. 따라서 모든 정황을 헤아려 볼 때 거의 동일한 내용이지만, 〈면화〉에서 반노들이 부자父子를 모두 죽여 후환을 없애려 도모하는 것과 '휘흠'이라는 두 글자에서 연상되는 '아버지와 아들의 죽음'이라는 설정보다 서사 개연성이 부족하여 설득력이 떨어진다. 따라서 18세기 〈면화〉에서 목숨을 담보한 채 추노에 나선 두 사람이 부자 관계였던 점을 감안할 때, 작품 속 절박함과 긴장감이 배가倍加되어 주제 전달에도 효과적이다.

〈면화〉는 18세기 세태를 반영하는 추노에 관련된 내용이다. 서사분절 ①②는 잠재되어 있던 주인과 노비 간 갈등이 불거지고, 강상의 윤리가 무너진 상황이다. 당시 경제활동 능력부족으로 생활력을 잃어버린 주인과 경제력은 있으나 하층민에 속하는 노비가 대치할 수밖에 없는 상황은 조선 후기의 정치 사회적인 모순에서 기인한다. 생활고로 인해 절박해진 주인의 요구와 안정된 생활을 빼앗기지 않으려는 노비의 저항이 첨예하게 대립하는 지점에는 어느 한 쪽의 죽음을 담보로 한 해결책이 있을 뿐이다. 때문에 몰락 양반이 증가하고 노비제가 균열되는 사회상을 바라보는 시선은 부정적일 수밖에 없다. 그러한 예측은 양반 위주로 위기를 해결하는 방식과 사건 처

末書徽欽二字 衆奴雖能識字 亦不解其意 認以爲父子間書札 日月下例用之語也 使其徒傳之其子.

리 결과로 나타난다.

③에서 주인이 기지를 발휘하는 대목이 그것을 증명한다. 그는 아들에게 보내는 편지에 '휘흠'이라는 글자를 적음으로써 자신이 위기에 처했음을 알리는데, 이는 학문적 지식을 담보한 선비라야 그 의미를 알 수 있는 단어다. 또 ⑤에서 모든 갈등이 해결되고 위기가 종결되는 상황도 그것을 증명한다. 즉, 주인은 추노에 성공하여 무사히 집으로 돌아가지만, 반노들은 모두 관가에 체포되어 그에 상응하는 벌을 받는다. 경제적으로 몰락했다고 하나, 결국 양반 계층은 자신들에게 대항하는 무리를 철저히 단죄斷罪하고 기존의 지위를 고수固守하는 것이다.

이처럼 생활고로 인한 추노 과정에서 주인은 물론 반노들도 위기에 봉착하는데, 경제적 궁핍을 해결하려는 주인보다 안정된 생활을 위협 받은 노비들이 더욱 절실한 처지였다. 이미 가난해진 사계층士階層의 몰락은 노비들의 생계를 불안하게 만들고, 도망친 노비들 때문에 경제활동이 불가능해지는 악순환을 초래했다. 그로 인해 가속화된 노비제의 혼란에 추노까지 겹쳐지자 노비들의 위기감은 극에 달했다. 이런 정황으로 볼 때, 또 다른 추노담인 〈심생〉에서 자기희생으로 포상된 향단香丹의 죽음은 이선부터 예고된 것이었다.

요컨대 사계층은 자기네 지식과 신분 및 반노의 희생을 이용해 결국 추노라는 목적을 달성하고 기존의 자리로 환원한다. 이는 양반의 입장에서 보면 다분히 긍정적이고 체제 순응적인 결말이지만, 그에 앞서 점차 부유하고 강성해진 노비들에 의해 빚어진 극한 상황은 너무나 부정적이고 체제 모순적인 내용이라 하겠다. 18세기 야담 구연자나 기록자들은 당시 추노로 인해 생사生死의 간극間隙에서 벌어진 사건을 다양하게 작품화했으며, 세태의 단면과 문제적 사건에 대해 부정적인 시선을 보낸다.

후대에 전승된 작품 속 주인과 반노의 대치 상황에서 오는 긴장감은 또 다른 『청구야담』 소재 〈노온려환납소실老媼慮患納小室〉 역시 18세기와 다를 바 없다. 그러나 주인은 저항하는 노비들에게 속수무책으로 당할 뿐, 적극적인 대비책을 찾거나 아무런 반격도 가하지 않는다.[21] 게다가 여러 화소가 혼합되어, 추노가 특정 사건의 계기로 작용할 뿐 온전한 추노담으로 보기 어렵다. 전체 이야기는 ①계집종이 대감집을 나와 사내와 결연하고, ②대감의 손자가 추노하러 갔다가 위기에서 도망치며, ③호랑이가 그를 물어다가 할멈집 앞에 두고, ④할멈이 그를 맞아들여 자초지종을 이야기하며, ⑤양반과 자식들의 갈등에서 방법을 찾고, ⑥양반과 손녀를 혼인시켜 무사히 돌려보내는 것으로 정리된다. 여기서 정작 추노에 해당되는 서사 분절은 ②뿐이며, ④는 ①과 연계시켜 〈지례김별감댁비知禮金別監宅婢〉의 일정 부분과 유사[22]하지만, ③에서 호랑이가 등장하는 대목은 전혀 다른 이야기라고 볼 수 있다. 따라서 체제 모순에 대한 시선은 찾아보기 어렵다.

---

21 『청구야담』, 〈老媼慮患納小室〉. 厥漢輩 口雖應諾 心懷不良 定一房而居之 備夕飯以待之 將於其夜 聚黨而謀殺之 其班不知而困眠矣 忽於夜半 聞窓外有多人聲跡 心切疑之 潛聽之 則以開戶先入 互相推諉 始乃覺之 大生驚惕 潛身起來 蹴倒北壁而出 厥漢輩 或持刀劍 或持椎杖 或從房中 或從廚後而逐來 其班無計圖生.

22 〈지례김별감댁비知禮金別監宅婢〉에서 김별감댁 계집종은 길지吉地에 아비의 묘를 이장하고 타관으로 이사한 다음, 발복하여 안정된 생활을 누린다. 이후 소문을 듣고 찾아온 옛 주인의 아들에게 자초지종을 밝히고 친척인 양 대하며 관계를 유지한다.

그런데 이는 단순히 작품 내적으로 주인이 노비 추심에 실패한 것이라기보다 작품 외적으로 문제 상황은 여전하지만 구연자와 기록자들의 체제 비판 의식이 약화된 데서 오는 작품 경향으로 읽힌다. 즉, 야담에서 추노라는 세태를 오롯이 반영한 작품은 18세기에 집중적으로 만들어지고 유행되었다. 또한 그것을 체제 모순에서 기인한 문제로 인식하고 부정적인 시선으로 바라본 것도 18세기 야담의 몫이었다.

추노담은 곤궁한 생활에서 벗어나는 방편으로 노비 추심을 택한 양반들의 이야기다. 이는 18세기 야담에 주요 화소로 처음 등장하여 하나의 온전한 서사체로 만들어졌다. 특히, 가난한 주인들은 밀린 신공을 받아야 생계를 유지할 수 있지만, 안정된 생활을 위협하는 상전을 죽이려는 반노에게 도리어 생명을 빼앗길 형편이다. 이처럼 극단적 상황에 내몰린 양반들은 생명을 담보한 채 호구지책糊口之策을 성공시키려 온갖 기지를 발휘하는데, 여기에 말과 글 또는 변장 등 다양한 수단이 동원된다. 그리고 이런 과정을 통해 어려운 시대상과 혼란한 사회상을 반영하는 세태담世態談으로서 기능한다. 이처럼 다채로운 추노담은 후대 야담집에서 새롭게 창작된 사례가 거의 보이지 않으며,[23] 혹 후대에 전승된 경우에도 여러 화소가 혼합된 가운데 일부로 등장하는 등 18세기에 비해 서사 형태가 변모되고 주제 의식이 변질된 듯하다.

23 『동야휘집』 소재 〈노재하초례구주老宰下軺禮舊主〉에는 색다른 추노 이야기가 실려 있다. 주인 신씨申氏가 속량을 원하는 노비들의 요청을 거절하자, 반노들은 그를 결박하고 문서를 불사르고 달아난다. 이후 재상 심석평瀋碩枰이 예전에 종[奴]이었다는 이야기를 들은 노비 하나가 신씨에게 돈을 갖다 주어 생활하는 이야기다. 이병찬, 『동야휘집 연구』, 보고사, 2005. 298-311면 참조.

2) 군도와 생계 해결

조선 후기 궁핍한 생활 때문에 형성된 군도는 '모이면 도적, 흩어지면 백성[聚則盜 散則民]'이 된다고 했다. 가난을 대물림하여 힘들게 살아가던 민초民草들은 물론 과거시험을 준비하던 유생까지도 유리걸식流離乞食하거나 도적 무리에 들어가곤 했다.[24] 이들 가운데 일부는 이끗에 밝아서 거업擧業을 그만두고 장사치가 되는 경우도 있었으나, 끝까지 선비로서 자존심을 지키며 어렵게 삶을 꾸려나가는 부류도 있었다. 이는 경제논리에 입각하여 돈과 부를 추구하는 사회로 변모하는 과정에서 생겨난 모습이며, 그로 인해 신분제도 역시 점차 균열되는 양상을 보인다. 군도담은 이러한 당대인과 사회상을 그대로 반영한 이야기라고 할 수 있다.

가난한 유생이 생활고에 시달리다 못해 도적이 되는 군도담은 18세기 야담에서 자주 발견된다. 거업을 일삼는 선비에게 농사지을 땅이나 장사할 밑천이 있을 리 만무하고, 결국 식솔들의 의식주를 해결할 방법은 도둑질밖에 없다. 그런데 이들이 집을 나서는 가장 근본적인 동기는 가난에서 벗어나려는 것이다. 당시 가난 때문에 고향과 가족을 등지고 도적이 된 사람들의 이야기는 유사한 화소가 다양한 형태로 여러 야담집에 전재轉載되었으며, 대략 다음과 같은 공통 서사 분절을 지닌다.

24 조선 후기 유랑지식인의 삶과 군도화群盜化에 대해서는 진재교 교수의 「이조후기 유랑지식인의 문학사적 의미」(『정신문화연구』 제20권 제4호, 한국학중앙연구원, 1997.)와 황형주의 「군도 이야기 연구」(성균관대 석사학위논문, 1992.)를 참조하기 바란다.

① 생활고에 시달리던 선비가 거업을 포기한다.
② 자의반타의반으로 도적의 산채를 찾아간다.
③ 우두머리에 추대되고, 도적질로 재물을 모은다.
④ 명확한 기준과 정당한 규정을 지키며 생활한다.
⑤ 그동안 모은 재물을 분배하고 집으로 돌아온다.

『잡기고담』 소재 〈도재상盜宰相〉[25]에서 굶주림에 지쳐 말없이 눈물을 흘리는 아내를 바라보다가 유생은 자기도 모르게 하늘을 원망한다. "어찌 나를 이 지경에 이르도록 한단 말인가?[夫何使我至於此極也]"라는 탄식은 자기 처지에 대한 원망과 거업에 대한 체념을 함께 담은 말이다. 문장이든, 재략이든, 가문이든, 인물이든 무엇 하나 남들에게 뒤지지 않지만, 과거 급제는 도저히 불가능해 보인다.[26] 아무리 문재文才가 뛰어나더라도 조정의 고관대작高官大爵에게 줄

25 유만주兪晩柱는 『흠영欽英』에서 〈도재상盜宰相〉에 관해 수차례 기술하였다. 1784년 7월 2일자에는 '임매任邁의 저술 가운데 〈도재상〉편이 들을 만하다고 한다.'고 간접 경험을 적었다. 또 1786년 7월 30일자에는 '『보화잡기葆和雜記』(잡기고담을 가리킴)를 읽었으며, 13조목 가운데 〈도재상〉이 있다.'고 적었다. "夜眠 香薷茶水以繼醍醐 燭閱葆和雜記義妓嘲謔二奇記 分十三目 曰醫巫 曰奇奴 曰女俠-丁時翰遇嶺南二女事也 曰盜宰相 曰宦妻-公州村店翁媼事也 曰天緣-李女耦鄭事也 曰劍技-被擄公子事也 曰盜隱 曰神劍 曰推數-盧菴太史事也 曰發奸 曰義妓-駕後親軍張姓事也 曰嘲謔-李禾亶事也." 유만주의 『흠영』에 대해서는 강명관, 김영진 교수 등이 『대동문화연구』 제13집(성균관대 대동문화연구원, 2000.)에서 발표한 논고와 김하라의 「兪晩柱의 『欽英』 연구」(서울대 박사학위논문, 2011.)를 참조하기 바란다.

26 이 작품은 시대적 배경이 고려高麗로 설정되었지만, 누가 보더라도 조선 후기 과거제도의 모순과 비리를 포착한 이야기다. 정하영은 〈도재상〉의 시대적 배경이 고려 때로 설정된 이유에 대해, 그것을 아무리 미화해도 군도群盜 이야기인 데다 혹시라도 야기될 문제를 미리 차단코자 한 것이라고 주장했다.(정하영, 「義賊說話 〈盜宰相〉考」, 『고소설연구』 제9권, 한국고소설학회, 2000. 345-346면 참조)

이 닿지 않는 한미寒微한 유생에게 관직에 나아갈 기회가 주어질 리 없다. 그러고 보면, 유생은 견디기 힘든 가난을 원망한 것이 아니라 자기 재능을 인정받지 못하는 사회를 탄식하며 과거제도의 모순을 비판한 것이다. 때문에 유생이 처한 상황은 다분히 부정적으로 보이지만, 이후 그가 반전시킨 삶은 지극히 긍정적으로 보인다.

> 도적들은 앞서거니 뒤서거니 성문城門을 나가 야외에 숨겨진 모퉁이에 이르러 궤짝을 부수고 은자를 꺼냈다. 유생이 먼저 천금千金을 가지고 그 나머지를 도적들에게 나누어 주니, 모두 한 집안 재산으로 풍족하였다. 이에 차례대로 자리에 줄지어 앉아서 하늘에 대고 맹세하기를, "감히 이후에 이전과 같은 길을 걷는 자가 있으면, 하늘이 반드시 그를 죽이리라." 하고, 모두 자기 병장기兵仗器를 불태우고 흩어져 돌아갔다. 유생은 이때부터 다시는 의복과 음식을 걱정하지 않았으며, 학문에 전념하여 몇 년 만에 과거에 급제하였다. 문장文章과 재지才智를 인정받아 조정에서 중용되었으며, 연달아 웅주雄州를 다스리고 누차 방악方岳을 다스렸다. 또 세상에 청백리로 칭해지더니, 이후 지위가 재상에 이르고 사구司寇의 직책을 맡았다.[27]

유생은 절박한 처지에서 군도의 우두머리가 되어 호구지책으로 시작한 도적질로 자기 능력을 검증하고, 더 이상 생계를 걱정하지 않아도 될 만큼 재물을 모으자, 집으로 돌아와 다시 과거 공부에 매

27 『잡기고담』, 〈盜宰相〉. 先後出城門 至野外隱僻之地 碎櫃出銀 生自占千金 以其餘分於衆人 皆足爲一家産 於是以次列坐 對天發誓 敢有後踏前經者 天必殛之 悉焚其器械兵仗 而散遣之 生自是不復憂衣食 專意績文 不數年而擢甲科 以文章才諝 見重於朝右 連典雄州 累按方岳 而又以淸白見稱於世 後位至宰相 爲司寇之職.

진하여 관직에 나아가 재상의 반열에까지 오른다. 〈도재상〉은 주인공의 행위에 대해 무한히 긍정적인 시선을 유지하며 도적들 사이에도 영웅이 숨어 있다[28]는 주제를 흥미롭게 형상화한다. 게다가 적괴賊魁로서 도둑질을 하더라도 양민良民의 재산, 장사꾼의 본전, 관고官庫의 재물에는 손을 대지 않는 등[29] 자기 기준에 따라 공업을 실행하는 적괴를 바라보는 시선도 긍정적이라고 할 수 있다. 저자는 과거 제도와 신분제 균열 등 당대의 체제 모순을 포착한 이야기를 기술하면서 등장인물에 대해서는 시종일관 긍정적인 시선을 보낸다.

또 다른 군도담인 『삽교만록』 소재 〈선천김진사宣川金進士〉에서 김진사는 소년의 유인誘引으로 준마를 타고 도적의 산채에 이르러 두 부장副將의 추대로 불문곡절不問曲折하고 군도의 대장이 된다. 이후 그는 타고난 신의와 지략을 바탕으로 3년간 도적 활동을 계속한다. 그러면서 군도를 통솔하고 재물을 모으는 방법과 기준으로 두 가지를 제시한다.[30] 첫째, 탈취한 재물을 절용節用하며 의복과 음식

28 이러한 시각은 〈도재상〉을 비롯하여 〈도은盜隱〉의 평어에서도 확인할 수 있다. 임매는 『잡기고남』에서 흥미로운 이야기를 들려주며 도적들 가운데도 걸출한 인물이 숨어 있으니, 그들의 영웅적인 자질을 인정하고 새삼 경계해야 한다고 덧붙였다.

29 『잡기고담』, 〈盜宰相〉. 生乃言曰 財之不可取者有三 一曰良民之產 小人家父子兄弟 胼胝手足 日夜勤勞 董成積聚 而取之非仁 二曰商賈之重 被犯風雪蒙霧露 越險阻 四方千里 辛苦歲月 得無贏利 而取之非仁也 三曰官庫之儲 此萬民膏血 國家所需 此而取之 國用不足 而民之膏血 將重被浚削 此最不忍 亦不可取也 所可取者 惟外郡之舊官歸裝 權門苞苴 此皆國家之物 彼所窃取者也 國家之物 當與國人共之 不當使一人獨專 況彼既窃取 吾亦窃取 豈不名正而義順乎 衆皆鼓掌稱善曰 至當至當.

30 『삽교만록』, 〈宣川金進士〉. 曰 然則衣食之用 一從我節制 且聚財之時 亦一從我令 不者皆劍斬之 ……(中略)…… 而大聲發令曰 使人奪汝輩之財 則汝之心當如何 既奪汝財 而殺傷汝身 焚蕩汝屋 汝之心尤當如何 以我之心度人之心而

을 대장의 명령에 따라 제한하는 것이다. 이는 그동안 재물을 탈취하는 대로 흥청망청 써버린 군도의 생활 방식을 바꾸어야 한다는 주장이다. 그렇게 함으로써 남용濫用을 방지하는 동시에 도적질하는 횟수도 줄일 계획이었다. 둘째, 부호의 재산이라도 절반만 빼앗고 사람을 해치거나 집을 불태우지 말라는 것이다. 이는 앞으로 필요한 만큼의 재물만 취하고 의롭지 못한 행동을 경계하는 금령禁令이다. 그렇게 함으로써 가난 때문에 비롯된 군도 생활의 본질을 되새기며 도적질에 정당성을 부여하려는 의도였다. 즉, 그는 자신이 서책書冊에서 배우고 익힌 바를 강조하며 군도를 차츰 바른 길로 이끌었던 셈이다.

이처럼 가난하지만 지략을 갖춘 김진사 이야기는 후대 『기리총화』 소재 〈김생전金生傳〉[31]으로 전승되었다. 그런데 앞서 말타기를 좋아한 김진사가 미소년의 권유로 시험 삼아 말을 탔다가 적굴賊窟까지 유인된 것처럼 김생도 하인배가 모는 말을 탔다가 산채에 이른다. 그러나 군도의 우두머리가 된 김진사가 절약하는 생활과 재물 탈취 기준에 관해 엄격한 군령을 내려 의적義賊을 자처했던 데 반해, 김생은 아무런 금령도 세우지 않는다. 이는 호방한 성격이라 예법에 구애되지 않는 그의 성격 때문일 수도 있겠으나, 우두머리로서 정당성을 확고히 해두지 않으면 군도를 제대로 통솔할 수 없음을 간

爲之 此道也 自今汝輩盜富人之産 祗取其半 而愼勿盡取 勿小傷人身 勿火其屋舍 一有犯此禁者 全隊皆劍斬之.

31 〈김생전金生傳〉에 대해서는 『기리총화』 연구 논문에서 〈도재상〉 및 〈선천 김진사〉와 비교되어 "구연 내용과 기존 작품을 바탕으로 서사를 확장시키고 구조화하여 작품의 질적 수준을 높인 것"으로 발표되었다.(이승현, 「『綺里叢話』 硏究」, 성균관대 석사학위논문, 2009. 50-61면 참조. 50면 인용)

과看過한 행동이다. 따라서 정의로운 도적을 표방하고 군령으로 군도의 행동을 규제한 김진사 이야기가 작품 내외적으로 긍정적인 시선을 견지한다 하겠다.

그런데 〈선천김진사〉에는 김진사의 도적 활동에 대해 구체적으로 기술하지 않았으나, 〈김생전〉에는 김생의 기지와 재략이 돋보이는 도적 활동이 상세히 서술되어 있다. 예컨대 경계가 삼엄하여 난공불락으로 알려진 해인사海印寺와 탐욕스럽게 부정축재한 부자 이진사李進士의 집을 비롯하여 함흥성咸興城까지 차례로 공략하여 재물을 탈취한다. 김생은 도적질하는 과정에 남다른 기지와 임기응변으로 위기를 모면하는 등 자기역량을 마음껏 발휘하여 군도를 만족시킨다. 결국 두 사람은 모두 수삼 년 후에 축적한 재물을 모두 흩어 각자 균등하게 나누어주고, 도적들이 고향으로 돌아가 양민으로 살게 한다. 이러한 모습은 군도를 양산시킨 사회 분위기와 적괴로서 살아야 했던 개인적인 불행에도 불구하고 상당히 긍정적인 시선으로 비춰진다. 특히, 〈김생전〉은 〈선천김진사〉에 비해 두어 개의 화소가 첨가되었으나, 순수 군도담으로서 면모는 그대로다.

선천김진사 이야기는 이밖에도 후대 『청구야담』과 『동야휘집』에 그대로 전승되거나 근원 이야기가 부분적으로 변개된 채 전승되었다.[32] 그러나 〈도재상〉에서 적괴가 '도둑질을 하더라도 양민의 재산, 장사꾼의 본전, 관고의 재물에는 손대지 말라.[財之不可取者有三 一

32 적괴가 된 김진사金進士 이야기는 『청구야담』 소재 〈논의리군도화양민論義理群盜化良民〉과 『동야휘집』 소재 〈재략재감화군정再掠財感化群情〉에도 그대로 실렸으며, 『동야휘집』 소재 〈삼시계획취중보三施計攫取重寶〉에는 심진사沈進士가 지략 있는 적괴로서 이상사李上舍와 함흥감영咸興監營의 재물을 약탈하고 집으로 돌아온 유사한 이야기가 담겨 있다.

曰良民之產 二曰商賈之重 三曰官庫之儲]'고 천명한 것처럼 〈선천김진사〉에서 또한 '부호의 재산이라도 절반만 빼앗고, 사람을 해치거나 집을 불태우지 말라.[自今汝輩盜富人之產 祗取其半 而愼勿盡取 勿小傷人身 勿火其屋舍]'고 내린 금령은 후대에도 여전히 나타난다. 또 탈취한 재물이 일정량 축적되자, 적괴가 도적들에게 균등히 나눠주고 군도를 해산시키는 행위 역시 고스란히 반복된다. 즉, 양민이 군도가 되는 체제 모순적인 상황을 포착하면서도 서사 분절 ④와 ⑤에서 그들이 보여주는 의지와 행동을 통해 긍정적인 시선이 유지된다.

『삽교만록』 소재 〈사우四友〉는 군도담의 또 다른 형태를 보여주는데, 일부 화소가 군도에 관련된 이야기로 구성되었다. 예컨대 젊어서 함께 거업에 종사하던 네 선비가 훗날 각기 다른 모습으로 다시 만나는데, 그 중에 한 사람이 도적의 우두머리가 된 것이다. 또한 이 이야기는 후대 『계서잡록』을 비롯하여 『청구야담』과 『동야휘집』에도 유사한 형태로 새롭게 각색되어 전한다.

〈사우〉는 일정 부분 〈선천김진사〉와 유사한 이야기지만, 주인공들을 초치하는 인물과 그 의도가 다르게 설정되어 있다. 〈선천김진사〉에서는 도적이 김진사를 자기네 우두머리로 모시기 위해, 〈사우〉에서는 적괴가 된 갑甲이 옛 친구 정丁을 도와주기 위해 모셔가는 것이다. 그런데 함께 과거공부를 하던 네 선비가 수년 후에 각기 다른 모습으로 생활하며, 화자話者인 정丁이 거업에 실패하고 가난 때문에 전라감사全羅監司가 된 병丙을 찾아가는 과정에 갑甲이 등장한다. 네 친구가 청운의 꿈을 안고 학업에 정진했으나, 한 사람만 관직에 나아가는 데 그치고, 세 친구 가운데 한 사람은 가난한 선비 그대로, 또 한 사람은 군도의 우두머리로, 나머지 한 사람은 묘향산

妙香山에서 은자隱者가 되어 마주친다.[33]

① 네 선비가 북한산北漢山 절에서 함께 과거 공부를 한다.
② 갑甲은 뒷바라지하던 부인이 죽자, 서책을 태우고 사라진다.
③ 을乙은 충격을 받아 집으로 돌아가 식구들을 이끌고 사라진다.
④ 병丙은 등과 후 현달하지만, 정丁은 실패하고 가난하게 살아간다.
⑤ 병丙이 전라감사가 되자, 정丁이 전주로 찾아간다.
⑥ 적괴가 된 갑甲이 정丁에게 천 냥을 줄 테니 전주행을 포기하라고 권한다.
⑦ 정丁이 병丙에게 알려주자, 병丙이 관군을 이끌고 갑甲을 체포하러 간다.
⑧ 갑甲이 정丁에게 의리 없다며 질책하고, 마을을 불 지르고 떠난다.
⑨ 정丁이 묘향산에서 을乙을 만났는데, 을乙은 갑甲의 미래를 알고 은거했다고 한다.
⑩ 정丁이 같이 살기를 청했으나, 을乙이 허락하지 않는다.

〈사우〉는 서로 다른 네 친구의 삶과 두 친구의 배신을 다룬 이야기로, 서사 분절 ⑥에서부터 세 친구의 갈등이 가시화된다. 여기서 도적 괴수가 된 갑甲은 생활고에 시달리는 정丁을 도와주기 위해 등장하지만, 아울러 전라감사가 된 병丙과 대치 상황을 연출하는 데도 필수적인 인물이다. 게다가 갑甲은 평소 인색한 정丙의 성격을 잘

33 장진숙은 『청구야담』 소재 '정태화鄭太和 이야기'의 유화類話를 『계서야담』과 『기문총화』, 『청구야담』과 『동야휘집』 계열로 나누고, 전대 『삽교만록』 소재 〈사우四友〉까지 거슬러 분석하여 이 이야기가 '인생행로의 변화와 인생관의 분화'를 나타낸다고 주장했다.(장진숙, 「야담 서사변개의 사회문화적 맥락과 의미」, 인하대 박사학위논문, 2013, 105-118면 참조)

알았기에 정丁이 찾아가더라도 옛정에 얽매여 도와주지 않으리라 생각하면서도 정丁의 힘든 노정에 보탬을 주기 위해 자기 처지를 노출시킨다. 그러나 불행히도 ⑦에서 정丁은 이런 상황을 제대로 파악하지 못한 채 갑甲의 경계와 당부를 무시하고 병丙을 도와 갑甲을 체포하는 데 앞장선다. 세 친구의 갈등은 당초 갑甲이 예상한 대로 드러나지만, 각자 아무런 소득 없이 끝나버린다.[34]

을乙을 제외한 세 친구가 맞닥뜨린 상황은 모두 과거급제 여부에 관련된다. 당시 수많은 선비가 거업에 종사했으나, 정작 급제하여 관직에 나아간 사람은 많지 않았다. 또 과거제도의 폐단을 비롯하여 정치 사회적인 모순과 비리로 인해 일반 백성은 물론 양반들조차도 어렵게 생활했다. 그로 인해 추노를 하거나 군도가 되는 부류도 생겨났으며, 서로 다른 처지에서 대치하는 상황도 비일비재非一非再하여 사회적인 혼란을 부추겼다. 여기 세 친구 역시 이러한 세태에 노출된 시대의 희생양이라고 볼 수 있다. 따라서 가난한 정丁을 중심으로 적괴 갑甲과 전라감사 병丙이 팽팽히 맞서는 긴장 상태가 지속되며 당시 세태를 반영한다.

이들은 한때 같은 목표를 두고 서로 격려하며 더불어 공부하던 사이였으나, 지금은 유명한 도적 괴수와 그를 붙잡으려는 전라감사

34 『삽교만록』, 〈四友〉. 至向者舍僮馬之所 方指點山路 而傳語於方伯之際 忽見勇夫十騎 備一駿馬 自山飛下 直入百騎中 縛貧居者 移縛之駿馬 飛馳入山而去 方伯大驚 使銳騎先跡之 渺然不見其蹤 而山路又多歧 銳騎復曰 無可奈何 方伯遂結陣而待之 十騎一日之內 以貧居者告 暴燒者大設兵威 挐入貧居者而數之曰 汝何無故人之情乎 湖南伯亦不曉事 渠能擒我乎 杖之曰 猶存故情而不殺汝 汝其往告湖南伯也 杖十餘而曳出之 令其下速裝 告裝畢 令曰 皆行 遂鳴上馬炮而鼓之 令後隊曰 火所棄屋舍 用藥而火之 烟焰一時漲天 而飛瓦星散 貧居者三日行 始達方伯之陣 告其故 方伯太息而歸 亦無所給於貧居者.

그리고 두 사람 사이에서 고민하는 선비로 남게 된 것이다. 예컨대 ⑦에서 전라감사는 곤궁해진 옛 친구를 이용해 도적 괴수를 잡으려 하고, 가난한 옛 친구는 도적 괴수를 잡는 데 일조하여 전라감사에게 경제적 도움을 받으려 하고, 전라감사는 도적 괴수를 잡아 더욱 높은 관직에 나아가려 한다. 이처럼 세 친구가 인간의 도리道理와 옛 정리情理를 버리고 이익과 욕망을 채우려는 모습은 각박해진 현실에서 기인하며, 갑甲을 내세운 군도 이야기는 이를 단적으로 보여준다.

그런데 세 친구 간에 배신을 불러온 모순과 갈등에 대한 비판적인 시선은 을乙이라는 존재로 인해 팽팽한 서사를 이완시키며 다분히 유보적留保的으로 비춰진다.[35] 다시 말해, 을乙은 감사와 적괴로 맞서는 두 친구 사이에서 일정한 간격을 유지하며 완충제 역할을 자처할 뿐 아니라, 감사와 적괴가 각자 위치에서 자기 역할을 수행하는 것처럼 보이도록 만든다. 감사의 입장에서는 적괴를 토벌해야 하고, 적괴의 처지에서는 감사의 포위망을 피하는 게 당연하다. 가난 때문에 두 친구 사이를 오락가락하는 정丁이 오히려 갈등을 고조시키는 존재라면, 을乙은 은자로서 대역 도적의 모습까지 관조적인 시선으로 포용하는 존재다. 따라서 을乙은 근원 이야기 속 등장인물인 동시에 작품 밖 저자의 유보적 시선을 대변하고 유지시키는 인물이다.

이러한 네 친구의 이야기는 후대 『청구야담』 소재 〈회임궁사유문

35 윤지훈은 "삽교만록은 〈사우四友〉에서 도피형 인물에 속하는 을乙이라는 인물을 기술하는 시각이 긍정적인데, 그는 처사적 삶을 살아간 작가의 자화상이기도 했다."라고 하였다.(윤지훈, 「18세기 필기의 일양상 고찰-『雪橋漫錄』을 중심으로」, 『동방한문학』 제32집, 동방한문학회, 2007. 305-335면. 328면 인용)

상會琳宮四儒問相〉에 새롭게 구성되어 전한다.

> 숭정崇禎 병자년丙子年(1636) 별시 문과는 초봄에 초시初試를 치르고, 회시會試는 조정에 일이 생겨 다음해 봄으로 연기되었다. 이때 초시에 합격한 네 유생이 북한산에 모여 함께 공부하는 모임을 만들었다. 하루는 중이 와서 네 선비에게 말했다. "이 곳에 신승神僧이 있으니, 서방님들은 과거급제 여부를 꼭 물어 보십시오." 네 사람이 같이 모여 중을 불러다 물으니, 중이 말했다. "소승小僧은 많은 사람이 모여 있는 데서 그들의 상相에 관한 이야기를 드러내놓고 말한 적이 없습니다. 기필코 유실幽室에서 한 분씩 논상論相하고 내보내 드리겠습니다." 네 사람이 그 말에 따라 한 사람씩 중이 있는 방에서 그의 이야기를 듣고 나왔다. 서로 더불어 자기네 상相이 어떻게 나왔는지 물어보니, 한 사람이 말했다. "나는 천백 명의 자손이 있을 거래." 다른 한 사람이 말했다. "나는 적장賊將이 될 거래." 또 다른 한 사람이 말했다. "나는 신선이 될 거래." 마지막 한 사람이 말했다. "나는 과거에 급제하여 반드시 세 사람을 만날 거래." 네 사람은 한바탕 웃고 떠들면서 허황되고 망령된 중이라고 여겼다.[36]

그런데 〈사우〉에서 보이던 곤궁한 생활과 절박한 심정이 가볍게 희화화된 점이 눈에 띈다. 즉, 과거시험 공부에 정진하는 남편을 물심양면으로 뒷바라지하던 아내의 죽음, 극한의 상실감과 절망감을

36 『청구야담』, 〈會琳宮四儒問相〉. 崇禎丙子別試科 春初爲初試 而會試則以朝家有故 退定於明春 伊時 初試入格儒生四人 出接于北漢做會工 一日僧來謂四士曰 此中有神僧 書房主登科與否 必問之也 四人齊會 呼僧問之 僧曰 小僧觀人之術 未嘗稠中顯言 必於幽室中 一箇論相而出送矣 四人依其言 箇箇於僧室中 聞其論而出 相與問之 一則曰 吾則當有百子千孫 一則曰 吾則爲賊將 一則曰 吾則爲神仙 一則曰 吾則登科 必逢三人云矣 一場笑譁 歸之虛妄之僧矣.

안고 모든 것을 포기한 채 떠나가는 친구의 모습[37]은 어디서도 찾아볼 수 없다. 대신 초시에 합격하고 나서 회시를 기다리며 한가롭게 재미삼아 관상觀相을 묻는 네 유생이 등장한다. 그들은 훗날 각자 자손이 번성하고, 적장 또는 신선이 되며, 급제하여 모두 상봉하리라는 신승神僧의 논상論相을 허망한 농담으로 받아들인다.[38] 과거급제라는 동일 목표를 감안하면, 오직 한 사람이 원하는 결과를 얻게 된다는 말이고, 그들 중 누구도 도적의 대장이나 신선이 될 리 만무하기 때문이다.

그러나 결국 한 유생이 과거에 급제하여 경상도 관찰사[嶺伯]가 된다. 이후 그가 경상도를 순시하는 도중에 안동부安東府에서 녹림군 대장이 된 사람을 만나고, 모군某郡에서 수백 호 수천 명을 거느린 사람을 만나고, 지리산智異山에서 청의동자와 하늘을 나는 신선을 만나는 과정이 차례로 기술된다. 이야기는 재미있게 시작한 서두와 연계되어 아무런 긴장감 없이 신승의 관상이 정확히 들어맞았음을 증명하는 데 그친다. 따라서 가난에 찌든 유생이 관직에 오른 옛 친

37 『삽교만록』, 〈四友〉. 有年少四人 讀書于北漢山寺 一人家貧 獨有妻在 針功繼其糧 一日 小奴來告其死 其人以書掩面而臥 三日不食 三人强起之 不應 四日曉 捲書籍筆硯而歸 三人微跡之 其人入其門 一慟 幷其書籍筆硯 置于屍傍 暴燒而走 不知所向 三人歸寺 又一人以書掩面 三日不語不食 二人强起之 不應 四日曉 捲書籍筆硯而歸 二人微迹之 其人入門 卽與兄弟父母妻妾 負戴而出城 不知所之.

38 『청구야담』, 〈會琳宮四儒問相〉. 崇禎丙子別試科 春初爲初試 而會試則以朝家有故 退定於明春 伊時 初試入格儒生四人 出接于北漢做會工 一日僧來謂四士曰 此中有神僧 書房主登科與否 必問之也 四人齊會 呼僧問之 僧曰 小僧觀人之術 未嘗稠中顯言 必於幽室中 一箇論相而出送矣 四人依其言 箇箇於僧室中 聞其論而出 相與問之 一則曰 吾則當有百子千孫 一則曰 吾則爲賊將 一則曰 吾則爲神仙 一則曰 吾則登科 必逢三人云矣 一場笑諢 歸之虛妄之僧矣.

구에게 구원을 요청하는 곤궁한 생활과 적장이 된 옛 친구를 사로잡아야 하는 관리의 절박한 심정은 기대할 수 없다. 서사 개연성을 따져보면, 의도적인 희화화를 감안하더라도 〈회임궁사유문상會琳宮四儒問相〉은 〈사우四友〉에 비해 내용이 허술하고, 체제 모순에 대한 비판 의식도 부족하다.

이밖에 『계서잡록』 소재 〈녹림당괴수綠林黨魁帥〉는 『기문총화』 소재 〈회양협淮陽峽〉 및 『동야휘집』 소재 〈책실신경벌포의責失信警罰布衣〉와 동일한 작품이며, 다만 주인공이자 화자가 정태화鄭太和와 유강兪絳으로 다르게 실정되었다.[39]

> 양파陽坡 정태화鄭太和는 소싯적에 친구 두 사람과 함께 산사山寺에서 글을 읽었다. 하루는 회포를 논하다가 각자 평생 하고 싶은 것을 말하기 시작했다. 양파는 "나는 과거에 급제하여 조정에 앉으면 임금께 충성을 다하고 백성을 윤택케 하여 역사에 이름을 남기면 좋겠네." 하고, 한 사람은 "나는 벼슬에 관심이 없으니 산이 밝고 물이 아름다운 땅을 골라 살며 평생 즐기는 것이 소원이네." 하였는데, 한 사람만 홀로 말이 없는지라 두 사람이 물었다. "자네는 어찌 한 마디도 말이 없는가?" 그 사람이 말했다. "내가 하고자 하는 것은 자네 두 사람과 크게 다르니, 모름지기 묻지 말게나." 두 사람이 억지로 물으니, 대답하는 것이었다. "나는 불행히 궁벽한 나라에 태어나 스스로 이 세상을 돌아보아도 용신容身할 만한 곳이 없으니, 내 뜻대로 하며 사는 것이 제일 좋겠네. 내 뜻은 큰 도적의 괴수가 되어 심산궁곡深山窮谷에 처해 수만의 무리를

39 『계서잡록』 소재 〈녹림당괴수〉와 『기문총화』 소재 〈회양협〉과 『동야휘집』 소재 〈책실신경벌포의責失信警罰布衣〉는 모두 동일한 작품이다. 다만 감사로 현달한 친구를 〈녹림당괴수〉와 〈회양협〉에서는 정태화鄭太和라고 했으나, 〈책실신경벌포의責失信警罰布衣〉에서는 유강兪絳이라고 설정한 점이 다르다.

거느리고 의롭지 못한 재물을 빼앗아서 그것을 군량 삼아 산간을 횡행하며, 가동무희歌童舞姬를 앞에 나열하고 산해진미山海珍味를 실컷 먹는 것이네. 이처럼 지내면 행복하겠네." 두 사람이 크게 웃으며 의롭지 않음을 책망하였다. 이후 양파는 과연 과거 급제하여 지위가 영상領相에 이르렀고, 한 사람은 포의布衣로 늙었는데, 한 사람은 결과를 몰랐다.[40]

네 유생의 서로 다른 인생역정을 보여주는 이야기는 후대로 가면서 서두 부분이 희화화되기도 하고, 또 특정 인물의 성명이 거론되며 구체화되기도 하고, 심지어 등장인물이 세 사람으로 축소되기도 한다. 그러나 〈사우〉에서 출발한 이야기는 〈책실신경벌포의責失信警罰布衣〉에 이르도록 서사 및 주제 면에서 동일한 맥락을 유지한다. 그런데 유생들은 〈회임궁사유문상會琳宮四儒問相〉에서 재미삼아 신승에게 관상을 보고 한바탕 우스갯거리로 삼았으나, 〈녹림당괴수〉에서는 회포를 논하다가 평소 바라던 장래희망을 솔직하게 털어놓는다. 즉, 인생을 바라보는 관점이 천부적인 운명론에서 자기 의지에 따라 변화 가능한 것으로 바뀌었다.

또 산사에서 함께 공부하던 유생이 네 사람에서 세 사람으로 줄었

40 『계서잡록』, 〈綠林黨魁首〉. 鄭陽坡少時 與親友二人 讀書于山寺 一日 論懷而各言平生所欲爲 陽坡曰 吾則科第 坐于廟堂之上 致君澤民 名垂竹帛則 好矣 一人曰 吾則不願仕宦 擇居山明水麗之地 以娛平生 是所願矣 一人獨無言 二人問曰 君何無一言乎 其人曰 吾之所欲 大異於二君 不須問矣 二人强之 乃曰 吾不幸生於偏邦 自顧此世 無可容身之所 不如自橫吾志 爲大賊之魁 處深山窮谷 率數萬之衆 奪不義之財 以供軍糧 橫行山間 而歌童舞女 羅列於前 山珍海錯 厭飫於口 如斯度了 則幸矣 二人大笑 而責之以不義 其後 陽坡果登第 位至上相 一人以布衣終老 一人不知下落矣.

다. 〈사우〉에 등장한 묘향산 은자가 빠지면서 세 가지 유형의 인물, 즉 '현달한 관료'와 '유유자적하는 처사處士'와 '군도의 두목'으로 설정되었다. 게다가 현달한 관료는 당면 문제를 수수방관袖手傍觀하다가 마지못해 움직이는 인물로, 처사적인 삶을 꿈꾸던 포의布衣는 친구를 팔아 출세하고 이득을 보려는 인물로 묘사함으로써 모든 상황을 헤아리고 아량을 베푸는 녹림당 괴수가 훌륭한 인물로 부각되었다. 이러한 변화는 체제 모순 포착이나 서사의 희화화 등에서 다소 벗어난 결과라고 볼 수 있다.

그럼에도 〈회임궁사유문상會琳宮四儒問相〉과 〈녹림당괴수〉에는 〈사우〉의 을乙[隱者]에 해당되는 인물이 나란히 배치되어 있다. 바로 〈회임궁사유문상會琳宮四儒問相〉에서 신승이 관상을 보고 신선이 되리라고 말했던 유생과 〈녹림당괴수〉에서 명산대천을 유람하고 싶다던 친구가 그들이다. 이들은 모두 세속을 떠나 유유자적하는 삶을 택한 인물로, 급제 후에 입신양명하거나 적장賊將 또는 적괴賊魁가 되는 인물들의 반대편에 서 있다. 따라서 체제에 순응하며 현달을 꿈꾸는 인물과 체제에 반대하며 일탈逸脫을 향하는 인물의 삶에 모두 관조적 입장을 취한다. 요컨대 세간에서 멀어진 신선이 되거나 포의로서 처사적 삶을 자처함으로써 체제 모순에 대한 비판적 시각을 잠시 유보하는 것이다.

이상으로 살펴본 추노담과 군도담은 돈의 가치가 점차 확대되는 가운데 경제적 기반이 취약해진 양반의 이야기를 담고 있다. 이 또한 18세기 야담의 주요 화소로, 신분제 균열과 체제 모순을 보여주는 온전한 서사체라고 하겠다. 특히, 가난한 유생들은 가족의 생계를 위해 도망친 노비를 추심하거나 도적의 산채를 찾아가는 등 적극적인 제스처를 보여준다. 이는 어려운 시대상과 혼란한 사회상을 반영하는 세태담으로서 서사가 희화화되거나 인명人名이 구체화되는 등 다채롭게 변개되어 후대 야담집에도 전승되었다. 그러나 18세기 야담 저자는 군도와 추노 사태를 초래하고 양산시킨 체제 모순을 포착하면서도 등장인물의 행위를 부정적 또는 긍정적 내지 유보적인 복수複數의 시선을 교차시켜 바라보고 있다.

3. 유교 이념의 대상화와 엄숙 지양

야담은 역사적 사실에 기반하여 실존 인물과 실제 사건을 이야기하는 것에서 출발한다. 이후 구연 과정에서 흥미와 유희가 첨가되고, 기록 과정에서 허구와 문식文飾이 가미된 서사체로 정착된다.[41] 예컨대 18세기 이전 야담 작품을 살펴보면, 특정 인물과 사건에 관련된 단편적인 서사를 담고 있어 자칫 필기와 혼동할 만큼 유사한 형태를 보인다. 이는 야담이 정착되는 과정에서 기록자가 대부분 기존 필기 저자였음을 고려하면 필연적인 결과라고 할 수 있다. 그리

41 김준형 교수는 사실과 허구가 공존하는 야담과 문학적 진실성에 대해, "전대 필기가 허구적 가능성을 열어두었다고 해도 완전히 허구를 긍정한 것은 아니며, 비교적 허구를 긍정적으로 수용한 야담도 사실을 기술하고 전달해야 한다는 관념에서 자유롭지 못했다."고 말한다. 또 "야담은 사실적인 시대 배경에 허구를 가미하여 보다 긴밀하고 유기적인 통일성을 갖춘 한 편의 이야기를 만듦으로써 더욱 생동감 있게 살아 숨 쉬는 현실을 보여주려는 목적 아래 탄생할 수 있었다."고 덧붙인다.(김준형, 「사실의 기록과 야담의 진실성」, 『동방한문학』 제39집, 동방한문학회, 2009. 53-89면. 72/77면 인용)

나 야담이 구두 창작을 전제로 하고, 다시 문학적으로 서사화한 장르라는 특수성을 감안할 때 역사적 사실과 야담적 허구가 길항拮抗하는 형태를 보인다.

전대 『어우야담』 및 『매옹한록』을 기점으로 18세기를 거쳐 후대 『계서잡록』과 『청구야담』에 전승된 작품에는 조선시대 대표 인물로 이경류李慶流・이장곤李長坤・이완李浣이 등장하며, 이들은 모두 역사적 사건에 연루되어 남다른 발자취를 남겼다. 여기서는 세 인물에 관련된 이야기를 중심으로 18세기를 전후하여 야담 전승 과정에서 실사와 허구의 길항 속에 어떠한 유교 이념이 대두되고, 그것이 어떻게 구현되는지 살펴본다.

1) 이경류 이야기 : 충과 효

* 이경류 이야기 : 어우야담 ⇒ 동패락송 ⇒ 계서잡록
: 혼령 등장—충효, 형제애, 부부애, 가족애 등 제고

『어우야담』 소재 〈좌랑이경류佐郎李慶流〉[42]는 임진왜란 때 상주

42 『어우야담』, 〈佐郎李慶流〉. 壬辰之亂 兵曹佐郎李慶流 爲防禦使從事官 戰敗死於賊 其兄慶濬武將也 方賊在平壤 領大軍防守順安 適値忌辰 淸齋獨坐 諸隊伍退就其部 忽聞帷壁間有哭聲呵呵 視之無見 慶濬怪之 俄而 忽有人聲如嘯曰 兄氏 吾來 審之則慶流魂也 慶濬泣而問之曰 爾自何來 曰 吾(死後)欲訪吾兄之所居 兵衛甚重 怕而不敢進 今者(隊伍)稍退 兄必處靜 乘間而來 曰 爾死於何地 [骸體亦在何地] 可一一指之 拾其遺體而使之葬乎 曰 兵敗之日 僅抽身亂兵中埋伏草莽 翌日 步上山寺 於路遇賊而死 方其被刃 魂精驚散 不知形體所居 曰 爾可往來于吾兄弟間 願勿往父母之所 恐其益疚其懷也 曰 然 吾亦不忍使父母知之也 自此 往來于兄弟之家 家中事無不言之 諄諄如平日 如是者 三年不止 其始一家 皆以戰敗日爲忌祭 因其言 審翌日死 以戰敗翌日爲忌日云.

尙州 전투에서 전사한 이경류李慶流를 주인공으로 등장시킨 작품이다. 이경류의 혼령이 등장하지만, 실존 인물의 실제 사건을 신비로우면서 사실적인 이야기로 담아낸다.

그런데 『어우야담』에서 출발하여 『동패락송』을 거쳐 『계서잡록』에 이르기까지 이경류 이야기에 공통으로 담긴 서사 분절을 정리해 보면 다음과 같다.

① 임진왜란 때 병조좌랑 이경류가 종사관으로 전투에 참여한다.
② 이경류의 혼령이 형/부인에게 나타나서 자신의 죽음을 알린다.
③ 굳이 시신屍身을 찾지 말고 의복으로 장사 지내기를 당부한다.
④ 이경류의 혼령이 생시生時처럼 집안 대소사大小事를 말해준다.
⑤ 집안에서 기일忌日을 가늠하여 (초하루/보름) 제사를 지낸다.

임진왜란이 발발하자, 이경준李慶濬·이경류李慶流 형제는 나란히 전투에 참여했다.[43] 그러나 서로 다른 진영에 있다 보니 안부를 묻기는커녕 생사조차 알지 못했는데, 어느 날 죽은 동생의 혼령이 형을 찾아와 그간의 사정을 이야기한다. 경준慶濬은 안타까운 마음에 동생이 전사한 위치를 묻지만, 경류慶流는 패전하고 은신처를 찾

43 이경류李慶流는 5형제 중 넷째로, 형 이경홍李慶洪·이경함李慶涵·이경준李慶濬과 동생 이경황李慶滉이 있었다. 임진왜란 당시 이경준·이경류 형제가 전투에 참가한 일자는 분명치 않으나, 『조선왕조실록』에 의하면, 이경류는 선조25년(1592) 4월 14일 전사[賊遂大集 砲丸齊發 左右圍住 軍人惶怯發矢 不能滿彎 軍大亂 鎰卽撥馬逃去 軍兵皆殲 從事官弘文校理朴篪·尹暹 防禦使從事官兵曹佐郞李慶流 判官權吉皆死 鎰與一軍官 一奴子裸身行走到聞慶 狀啓待罪 還踰鳥嶺 趨申砬軍]했으며, 이경준은 선조29년(1596) 3월 7일 평안병사에 임명[以柳永詢爲兵曹參知 李慶濬爲平安兵使 黃是爲侍講院輔德 宋駿爲司憲府持平 呂祐吉爲兵曹正郞]되었다.

다가 갑자기 죽는 바람에 혼백마저 흩어져 모르겠다고 대답한다. 평소 형제 우애가 남달랐기 때문에 죽어서도 서로 안부를 전했다지만, 선뜻 믿기 힘든 상황이다. 그러나 전란을 겪은 지 얼마 안 된 시점에 충분히 이야기로 만들어져 유전流傳되었으리라 짐작된다.

나중에 밝혀진 바에 따르면, 형제가 생사를 초월하여 만난 까닭은 정확한 날짜를 기일忌日로 삼기 위해서였다. 기나긴 전란으로 인해 조선팔도에는 이름 없는 전사자들이 속출했고, 그들 가운데 죽어서라도 가족의 품에 안겨 제대로 안장安葬된 경우는 무척 드물었다. 그런 상황에서 미처 고향으로 돌아가 안식처를 찾지 못한 수많은 혼령이 제날짜에 흠향歆饗이라도 할 수 있으면 다행이었다. 이 이야기는 그런 바람에서 생겨나고 전해진 것이라 생각한다. 때문에 전쟁터에서 죽음을 맞이한 경유經由와 날짜를 밝히는 과정에 필요 이상의 서술이나 수식은 필요치 않으며, 다만 생사를 달리한 형제가 제삿날 재회하는 것으로 충분하다.

『동패락송』 소재 〈이좌랑경류李佐郎慶流〉에도 동일한 내용이 실려 있으나, 혼령이 마주한 대상이 형님에서 부인으로 바뀌었다. 전대 『어우야담』에서 드러났던 형제애가 부부애로 바뀌는 순간이다. 아울러 유복재[李璘]의 과거 합격을 축하하는 가족애와 병든 노모에 대한 이경류의 지극한 효성이 덧보태졌다.[44]

44 이강옥 교수는 '이경류 이야기'와 관련하여, "야담에서 '이념의 구현'은 편저자 개인의 성향에 따라 극단적으로 강조되기도 하고, 달라진 현실에 대한 대안으로 이념성이 강조되기도 했으며, 이념이 관철되지 않는 현실에서 야담 수용자들이 더욱 이념이 강조된 야담을 선택했을 수도 있다."고 의미를 부여했다.(이강옥, 「야담집에서의 이경류 이야기의 전개와 그 의미」, 『한국문학논총』 제61집, 한국문학회, 2012. 61-93면. 62면 인용)

⑥ 대상大祥에 부인에게 작별하며 말했다. “내가 지금부터 발걸음을 끊지만, 17년 뒤에 당연히 다시 오겠소.” 대개 유복자가 있었으니, 곧 이린李獜이다. 아버지의 초상을 치른 뒤 17년 만에 진사시에 합격하여 집에 오던 날, 후원後園 공중에서 신은新恩을 부르는 소리가 시끄러웠다. 부인이 그것이 죽은 남편의 목소리라는 것을 알고 울면서 아들을 데리고 후원으로 들어가니, 공중에서 나아갔다 물러갔다 하는 소리가 서로 이어져 사람마다 들을 수 있었다.

⑦ 어머니가 일찍이 겨울에 병이 심하여 귤이 먹고 싶었으나, 때가 아니라 얻을 수 없었는데, 지붕 위 공중에서 갑자기 목소리가 들렸다. “형님, 귤이 떨어져 내립니다. 형님께서는 모름지기 옷을 펼쳐서 받으십시오.” 형이 옷자락을 펼치고 위로 향해 높이 쳐드니, 노란 귤이 옷 안에 어지럽게 떨어져 병든 어머니에게 드렸다.[45]

서사 분절 ②와 ③에서 이경류의 혼령은 자신이 죽던 날, 대낮에 부인에게 나타나 자기 죽음을 미리 알리고는 시신 없이 옷과 신발로 장례를 치르라고 일러준다. 또 ④에서 성복成服 이후에 부인을 찾아와 동침하면서 집안일의 잘잘못을 가르쳐주는 등 생시처럼 행동하다가 새벽닭이 울면 떠나가곤 한다. 그러나 앞서 형이 부탁했던 말대로 부모의 처소에는 감히 접근하지 않는데, 혹시라도 연로하신 모친이 놀라고 마음을 다칠까 염려하고 삼갔기 때문이다. 그만큼 남다른 효성孝誠을 지닌 인물로 알려졌다.

45 『동패락송』, 〈李佐郎慶流〉. 至大祥也 辭於夫人曰 我從此絶迹 十七年後 當復來云 蓋有遺腹子 卽李獜也 父喪後十七年 成進士 到門之日 後園空中 呼新恩狼藉 夫人知其亡夫聲 泣携新恩 入後園 則空中進退聲相續 人人可聞 母夫人嘗冬月病重 思橘而違時莫得 屋上空中 忽有聲曰 兄主 橘墜下 兄須以衣受之 伯氏張衣幅 向上擎之 則黃橘亂墜於衣內 進於病母.

두 작품은 모두 사실에 근거하여 이야기가 시작되지만, 가족들이 그의 시신을 찾지 못한 상태로 장사 지낸 사실 때문에 또 다른 이야기가 만들어진다. 즉, 혼령이 된 그가 형과 부인에게 나타나거나 평소처럼 집안을 드나들며 대소사를 관장하는 것이다. 전란 때문에 생사가 나뉘었다고 해도 시신조차 확인 못한 가족들에게 그의 죽음은 믿기지 않았으며, 나라를 위해 목숨 바친 그의 행적을 기리는 백성들에게 그는 혼령으로라도 함께 숨 쉬는 인물이었다.

18세기 야담에는 전대에 없던 내용, 즉 이경류가 전사하고 17년이 지난 후일담 ⑥과 ⑦을 덧붙여 이야기를 더 풍부하게 만든다. 그런데 인용문에서 얼굴조차 모르는 유복자가 과거에 합격하여 금의환향錦衣還鄕하는 모습은 사실일 수 있으나, ⑥혼령이 후원에서 신은新恩의 이름을 부르며 오갔다는 것은 허구가 개입된 내용이다. 또 한겨울 병든 노모에게 귤을 구해 드린 것은 사실일 수 있으나, ⑦혼령이 공중에서 귤을 던져주는 내용은 또 다른 허구가 개입된 결과이다. 즉, 허구 서사의 개입으로 이경류의 가족애家族愛와 효성孝誠이 보강된 것이다.

게다가 여기서 이경류의 혼령은 '목소리' 내지는 '소리'로만 등장한다. 후원 공중에서 아들을 부르며 오락가락하는가 하면, 또 지붕 위 공중에서 형님을 부르며 귤을 떨어뜨린다. 요컨대 시각적인 요소를 완전히 배제하고 청각에 의존하여 혼령의 움직임과 그에 대응하는 가족들의 행동을 청자나 독자가 상상하도록 만들었다. 그렇게 함으로써 전대에 혼령이 형에게 모습을 드러내고 자기 죽음에 얽힌 이야기를 들려주는 엄숙한 분위기에서 벗어나 흥미로운 사건을 통해 근원 이야기에 담긴 유교 이념 내지는 주제를 자유롭게 제시한다.

이처럼 18세기 야담은 실사에 근거한 이야기에 허구가 다소 개입됨으로써 강화된 서사 형태를 보여주며 유교 이념을 제시한다. 또 효성이 드러난 대목에서 기록자는 혼령이 귤을 던져준 믿기 힘든 허구를 상쇄시키기 위해 "도암陶菴 이재李縡가 쓴 비명碑銘에 이 일이 실려 있다.[李陶菴碑銘載此事]"라고 이야기 출처[46]를 밝힘으로써 비현실적인 사건에 신뢰감을 더하려 애쓴다. 그 결과, 살아서 못 다한 자식에 대한 사랑과 부모에 대한 효성을 죽은 뒤에도 변함없이 간직하고 실행한 인물로서 이경류를 부각시킨 셈이다.

후대 『계서잡록』 소재 〈이경류李慶流〉와 『청구야담』 소재 〈투삼귤공중현령投三橘空中現靈〉을 살펴보면, 전대 『어우야담』 및 『동패락송』과 달리 특정 사건에 대한 구체적인 정황이 첨가되고, 또 하나의 이야기가 곁들여진다.[47] 『계서잡록』과 『청구야담』에 실린 작품은 상호 글자 출입이 다소 있을 뿐 서사 전개 방식은 거의 동일하다. 다만 전대 『어우야담』 및 『동패락송』과 비교할 때, 전체 서사에 첨가되어 영향을 끼치는 부분이 있다.

①-㉠ 노비에게 밥을 구해오라 하고 적진敵陣에서 전사하다.
①-㉡ 집으로 돌아온 노비와 말이 주인을 따라 죽는다.
①-㉢ 조정에서 관직을 추증하고, 충신의사단에 배향하다.

46 『陶庵集』 권31, 〈從事李公墓碣〉에 보인다.

47 『계서잡록』, 〈李慶流〉. 每當忌辰 行祀時 闔門之後 則必有匙箸聲 其庶族秉鉉語人曰 吾少時參祀 每聞此聲矣 近日以來 未嘗聞矣 其家行祀時 餠內有人毛之入者 罷祀後聞之 則外舍有呼奴之聲 家人怪而聽之 則出自舍廊 奴子承命而入 則使捉致蒸餠婢子 分付曰 神道忌人毛髮 汝何不察 罪可撻 仍命楚撻 自是常當忌辰 雖年久之後 家人不敢忽焉. 참고로 밑줄 친 대목은 『청구야담』에 없는 내용이다.

⑥ 제사떡을 더럽힌 계집종을 징치懲治하다.

⑦ 후손들이 제수祭需 마련에 정성을 다하다.

서사 분절 ①-㉠, ①-㉡, ①-㉢은 모두 ①에 관련된 내용으로 더욱 상세한 이야기를 들려준다. 그리고 ⑥과 ⑦은 그의 제사를 모시며 벌어진 사건과 이후 자손들의 태도를 보여준다. 특히, 제사떡에 터럭이 들어간 줄 모르고 올린 계집종의 실수를 이경류가 엄하게 징치한 이야기를 통해 다시 한 번 혼령의 영험함과 더불어 조상에 대한 후손들의 소홀함을 경계한 것이다. 요컨내 전대와 18세기 당대에 임진왜란과 이경류의 죽음 등 역사적 사실을 소재로 하여 그 혼령 이야기를 단편적으로 서사화한 야담은 후대로 가면서 그의 죽음을 둘러싼 구체적인 정황을 첨가하고, 혼령의 기행이적奇行異蹟을 또 다른 이야기로 삽입하여 확장된 서사 형태를 보여준다.[48]

또 『계서잡록』에는 여타 야담에서 보이지 않는, 제삿날 합문闔門 후에 수저소리가 들리곤 했다는 서족庶族 이병현李秉鉉의 증언이 실려 있다. 이 또한 제사와 관련된 조상 숭배나 가문 의식 등 전통적 유교 이념을 전달하는 데 효과적인 방법으로, 18세기에 이어 '혼령'이 등장하는 이야기에서 그 허구성을 배려한 작가의 의도라고 하겠

48 이강옥 교수는 '이경류 이야기'를 야담과 야담집의 전개라는 차원에 초점을 맞추어 서사 전개 양상과 의미 지향을 살폈다. 그 결과 『어우야담』은 우애와 효의 조화, 『동패락송』는 부부애 중심에 자애와 효도, 『계서잡록』은 가족 질서 정립과 효도 부각 등으로 이념을 구현했다고 기술한다. 또 장진숙은 '이경류 혼령' 이야기가 다양한 서사 변개를 거치며 꾸준히 전승된 것은 전사자戰死者에 대한 부채의식이 만들어 낸 해원담解寃談, 집안을 보호하는 조상 수호담守護談, 용감하고 충정 어린 무공담武功談으로서 유교 질서 확립에 기여했기 때문이라고 평가한다. 이강옥(2012)과 장진숙(2013)의 전게서 참조.

다. 다만 〈이좌랑경류〉에서는 문헌 기록을 증거로 제시한 반면, 〈이경류〉에서는 친족의 증언을 내세운 점이 대조된다.

이처럼 역사적 사실에서 출발한 전대 야담은 18세기 들어 혼령으로 대변되는 야담적 허구[49]가 틈입闖入되면서 등장인물을 부각시키고 주제를 보완 강화한 듯하다. 특히, 죽은 사람의 혼령이 등장하여 국가적인 '충忠'에 이어 개인적인 '효孝'를 이행하는 모습은 상투적이고 관념적인 게 아니라, 가볍고 현실적인 방향으로 흥미로운 이야기에 담겨 전해진다. 그러나 후대로 갈수록 실사와 허구의 길항이 계속되면서 특정 주제를 담은 이야기가 차츰 흥미 위주로 흘러 서사 전개의 묘미나 작품 구성의 밀도는 옅어지는 듯하다.

야담은 구연을 통해 창작되고 기록을 통해 정착된 서사 장르로, 역사적 사실에 야담적 허구가 더해져 이야기로 구성된다. 그런데 야담 서사에 허구가 개입되는 형태는 매우 다양하고, 앞서 살펴본 것처럼 실존 인물이 '죽은 혼령'으로 등장하여 기행이적을 벌이며 유교 이념을 대상화하기도 한다. 이러한 허구 서사의 개입은 구연자나 기록자가 엄숙주의를 지양止揚하는 데서 비롯되며, 간혹 관습적 표현 방식[50]으로 나타나기도 한다.

---

49 혼령은 야담을 비롯한 다양한 서사 장르에 자주 등장하는데, 18세기 야담에는 역사적 실존 인물의 혼령 이야기가 다수 채록되었다. 예컨대 신숙주申叔舟, 이경류李慶流, 제말諸沫 등은 사후死後에 더욱 추앙되며 다채로운 이야기로 만들어졌고, 이야기 속 그들은 시공간을 초월하여 온갖 신이한 면모를 보여준다. 필자는 이러한 양상을 염두에 두고 본 책에서 '역사적 사실'과 '야담적 허구'라고 기술하였다.

50 관습慣習이란 어떤 사회에서 오랫동안 지켜져 내려와 그 구성원들이 널리 인정하는 질서나 풍습을 말하며, 관용慣用은 오랫동안 써서 굳어진 그대로 상용하는 것을 말한다. 즉, 문학 작품에서 관습적 표현이란 사회 구성원들이 누구나 아는 표현을 통해 저자의 의도를 전달하는 방식을 말한다. 야담에서 시도된 관습적 표현은

2) 이장곤 이야기 : 지혜와 현숙

* 이장곤 이야기 : 어우야담 ⇒ 동패락송 ⇒ 계서잡록
: 버들잎 화소－현숙함 부각

이장곤 이야기는 역사적인 사건으로 인해 하층민의 삶 속에 뛰어든 주인공의 인생역전을 사실적으로 담아낸다. 『어우야담』에 실린 〈이장곤李長坤〉은 ①연산조燕山朝에 갑자사화甲子士禍로 인해 관직에서 쫓겨났다가, ②중종반정中宗反正으로 복관되는 이장곤의 삶을 담고 있다. 그는 ①에서 도망자가 되어 미복微服을 한 채 시골로 내려간다. 피로에 지쳐 잠이 든 그의 짚신을 보고 뒤쫓던 서리書吏가 의아해한 사실로 미루어 이장곤은 발이 크고 몸이 장대했던 듯하다. 또 굶주려 쓰러졌던 그가 남의 똥에 섞인 반쯤 삭은 보리밥을 냇물에 씻어 먹고 나서 기력을 회복하는 대목에서 당시 그의 고충을 짐작할 수 있다. 이후에도 그는 고리백정의 사위가 되어 갖은 구박을 당하며 지낸다.[51] 드디어 ②에서 연산군燕山君이 폐위되고 중종中宗이 등극하자, 그는 의관을 빌려 입고 사또를 만나러 간다. 고을 사람들이 외람되고 무례한 일이라 비난하며 걱정하던 사태는 벌어지지 않고, 이장곤은 그를 알아본 사또에게 후대를 받으며 경사京師

구연자 또는 기록자에 의해 당대 사회상을 표현하며, 보다 흥미롭게 이야기를 전달하는 데 기여한다.

51 『어우야담』, 〈李長坤〉. 時弘文校理李長坤亡命 朝家捕之急 長坤微服 徒步而遁 困甚睡于路邊 追胥熟視 草鞋極大 異常曰 足大似長坤 而布衣草笠 非也 舍而去 途中飢不能行 時夏月 見川上有人遺失 麥飯半消 遂掬而洗於水呑之 目開氣甦 匍匐至民家 隱爲白丁女婿 長坤身長 不善傭作 白丁家苦之曰 若身長多費布衣 惰不事事 何耶.

로 돌아간다.[52]

작품 전문全文에는 한 사람의 부침浮沈을 사실대로 기록할 뿐, 서사적인 면모를 찾아보기 어렵다. 이장곤이 망명 도피하는 과정에서 발생한 두어 가지 사건을 그리면서도 뚜렷한 서술 장치 없이 시간의 흐름에 따라 간략히 그의 행동과 결과를 담아낸다. 요컨대 역사적 사실 내지는 특정 인물에 관련된 사건을 기록하는 데만 치중하여 야담보다 필기에 가까운 형태라고 할 수 있다. 즉, 조선 전기 실존 인물 이장곤의 삶과 그에 얽힌 역사적 사건을 간단명료하게 기술한 것이다.

『어우야담』에서 포착되는 이러한 초기 형태의 야담은 이후 『동패락송』 소재 〈유기장서柳器匠壻〉에서 전혀 다른 서사 작품으로 환골탈태換骨奪胎한다.

> 어떤 이름난 선비가 성은 이씨李氏이고, 이름은 전해지지 않는데, 연산군燕山君 때 홍문관弘文館 교리校理로서 사화士禍(甲子, 1504)를 당하여 보성寶城으로 망명도주하였다. 어느 마을 앞을 지날 때 갈증이 심했는데, 한 여자가 샘에서 물을 긷고 있었다. 이교리李校理가 다가가서 물을 청하니, 여자는 바가지에 물을 떠서 버들잎을 띄워주는 것이었다. 이교리가, "갈증이 심해 급히 마시려는데, 어찌 이처럼 버들잎을 띄워주는가?" 하니, 여자가 말했다. "길 가다가 고달프고 목이 마를 때 급히 물을 마시면 체할 수 있습니다. 제가 버들잎을 띄운 까닭은 그것을 부는 동안 약간 시간을 지체시켜 체하지 않도록 하려던 것뿐입니다." 이교리는 그 지혜와 식견을 기특하게 여기며 여자를 따라 그 집에 들어

52 『어우야담』, 〈李長坤〉. 及聞燕山廢 長坤請妻翁 覓紅衣于校生 將見邑倅 隣人笑之曰 白丁之婿 猥見邑主 欲失禮受棍乎 遂納刺于邑倅 邑倅顚衣倒屣 出迎之 使上壁于客館 視膳調味而進 邑人大怪之 遂聞于朝 承召飛傳 還京師 做大官官至二相.

가 보니 유기장柳器匠의 집이었다. 남녀가 눈이 맞아 마침내 그 집의 사위가 되었다.[53]

『동패락송』에서 주인공 이교리李校理는 구체적인 인적사항이 기재되지 않고 성씨와 관직명만 밝혀진다. 그러나 연산군 때 홍문관 교리를 지내다가 갑자사화 때문에 망명도주하였으며, 중종반정으로 인해 교리 벼슬에 복귀된 인물이라는 기록에서 그가 누구인지 대략 짐작할 수 있다. 그런데 이교리가 정말 보성寶城 유기장柳器匠의 딸과 혼인했는지, 그녀가 지혜와 식견을 갖춘 여성이었는지, 두 사람이 신분 격차와 계층간 이질감을 극복하고 서로 사랑했는지 등은 확인할 길이 없다. 단지 한양에 살던 귀한 양반이 하루아침에 몰락한 처지를 극단적으로 대비시키기 위해 지방의 천한 '유기장'을 등장시키고, 그 딸과 처음 만나는 자리에서 바가지에 담긴 물에 '버들잎'을 띄움으로써 '버들고리[柳器]'와 긴밀히 연관시켰다.

바가지에 담긴 물에 버들잎을 띄워주는 대목은 관습적 표현에 해당되는 화소로, 18세기 야담 작품에서는 처음 선보인다. 이는 고려 태조 왕건王建이 두 부인을 만나는 이야기에서 비롯되는데, 첫째 부인 신혜왕후神惠王后 유씨柳氏는 물론 장화왕후壯和王后 오씨吳氏와 결연하는 과정에서도 확인된다. 자세한 내용을 차례로 살펴보면 다음과 같다.

53 『동패락송』, 〈柳器匠壻〉. 有一名士 姓李失其名 當燕山朝士禍時 以弘文校理 亡命逃至寶城 過村前渴甚 有總角女子汲泉 李到泉邊請水 女子斟水於瓢 將柳葉浮以致 李曰 渴甚飮急 何乃如是浮葉耶 女子曰 行𠊱喉渴時 急飮水則致傷 吾所以浮葉者 欲其吹葉 時少遲延 以免致傷耳 李奇其慧識 隨女子 入其家 卽柳器匠家也 男女目成 遂爲其婿.

먼저 『고려사高麗史』에 실린 신혜왕후 유씨에 관련된 내용이다.

신혜왕후 유씨는 정주貞州 사람으로, 삼중대광三重大匡 천궁天弓의 딸이었다. 천궁은 집이 매우 부유하여 읍인들이 장자長者라고 불렀다. 태조가 궁예弓裔를 모시고 장군이 되어 병사들을 이끌고 정주貞州(현 경기도 豊德 ; 필자주)를 지나다가 버드나무 아래에서 쉬었다. 후后가 길옆 시냇가에 서 있었는데, 그 덕스러운 용모를 보고, "그대는 뉘 집 딸인가?" 하고 물으니, 여자가 "이 읍의 장자집 딸입니다."라고 대답했다. 태조가 인하여 그 집에 가서 머물렀는데, 그 집에서는 군대를 매우 풍성히 대접하고, 후后에게 시침侍寢토록 하였다. 뒤에 서로 소식이 끊어졌으나, 왕후는 지조와 정절을 지켜 머리를 깎고 중이 되었다. 태조가 이 소식을 듣고 불러서 부인으로 삼았다.[54]

다음 심재沈鋅가 편찬한 『송천필담松泉筆談』[55]에 실린 장화왕후 오씨에 관련된 내용이다.

고려 태조가 견훤甄萱을 정벌하러 나가 정주貞州 노상을 지날 때, 시골 여인이 물 긷는 것을 보고 갈증이 심해서 마시기를 구하였다. 여인

54 『高麗史』 卷88, 〈列傳〉 后妃 1. "太祖神惠王后柳氏貞州人 三重大匡天弓之女 天弓家大富 邑人稱爲長者 太祖事弓裔爲將軍 引兵過貞州 息柳下 后立路傍川上 見其有德容 問汝誰氏 女對曰 此邑長者家女也 太祖因至宿焉 其家饗一軍甚豊 以后侍寢 厥後絶不相聞 后守志貞潔剃髮爲尼 太祖聞之 召以爲夫人."

55 『송천필담松泉筆談』은 4권 4책의 필사본으로, 저자의 평소 독서와 견문을 정리하여 기록한 필기집이라고 할 수 있다. 심재沈鋅가 1771년에 쓴 자서自序에서 '여항閭巷의 이어俚語'도 포함시켰다고 밝힌 것처럼 야담적인 기록도 없지 않으나, 전체적으로 비중이 크지 않다. 본 책에서는 신익철 외 편역한 『교감역주 송천필담』(보고사, 2009.)을 참고하였다.

이 물을 떠서 올리는데, 손으로 우물가의 버들잎을 따서 물속에 넣었다. 태조가 그 까닭을 묻자, 여인이 대답하였다. "갈증이 심하여 급히 마시면 사람을 상하게 됩니다. 공公께서 버들잎을 불면서 천천히 마시도록 하고자 함입니다." 태조가 여인의 말을 매우 기특하게 여기고 인하여 그 집에서 묵었다.[56]

두 이야기는 모두 버드나무 또는 버들잎에 결부된 사건을 통해 남녀가 만나는 것으로 되어 있다. 신혜왕후 이야기에는 태조가 버드나무 아래에서 휴식을 취했다는 내용만 보일 뿐이지만, 장화왕후 이야기에는 바가지 물에 버들잎을 띄워 주었다는 내용이 담겨 있다. 그런데 『고려사』는 역사서로서 사실을 기록했으나, 『송천필담』은 필기로서 세상에 전하는 이야기를 기록했으므로 이야기 사실 여부를 검증하기 어렵다. 또 태조가 두 부인을 만나는 과정도 유사하며, 부인들과 결연할 때마다 유사한 내용이 반복되는 것으로 보아 두 이야기 중 하나는 실재 사건이 아닐 수도 있다. 이밖에 조선 태조 이성계李成桂와 강씨姜氏 부인의 결연담에도 버들잎이 등장한다.

여기서 물에 버들잎을 띄워주는 것은 갈증 때문에 급히 물을 마시다가 몸을 상하는 경우를 방지하기 위해서인데, 이후 지혜롭고 현숙한 여성을 대변하는 행위로 다양하게 활용되었다. 즉, 갈증이 심한 사람에게 오히려 물을 더디 마시도록 하는, 자칫 어리석어 보이는 여성의 행동은 급히 물을 마시다가 체하는 것을 방지하려는 삶의 지혜를 담은 행위였다. 그로 인해 상대는 생면부지 여성에게 호감을

56 『松泉筆談』 431화. "麗祖出征甄萱 路過貞州 見村女汲水 渴甚求飮 女取水以進 而手捽井邊柳葉於水中 太祖問其故 女曰 渴甚急飮 則傷人 欲令公吹葉徐飮 太祖大奇之 因宿其家."

갖게 되고, 결국 부인으로 맞아들인다.

이에 대해 김상조 교수는 "이장곤 이야기의 초점은 그가 어떻게 연산군의 마수를 피하고 천한 여인을 만나 뒷날의 영화를 누릴 수 있었는가에 있다. 그렇기 때문에 이야기의 시작 부분에서 여인의 현명함을 말하지만, 그것은 어디까지나 미천한 여인과 양반인 이장곤의 만남에 계기가 된 데 불과하다."라고 말했다.[57] 그러나 필자는 다르게 생각한다. 남녀의 결연을 상징하는 이러한 화소가 야담을 비롯한 여타 서사 작품에서 관습적으로 등장하지만, 여기서는 서사 자체에 영향을 준 것으로 보인다.[58] 다시 말해, 『어우야담』에서 '백정白丁의 사위'가 된 이장곤은 이 하나의 화소로 인해 『동패락송』에서 '유기장柳器匠의 사위'로 구체화 되고, 이후 그가 관가에 '버들고리'를 바치는 사건까지 자연스럽게 연관되는 등 전체 서사에 꾸준히 영향을 미친다.

전대 『어우야담』과 18세기 『동패락송』에서 이장곤 이야기는 서사 전개상 큰 차이를 보이지만, 공통된 서사 분절을 대략 제시하면 다음과 같다.

① 이장곤/이교리가 사화士禍 때문에 지방으로 도주한다.
② 그는 시골에서 우연히 백정/유기장의 사위가 된다.

57 김상조, 「계서야담계의 문헌 수용 양상」, 『계서야담계 연구』, 한국문학도서관, 1991. 106면 인용.

58 이수자는 설화에 등장하는 버들잎 화소에 관해 연구하여 그것이 서사내적으로 여성의 지혜로움과 현명함을 드러내 보이는 기능 이외에도 남녀 결연소로서 기능한다고 밝혔다.(이수자, 「설화에 나타난 '버들잎 화소'의 서사적 기능과 의의」, 『口碑文學 硏究』 제2집, 한국구비문학회, 1995. 5-42면)

③ 반정反正으로 복관復官되자, 고을 사또를 찾아간다.
④ 고을 사또가 후대厚待하며 지난 사정을 들려준다.
⑤ 상경上京하여 고관대작에 오르고 부귀영화를 누린다.

그런데 『동패락송』과 후대 『계서잡록』을 아우르면, ②에서 버들잎 띄운 물을 매개로 남녀가 결연하는 사건이 구체적으로 기술된 것을 제외하더라도 전체 서사에 두 가지 사건이 첨가된다. 하나는 ③-㉠ '이교리/이장곤이 장인을 대신하여 유기를 바친다.'는 것이며, 그로 인해 유기장 내외는 사위를 신뢰하게 된다. 당초에 이교리가 유기장 딸을 만나는 과정에 등장했던 '버들잎'은 '유기柳器'로 긴밀히 연관되어 그의 능력을 회복시킨다. 다른 하나는 ④-㉡ '고을 사또의 지원으로 부인과 함께 상경한다.'는 것이며, 그로 인해 '유기장의 딸'은 '교리 이장곤의 아내'로 신분이 상승하게 된다. 이제 지혜와 현숙함을 겸비한 여성은 그에 상응하는 대우를 받게 되었다. 이처럼 새롭게 포함된 서사 분절은 두 야담의 전체 서사에 큰 의미를 지니며, 전자前者는 이장곤의 자질과 복관復官을 부각시키고, 후자後者는 이장곤에 대한 부인의 지원과 역할을 인정한 결과라고 하겠다.

『계서잡록』 소재 〈유기장柳器匠 사위가 된 이장곤李長坤〉은 약간 글자 출입이 있을 뿐 서사 전개상 변화는 거의 찾아볼 수 없다. 다만 18세기 야담 〈유기장서柳器匠壻〉에 비하면 주인공의 인적사항 및 후일담을 좀 더 구체적으로 기술한 점이 다르다. 예컨대 〈유기장서〉에서 주인공을 그저 '이교리李校理'라 하고, 임금을 '상上'이라고 지칭한 것을 후대에는 주인공을 '이장곤李長坤'이라 밝히고, 임금을 '중종中宗'이라고 명시하였다. 또 〈유기장서〉는 유기장의 말에 자연스럽게 속담이 담기면서 구어체口語體로서 면모가 드러나고, 특히 '솔개[鳶]'가 '꿩[雉]'을 '착捉'하는 것으로 먹이사슬 관계를 나타낸다. 반면, 후대에는 유기장의 말에 '고어古語'를 인용하면서 문어체로서 면모가 두드러지고, 특히 '솔개[鴟]'가 '토끼[兎]' 또는 '꿩[雉]'을 '박搏'하는 것으로 먹이사슬 관계를 나타낸다.

이처럼 18세기 야담은 특정 인물과 사건을 흥미롭게 엮어내며 전대 야담의 서사에 새로운 내용을 첨가한 양상을 보인다. 예컨대 실존 인물과 실제 사건이 구체적으로 서술되면서도 유명인에 관련된 버들잎 화소를 삽입함으로써 여성 주인공의 '현숙함'을 강조하고, 나아가 전체 서사를 '유기장의 사위'가 된 남성 주인공의 부침浮沈까지 자연스럽게 귀결시킨다. 이는 전통적 유교 이념에 갇히지 않고 그것을 대상화하는 과정에 잘 알려진 이야기를 활용하여 주인공의 특성을 부각시킨 것이다. 특히, 18세기부터 후대로 갈수록 이런 관습적 표현이 자주 등장하는데, 이는 '충'과 '효' 및 '형제애'와 '부부애'를 비롯하여 '지혜'와 '현숙함' 등 유교 이념을 가볍게 형상화 하는 데 활용되곤 했다.

3) 이완 이야기 : 호기와 무용

* 이완 이야기 : 매옹한록 ⇒ 동패락송 ⇒ 계서잡록
: 척검擲劍 사건－호걸豪傑의 면모

병자호란丙子胡亂 때 김자점金自點의 별장으로 출전하여 무공武功을 세우고, 이후 임경업林慶業의 부장으로도 활약한 이완李浣 대장의 이야기는 야담에서 두루 보이는 화소다. 그러나 임완혁 교수의 말에 따르면, "이완의 전기傳記 자료資料 등에서는 그 내용을 확인할 수 없고, 따라서 이는 실재의 사건이라기보다는 도적과 관련된 특이한 이야기가 전승되면서 '이완'과 결합되어 만들어진 것"[59]이다. 대부분 야담에서는 그의 무용武勇과 호협豪俠한 기상을 담고 있으며, 전대 『매옹한록』에서 처음 발견되고, 『동패락송』를 거쳐 후대 『계서잡록』에 전승되었다. 그런데 18세기 야담에 이르러 확장된 서사에 흥미로운 내용을 담아낸 점이 주목된다. 전승 과정에 나타난 변모를 살피기 위해 먼저 『매옹한록』 소재 〈이완대장李浣大將〉의 전문全文을 인용한다.

> 이완李浣은 계림부원군 수일守一의 아들로, 계림부원군이 평안병사平安兵使로 있을 때 이완이 따라가 있었다. 일찍이 깊은 산중으로 사냥을 나갔다가 날이 저물어 산골짜기에 이르렀다. 어떤 고요하고 깨끗한 띠집에 한 젊은 여자가 곱게 단장하고 홀로 거처하기에 공公이 어찌하여 이런 깊은 산속에서 홀로 지내는지 물었다. 그 여자가 말하기를, "제 남편이 사냥을 나갔으므로 혼자 빈방을 지키고 있을 뿐입니다."라고 하여 공이 그녀를 가까이 하며 더불어 같이 잠을 잤다. 한밤중에 어떤 사내가 사슴 한 마리를 가져와서는 공을 묶어놓고 장차 죽이려 했다. 공이 묶인 가운데서도 천천히 말하기를, "너를 보니 용렬한 사람은 아닌 듯한데, 한 여자 때문에 장사를 죽이려느냐?"라고 하니, 그 사내가 찬찬히 바라보다가 묶인 것을 풀어주고 함께 자리에 앉았다. 그리고 그 여자

59 임완혁, 「한문단편漢文短篇 〈척검擲劍〉과 그 유화類話」, 『구연 전통과 서사』, 태학사, 2008. 72-73면 인용. 이상 〈척검〉 유화의 전승 경로와 서사적 면모에 대해서는 70-126면을 참조하기 바란다.

에게 술을 데우고 고기를 구워 오도록 명하여 함께 먹으며 말했다. "큰 기량을 지니고도 세상에 용납되기 어려워 산골짜기에 낙척落拓한 신세랍니다. 10여년 후에 그대는 관서지방에서 병사를 담당하고, 저는 죽을 죄를 지은 몸이 될 테니, 모름지기 오늘의 은혜를 생각하여 저를 살려주십시오." 그 후에 이완이 평안병사가 되었을 때, 한 죄수가 고개를 들고 쳐다보며 외치는 것이었다. "공께서는 예전의 약속을 기억하지 못하고 저를 죽이시렵니까?" 공이 자세히 살펴보니, 바로 그 사람인지라 마침내 그를 용서해주었다.[60]

이완李浣이 사냥을 나갔다가 산중에서 날이 저물어 찾아들어간 산골 집에서 벌어진 사건이다. 사냥 간 남편을 기다리던 여인이 그를 맞아들이는데, 함께 잠을 자다가 사냥꾼이 돌아오면서 험악한 사태가 발생한다. 사냥꾼은 낯선 이완을 묶어 놓고 죽이려 하지만, 한낱 여자 때문에 장사壯士를 죽이겠냐는 말에서 그의 남다른 기상을 깨닫고 풀어준다. 여기서 사냥꾼의 아내로 인해 시작된 두 남자의 갈등은 순식간에 끝나버린다. 처음에 이완을 죽이려던 사냥꾼은 그의 말 한 마디에 금세 화를 가라앉히고 이완을 뚫어져라 바라보면서 그의 호협한 성격을 알아차린 것이다.

초기 야담 형태에 편폭도 짧고 별다른 서사 구성도 찾아보기 힘들

60 『매옹한록』, 〈李浣大將〉. 李相浣鷄林府院君守一之子 鷄林爲平安兵使時 李相從焉 嘗射獵深山中 日暮至山谷中 有茅屋靜灑 有一少女靚粧獨居 公問何爲獨居此深山之中 其女曰 吾夫出獵 故獨守空閨耳 公因與狎焉 與之共宿 夜半有人携一鹿而來 縛公將殺之 公在縛中徐曰 看汝只非庸人 乃以一女子殺壯士耶 其人熟視之 解縛與之坐 令其女煖酒炙肉 而共飮之曰 大器不能容於世 落拓山谷中 後十餘年 君當將兵關西 而我陷死罪 須念今日之恩而活我 其後公爲平安兵使 有一囚仰首呼曰 公不記前約而殺我耶 公諦視之 卽其人 遂宥之.

다. 때문에 야담 구연자는 물론 견문자도 각자 상상력을 발휘하여 작품을 이해하는 수밖에 없다. 이러한 면모는 18세기 야담에 이르러 풍부한 내용에 담긴 주제를 흥미롭게 형상화한다. 다음은 『동패락송』 소재 〈척검擲劍〉의 한 대목이다.

> 사내가 마침내 큰 전대를 가지고 이공李公을 단단히 묶어 대들보 위에 거꾸로 매달았다. 그리고는 그 아내를 불러 사냥해온 것들을 익혀서 가져오라고 했다. 그 여자가 밖으로 나가더니 노루며 돼지 등을 가져다가 털을 벗기고 창자를 꺼낸 다음 깨끗이 씻어서 솥에 넣고는 푹 삶아서 꺼내어 큰 소쿠리에 가득 담아서 받들어 올리는데, 김이 무럭무럭 나면서 육질이 연하여 잘라 먹기 쉬웠다. 사내가 아내에게 술을 따르라고 명하더니 작은 동이를 기울여 다 마시고는 허리춤에서 서릿발 같이 날카로운 칼을 꺼내어 고기를 잘라 씹어 먹었다. 간간이 고기를 칼끝에 꽂아 대들보에 거꾸로 매달린 이완의 입에 넣어주며 말했다. "음식은 혼자 먹어서는 안 돼. 죽음을 앞둔 놈이라도 역시 맛은 알아야겠지." 이완은 입을 크게 벌리고 칼끝에 있는 고기를 낚아채어 받아 삼키면서 조금도 의심하거나 두려워하는 기색이 없었다. 사내가 고기를 다 먹고 나서 이공李公을 쳐다보며 말하기를, "쓸 만한 사람이군, 쓸 만한 사람이야."라고 하니, 이공이 사내를 내려다보며 말했다. "네가 나를 죽인다면서 어찌 이처럼 지연시키느냐?" 그러자 사내가 웃으며 일어나서는 묶인 것을 풀어 아래로 내려주고는 몸을 돌려 이공의 팔을 잡으며 말했다. ……(하략)[61]

61 『동패락송』, 〈擲劍〉. 大漢遂以巨槖 堅縛李公 倒懸於樑上 呼其妻使熟獵獸以來 女出去 取獐豕等物 剔毛去腸 淨洗入鼎 爛烹以出 滿貯大柳器奉進 蒸氣浮浮 肉軟易斫 大漢命妻酌酒 傾盡一小盆 腰抽如霜之劍 切肉以啖 間間揷肉於刀端 向樑倒納於李口曰 飮食不可獨呑 近死之漢 亦須知味 李張口受刀端餂肉而

〈이완대장〉에서 사냥꾼이 돌아온 뒤에 벌어진 사건이 훨씬 구체화된 서사로 제시되었다. 이것은 전대 야담에서 '공을 묶어놓고 장차 죽이려[縛公將殺之]' 한 장면 이후 새롭게 전개되는 이야기라고 할 수 있다. 즉, 사내는 ①이완을 큰 전대로 단단히 묶어 대들보에 거꾸로 매달고, ②아내에게 사냥해온 짐승을 요리해 오라고 하며, ③아내에게 술을 따르게 하여 다 마시고, ④허리춤에서 칼을 뽑아 고기를 잘라 먹는다. 한밤에 늦은 저녁을 즐기는 사내의 행동이 이완 못지않게 호걸스러운 모습으로 그려진다. 이는 야담 견문자로 하여금 사내가 곧 이완을 해칠 것처럼 보이게 만들고, 사내에게 그럴 만한 용력勇力이 있는 것처럼 느껴지게 한다. 그러나 이후 이완이 보여주는 행동은 그것을 반전시키기에 충분하다.

여자가 요리해온 음식을 먹고, 여자가 따라준 술을 마시던 사내가 어느 순간부터 칼끝에 고기를 꽂아 대들보에 거꾸로 매달린 이완의 입에 넣어주기 시작한다. 그런데 이완은 꽁꽁 묶여 거꾸로 매달린 채 칼끝에 꽂힌 고기를 받아먹으면서도 전혀 두려워하는 기색이 없다. 게다가 그런 이완의 모습을 사내는 올려다보고[大漢仰觀李公], 이완은 사내를 내려다보는[李公俯觀大漢] 형세다. 앞서 사내는 자기 용력으로 충분히 상대를 제압했다고 여겼으나, 이제 도리어 이완의 호협한 기상과 행동에 주눅이 들 수밖에 없다. 이처럼 두 사람이 대치하는 상황62은 확장된 서사로 반전을 담아 전개되며, 두 호걸의

呑之 少無疑懼之色 大漢喫訖 仰觀李公曰 可人可人 李公俯語曰 汝之殺我 何遲延耶 大漢笑而起 解縛以下 回把李臂曰……(下略)

62 이러한 상황은 동시대 『학산한언』 소재 〈무변이수기武弁李修己〉에도 유사하게 실려 있나. 단지 사냥꾼이 이수기李修己를 붙잡아 두고 음식과 술을 함께 먹지만, 칼끝으로 고기를 찍어서 먹여주는 대목은 빠져 있다.

용맹함과 담대함을 극대화시킨다. 그러나 전형적인 호걸의 모습에서 여유롭고 새로운 면모를 이끌어낸다.

이 장면은 『계서잡록』 소재 〈이완李浣의 용기〉에 그대로 전승되었다. 여기서는 겹쳐지는 대목을 서로 비교하여 대동소이한 부분을 찾아보기로 한다.

> 적괴賊魁는 이윽고 큰 새끼줄로 공公을 묶어서 대들보 위에 매달았다. 그리고 자기 아내를 돌아보며 말하기를, "마루 위에 사냥해온 짐승들이 있으니, 너는 모름지기 씻어서 구워오너라."라고 하니, 그 아내가 벌벌 떨면서 문밖으로 나가 산돼지며 노루 사슴 등을 잡아서는 푹 익혀서 큰 쟁반에 가득 담아 바치는 것이었다. 괴수가 또 술을 따르라고 하여 큰 동이로 연달아 몇 잔을 마시고는 칼을 뽑아 고기를 잘라서 씹어 먹었다. 다시 고기 한 덩어리를 칼끝에 꽂으며 말하기를, "어찌 옆에 사람을 두고 혼자 먹겠느냐? 저 놈이 비록 당장 죽을 놈이라도 맛은 알게 해야지."라고 하였다. 이윽고 칼끝에 꽂힌 고기를 이완에게 주니, 공이 입을 벌려 받아먹으면서 조금도 의심스러운 생각이나 두려워하는 기색이 없었다. 적괴가 자세히 살펴보며 말하기를, "이 사람은 대장부라고 할 만하다."라고 하니, 공이 말했다. "나를 죽이려면 죽여도 좋다. 그런데 어찌 이렇게 지연시키며, 또 어찌 대장부니 소장부니 말하느냐?" 그러자 적괴가 칼을 던지고 일어나서 그 묶인 것을 풀어주고는 손을 잡아 자리에 앉히며 말했다.……(하략)[63]

63 『계서잡록』, 〈이완李浣의 용기〉. 賊魁乃以大索縛公 懸之樑上 顧語其妻曰 廳上有山獸之獵來者 汝須洗而炙來 其妻戰戰出戶 宰割山猪獐鹿等肉 爛熟而盛于大盤以進之 賊魁又使進酒 以一大盆連倒數盃 拔釰切肉而啗之 更以一塊肉 鍤于釰鋩曰 何可置人於旁而獨喫乎 渠雖當死之漢 可使知味 仍以釰頭肉與之 公開口受而啗之 小無疑慮恐惻之色 賊魁熟視曰 是可謂大丈夫 公曰 欲殺我則殺之可也 何爲而如是遲延 又何大丈夫小大夫之可言乎 賊魁擲釰而起 解其

앞서 두 작품에 등장하던 대한大漢이 여기서 적괴賊魁로 바뀌었다. 이는 후대에 이완의 무협武俠을 부각시키기 위해 상대를 도적 우두머리로 바꾼 듯하나, 이어 사냥해온 짐승들을 요리해 오라고 명령하는 모습을 보면 사냥꾼이 맞는 듯하다. 게다가 아내는 적괴를 무척 두려워하며, 그가 이완을 대들보에 묶어놓은 것을 보고 온몸을 부들부들 떨며 어찌할 줄 모른다. 이 또한 적괴의 포악함과 심각한 사태를 드러내기 위해 서술한 표현이나, 좀 과장된 듯하다.

그러나 칼끝에 꽂아서 먹여주는 고기를 받아먹는 이완의 모습은 〈이완의 용기〉가 〈척검〉보다 단순하게 기술되었다. 예컨대 〈이완의 용기〉에서 이완은 그냥 입을 열어[開口] 고기를 먹고, 〈척검〉에서 이완은 입을 크게 벌리고[張口] 받아먹는다. 이는 〈척검〉에서 입모양을 크게 하여 적극적인 제스처를 취하는 이완의 모습을 돋보이게 한 데 비해 〈이완의 용기〉에서는 작고 소극적인 태도로 대응한 것처럼 보인다. 그럼에도 두 작품에서는 모두 상대의 입을 빌려 이완을 '대단한 사람[可人可人]' 또는 '진정한 대장부[是可謂大丈夫]'라고 칭송한다.

이상으로 살펴본 이완 이야기는 전대 『매옹한록』에서 작품 구성 및 사건 정황 등이 너무 간략하고, 서술 시각이 이완에 편중된 경향을 보인다. 그러나 『동패락송』에서는 서사 내용이 보완되고 등장인물의 갈등 상황이 구체적으로 묘사되면서 발전된 서사 양상을 보여준다. 따라서 전대에 비해 야담의 양과 질 양면兩面에서 모두 변화된 것이라고 하겠다. 이는 후대 『계서잡록』에도 유사한 형태로 전승

縛 把手就坐曰 ……(下略)

되어 18세기 야담과 나란히 호협한 기상과 용감한 태도 등 무용武勇을 지닌 그의 면모를 부각시킨다. 아울러 호걸로서 이미지를 표방하면서도 엄숙을 지양하며 결코 무겁지 않게 주제를 전달한다.

4. 욕망하는 주체의 탄생과 시대 전망

예나 지금이나 인간의 욕망은 다양한 형태로 나타나며, 그것이 추구하는 목적도 그만큼 다양하다. 예를 들어, 돈과 결부된 치부라든가, 사랑에 기반한 연애라든가, 심지어 쾌락을 빙자한 정욕 등이 대표적이다. 그런데 전통적인 유교 이념의 잣대로 평가할 때, 욕망은 결코 겉으로 표출해서는 안 되고 안으로 억압해야 할 대상이다. 그러나 조선 후기에는 돈의 가치가 부각되고 경제관념이 바뀌면서 부를 욕망하는 사람이 많아졌으며, 여성이 자아를 인식하고 정체성을 자각하면서 연애 대상을 주체적으로 찾아 나섰으며, 심지어 남녀 간에 정욕을 적극적으로 표현하면서 쾌락을 추구하는 데까지 나아가게 되었다.

18세기 야담에는 이러한 내용을 담은 결연담結緣談과 치부담致富談이 다수 등장하는데, 이는 무엇보다 인간의 욕망을 긍정적으로 인식하고 그것을 실현하는 주체를 흥미롭게 서사화했기 때문이다.

1) 여성의 욕망 추구 확대

* 어리석은 선비 이야기 : 어우야담 ⇒ 잡기고담
: 몸짓 강조—정욕 인정

야담에는 아주 현명하거나 우매한 인물의 행위를 통해 남다른 기지機智에서 나오는 감탄과 지나친 어리석음으로 뭇사람에게 조롱을 받는 이야기가 많다. 그 가운데 욕망하는 주체의 적극적인 행동과 표현에 대응하는 어리석은 선비의 악의惡意없는 태도와 엉뚱한 반응이 흥미롭게 서사화된 작품도 있다. 이는 시대와 인물을 달리 하여 유사한 화소가 전승된 경우도 있으며, 순진한 서생書生과 그를 유혹하는 여성의 이야기 중에 18세기 『잡기고담』 소재 〈치농癡儂〉은 전대 『어우야담』에 실린 〈성산월星山月을 거절한 서생〉이 전승된 유화類話에 속한다.

〈성산월을 거절한 서생〉에서 글공부밖에 모르던 서생은 장안長安의 명기名妓 성산월을 만나고도 알아보지 못한 채 그녀의 유혹을 거절함으로써 주변 사람들의 놀림거리가 된다. 남녀 간의 정욕에 관련된 내용을 소재로 하여 경쾌하고 재미있는 이야기가 만들어졌다. 전승된 두 이야기에서 공통된 서사 분절은 다음과 같다.

① 성산월/서생이 외출했다가 집으로 돌아가는 길에 비를 만난다.
② 소나기를 피해서 서생의 방/아낙의 집으로 들어가려 시도한다.
③ 서생/아낙이 성산월/서생을 거절/유혹한다.
④ 성산월/서생이 불편한 상황에서 비를 피하고 집으로 돌아간다.
⑤ 서생은 성산월/아낙에게 원망을, 사람들에게 놀림을 받는다.

①에서 성산월은 주연酒宴을 피해 집으로 가던 도중에 큰 비[64]를

64 야담에는 사건을 유발하는 매개체로 '비'나 '눈'처럼 날씨를 전제한 자연 조건이 자주 등장한다. 이러한 자연 현상은 우연히 나타나는 것처럼 보이지만 인간으로서 어찌 할 수 없는 조건에 속하기 때문에 결국 남녀 주인공들은 자기네 만남을 필연으

만난다. 불행히도 숭례문崇禮門은 이미 닫혀버렸고, 연당蓮塘 가까운 곳 불 켜진 창에서 글 읽는 소리가 들린다. 그런데 더욱 불행하게도 나이 어린 서생은 그녀가 누구인지 모를 뿐만 아니라 그녀를 요망한 귀신이라 여기고 두려워한다. 비 내리는 밤에 찾아온, 옷차림과 용모가 빼어나게 아름다운 여자가 자기처럼 빈한貧寒한 서생에게 몸을 던질 리 없다고 생각했기 때문이다. 그래서 문을 굳게 닫고 손가락을 튕기며 주문을 외우기[輒牢拒 彈指大呪]도 하고, 연달아 입에서 이십팔수二十八宿 외우기를 그치지 않는다[連誦二十八宿 不絶於口]. 결국 성산월은 자기 바람처럼 따뜻한 방안에서 비를 피하기는커녕 차가운 문지방에 앉아 꾸벅꾸벅 졸면서 밤을 지새워야[宵坐門臬 假寐避雨] 했다.

②와 ③에서 그녀는 비를 피해 하룻밤 기숙寄宿할 요량으로 서생에게 방구석을 내어달라고 부탁했다가 거절당한다. 그 과정에 자기 미모를 내세워 자랑하지도 않고, 그것을 이용해 목적을 이루려고 하지도 않았다. 그저 조그맣게 기침 소리를 내며 창문을 가볍게 두드린[低聲謦咳 輕手叩窓] 것이 전부였다. 그녀의 아름다운 외모는 주어진 상황에서 득得이 되기보다는 오히려 실失이 되고 말았다. 아무것도 모르는 서생은 그녀의 빼어난 미모를 요괴妖怪가 사람을 유혹하

로 받아들이게 된다. 예컨대 '일타홍一朶紅 이야기'에서 그녀와 영결하는 순간에 내리는 '비'라든가, '옥소선玉簫仙 이야기'에서 감사 아들이 그녀를 연상하는 대목과 그녀가 감사 아들을 찾아가는 핑계로 '눈'을 내세운 것이 대표 사례다. 이밖에 또 다른 매개체로 '꿈'을 들 수 있는데, '정효준鄭孝俊 이야기'에서 결연 당사자들이 번갈아 꿈을 꾼다든가, 이진경李眞卿 내외가 노산군魯山君의 현몽을 경험하는 것도 여기에 속한다. 특히, '꿈'이 불가능한 것을 가능케 하는 대목에 자주 활용된다는 점에서 보면, 그 꿈의 내용에 관계없이 요긴한 서사 장치라고 할 수 있다.

려고 변신했기 때문이라 받아들였던 것이다. 결국 천하절색天下絶色을 거절한 서생에게 성산월은 '지지리 복福도 없는 인간'이라고 꾸짖으며 돌아간다.

누군가에게는 절박했던 상황이 사람들에게는 웃음을 제공하는 소재로 쓰였다. 게다가 누군가에게는 반드시 목표를 이루는 데 도움이 되리라 확신했던 조건이 오히려 반대로 작용하여 역전 상황을 초래하고 말았다. 성산월의 빼어난 미모도 그것을 인정하지 않는 서생에게는 아무런 소용이 없었고, 도리어 평범한 외모보다 악재惡材로 작용하였다. 이처럼 간절히 자기 욕망을 이루려는 인물에 대응한 어리석은 인간의 행동은 언제나 웃음을 제공하는 화소로 적극 활용되었다.

〈치농〉은 〈성산월을 거절한 서생〉과 유사한 화소가 전승된 작품이지만, 전대보다 훨씬 강화된 서사에 뚜렷한 주제 의식을 담고 있다. 즉, 여성의 정욕 문제[65]와 욕망하는 주체로서 그들의 모습을 잘 포착하고 견문자의 기대에 어긋나는 반전으로 흥미를 추구한다. 근원 이야기에 등장하는 어린 서생 또한 아리따운 아낙의 유혹을 알아채지 못했다가 친구들에게 핀잔을 듣는다.

마찬가지로 공통 서사 분절 ①에서 그는 친구들과 함께 임금의 거둥 행차를 보러갔다가 외따로 떨어져 방황하던 중에 소나기를 만난다. 그래서 비를 피하려고 서둘러 길가에 있던 여염집으로 가서는

65 이강옥 교수는 야담에서 여성 정욕이 실현되는 양상과 그 서술 방식에 대해 논하며 "야담 서술자가 남성의 목소리를 낸다 하더라도 여러 계급의 작중 여성 인물이 또 다른 서술자가 되어 적극적으로 자기 경험을 표현하기도 하므로 야담에서 남성의 목소리가 서술을 완전히 장악한 것은 아니다."라고 언급한 바 있다. 이강옥(2008), 전게서 177면 인용.

집안을 기웃거린다. 잠시 후에 아름다운 여인이 나타나 그를 맞아들이는데, 그 과정 ③에서 여인의 유혹은 점점 강도를 더해간다. 심지어 그 행동은 과감하다 못해 뻔뻔스럽기까지 하다. 그녀의 행동을 차례대로 짚어보면 다음과 같다.

③-1 누가 감히 남의 집을 엿보느냐고 꾸짖는다.
③-2 문짝에 기댄 채 안채로 들어오라고 허락한다.
③-3 무릎이 맞닿을 만큼 좁은 방으로 안내한다.
③-4 비 때문에 꿉꿉한 몸을 데우라며 술을 권한다.
③-5 빙안이 다 환해졌다며 그의 외모를 칭찬한다.
③-6 내외간에 서로 사랑할 게 확실하다고 말한다.
③-7 부부간에 금슬琴瑟이 좋으리라고 말한다.
③-8 계집종들이 반해서 상사병에 걸리겠다고 말한다.
③-9 저고리 앞섶을 풀어 이[虱]를 찾는 시늉을 한다.
③-10 저고리를 벗고 젖가슴을 드러낸 채 긁는다.[66]

그녀는 ③-1에서 낯선 집을 기웃거린다며 서생을 나무라다가, ③-2에서 그를 유혹하기로 마음먹고 집밖에서 집안으로 들이며, ③-3

66 『잡기고담』, 〈癡儂〉. 有頃一美婦 自門內嗔曰 何人闖入婦女獨居之家 生曰 避雨休坐 婦從門隙 頻頻窺覰 旣而半啓門 扉倚身而言曰 外舍寒陋 請入于內 生從之入 婦邀之室中 室僅尋丈 男女接膝而坐 問居在何處 年紀幾何 自藏中出 酒壺 以盡鐘滿斟香醞以勸之曰 雨中陰冷 請此暖熱 生受而飮之 婦忽微笑曰 室中想應艶麗 又斜眄移時而笑曰 郎貌若是 其都必內外交相愛也 又笑曰 琴瑟情重 曾不作別徑行步否 又笑曰 若然則宅上婢使必眼熱 多害相思病也 如是喃喃以情趣話 百端調戲 而生但隨問而答之而已 婦俛首穆然者半餉 忽嚬眉曰 許久和衣而睡 虱兒侵起 解前襟而反之 作覓虱狀 露出白雪胸膛 略鬆肚帶 酥乳圓圓軟紅微亞 將手搔摩低聲 癢也癢也 生瞠眼熟視 不覺失口曰 乳美也 婦急掩襟巧笑曰 美也 將欲奈何奈何 生又默然.

에서는 안채에서 좁은 방으로 그를 안내한다. 이후 ③-4부터 ③-10까지 온갖 달콤한 말과 교태 섞인 행동으로 서생을 유혹한다. 그런데 이러한 그녀의 언행과 더불어 또 한 가지 눈에 띄는 것이 바로 웃음이다. 이를 위의 서사 분절에 대입하면 그녀의 욕망은 더욱 구체적으로 드러난다.

> ③-5-㉠ 술을 마시는 서생을 보고 '갑자기 미소를 짓다[忽微笑]'가,
> ③-6-㉡ 서생의 얼굴을 '또 한참 은근히 보며 웃고[又斜眄移時而笑]',
> ③-7-㉢ 부부 금슬이 좋겠다며 '또 웃고[又笑]',
> ③-8-㉣ 계집종이 상사병에 걸리겠다며 '또 웃다[又笑]'가,
> ③-9-㉤ 속살을 감추며 '교태로운 웃음[巧笑]'을 흘린다.

이처럼 그녀는 서생을 유혹하기 위해 감언이설甘言利說과 함께 갖은 교태를 부리며 속살까지 보여주고, 언행이 점차 노골적으로 바뀔 때마다 시종일관 웃음을 보탠다. 이는 그녀가 어떻게든 서생을 유혹하여 숨겨진 자기 욕정을 채우려는 의도에서 비롯된 행동이다. 따라서 우리는 그녀가 인간으로서 지닌 정욕을 인정했으며, 성적性的으로 건강하고 생기발랄한 상태였음을 알 수 있다. 게다가 수단과 방법을 가리지 않고 적극적으로 상대를 유혹하려 애쓰는 모습도 확인했다.

저자는 이처럼 아리따운 여성의 상대로 어리석은 서생을 내세워, 그녀가 비록 자기 욕정을 채우지는 못했으나, 그녀의 성적 욕구를 더욱 부각시키는 동시에 남녀의 긴장감을 극대화시킨다. 또한 그녀를 재치있고 익살스러운 캐릭터로 만들어 성적性的인 내용을 담은 이야기를 결코 외설스럽지 않게 표현하고 있다. 그러나 어리석은 서

생은 여인의 온갖 교태와 갖은 유혹에도 처음부터 끝까지 무덤덤하게 반응하여 주변사람들을 모두 포복절도하게[人皆絶倒] 만든다. 근원 이야기 속 아낙의 적극적인 구애求愛는 서생의 순진한 마음을 부각시키기 위해 과장되고 강화된 감이 없지 않으나, 이러한 욕망 주체의 행위는 주제를 효과적으로 형상화하는 데 일조한다.

이밖에 어리석은 인물의 행동이 쓴웃음을 자아내게 만드는 상황은 〈곤경困境〉에서도 보인다.

어린 유생은 낮에 보았던 어여쁜 소녀에게 반해 그녀와 하룻밤을 함께 보내고 싶었다. 그러나 불행히도 그녀가 할멈과 잠자리를 바꾸는 바람에 유생은 당초 예상과 달리 탐욕스러운 할멈에게 붙잡혀 곤욕을 치르게 된다. 여느 할멈 같으면 소녀를 대신하여 유생의 호색好色을 한 차례 비웃고 말았을 테지만, 여기 등장하는 할멈은 처음부터 생각이 달랐다. 어여쁜 소녀인줄 알고 범하려던 유생이 갑작스러운 상황에 어리둥절해하는 사이, 할멈은 유생의 처지는 안중에도 없이 자기 성욕을 채우기로 작정하고 적극적으로 덤벼든다.

> 할멈은 어린 유생을 향한 음심淫心이 발동하여
> ① 비쩍 마른 두 팔로 그의 허리를 꽉 끌어안고는
> '조금이라도 소리치면[一叫]' 죽으리라 겁을 주고,
> ② 자기 말을 듣지 않으면 세 아들에게 들리도록
> '장차 소리치겠다[將叫]'고 뻔뻔스럽게 협박하며,
> ③ 자신에게서 벗어나 곧장 떠나려는 그를 보며
> '당장 소리치겠다[當叫]'고 못 박아 억류시킨다.

할멈이 다잡아 협박할 때마다 유생은 할멈의 아들들에게 혼쭐이

날까 두려워서 용기를 내지 못하고, 할멈은 욕정이 생길 때마다 유생을 겁박하여 자기 마음에 흡족할 때까지 반복해서 그것을 채운다.[67]

그런데 도리에 어긋난 할멈의 행동은 유생이 떠난 뒤에 다시 한 차례 거듭되면서 쓴웃음을 자아내게 만든다. 바로 유생의 부친상父親喪에 할멈이 며느리를 자처하며 상복을 입고 찾아온 것이다. 앞서 벌어진 사건이야 두 사람 간에 비밀로 남겨져 유생의 난감한 처지가 탄로 나지 않았다면, 이후 벌어진 사건은 가족 친지들이 모인 자리에서 두 사람의 관계를 노골적으로 드러냈다고 하겠다. 이로써 유생은 자신의 어리석은 행동 때문에 두 차례나 곤경에 처했지만, 이는 어찌 보면 모두 할멈의 지나친 욕정 때문에 빚어진 어처구니없는 일이라고 할 수 있다. 그래서 길을 지나던 사람들이 놀라며 웃음을 터뜨리고, 이야기를 들은 사람들 역시 포복절도[路傍過者 莫不駭愕齒冷 聞之者 亦莫不絶倒]한다.

이처럼 아름다운 처녀를 보고 순간적인 욕정 때문에 잘못하여 노파를 범했다가 그에게 붙잡혀서 한바탕 곤욕을 치른 젊은 선비 이야기는 사람들에게 큰 웃음을 제공한다. 그러나 이후 선비의 부친상에 며느리를 자처하며 나타난 노파를 보며 선비는 물론 주변 사람들까지 웃지 못할 상황에 놓이고, 결국 순간의 치기稚氣와 실수가 두고

67 『잡기고담』, 〈困境〉. 將犯之 忽鷄皮烏骨之臂膊 緊抱生腰曰 誰歟 我有壯子三人 若一叫則汝死無地也 乃缺齒訛語也 生驚慌欲脫而不得 嫗曰 汝欲無死 當從吾言 不則吾將叫 生懼而從之 嫗情興未洽 又使復之 生懼其叫 又强而從之而想其晝日所見 幾乎殼也 嫗摟抱不放曰 汝明日不得行 生辭以行忙 嫗曰 若爾吾當叫 生曰 無事而留 人必怪之 嫗曰 可托病 生不得已許之 將乘曉逃去 嫗已知之 隨之以行 懼之以叫 生又不得臨行 稱腹痛猝發 如是留數日 不勝其苦 百端懇乞曰 非久將復路 必重尋不爽約 嫗始聽去.

두고 그에게 곤혹스러운 경험을 하도록 만든다. 여기서 저자는 욕망하는 주체로 젊은 선비를 내세우고, 그가 정욕 때문에 자초했던 곤란한 처지를 흥미롭게 서사화하여 사람들을 경계시킨다.

그런데 저자는 자기 욕망을 추구하는 인물을 그리는 과정에서 그녀들의 과감한 행동과 상대의 어리석은 반응을 해학적諧謔的으로 처리함으로써 웃음을 제공한다. 따라서 『삽교만록』 소재 〈심심당한화深深堂閑話〉[68]에 등장하는 여성들이 자기네 욕망을 드러냈다가 끝내 자결하는 상황과 전혀 다르다. 야담 속 주인공들은 자신이 점찍어둔 상대를 유혹하고 독점하기 위해 다양한 몸짓을 보여준다. 예컨대 아낙은 서생을 유혹하는 과정에 노골적으로 웃음을 흘리고, 할멈은 유생을 붙잡아 두는 방법으로 소리치겠다고 거듭 협박하며 자기 욕구를 충족시킨다. 그런데 이처럼 대담한 신체 접촉은 상대를 어르고 달래는 과정에서 비롯된, 각자 목표한바 욕망을 이루려는 몸짓이다. 아울러 저자는 구체적인 묘사와 사실적인 표현으로 주제를 형상화하며, 인간 욕망에 관련된 주제를 인정하거나 경계하는 방면으로 확대시킨다.

2) 다양한 치부 방법 등장

* 다양한 치부 이야기 : 잡기고담 ⇔ 동패락송 ⇔ 청구야담
: 다양한 치부 방법–부富의 개념

68 이강옥 교수는 〈심심당한화深深堂閑話〉에 담긴 이야기들은 "여성의 강렬한 정욕 표현을 담은 점에서 의의가 있지만, 결과적으로 보면 여인의 정욕을 인정하기는 커녕 그것이 비극을 초래하는 위험한 것임을 주창한 셈"이라고 했다. 이강옥(2008), 전게서 181-182면 인용.

부富를 향한 욕망도 인간의 애정 내지는 정욕만큼 본질적이고 강렬한 것이다. 야담에는 독특한 방법으로 치부한 이야기가 많은데, 이 또한 욕망의 주체로서 포착된 모습에 주목하여 작품화된 것이다. 전대 『어우야담』을 비롯하여 초기 야담에서 보이는 치부담은 등장인물이 우연히 재화를 얻어 부자가 되는 경우[69]가 많다. 반면에 18세기 야담집에서 다루는 치부담은 등장인물이 능동적으로 경제활동을 벌여 금전과 재물을 축적한 경우가 많다. 간혹 상호 신뢰를 바탕으로 주인공을 물심양면 지원해주는 후원자가 등장하지만,[70] 그래도 치부 과정에 우연보다는 필연이 주된 요소로 자리한다.

수많은 치부담 중에 『잡기고담』 소재 〈간부姦富〉와 『동패락송』 소재 〈광작廣作〉과 더불어 『청구야담』 소재 〈영산업부부이방營產業夫婦異房〉을 통해 욕망의 주체가 그것을 어떻게 실현하는지 알아본다.

〈간부〉에서 월사月沙 이정귀李廷龜의 친구 허생許生은 곤궁하게

69 『어우야담』에서 평양 기생에 빠져 재산을 탕진한 장사치는 오금烏金을 얻고, 역관 이화종李華宗은 화룡火龍의 뼈에서 용주龍珠를 얻고, 무인도의 버려진 화포장火砲匠은 이무기의 뱃속에서 조승주照乘珠를 얻고, 아산牙山에 사는 무사武士는 새둥지에서 환혼석還魂石을 얻어 부자가 된다. 그런데 이들은 치부致富를 위해 아무런 경제활동이나 노력도 하지 않은 채 일확천금을 얻어 거부巨富가 되었으며, 이러한 경우는 구체적인 계획과 부단한 노력으로 치산治產하여 끝내 부자가 되는 18세기 치부담致富談과 확연히 다른 모습을 보인다.

70 여러 치부담 가운데 단연 뛰어난 작품은 연암燕巖의 〈허생전許生傳〉이라고 할 수 있다. 여기서 남산 딸깍발이 허생은 거업을 포기하고 상업에 뛰어들어 매점매석을 통해 엄청난 부자가 되는데, 당초 허생을 믿고 장사 밑천을 대주는 인물로 부자 변씨[卞承業]가 등장한다. 이처럼 치부담에는 주인공의 치부 과정 초기에 그를 전적으로 신뢰하는 후원자가 등장하고, 주인공은 치부 후에 반드시 신뢰와 은혜에 보답하는 것으로 나온다.

살면서 몇 차례 월사에게 도움을 받는다. 나중에는 월사가 관직에 추천하여 구제해주려 했으나, 허생에게 빌려주었던 말[馬]은 물론 종[奴]까지 죽어버린다. 어찌 보면 그는 태생적으로 가난한 데다 운도 따르지 않아 월사로서도 더 이상 어찌 할 수 없는 인물[71]이다. 당시 수많은 추노담과 군도담에서 확인할 수 있듯이 모든 이야기의 출발점이자 문제의 요인은 '가난'이다. 허생도 가난에서 벗어나려 갖은 방법을 시도했다가 결국 실패하고는 어디론가 떠나버린다. 그리고 수십 년 후, 월사는 오대산五臺山에 갔다가 대관령大關嶺에서 한 노인을 만나는데, 바로 허생이었다.

① 허생許生이 곤궁한 생활에서 벗어나려 부단히 노력한다.
② 월사月沙의 도움에도 매번 실패하고 허생이 집을 떠난다.
③ 월사가 오대산 대관령에서 부자가 된 허생을 다시 만난다.
④ 허생이 수많은 여자들과 결연하여 자식을 많이 낳았다.
⑤ 늘어난 노동력을 활용하여 농사를 지어 치부한 것이다.

허생은 월사를 자기 거처로 초치하여 치부 과정을 들려주는데, 누구도 생각지 못한 방법이라고 할 수 있다. 치부에 필요한 밑천이라든가, 경제활동에 필요한 능력도 갖추지 못한 그가 선택한 방법은 바로 노동력 생산이었다. 즉, 자신처럼 생활 근거지를 떠나 전국을

71 이는 작중作中 허생이 탄식하는 말에서 단적으로 드러난다. 그는 처음에 빌려간 말[馬]이 죽자 월사를 찾아와 "공께서는 필시 저를 살리려는데, 하늘은 필시 저를 죽이려고 하니, 어찌겠습니까?[公必欲活我 而天則必欲殺之 奈何]"라고 하며, 나중에 종[奴]마저 죽자 다시 찾아와 "이는 실로 하늘이 폐하신 바라 버틸 수도 없습니다. 공께서 비록 도와줄 방법을 찾더라도 또한 하늘에 어찌시겠습니까?[此實天之所廢 不可支也 公雖欲相念 亦於天何耶]"라고 말한다.

떠도는 유개流丐 여자들과 결연하여 자식을 많이 낳는 것으로, 수많은 여자와 자식들로 마을을 이루고 일손을 늘리기 위해 끊임없이 자식을 얻는다. 그렇게 빈손으로 고향을 떠났던 허생은 많은 식구를 거느린 가장이자 남부럽지 않은 부자가 되었다. 사람들이 말하는 것처럼 '사람마다 한 가지 능력은 있고, 모두 살아날 방도가 있다.[人有一能 皆可以爲生也]'고 하겠다.

이러한 치부 방법은 18세기 어느 야담에도 보이지 않는다.[72] 임매任邁는 평어에서 〈화식열전貨殖列傳〉에도 나오지 않는 치부법이라고 말하며, 허생이 타고난 생산 능력을 생계 수단으로 활용한 것은 '가난을 활용하여 부를 구한 것[用貧求富]'이자 '음란한 방중지사房中之事로 치부한 것[宣淫致富]'이기 때문에 제목을 '간부姦富'라 지었다고 한다.[73] 요컨대 허생은 남들처럼 농공상업에 종사하는 경제활동을 통해서가 아니라, 그 누구도 생각하거나 이행하지 않은 특별한 방식으로 자기 욕망을 실현했으며, 저자는 이를 흥미롭게 여기면서도 비정상적인 치부를 경계한 것이다.

〈간부〉와 달리 〈광작廣作〉에서 허공許珙 형제의 치부는 정상적인 방법으로 이루어진다. 3형제의 글공부를 뒷바라지 하던 부친이 돌아가시자, 3년상을 치르고 나서 허공은 형제들에게 살아갈 방도를

72 후대 『청구야담』에 실린 〈김공생취자수공업金貢生聚子授工業〉도 유사한 내용이다. 그러나 〈간부姦富〉에서 허생許生이 처음부터 치부 방법으로 자식을 많이 낳아 노동력에 의지했다면, 〈김공생취자수공업金貢生聚子授工業〉에서 김공생金貢生은 풍류와 호색으로 패가망신했다가, 이후 자기가 낳은 자식들을 모아 그 장점을 살려 생업에 종사토록 하여 치부했다는 점이 다르다.

73 『잡기고담』, 〈姦富〉. 貨殖傳所稱姦富者 乃掘塚姦治之類也 而古文以爲宣淫者 亦謂之姦 此宣以淫致富 故以姦富目之.

제시한다. 형과 아우는 예전처럼 과거 공부에 정진하고, 자신은 10년을 기약으로 경제활동을 하겠노라 약속한다. 그런데 무엇보다 관심을 끄는 것은 부인과 함께 집안사람들이 모두 10년간 죽만 먹기로 다짐한 것이다. 드디어 허공은 지금껏 양반으로서 입었던 의관을 벗고 간편한 복장으로 부지런히 일한다.[74] 또 친구가 찾아와도 집에 들이지 않고 울타리 밖에서 이야기를 나누다가 돌아가도록 만든다.[75] 여기서 그는 치부하기 위해 기존에 지녔던 생각과 외양을 완전히 바꾸고 경제활동에 전념하며, 잠깐의 시간도 낭비하지 않고 열심히 노동력을 제공한다.

광작廣作이란 18세기 이래 우리나라 농촌에 노동 생산성의 향상과 더불어 종래 지주地主들의 안일한 생활 방식과는 달리, 넓은 토지를 직접 경영하는 역농가力農家들의 증산增産 운동을 말하는 것으로, 이것을 토대로 하여 농촌에 많은 부자가 새로이 등장했다고 한다. 이야기 주인공 허공許珙은 바로 그러한 실례의 하나이며, 그가 담배를 심어 거기서 올린 소득도 중요하지만, 자신이 직접 피나는 노력으로 농사의 광작을 벌인 데 힘입은 바 크다 하겠다.[76] 허공 내외를 중심으로 일가족이 치산治産하는 과정을 서사 분절로 나타내면 다음과 같다.

① 여주驪州의 허생이 친지에게 구걸하여 3형제를 공부시킨다.

---

74 『동패락송』, 〈廣作〉. 許遂去衣冠 只以一衫一袴掩體 晝夜助役於紡績 或織席 或織簔額額度日.

75 『동패락송』, 〈廣作〉. 親知間有來訪者 則使坐籬外 已自房內遙語曰 今不可復責我以人禮 自外退去可也.

76 임형택, 『李朝漢文短篇集』 상上, 일조각, 2010. 12면 〈광작廣作〉 해설 인용.

② 허생의 3년상을 마치자 파산하여 형제가 생업을 의논한다.
③ 형과 아우는 학업을 계속하고, 허공은 거업을 포기한다.
④ 전재산을 털어 산 미역을 지인들의 면화綿花와 바꾼다.
⑤ 귀리를 사들여 10년간 귀리죽만 먹기로 굳게 약속한다.
⑥ 간편한 복장으로 부지런히 곡식 및 담배 농사를 짓는다.
⑦ 8년 만에 찾아온 형과 아우에게 귀리죽을 먹여 원망을 듣는다.
⑧ 이듬해 형과 아우가 과거에 합격하자, 잔치를 베풀고 독려한다.
⑨ 10년이 되자 만석꾼이 되어 형제를 맞아들일 준비를 한다.
⑩ 일가족이 모여 재산을 형제와 아내 몫으로 균등히 나눈다.
⑪ 허공이 한밤중에 통곡하고는 무과武科를 보기로 결심한다.
⑫ 급제 후 안악군수安岳郡守에 배수되나 아내가 죽어 포기한다.

그런데 허공許珙은 처음에 계획했던 근검절약을 혼자서 지키는 게 아니라 가끔 찾아오는 친구를 포함하여 8년 만에 찾아온 형제에게도 그 방법을 강요한다. 즉, ⑥에서는 찾아온 친구가 있어도 일하는 시간을 빼앗기지 않으려고 집밖에서 되돌려 보내며, ⑦에서는 약속한 10년을 채우지 않았다는 이유로 아내가 형제에게 대접하려 지어온 밥을 물려 다시 죽으로 만들어 오라고 한다. 또 ⑧에서는 소과小科에 합격한 형과 아우에게 딱 하루 잔치를 베풀어주고 절로 돌아가 다시 대과大科 준비를 하도록 권한다. 이러한 그의 태도는 친구와 형제들의 입장에서 보면 너무 인색하여 원망과 책망을 불러내기에 충분하다.

㉠ 간혹 찾아오는 친구가 있으면, 울타리 밖에 앉혀두고 자기는 방에서 멀찌감치 "이제 다시 나를 사람의 예절로 꾸짖지 말고, 그냥 밖에서 돌아가 주게."라고 말했다.[77]

㉡ 그 형이 성내어 꾸짖었다. "너의 부富가 몇 천 석인지 모르는 터에 8년 만에 재회한 동기간同氣間에 이미 해온 밥을 물리고 죽을 끓여오라 하니, 이게 사람의 도리냐?"[78]

㉢ 이튿날 광대들을 불러, "우리 형님과 동생이 집도 없이 절에서 걸식하는 것을 너희도 혹시 들었는지 모르겠구나. 오늘 당장 다시 산에 올라가 공부를 하셔야 하니, 너희가 머물러 있어도 무익無益하니라. 모름지기 오늘은 그만 파하고 돌아가거라." 하며 각기 100냥을 주어 보냈다.[79]

10년간 치산하리라던 그의 결심은 수차례 무너질 수도 있었다. ㉠에서 가까이 살던 친구가 한담閑談을 나누러 찾아오고, ㉡에서 오랜만에 집으로 찾아온 형제를 맞이하거나, ㉢에서 소과에 합격한 기쁨을 나누는 순간 등. 그러나 여유와 기쁨을 함께 할 사람들에게 허공은 도리어 매몰차게 대할 수밖에 없었다. 친구와 한가롭게 이야기를 나눌 시간에 자리를 짜고 도롱이를 엮어야 했으며, 형제들과 맛난 음식을 마주하고 잔치를 벌여야 마땅한 시간에 자신과의 약속을 지키고 형제들을 독려해야 했기 때문이다. 그로 인해 자칫 친구간 우정이나 형제간 우애가 틀어져 돌이키지 못할 수도 있었다. 그러나 인륜에 반하는 위험을 기꺼이 감수할 만큼 부富를 향한 그의 욕망은 맹목적이고 절대적인 것이었다.

77 『동패락송』, 〈廣作〉. 親知間有來訪者 則使坐籬外 己自房內遙語曰 今不可復責我以人禮 自外退去可也.

78 『동패락송』, 〈廣作〉. 其兄怒叱曰 汝富不知其幾千石 而重遇同氣於八年後 退其旣進之飯 更進一器粥 此豈人理乎.

79 『동패락송』, 〈廣作〉. 翌日招入才人 語之曰 吾兄吾弟之無家 乞食山寺之狀 汝或聞之矣 今日當復入山做工 汝輩淹留無益 須以今日罷去矣 各給百金而送之.

이처럼 굳은 약속과 모진 마음이 없었다면 허공은 10년이 지나도 부자가 되지 못했을 테고, 결국 3형제가 부귀영화를 누릴 기회도 없었을 것이다. 여기서 허공은 수많은 부자들이 그랬던 것처럼 촌각寸刻을 아껴 부지런히 일하고, 쌀 한 톨도 허투루 먹지 않으며 목표했던 기한을 채움으로써 거부巨富가 되었다. 그런데 경제력을 모두 잃고 파산한 허울뿐인 양반이 의관衣冠을 벗어던진 채 노동 현장에 뛰어든 것은 치산治産으로 치부致富하려는 욕망 때문이었으며, 이는 당대 경제에 대한 인식 변화와 그에 따른 적극적인 사회 활동을 대변한다. 따라서 18세기 치부담은 욕망을 긍정하는 주체와 이후 변화하는 시대를 전망할 수 있는 이야기라고 할 수 있다.

그런데 앞서 〈간부〉에서 허생이 수많은 여자와 결연하고 끊임없이 자식을 낳아 노동력을 재생산함으로써 부자가 되었던 것과 달리, 10년간 부부가 다른 방에서 거처하며 자식을 낳지 않음으로써 식구를 줄여 치부한 경우도 있다. 후대 〈영산업부부이방營産業夫婦異房〉은 김생金生 내외가 혼인하고 첫날밤을 지낸 이후로 각방을 쓰며 산아産兒를 방기하여 성공적으로 거부가 된 이야기를 담아낸다. 젊은 내외가 부부생활을 하지 않는 것은 거의 불가능해 보이며, 다소 극단적인 방법임이 분명하다. 그럼에도 부를 추구하는 당시 사람들의 집념이 금욕禁慾보다 훨씬 강했음을 보여주는 사례다. 게다가 남다른 방법으로 치부를 제안한 사람이 아내이고, 남편이 그것에 적극 동참하는 모습[80]이 놀랍다.

80 『청구야담』, 〈營産業夫婦異房〉. 其妻語其夫曰 自今日 必塞上間房門也 盖三間屋子 而其上房門 則有上下間相通門故也 生曰 何謂也 曰 吾夫婦兩窮相合同寢則自然生産 若今年生子 明年生女 子孫之樂 好則好矣 這間食口之添 疾病

① 상주尙州에 사는 김생金生이 저축하여 스물여섯에 장가든다.
② 아내가 첫날밤을 지낸 다음날 10년간 각방을 쓰자고 제의한다.
③ 부부가 뒤안에 구덩이를 파고 이웃머슴들에게 개똥을 부탁한다.
④ 구덩이를 개똥으로 메우고 봄보리를 파종하여 풍작을 거둔다.
⑤ 이어 담배를 심는 등 부부가 6-7년간 농사에 전념한다.
⑥ 전곡錢穀이 집에 가득해도 여전히 죽으로 끼니를 삼는다.
⑦ 10년을 하루 앞두고 김생이 밥을 먹자 했다가 책망을 듣는다.
⑧ 10년 후 갑부가 되었으나, 부부가 자식을 낳을 희망이 없다.
⑨ 동성同姓 아들로 후사를 삼고, 이후 자손이 번성해진다.

〈영산업부부이방營産業夫婦異房〉은 〈광작〉과 나란히 놓고 볼 때, 치부를 위한 기한이 10년이라는 사실과 내외가 부지런히 농사에 전념한 경제활동 모습이 동일하다. 특히, 10년을 채우는 하루 전날까지도 생활 방식을 고치지 않은 점[81]에서 허공이 형제들과 갈등을 빚으면서까지 애초 다짐을 고수한 것과 상통한다. 게다가 김생은 〈간부〉의 허생이나 〈광작〉의 허공처럼 소원하고 욕망하던 부를 이루었지만, 허생과 달리 불행히도 자식을 낳지 못하는 처지가 되어 결국 양자養子를 들인다. 이 모든 상황이 조선 후기에 벌어진 일임을 감안할 때, 허공은 양반으로서 과거를 포기했으며, 김생은 젊은이로서

之苦 其所損財 當何如哉 君處上房而裀履 吾處下房而織紝 以十年爲限 日喫一器粥 以成家如何 生善其言 遂塞其門.

81 〈광작廣作〉에서는 8년 만에 집으로 찾아온 형제들에게 허공의 아내가 밥을 차려 내오자, 허공이 다시 물리고 죽을 끓여오라고 하여 형제의 원망을 듣는다. 또 〈영치산부부이방營産業夫婦異房〉에서는 김생이 10년을 하루 앞두고 아내에게 죽 대신 밥을 먹자고 했다가 아내의 책망을 듣는다. 이처럼 허공과 김생 내외는 10년간 죽으로 끼니를 삼으며 근검절약하는 생활방식을 끝까지 고수한다.

부부생활과 함께 자식마저 얻지 못했다. 그럼에도 부를 향한 욕망은 모든 등장인물들에게 최우선 순위에 놓일 수밖에 없었다.

이상으로 〈간부姦富〉에서는 가난을 벗어나지 못하던 허생許生이 유개流丐에서 여자들을 취하고 자식을 많이 낳아 생산력을 증가시킴으로써 부를 축적한다. 또 〈광작廣作〉에서는 허공許珙이 10년 기약으로 치산治産을 계획하여 근검절약하며 농사를 지어 거부巨富가 된다. 반면에 〈영산업부부이방營産業夫婦異房〉에서는 김생金生 내외가 부부생활을 포기하고 농사에 전념하여 10년 만에 부자가 된다. 이밖에도 당시 수많은 야담에는 부자가 된 사람들의 이야기가 실려 있으며, 그들이 각양각색으로 치부하는 모습이 상세히 묘사되어 있다. 18세기에 돈은 새로운 가치 기준으로 떠올랐으며, 치부는 당대인들 누구나 추구하는 가치 이념으로 자리 잡았다. 그리고 야담 속 인물들은 주어진 상황에서 가장 적절하고 현실적인 방법으로 치부라는 욕망을 실현한다. 이는 유교에서 금기시하는 인간의 욕망을 긍정하고, 또 자기 욕망을 추구하는 주체가 후대로 계승되어 꾸준히 서사에 등장하는 점에서 시대를 전망할 수 있는 주제라고 하겠다.

제5장

결어 : 18세기 야담의 문학사적 위상

야담野談은 조선 후기 고유한 서사 양식으로, 민간에 유전되던 이야기가 문학적으로 정착된 것이다. 조선 후기는 야담의 태동기이자 번성기다. 야담의 산생과 성과는 조선 후기의 역사적 변화에 따른 사회 문화적 분위기의 반영이기도 하며, 한편으로는 서사 문학에 대한 새로운 욕구가 뒷받침되었기에 가능하였다. 그런 점에서 야담은 시대 흐름에 맞물려 새롭고 흥미로운 이야기가 널리 구연되거나, 견문한 것을 토대로 성립하였다. 조선 후기 일부 문인들은 흥미로운 구연물과 직접 견문한 이야기를 채록하여 기왕의 서사 취향趣向과 특장特長을 창신創新하여 야담집野談集을 엮었다.

야담은 17세기 유몽인柳夢寅의 『어우야담於于野談』에서 그 단초를 보이다가 임방任埅의 『천예록天倪錄』에서 본격적인 야담집 형태를 갖추었다. 이어 박양한朴亮漢의 『매옹한록梅翁閒錄』을 거쳐 18세기에 오면 신돈복辛敦復의 『학산한언鶴山閑言』, 임매任邁의 『잡기고담雜記古談』, 노명흠盧命欽의 『동패락송東稗洛誦』, 안석경安錫儆의 『삽교만록霅橋漫錄』 등으로 발전하였다. 그리고 18세기의 성과를 이어 19세기에는 이희평李羲平의 『계서잡록溪西雜錄』, 이희준

李義準의 『계서야담溪西野談』과 이현기李玄綺의 『기리총화綺里叢話』가 나왔으며, 또한 19세기에는 작자 미상의 『청구야담靑邱野談』, 이원명李源命의 『동야휘집東野彙輯』으로 이어지다가 점차 쇠퇴하였다.

본 책은 조선 후기 중 18세기 야담의 문학적 특징과 문학사적 위상을 밝히고자 하였다. 이를 위해 『잡기고담』, 『동패락송』, 『삽교만록』, 『학산한언』을 텍스트로 삼아 논지를 전개하였다. 18세기에 산생된 이 4종의 야담집은 한문 서사가 가장 왕성하게 꽃피던 시기의 성과물이기도 하며, 대체로 구비 전승된 것이 완정한 서사 작품으로 정착된 경우가 많았다. 이러한 야담은 18세기에 정치·경제·사회·문화적으로 변화하는 시대적인 분위기, 민중의 다기多岐해진 의식·욕구·가치·경험에 새로운 서사 양식을 지향하는 지식층의 관심·이념·활동이 분화分化 착종錯綜되는 과정에서 생겨난 결과물이다.

이는 본 책에서 18세기 야담 연구와 특히 『잡기고담』, 『동패락송』, 『삽교만록』, 『학산한언』 4종의 야담집에 주목한 근거이기도 하다. 이들 4종의 야담집 저자들은 동시대 야담을 소통 공유했을 가능성은 있지만, 『학산한언』에서 신돈복이 임정원任鼎元[任邁의 부친]에게 전해들은 이야기[82]를 제외하면 저자들 간에 직접적인 교유나 견문은 없었다는 점에서 4종의 야담집은 모두 독립적으로 성립한 것으로 보인다.

82 신돈복은 〈이광호李光浩와 신선술〉 이야기를 임정원任鼎元에게 들었다고 했는데, 이광호는 임방任埅의 고모부라고 밝혀 두었다. 또 〈신선 김세휴金世庥〉 이야기를 임정원에게 처음 듣고, 이후 권예權禰에게 자세히 들었다고 한 기록도 보인다.

무엇보다 18세기 야담의 성과는 이들 4종의 야담집에 전승된 전대 야담 작품을 보면 확실해진다. 예컨대 유몽인의 『어우야담』은 최초의 야담집으로 불리며 잡다한 내용을 담고 있지만, 사대부 일화 중심의 필기筆記와 초기 야담의 서사가 혼재된 작품집이며, 기본적으로 필기적인 성격을 지향한다. 게다가 『어우야담』 소재 작품은 18세기 야담집에 전승된 경우가 극히 드물고, 비교적 널리 알려진 인물의 일화를 중심으로 구성되었다.

이에 반해 임방의 『천예록』은 전란에 관련된 비현실적이고 환상적인 내용의 신이담 위주로 엮어져 주제 및 소재의 다양성이 부족하다고 평가되며, 18세기 4종의 야담집에 전승된 작품도 많지 않다. 이러한 평가는 4종의 야담집이 당대에 새롭게 창작된 야담으로 채워진 작품집임을 반증한다.

요컨대 18세기 『잡기고담』, 『동패락송』, 『삽교만록』, 『학산학언』은 조선 후기 시대상과 사회상 및 인물상을 고스란히 담아낸, 완정한 서사적 면모를 갖춘 야담집이다. 즉, 당대 사회와 인물을 반영하는 여러 가지 화소話素로 서사화된 야담에서 저자는 구연 현장의 분위기를 최대한 살려 근원 이야기를 기술하고, 간혹 제목이나 평어를 붙이는 등으로 작가 의식을 표출했으며, 대화체를 활용하거나 서사에 개입하는 것은 물론 액자식 구성과 옴니버스 형식 등으로 서사를 구성했다.

조선 후기 서사가 사실 기록에서 허구 지향으로 점차 나아가고, 또 야담이 구연과 기록의 조화로 구성된 장르라는 점을 감안한다면, 18세기 4종의 야담집에 보이는 다양한 서사 구성 및 전개 방식은 18세기 야단의 특징을 고스란히 보여준다. 요컨대 이들 야담집은 사실에 해당하는 근원 이야기가 구연으로 향유되다가, 이후 기록화 하는 과정에서 다양한 서사 수법을 활용하여 정착된 것이다. 이는 사실과 허구 또는 구연과·기록을 작품에 그대로 재현하려는 작가 의식의 소산所産이며, 나아가 이야기를 보다 흥미롭게 전달하려는 목적에서 시도된 서사 구현 방식이라고 할 수 있다.

앞서 논의한 내용을 바탕으로 4종의 야담집에서 보이는 서사 전략과 그 성과를 정리하면 다음과 같다.

첫째, 18세기 야담은 전대 양식을 수용하여 '고담古談'과 '전기傳奇'를 인용하거나 '전傳'을 활용하였다. 그 과정에서 서사를 변개시키고 이야기의 사실성 여부 및 평가를 첨부하여 작가 의식을 표출했다. 이를테면, 야담 저자는 전대 양식을 수용하면서도 서사 주체를 인물에서 사건으로 바꾸어 서사를 새롭게 변개시키고 이야기의 사실 여부 및 평가에 주목한 것이다. 『학산한언』은 전傳에서 인물 중심의 인정기술과 서사를 활용하여 사건 중심의 서사로 변화시키고, 전에서 인물에 대한 긍정적 논의와 칭찬 위주의 논찬을 활용하여 사건의 사실성 여부와 견문한 세인들의 평가로 확대시켰다. 『학산한언』의 저자 신돈복은 야담에 전 양식을 활용하면서도 모방에 그치지 않고 창조로 나아간 것이다.

둘째, 18세기 야담은 구연에서 얻어진 '근원 이야기'와 기록에서 생겨난 '평어'로 구성되었다. 이를테면, 18세기 야담은 구연 현장의 분위기와 흔적을 고스란히 담은 민간의 이야기에 저자의 평가가 다양한 방식으로 더해져 구연과 기록이 교직交織하는 서사체로 완성된 것이다. 야담 저자는 이야기를 채록하며 서사 전개 과정에 사실감과 긴밀도를 높이고, 거기에 자신은 물론 제3자의 평가를 덧붙여

기존의 이야기를 새롭게 만든 바 있다. 특히,『잡기고담』의 저자 임매는 평어를 통해 작품을 이해하는 새로운 관점을 독자에게 제시하였다. 이처럼 18세기 야담은 근원 이야기에 평어가 부록되면서 구연과 기록을 넘나드는 가운데 서사 내용을 풍부하게 하는 한편, 서사 영역을 확대시켰다.

셋째, 18세기 야담은 대화체와 속담 인용 및 서술자 개입 그리고 액자식 구성과 옴니버스 형식을 활용하였다. 야담 저자는 민간에 떠돌던 흥미로운 이야기를 어떻게 하면 새롭고 재미있고 설득력 있는 서사체로 완성시킬지 고민했다. 그리고 풍부한 문학적 재량과 기술적 장치를 동원하여 더욱 다채로운 이야기를 다양한 구성 방식에 담아냈다. 노명흠은『동패락송』에서 액자식 구성에 역행적 서술 방식을 구사하였다. 이때 야담 속 사건은 모두 남녀 주인공의 상호 신뢰를 바탕으로 이루어지며, 그 신뢰는 진심어린 대화와 편지로써 생성되고, 상호 소통과 공감을 거쳐 더욱 견고해졌으며, 절망과 위기를 극복하고 행복한 결말을 맺는 방식으로 전개되었다.

넷째, 18세기 야담의 유사 화소 교착 현상은 안석경의『삽교만록』을 비롯한 야담집에서 두루 보인다. 이는 야담 저자가 민간에 유행하던 서로 다른 이야기를 교차 또는 접목시켜 새롭게 만든 결과이다. 특히, 안석경은 당시 민간에 유행하던 유사한 화소를 또 다른 이야기에 뒤섞기도 하고 붙이기도 하는 등 새로운 서사 형태로 변개시켰다. 18세기 야담에서 보이는 유사 화소 교착 현상은 또 다른 이야기로 서사 범주를 확장시키며 다양하고 새로운 이야기를 양산했다. 이를 통해 인물과 소재가 새롭게 조화되면서 역동적인 서사를 만들고, 유사한 화소가 다양한 형태로 변개되어 또 다른 작품으로 탄생되고 여러 야담집에 전재된 것이다.

요컨대 야담은 조선 후기 다채로운 서사 형태로 창작 향유되면서 중요한 성과를 낸 작품집들이 산생되었다. 이 시기 야담은 다른 서사와 달리 구연 현장에서 자유롭고 흥미롭게 청중에게 들려주던 것을 뛰어 넘어 기록 과정에서 저자의 문학적 역량이 더해지면서 역동적인 서사로 바뀌었다. 특히, 18세기 야담은 전대에 비해 남다른 작가 의식과 서사 인식을 지닌 저자들에 의해 다양한 구성 방식으로 서사화 되어 작품집에 정착되었다. 18세기 야담은 전대 양식을 활용하면서도 모방에 그치지 않고 창조로 나아갔으며, 구연과 기록이라는 양면을 넘나들며 서사를 확장시키고, 특출한 서사 의식과 다양한 서사 구성으로 소통과 공유를 의도하였으며, 인물과 소재를 새롭게 배치함으로써 화소의 교착과 변개를 통해 새롭고 역동적인 서사를 완성하였다.

그러면 이러한 서사 구현 방식을 통해 야담 저자가 작품 속에 담아내려는 주제는 무엇일까? 조선 후기는 임병양란壬丙兩亂의 후유증을 극복하고 차츰 안정을 되찾아가는 한편 체제 모순을 함께 드러낸 시기였다. 이러한 사회적 국면에서 돈의 가치가 인정되고 활발한 경제 활동으로 일반 민民들이 치부하여 경제적 부를 누리는가 하면, 사대부들이 몰락하여 일반 민과 같은 경제적 처지가 되기도 하는 등 빈부貧富의 양상이 뚜렷하게 드러난 시기였다. 게다가 사회 경제적으로 가치관 변화에 따른 신분제도 균열 등 변동이 일어났으며, 문학적으로 다양한 서사가 발전하거나 교섭하기도 하며, 한편으로 야담이라는 새로운 서사 장르가 출현하였다. 무엇보다 18세기 야담은 변화하는 시대상을 반영하고 다채로운 인물상을 등장시키며, 저자는 남다른 주제 의식으로 생동하는 이야기를 양산한 바 있다.

18세기 주요 야담 작품의 후대 전승 과정을 중심으로 주제 구현과 그 형상화 양상을 정리하면 다음과 같다.

첫째, 18세기 야담에는 여성 주인공이 대두되고 문제적 여성 인물 형상이 담겨 있다. 예컨대『잡기고담』소재 작품에 등장하는 여성 주인공들은 망설임 없이 자기 생각과 느낌을 말하고, 사건의 중심에서 적극적인 몸짓과 과감한 행동으로 그것을 확인시켜준다. 이는 전대 및 후대 야담집에서 전승 사례를 찾아볼 수 없으며, 여성들의 행위가 구체적으로 기술되어 서사에 현장감과 생동감을 부여한다. 게다가 18세기 애정담이나 생활담 속 여성들은 자의식이 강하고 독립적인 인물로, 남성들 못지않은 용기와 지략을 겸비하고, 자기 욕망을 적극적으로 표현하며, 자기 운명을 스스로 개척하는 동시에 부조리한 권력과 남성 중심의 사회에 항거한다. 이러한 문제적 여성 인물의 모습은 구체적인 묘사와 사실적인 표현으로 생동하는 인물상을 빚어내며 현실 비판의 목소리를 높인다.

둘째, 18세기 야담에는 정체성 혼란과 체제 모순을 포착한 이야기가 많다. 예컨대 추노 과정에서 가난한 주인과 도망친 반노叛奴가 대립하거나 가난 때문에 자의반타의반으로 도적이 된 선비가 등장하는 등 세태를 담아낸 작품이 집중 수록된 것이다. 이러한 양상은 추노 및 군도가 18세기를 전후하여 발생되었음을 반증한다. 특히, 추노담은 18세기 야담에 처음 등장하며, 온전한 서사체로 만들어져 어려운 시대상과 혼란한 사회상을 반영한다. 그러나 후대 야담집에는 거의 보이지 않으며, 실린 작품들은 서사 형태도 온전하지 않고, 의미도 희석되었다. 반면에 군도담은 돈의 가치가 점차 확대되는 가운데 18세기 야담에 처음 등장한 이래 다채롭게 변개되어 후대 야담집에 실려 전한다. 또한 체제 모순을 포착하여 서사화하는 과정에 긍정적, 부정적, 유보적인 복수複數의 시선이 교차하는 방식으로 인정과 세태의 변화를 고스란히 담아내며 흥미롭게 주제를 형상화한다.

셋째, 18세기 야담은 유교 이념을 대상화하면서 엄숙을 지양한다. 역사적 사실과 야담적 허구가 길항拮抗하는 가운데 특히, 사실에 근거하여 전개되는 근원 이야기에 허구 서사가 개입됨으로써 강화된 서사 형태와 주제 구현 양상을 보여준다. 예컨대 '이경류李慶流 이야기'에서는 실존 인물의 혼령을 등장시켜 '충효'와 '가족애'를 강조하고, '이장곤李長坤 이야기'에서는 유명인에 관련된 버들잎 등 상징적인 요소를 삽입하여 여성의 '지혜'와 '현숙함'을 증명하고, '이완李浣 이야기'에서는 특정 사건을 내세워 주인공의 호협한 기상과 용감한 태도 등 '영웅'과 '호걸'로서 이미지를 표방한다. 그렇게 함으로써 유교적 엄숙주의에서 벗어나 자유롭고 다양한 방식으로 주제를 제시한다. 즉, 사실에서 출발한 전대 야담은 18세기에 허구가 틈입闖入되고 관습적 표현이 활용되면서 등장인물을 부각시키고 서사 지평을 넓혔다. 그러나 후대에는 유사한 형태로 전승되면서도 주제가 너무 가볍거나 무거운 방식으로 형상화되는 경향이 짙어졌다.

넷째, 18세기 야담은 욕망하는 주체를 포착하고, 이를 작품화하는 과정에서 욕망을 긍정하고 시대를 전망한다. 여기에 활용되는 관습 표현은 간혹 야담의 흥미를 배가시키는 긍정적인 효과를 거두기도 한다. 예컨대 연애담과 치부담을 통해 사랑과 정욕 및 돈에 대한 욕망을 긍정적으로 인식하고, 새로운 삶의 방식과 더불어 그것을 확산시킨다. 즉, 성적으로 건강하고 생기발랄한 여성이 적극적으로 상대를 유혹하는 모습을 흥미롭게 표현하는데, 구체적인 묘사와 사실적인 표현으로 욕망하는 주체를 생동하게 빚어낸다. 또 당시 돈이 새로운 가치 기준으로 떠오르고, 치부가 사람들의 최고 가치 이념으로 자리 잡은 것에 주목하여 부자가 된 사람들이 각양각색으로 치부하는 모습을 담아낸다. 등장인물들은 주어진 상황에서 가장 적절하고 현실적인 방법으로 치부라는 욕망을 실현한다. 여기서 저자는 서사 주체의 욕망을 긍정하고, 그를 통해 다가오는 시대를 전망할 수 있도록 유도한다.

요컨대 18세기 야담은 후대와 비교할 때, 인물・사건・배경 측면에서도 차이를 보인다. 특히, 주요 작품에서 문제적 인물이 대두되는 동시에 자의식을 지니고 주체적으로 행동하는 여성 인물 형상이 다수 등장하며, 이들은 불합리한 사회제도에 대한 저자의 비판 의식을 대변한다. 또 돈의 가치가 부각되고 경제관념이 바뀌면서 정체성 혼란과 체제 모순 등 세태를 반영하는 사건들을 담은 작품을 집중 수록한다. 그리고 엄중한 유교 이념을 내세운 주제방식도 허구를 섞어 사실과 교직함으로써 경쾌한 방향으로 유도한다. 또 욕망하는 주체를 흥미롭게 표현하고 긍정적 인식을 확산시키는 데 일조한다.

이상으로 살펴본 18세기 야담은 당대의 인정人情과 세태世態를 아우르는 여러 화소를 통해 뛰어난 서사체로 엮어졌으며, 남다른 작가 의식을 지닌 저자들에 의해 다채로운 서사 방식으로 흥미롭고 가치 있는 주제를 작품에 담아냈다. 이는 전대 및 후대 야담과 비교할 때 더욱 부각되는 특징이다. 18세기 4종의 야담집 소재 야담은 전대前代의 계보系譜를 이어 흥미로운 구연 형태로서 당대에 향유되다가 그 전통을 다양하게 후대 야담집에 승계承繼시켰다. 이처럼 두드러진 문학 특징과 문학사적 성과로 인해 18세기 야담은 조선 후기 서사 문학의 정점頂點에 위치하며, 특히 『잡기고담』, 『동패락송』, 『삽교만록』, 『학산한언』은 조선 후기 최고의 야담을 수록한 작품집으로 평가할 수 있다.

그럼에도 본 책에서 연구 대상으로 한 『잡기고담』, 『동패락송』, 『삽교만록』, 『학산한언』은 18세기 야담이라는 범주를 모두 포괄하지 못하므로 그 총체적 성격을 파악할 수 없다는 한계를 지닌다. 다만 전대 작품이 야담의 단초를 보여준 데 불과했다면, 18세기에 비로소 본격적인 야담의 면모와 특성을 지니게 되었으며, 그 변별 지점에 4종의 야담집이 위치한다는 것에 연구의 의미를 두고자 한다. 아울러 구연에 의지한 18세기 야담은 문헌으로 19세기에 전승되어 더욱 폭넓은 향유층을 확보했으며, 그에 따라 18세기 자저自著 형태에 이어 19세기에는 편저編著 형태의 야담집이 풍부하게 엮어졌다.

참고문헌

1. 원전 자료

柳夢寅, 『於于野談』, 만종재본(유제한 편, 5권 1책 활판본, 1964년 간행)

任 埅, 『天倪錄』, 일본 천리대 소장 영인본

(정명기 편, 『韓國野談資料集成』 Ⅷ, 계명문화사, 1995.)

任 邁, 『雜記古談』, 일본 천리대 소장 영인본

(정명기 편, 『韓國野談資料集成』 Ⅻ, 계명문화사, 1995.)

盧命欽, 『東稗洛誦』, 일본 동양문고 소장 영인본

(이우성 편, 『栖碧外史海外蒐佚本』 권26, 아세아문화사, 1990.)

安錫儆, 『霅橋漫錄』, 일본 동양문고 소장 영인본

(이우성 편, 『栖碧外史海外蒐佚本』 권7, 아세아문화사, 1990.)

辛敦復, 『鶴山閑言』, 한국학중앙연구원 장서각 소장 필사본

朴亮漢, 『梅翁閒錄』, 일본 천리대 소장 영인본

(정명기 편, 『韓國野談資料集成』 Ⅶ, 계명문화사, 1995.)

沈 錥, 『松泉筆談』, 서울대 규장각 소장 영인본

李羲平, 『溪西雜錄』, 서울대 규장각 소장 영인본

(정명기 편, 『韓國野談資料集成』 Ⅴ, 계명문화사, 1995.)

李羲準, 『溪西野談』, 성균관대 소장 필사본

李玄綺, 『綺里叢話』, 임형택 교수 소장 필사본

작자 미상, 『青邱野談』, 미국 버클리대 극동도서관 소장 영인본

(이우성 편, 『栖碧外史海外蒐佚本』 권28/29, 아세아문화사, 1990.)

______, 『青邱野談』, 서울대 규장각 소장 한글 필사본

李源命, 『東野彙輯』, 서울대 규장각 가람문고 소장 영인본

박용식/소재영 편, 『韓國野談史話集成』(전 5권), 도서출판 태동, 1989.

이우성 편, 『栖碧外史海外蒐佚本』(전 30권), 아세아문화사, 1990.

정명기 편, 『韓國野談資料集成』(전 12권), 계명문화사, 1995.

2. 단행본

노명흠 저, 김동욱 역, 『국역 동패락송』(전 2권), 보고사, 2012.
신돈복 저, 김동욱 역, 『국역 학산한언』(전 2권), 보고사, 2007.
심 재 저, 신익철 외 역, 『교감역주 송천필담』, 보고사, 2009.
유몽인 저, 신익철 외 역, 『어우야담』(전 2권), 돌베개, 2006.
이우성/임형택 역편, 『李朝漢文短篇集』(전 3권), 일조각, 2010.
임 방 저, 정환국 역, 『교감역주 천예록』, 성균관대학교 출판부, 2005.
임형택 역편, 『한문서사의 영토』(전 2권), 태학사, 2012.
작자 미상, 김동욱/정명기 공역, 『청구야담』(전 2권), 교문사, 1996.
조수삼 저, 안대회 역, 『秋齋紀異』, 한겨레출판, 2010.

간호윤, 『韓國 古小說批評 研究』, 경인문화사, 2002.
박희병, 『한국고전 인물전 연구』, 한길사, 1992.
______, 『韓國傳奇小說의 美學』, 돌베개, 1997.
신희성/조성준, 『문학용어사전』, 도서출판 청어, 2001.
이강옥, 『조선시대 일화 연구』, 태학사, 1998.
______, 『한국 야담 연구』, 돌베개, 2006.
이병찬, 『동야휘집 연구』, 보고사, 2005.
임완혁, 『구연 전통과 서사』, 태학사, 2008.
임형택, 『韓國文學史의 視覺』, 창작과 비평사, 1987.
______, 『우리 고전을 찾아서』, 한길사, 2007.
정명기 편, 『야담문학연구의 현단계』(전 3권), 보고사, 2001.

로버트 숄츠/켈로그 저, 임병권 역, 『서사의 본질』, 예림기획, 2001.
루쉰 저, 조관희 역주, 『중국소설사』, 소명출판, 2004.
류샤오펑 저, 조미원 외 역, 『역사에서 허구로』, 길, 2001.
미케 발 저, 한용환/강덕화 역, 『서사란 무엇인가』, 문예출판사, 1999.
제랄드 프랭스 저, 최상규 역, 『서사학이란 무엇인가』, 예림기획, 1999.

3. 학위 논문

김동석, 「『東稗洛誦』 研究」, 성균관대 석사학위논문, 1991.
김성조, 「계서야담계 연구」, 고려대 박사학위논문, 1991.

남궁윤, 「『天倪錄』과 『東稗洛誦』의 비교 연구–초기 야담의 서사화 방식에 주목하여」, 동국대 석사학위논문, 2009.

신상필, 「筆記의 敍事化 樣相에 관한 硏究–『慵齋叢話』와 『於于野談』을 중심으로」, 성균관대 박사학위논문, 2004.

유민숙, 「신돈복의 『鶴山閑言』 연구」, 충남대 석사학위논문, 2013.

윤세순, 「동야휘집의 성격 고찰」, 성균관대 석사학위논문, 1991.

이경우, 「『於于野談』 연구」, 서울대 석사학위논문, 1986.

______, 「초기야담의 문학성에 관한 연구–『於于野談』을 중심으로」, 서울대 박사학위논문, 1991.

이명학, 「『雪橋漫錄』 연구」, 성균관대 석사학위논문, 1982.

이승현, 「『綺里叢話』 연구」, 성균관대 석사학위논문, 2009.

이신성, 「이조 후기 한문단편의 연구」, 동아대 석사학위논문, 1975.

______, 「『天倪錄』 연구」, 동아대 박사학위논문, 1993.

이현주, 「『天倪錄』 所載 神異談의 서사와 미적 특질」, 성균관대 석사학위논문, 2005.

임완혁, 「文獻傳承에 의한 野譚의 變貌 樣相–『東稗洛誦』과 『溪西野譚』, 『靑邱野譚』, 『東野彙輯』의 관계를 중심으로」, 성균관대 박사학위논문, 1997.

장진숙, 「야담 서사변개의 사회문화적 맥락과 의미」, 인하대 박사학위논문, 2013.

정명기, 「야담의 변이 양상과 의미 연구」, 연세대 박사학위논문, 1988.

황형주, 「군도 이야기 연구」, 성균관대 석사학위논문, 1992.

4. 연구 논문

강혜규, 「삽교만록 안석경의 〈검녀〉 연구–女俠敍事 전통의 계승과 수용」, 『한국한문학연구』 제41권, 한국한문학회, 2008.

김상조, 「계서야담계의 문헌 수용 양상」, 『계서야담계 연구』, 한국문학도서관, 1991.

______, 「『鶴山閑言』 연구」, 『국문학보』 제13집, 제주대 국문과, 1995.

김영진, 「조선후기 사대부의 野談 創作과 享有의 一樣相–盧命欽·盧兢 父子와 豊山 洪鳳漢家와의 관계를 中心으로」, 『어문논집』 제37집, 고려대 국어국문학연구회, 1998.

______, 「兪晩柱의 한문단편과 記事文에 대한 일고찰–조선후기 京華老論 문인의 문예취향의 한 단면」, 『대동한문학』 제13집, 대동한문학회, 2000.

김준형, 「천예록 원형재구와 향유양상 일고」, 『한국한문학연구』, 제37권, 한국한문학회, 2006.

______, 「사실의 기록과 야담의 진실성」, 『동방한문학』 제39집, 동방한문학회, 2009.
박희병, 「朝鮮後期 野談系 漢文短篇小說 樣式의 成立」, 『한국학보』 제2집, 한국학회, 1981.
______, 「異人說話와 神仙傳(Ⅰ)－說話・野談・小說과 傳 장르의 관련양상의 해명을 위해」, 『한국학보』 제14권 4호, 일지사(한국학보), 1988.
______, 「異人說話와 神仙傳(Ⅱ)－說話・野談・小說과 傳 장르의 관련양상의 해명을 위해」, 『한국학보』 제15권 2호, 일지사(한국학보), 1989.
서경희, 「한문단편에 나타난 이조후기 여성상－〈朝報〉를 중심으로」, 『한국한문학연구』 제3권, 한국한문학회, 1978.
심경호, 「한문단편에 반영된 客主의 상업활동」, 『우전 신호열선생 고희기념논총』, 창작과 비평사, 1983.
윤세순, 「조선후기 한문단편의 세계」, 『새 민족문학사 강좌』, 창비, 2009.
윤지훈, 「18세기 筆記의 一樣相 考察－『雪橋漫錄』을 중심으로」, 『동방한문학』 제32집, 동방한문학회, 2007.
이강옥, 「초기 야담집 『鶴山閑言』의 서사 지향 연구－현실 지향과 비현실 지향」, 『구비문학연구』 제17호, 한국구비문학회, 2003.
______, 「야담에 나타나는 여성 정욕의 실현과 서술 방식」, 『한국고전여성문학연구』 제16권, 한국고전여성문학회, 2008.
______, 「야담의 전개와 경화세족」, 『국문학연구』 제21호, 국문학회, 2010.
______, 「야담집에서 이경류 이야기의 전개와 그 의미」, 『한국문학논총』 제61집, 한국문학회, 2012.
이명학, 「한문단편 작가의 연구－安錫儆의 경우」, 『이조후기 한문학의 재조명』, 창작과 비평사, 1983.
이수자, 「설화에 나타난 '버들잎 화소'의 서사적 기능과 의의」, 『구비문학 연구』 제2집, 한국구비문학회, 1995.
이신성, 「〈一朶紅 이야기〉의 전개양상과 그 의미」, 『한국한문학연구』 제14권, 한국한문학회, 1991.
이채경, 「〈崔陟傳〉에서의 동아시아 인식－배경 및 형상화를 중심으로」, 『국제언어문학』 제18호, 국제언어문학회, 2008.
______, 「야담집 소재 신라 및 경주 이야기 연구－『天倪錄』, 『雜記古談』, 『東稗洛誦』을 중심으로」, 『신라문화』 제41집, 동국대학교 신라문화연구소, 2013.
______, 「『雜記古談』 서사 연구－서사 구도 및 유형을 중심으로」, 『동방학』 제27집, 한서대학교 동양고전연구소, 2013.

이헌홍, 「문헌 소재 송사설화의 유형과 의미」, 『야담문학연구의 현단계』 1, 보고사, 2001.

임완혁, 「筆記에서 事實의 意味－『鶴山閑言』을 통해 본」, 『동방한문학』 제39집, 동방한문학회, 2009.

______, 「조선후기 현실과 야담」, 『대동한문학』 제35집, 대동한문학회, 2011.

임형택, 「漢文短篇의 形成過程에서의 講談師－許生故事와 尹映」, 『창작과 비평』 49, 창작과 비평사, 1978.

______, 「『東稗洛誦』 연구－야담의 기록화과정과 한문단편의 성립」, 『한국한문학연구』 제23집, 한국한문학회, 1999.

______, 「18・9세기 '이야기꾼'과 小說의 發達」, 『韓國學論集』 2, 계명대학교 한국학연구소, 1975.

______, 「『東稗洛誦』 해제」, 『東稗洛誦外 五種』, 아세아문화사, 1990.

정명기, 「奴-主의 어울림과 맞섬」, 『한국언어문학』 제21권, 1982.

______, 「『東稗洛誦』 연구」, 『원광한문학』 제4집, 원광한문학회, 1991.

정인혁, 「〈劍僧傳〉 서술자의 정체성 연구」, 『한국고전연구』 제16집, 한국고전연구학회, 2007.

______, 「主-奴 상호이해형 推奴 이야기 연구」, 『고소설연구』 제29권, 한국고소설학회, 2010.

정준식, 「추노계 야담의 서사적 양상과 의미」, 『야담문학의 현단계』 1, 보고사, 2001.

정하영, 「義賊說話 〈盜宰相〉考」, 『고소설연구』 제9권, 한국고소설학회, 2000.

______, 「〈劍僧傳〉의 人物型과 갈등 양상」, 『고전문학연구』 제22권, 한국고전문학회, 2002.

조혜란, 「조선의 女俠, 劍女」, 『한국고전여성연구』 제12권, 한국고전여성문학회, 2006.

진재교, 「『雜記古談』의 著作年代와 作者에 대하여」, 『서지학보』 제12호, 한국서지학회, 1994.

______, 「『天倪錄』의 작자와 저작연대」, 『서지학보』 제17집, 한국서지학회, 1996.

______, 「『雜記古談』 硏究－그 性格과 作家意識을 中心으로」, 『韓國의 經學과 漢文學－竹夫李篪衡敎授停年退職紀念論文集』, 태학사, 1996.

______, 「이조후기 유랑지식인의 문학사적 의미」, 『정신문화연구』 제20권 제4호, 한국학중앙연구원, 1997.

______, 「『雜記古談』 소재 〈宦妻〉의 敍事와 女性像」, 『고소설연구』 제13집, 한국고소설학회, 2002.

______, 「韓國 漢文敍事樣式의 層位와 變貌－傳, 野談, 記事를 중심으로」, 『대동문화연구』 제40집, 성균관대학교 대동문화연구원, 2002.
______, 「越境과 敍事－동아시아의 서사 체험과 '이웃'의 記憶」, 『한국한문학연구』 제46집, 한국한문학회, 2010.
한희숙, 「조선 명종대 群盜의 발생 배경과 활동의 특징」, 『조선시대사학보』 제10권, 조선시대사학회, 1999.

1. 『잡기고담』

제목	내용	특징	후일담 전/후평어
(1) 醫巫	巫媼가 醫書에도 없는 처방[五枝湯]으로 병을 치료하고, 太醫 金知事에게 顯宗 승하 책임을 물어 꾸짖음.		의술을 모른 채 약을 쓰면 안 됨.
(2) 奇奴	노비가 강도짓으로 주인의 장례를 치르고, 장사로 집안을 일으키고, 딸을 명문가 자제와 혼인시킨 이후 癸亥反正 도모를 알고 미리 대비하여 상전을 구함. 延陽君 집안 노비 이야기와 유사함.	유사 일화 竝記. 야담 특성 (訛傳/變改/合一) 기술.	영웅호걸/노비의 정성과 의리.
(3) 女俠	丁時翰이 객점에서 만난 자매의 억울한 사연을 들음.*(계모가 아비를 살해하고 奸夫와 달아나자, 추적해옴)* 자매가 계모와 간부를 살해하고 목을 베어 떠남.	傳奇 언급.	검술, 용맹, 효성, 인륜의 기이함.
(4) 盜宰相	儒生이 가난 때문에 도적 괴수가 되어 재물을 모은 뒤 균등 분배하고, 귀가 후 登科하여 관직이 재상에 이름.	고려시대 배경.	도적 괴수의 남다름/고려와 조선 비교.
(5) 宦妻	翁姬가 선비에게 자기 인생 이야기를 들려줌.*(내시와 혼인하여 살다가 행복을 추구하며 탈출하여 길에서 만난 중과 결연)* 이후 다복하게 해로함.	인정기술 [傳奇的 특성] + 옹희 실랑이 [口演的 특성]	남녀정욕 긍정, 내시축첩 금지, 卓文君과 비교.

(6) 天緣	李公의 딸이 꿈에 鄭生과 혼인하고, 다섯 龍子를 받음. 이공이 '天緣已定' 구혼하자, 정생이 확인 후 혼인했는데, 첫날밤 광경이 꿈속과 같고, 다섯 아들을 낳음.		徐戚一씨에게 들음. 부부의 인연.
(7) 劍技	壬辰倭亂 때 宗室 公子가 왜국에 끌려가서 將倭의 양자가 되어 그 집안 원수를 갚아주고, 30년 후 조선에 돌아와 신묘한 검술을 보여줌.	傳奇 언급.	군영에서 왜검 시연을 본 경험.
(8) 盜隱	鄭時膺이 庚申換局 이후 晉州에서 초청을 받아 가니, 또래였던 이웃 사람이 은밀한 사연을 이야기함. *(좀도둑 무리에서 연줄을 타고 대장이 되어 은거)*		문벌 위주 인재 기용을 비판.
(9) 神劍	青鞘刀에 대해 간략히 설명함. 尹鳳朝의 劍이 饌房廳 아래서 구렁이 정수리에 꽂힌 채로 발견됨.	神劒과 神僧 등장.	사람도 수양하면 寶劒. * 중과 짐꾼 이야기
(10) 推數	鄭希良의 예언대로 학사들이 甲子士禍로 모두 죽음. 龍山 사공의 운수를 詩로 지어주었는데, 아내 살해 누명을 벗고, 奸夫[康七升] 짓으로 밝혀짐.		자기 운명은 어쩌지 못함. 『周易』 문구 인용.
(11) 發奸	공물 대납의 실정 및 폐단에 대해 언급함. 甲이 丙과 공모하여 문서 위조 후 乙을 관가에 고발했으나, 계약한 날은 國忌日로 문서를 작성하지 않음.		京兆郎 경험. 속임수 적발하기 힘듦.
(12) 義妓	武人 張氏가 기생에게 반해 가산을 탕진하고 관직에서 쫓겨난 데다 이후 아내마저 병사함. 기생이 패가망신한 張先達을 받아들여 백년해로함.	傳奇 언급.	沂國夫人과 유사함.

(13) 嘲謔	李穡과 某公이 詩의 마지막 聯을 두고 칭찬함. 떡과 음식을 배불리 먹고 나서 구절마다 비평함.		'不知不慍' 어려움.
(14) 報恩鵲	長湍 校生의 딸이 까치에게 먹이를 주며 키우다 시집갔는데, 유복자가 천연두에 걸리자, 까치가 날아와 소생시킴.		任遂이 말함. 사람이 만물의 영장 아님.
(15) 淸寃	京城의 과부가 가증스러운 傭雇에게 무고를 당했으나, 아랫배에 화상 흉터가 있다고 속여서 위기를 벗어남. 경성 사대부가 아내를 무고했으나, 부인은 첫날밤에 달거리를 하여 칠삭둥이 해산이 아니라 유산한 것. 妖妾의 모함으로 죽은 부인의 이야기를 竝記.		機智로 오명을 벗음.
(16) 姦富	許生이 李廷龜의 도움에도 가난을 벗지 못해 떠났는데, 다시 만난 허생이 특별한 치부 과정을 이야기해줌. *(流丐에서 많은 여자를 취하고 자식을 많이 낳음)*		〈貨殖列傳〉에도 없음. 用貧求富 /宣淫致富 ⇒房中之事
(17) 免禍	가난한 유생이 推奴를 갔다가 죽을 위기에 처했으나, 아들에게 보낸 편지에 '徽欽'이라고 써서 화를 면함.	機智談	人急智生
(18) 癡儂	젊은 書生이 비를 피하며 젊은 여인의 유혹에도 끝내 무덤덤하게 돌아옴. 친구들에게 이야기하다 놀림 당함.		賢者인 척 하는 것보다 赤子心이 나음.
(19) 妄人	유생 高氏가 재상에게 친분을 이용해 관직을 구했는데, 재상이 준 거짓 임명장에 속아서 결국 굶어 죽음.		어리석은 사람의 행동.

(20) 數奇	民情을 알고 人才를 찾으러 다님. 하늘의 조화와 인간의 운명을 이야기함.		
(21) 天報	유생 6명이 과거를 보는데 一字無識 校生이 따라가고, 교생을 골탕 먹이려고 했으나, 실수로 교생이 급제함.		하늘의 응보. 道家書 인용.
(22) 困境	젊은 선비가 소녀를 탐하다 노파에게 능욕을 당하고 곤경에 처했는데, 이후 父親喪에 노파가 며느리를 자처하며 나타나 다시 망신당함.		곤경은 스스로 취하는 것.
(23) 驕武	尤庵 宋時烈이 果川 店舍에서 고기를 넌시내 놀리는 젊은 武弁을 만났으나, 孝宗의 國忌日이라 素食하는 군신의 의리로 꾸짖음.		국가의 기강 해이를 탄식함.
(24) 談命	맹인 점쟁이 金生麗가 *(재상이 만년에 아들을 얻지만, 15세에 요절할 운명)*이라고 예언했으나, 복술로 대액을 면하고 登科 후 재상이 됨.		
총 24편	작품집에 기재된 제목을 적음.		

2. 『동패락송』

제목	내용	전승 관계 및 특징	후평어 후일담
(1) 續絃	金寢郞이 鄭寢郞과 나무꾼의 누이를 결연시키고 19년 후에 다시 만났는데, 그녀가 매년 옷 한 벌씩을 지어 報恩衣로 간직함.	『海東野書』〈金宇杭〉 이야기.	김침랑의 증손이 들려줌.
(2) 湖西異談	부잣집 아들이 마마로 죽게 되자, 마마 귀신이 喪主인 鄭도령을 불러와 3일 만에 치료함.		직접 가보니 龍虎端妙穴 處였음.

	마마 귀신이 정해준 묏자리에 장례를 치름.		
(3) 痘神	窮生이 친족에게 생활비를 구걸하러 가는 길에 痘神이 된 친구 李某가 나타나 동행을 권유하고, 두신이 20냥씩 받아 주어 생계를 마련함.		
(4) 金將軍德齡	金德齡이 과부의 딸에게 장가들었는데, 미망인의 축원대로 악당을 징치한 후 萬金을 가지고 돌아옴.		
(5) 林將軍慶業	재상이 林氏의 선영 뒤에 移葬하고 비웃었는데, 임경업이 地官을 야단치자, 재상이 무덤을 파냄.	『학산한언』에 다른 이야기.	傔人이 구연자 역할.
(6) 嘉平校生	嘉平 校生이 노인을 따라 仙界를 다녀온 뒤, 장가들어 자식을 낳고 살다가 丙子胡亂 발발 서신을 받고 선계로 피신함.		동네 벗이 교생에게 듣고 전함.
(7) 蔣都令	蔭官이 蔣都令의 죽음을 불쌍히 여겼는데, 신선이 된 장도령을 만나고 세상으로 돌아옴.		선계 입문 과정/음식이 남다르지 않음.
(8) 頑强	崔武弁이 人家에서 성난 老漢에게 쫓겨났으나, 부인의 청으로 개과천선하려는 노한을 살려줌.		훗날 가보니 개과천선하여 지냄.
(9) 古談	權生이 노정에 청상과부와 결연하고 돌아왔는데, 친구가 老權生에게 古談으로 꾸며 이야기하자, 노권생이 아들을 용서하고 며느리를 길들임.	『계서야담』에 상황 및 대화 보충.	노권생이 투기 심한 며느리를 길들임.
(10) 許相國	許相國이 將校에게 마마로 죽은 시체를 염습케 하고, 갑자기 벌떡 일어나 놀라게 했으나, 꿈쩍도 않은 담력을 지닌 장교를 칭찬함.		

(11) 掃雪	關西伯의 아들이 玉簫仙을 찾아 길을 떠났는데, 옥소선이 掃雪을 핑계로 아들을 만나 도망하여 과거 급제 후 가족과 재회함.	『천예록』 〈掃雪因窺玉簫仙〉. 『계서야담』 〈佐郎村〉과 유사.	아들: 悖子→孝子 /옥소선: 賤娼→副室
(12) 一朶紅	一朶紅이 沈喜壽와 혼인하고 거업에 정진케 한 이후, 노재상의 양녀로 지내다가 심희수의 등과하여 遊街 3일 만에 재회함. 일타홍이 자신의 죽음을 예언하고 죽음.	『천예록』 〈簪桂逢重一朶紅〉은 다른 내용 및 서사 방식.	순행적 서술. 일타홍 주인공≠역행적 심희수 (액자식 구성)
(13) 清風金氏祭祀	趙錫胤이 金仁伯에게 通鑑綱目을 빌리려 하나, 김씨 집안에서는 책을 祭器로 사용함. 조석윤이 감동하여 아들 金克亨을 가르침.		
(14) 頑僧	중이 사대부 아낙을 희롱하는 것을 보고, 武科를 보러 가던 洪濟가 징치함.		陰德으로 大家를 이룸.
(15) 啞公子	公子가 해골을 묻어주자, 꿈에 노인이 나타나 감사하고, 이후 옥동자를 낳자, 노인이 아이의 운명을 예언함.*(병신이 되어 죽을 지경에 이르러야 화를 면함)*		啞公子는 安興君 琠을 이름.
(16) 官員戲	매사냥꾼이 다섯 처녀의 官員戲[사또/좌수/별감/형방/사령 출연]를 보고 이야기하자, 관아에서 이 좌수와 향직 5인의 혼인을 주선함.	사냥꾼의 견문 + 사또의 결행.	후손의 현달은 積善의 결과.
(17) 馬	儒生이 과거길에 점을 치니, 소복 여인과 和奸해야 액운을 물리친다고 함. 여인이 同寢 후에 죽은 남편의 말을 주어 보내고, 급제 후 新恩 행차 길에 재회 해로함.	비현실적 요소 (占卦, 夢兆) 등장.	

(18) 盧玉溪	玉溪가 혼수 비용 때문에 당숙을 찾아가는 길에 기녀가 옥계와 결연하고 婚具를 주어 보냄. 등제 후 敝衣垢面을 벗고 종신토록 사랑함.	知人之鑑 (骨相大貴)	
(19) 鹽	金生의 아들과 張風憲의 딸이 부모를 설득하여 혼인 후에 소금 장사, 名馬 출산, 묵정밭 매매로 치부함.	先見之明	
(20) 順興萬石君	崔生이 黃富者에게 과거 노자를 빌리러 가자, 황부자가 최생에게 자기 내력을 들려줌. 급제 후에 黃家村을 찾아가서 황부자의 弔祭를 지내고 아들에게 밑천을 대줌.	『東野彙輯』에 전승. * 과거회상 형식	
(21) 廣作	許珙 형제가 10년 기약으로 治産 및 科業했는데, 허공이 부자가 되자, 형제들에게 재산을 분배하고, 허공은 아내가 죽고 나서 관직을 포기함.		
(22) 洛東江邊朴姓村	朴生이 사냥꾼에게 쫓기는 노루를 숨겨주었는데, 꿈에 노인이 나타나 하류 땅을 사라고 함. 모래펄을 개간하여 농사를 지어 부자가 됨.		박씨 집안 외손(申商權)이 전함.
(23) 納采扇	楊士彦의 부친이 將校 딸에게 아침을 대접 받고 답례로 부채를 주어 결국 혼인함. 妾室로서 成服하는 날, 아들을 부탁하고 자결함.		양사언의 신분 이야기.
(24) 阿只氏	처녀가 위태로운 처지를 글로 士人에게 아룀.*(과객 손을 빌려 종을 죽이고 자신을 지킴)* 이후 의남매를 맺고 인척 동생과 처녀를 혼인시킴.	지인지감/주도면밀	

(25) 丫鬟婢	丫鬟婢가 桐溪를 유인하여 사연을 이야기함. *(과객 손을 빌려 奸夫를 죽이고 淫妻는 살려줌)* 동계의 소실이 되어 준수한 자식을 낳음.	지인지감/주도면밀	
(26) 載薪翁	친구가 鄭磏에게 자기 수명과 화복을 묻자, 정렴이 친구에게 해결책을 억지로 알려주었는데, 노인이 정렴의 목숨을 덜어 친구에게 보태줌.		
(27) 知禮金別監 宅婢	金別監의 여종이 發福處에 아비 산소를 移葬한 뒤, 강릉으로 移徙하고 재상가에 의탁하여 두 아들을 낳았는데, 문벌이 좋아지자 사실대로 말해줌. 이후 찾아온 김별감 아들을 후대하고, 밀고재[도둑]를 죽임.	주도면밀 /과감한 성격 (移葬, 移徙)	
(28) 靑衣童子	靑衣童子가 평생 申叔舟를 따라다니며 도와주었는데, 자손들이 청의동자 제사상을 따로 차리다가 한 차례 제사를 폐하자, 꿈에 나타나 말함.		다시 별도의 제사상을 마련함.
(29) 癡叔	癡叔이 宰相과 바둑을 두고, 일본 첩자[중]가 찾아온다고 예언했는데, 중을 살려주며 약속을 받아 전란 피해가 없었음.		壬辰倭亂 때 피해 없음.
(30) 騎牛翁	李如松이 소를 타고 나타난 노인을 쫓아가 두 소년과 싸워서 패배했는데, 노인이 자식임을 밝히고 이여송에게 경고함.		無名人 가운데 숨겨진 위인.
(31) 智異山神人	土亭이 바다에서 배를 타고 지리산 아래 도착했는데, 赤毛一人이 '산에서 조심하라'고 일러준 대로 토정은 牙山, 重峰은 錦山에서 죽음.		이후 징험.

(32) 李佐郎慶流	李慶流가 戰死 후에도 생시처럼 부인과 동침하고, 17년 후 유복자가 급제하자, 공중에서 新恩을 부르고, 병든 모친에게 겨울 귤을 드시게 함.		慶事를 현몽하여 알려줌.
(33) 宮馬直	文士가 이웃집 여자가 통곡하는 이유를 묻자, *'美少年→宮馬直→武弁' 이야기*를 들려줌. 소년의 제사를 지내고 애통한 마음을 표현함.	액자식 구성	
(34) 錦山妓	兪命修가 요절하여 기생이 成服하려니, 동생 兪命健이 만류함. 기생이 이종사촌 錦山妓를 유명건에게 소개하고, 돌아가서 자결함. 유명수가 도중에 만난 처녀가 사연을 들려줌.*(계모가 남동생과 모의하여 가족을 모두 죽임)* 狀啓를 올려 치죄하고 떠난 유명수의 죽음을 듣고 처녀가 自裁殉節함.		두 烈女가 유명수를 위해 죽음, 그 풍채를 알 수 있음.
(35) 墓	李生員이 장례 후에 삼형제의 화복을 점쳐주었는데, 임진왜란에 두 형제가 죽고, 막내는 끌려가서 왜장의 양자로, 고승의 제자로 살다가 還國함. 산소를 찾아갔다가 확인 후에 가족과 재회함.	『잡기고담』〈검기〉 및 〈청원〉 교착.	이생원의 안목이 신묘함.
(36) 戀盜	함께 공부한 甲乙이 關西伯과 적괴로서 재회하였으나, 갑의 아내가 계집종을 변장시켜 乙에게 보내고 무사함.	『삽교만록』〈연도〉와 동일.	
(37) 請斬李爾瞻疏	廣州 선비가 시국의 재앙을 면하기 위해 칩거하며 京師 선비에게 李爾瞻을 참하는 상소를 부탁함.		京師의 名士가 부탁을 이행했는지 모름.

(38) 金倡義使夫人	金千鎰의 부인이 사람들을 동원해 전란에 대비하고, 임진왜란 때 의병을 모아 적병을 물리침.		김천일의 倡義始末은 부인의 助力.
(39) 婚閥	尹絳이 柳氏 딸과 혼인한 뒤 발길을 끊자, 1년 후 유씨 부인이 본가를 찾아가서 두 아들을 나무람. 정실로서 두 아들을 낳고 화목하게 백년해로함.		
(40) 水原李同知	金生이 도중에 처녀를 만나 사연을 들었는데, *(무당 첩에게 온가족이 살해되고 자신도 위험)* 결연 후 화목하게 지내며 科業을 권유하였으며, 李同知의 도움으로 부귀영화를 누림.	〈금산기〉와 유사.	
(41) 新門外書生	書生이 推奴 길에 中人 만석꾼의 딸과 결연하고, 귀가 후 아내에게 자초지종을 이야기함. 아내가 古談으로 시부모에게 아뢰고, 소실을 데려와 평생 부자로 호의호식함.	〈고담〉과 유사.	
(42) 借胎	窮生이 추노 길에 富翁 常漢의 세 아내와 교합하고 돌아왔는데, 늙고 가난한 궁생에게 세 아들이 찾아오고, 이후 세 자식의 봉양을 받으며 요족하게 삶.	『청구야담』에 전승.	
(43) 朝報	禹夏亨이 水汲婢의 도움을 받고 떠난 뒤, 그녀는 홀아비 장교에게 의탁하며 朝報 확인 후 재회함. 우하형에 이어 죽어서 함께 발인 장례를 치름.		平山에 소실 무덤, 禹氏 집안에서 庶母의 제사 지냄.
(44) 廉希道	廉希道가 銀子를 주워 주인에게 돌려주자, 종의 가족이 감사하고, 딸이 報恩을 약속함.	『학산한언』〈廉時道〉(서사적 면모 뛰어남)와	안동 金進士가 傳을 지음,

	庚申換局 때 金正言의 도움으로 살아나 종의 딸과 결연하여 행복하게 삶.	유사.	염희도 후손을 찾음.
(45) 廣州慶安鄭生	鄭生이 봉물을 주워서 一漢에게 돌려주자, 그가 눈물을 흘리며 훔친 물건이라 고백하고, 정생을 따라가 모시며 성실하게 삶.		정생의 손자가 이야기함.
(46) 柳器匠壻	李生이 시골로 피신하여 柳器匠 딸과 혼인 후, 유기장 대신 관청에 무사히 柳器를 바치고 돌아옴. 李校理가 아내와 상경하여 부인으로 대우함.		종신토록 부귀영화를 누림.
(47) 徐藥峰忌日	徐景雨의 꿈에 徐渻이 추레한 손님을 대접했는데, 임진왜란 중 사망하여 평복으로 염습 후 장례를 치름. 새 冠帶를 사르자, 그가 꿈에 나타나 사례함.	『천예록』 〈忌辰會羞攝弊衣〉 /『학산한언』 〈徐藥峰忌日〉과 유사.	아들에게도 現夢하여 마음을 전함.
(48) 母女新行	蔭官이 아내와 합궁 이후 소식을 끊었는데, 딸의 혼례 후 신랑이 장인[음관]을 찾아가 舊婚과 新婚이 함께 화락함.	美談	美談으로 전해짐.
(49) 鎭安座首	李尙眞이 세밑에 座首 田東屹에게 도움을 받았는데, 등제 후 잊지 않고 은혜를 갚음.	『학산한언』 〈전동흘과 이상진〉과 유사.	李相國이 발탁하여 統制使에 이름.
(50) 李一齊	李一齊가 내관의 처를 겁간한 뒤에 반성하고 귀향하여 독서 후에 大儒가 됨.		
(51) 觀相	武弁이 御史가 될 관상의 李氏를 후대하다가, 관상이 바뀌자 그를 내쫓음. 이씨가 소복 여자의 도움으로 등제하여, 경연에서 古談으로 임금에게 아뢴 뒤, 어사로서 무변을 징치하고, 소실을 부인으로 삼음.	서술자의 개입.	무변은 관상을 잘못 봄.

(52) 乞客	乞客이 친구인 慶州府尹을 찾아갔다 홀대를 받았는데, 기생이 그의 骨相을 보고 도와주어 등제함.	지인지감	기생의 예측이 맞음.
(53) 擲劍	李浣이 산중에서 젊은 여자의 대접을 받던 중, 도적이 돌아와 그를 보고 干城/知己로 인정함. 이후 이완이 잡혀온 도적을 석방하고 捕盜從事官에 임명함.	『選諺篇』	大漢이 이완을 칭찬함.
(54) 士大夫別業	양반이 士大夫別業에서 온가족을 잃고 죽을 처지에 놓인 처녀를 만났는데, 밤에 귀신이 나타나 시신의 고통을 호소하여 정성껏 安葬해주고, 이후 양반과 처녀가 혼인함.		부귀영화로 화목한 가정을 이룸.
(55) 嫡庶兄弟	우애 좋은 庶弟가 嫡兄을 도와주고 가족과 떠났다가, 凶家에서 귀신에게 재물을 얻어, 적서형제가 평생 부자로 편안히 지냄.		
(56) 償罪	黃仁儉을 후대한 중[僧]은 俗人이었을 때 소복 여인을 강제로 범하여 그녀가 자결하자, 중이 되어 償罪했으나, 이후 황인검이 사형시킴.		
(57) 漆谷獄事	趙顯命이 漆谷獄事에 鄭彦恢를 보내 시체를 발굴하여 살펴보고 신문하자, 裵以發의 동생 裵之發이 유산 때문에 조카를 淫行으로 誣告하고, 형수와 모의하여 죽였다고 자복함. 옥사 처리 후에 冤魂이 나타난 일을 들려줌.		
총 57편	영인본(『서벽외사해외수일본』) 편집 과정에 기재된 제목을 활용함.		

3. 『삽교만록』

제목	내용	전승 관계 및 특징	후평어 후일담
제1권 (1) 布衣家居	천지의 주관과 인간의 직책을 논하고, 포의는 자기 직임을 다해야 함.		
(2) 用才	나라를 소유한 자로서 적합한 인재 등용을 논함.		
(3) 結怨	인간의 화복은 모두 氣에서 초래되므로 怨恨과 毒害가 없도록 해야 함.		
(4) 天下善士	자기 국량을 한정짓는 어리석음에 대해 논함.		
(5) 三才	三才, 즉 天時와 地氣 및 人情을 헤아려 운명을 점쳐야 함.		
(6) 尊王攘夷	林伯厚와 더불어 출처와 형세에 대해 논함.		
(7) 金鳴遠	劉興福과 더불어 金鳴遠의 장수로서 자질에 대해 문답하고, 信義가 있다고 함.		
(8) 深深堂閑話 (옴니버스 형식)	文文山이 소복처녀를 만나 治喪 후 길을 떠났으나, 의지처를 찾지 못한 처녀가 자결함.		신중치 못한 처신, 처녀의 자결을 못 막음.
	趙靜菴의 이웃집 처녀가 상사병에 걸렸으나, 정암이 끝내 거절하여 처녀가 자결함. 이후 관이 움직이지 않아 속옷에 글을 써줌.		부모의 명을 좇지 않음, 처녀에게 동정을 베풀지 않음.
	權石洲가 투숙한 저택의 老婦人이 孫婦와 동침을 간청했으나, 석주가 끝내 거절하여 젊은 부인이 자결함.		여지를 보여준 행동, 유부녀와 行淫하지 않음.

	李諮議의 처소에 이웃집 처녀가 뛰어들자, 그 아비를 불러 꾸짖으니, 처녀가 자결함.		처녀와 아비를 배려하지 않음, 權道가 부족함.
	閔老峯이 취중에 裨將의 누이를 들이라고 하여, 누이가 앉은 채 밤을 새고, 일신을 의탁하려는 것을 거절당하자 恨이 맺혀 죽음.		大醉失言하여 신세를 그르침, 혼자 억지를 부림.
	金河西가 은거하던 중 醉眠 후에 시녀의 부축으로 松江을 맞이하니, 송강도 이후 좋은 술과 미인을 멀리하지 않음.		지나치게 酒色을 즐김, 주변인의 학문과 功業을 망침.
(9) 全州秀才	宋茂卿과 더불어 제재[총각]를 두고 인물의 성품에 대해 문답함.		
(10) 彝倫之說	康立之와 彝倫之說, 즉 仁義禮智와 元亨利貞에 대해 문답함.		
(11) 賓主之禮	康立之와 賓主之禮, 즉 주인이 손님에게 공손히 후대하는 것에 대해 문답함.		
(12) 客寄異鄉之道	康立之와 客寄異鄉之道, 즉 손님이 다른 마을에서 지내는 道에 대해 문답함.		
(13) 報應之道	사람들과 심력을 다하는 報應之道에 대해 논함.		
(14) 人心	孝와 廉恥가 남다른 선비와 사람의 마음에 대해 논함.		
(15) 緬甸	학사와 單于의 緬甸[미얀마] 침입에 관련된 用兵之道에 대해 문답함.		
(16) 都提擧	林伯厚와 더불어 선비의 역량과 인재 등용에 대해 문답함.		

(17) 寒士	늙은 선비와 人物地品에 따른 원망에 대해 논함.		
(18) 世俗多淫	재물과 女色에 물든 선비의 악습을 경계함.		
(19) 祿命	白川의 禹生과 운명에 대해 논함. 운명은 의지와 노력으로 변화시킬 수 있음.		
(20) 才品	사람의 문장은 재품보다 학력에 달려 있음.		
(21) 禮樂	丹室子[閔順之]와 禮樂에 대해 논하며, 마음이 그 도를 잃으면 천지에 사물을 이루지 못함.		
(22) 經濟之術	경세제민의 방술과 醫藥의 방도는 시기에 합당하고 상황에 적절해야 하므로 유사함.		
(23) 世事	金子靜과 더불어 儒士의 학문과 世事의 형세를 이야기함.		
(24) 天地	꿈에서 천지에 대해 이야기했는데, 하늘은 둥글고 기운이 땅에 닿아 섞이므로 실로 만든 공과 같다고 해석함.		
(25) 祿命之說	李衡喆과 祿命之說, 즉 천지의 陰陽五行과 人事의 길흉화복에 대해 논함.		
(26) 金敬伯	金敬伯과 한겨울 매화를 보며 屈伸과 進退를 이야기함.		
(27) 見辱於人奴	자신을 욕보인 종 때문에 분노한 元生에게 매사 十分之七이 적당하다고 말함.		
(28) 南臺	遲齋 金埈과 高隱堂 金會一의 평생 지기를 논하며, 이들은 儒林의 인재로서 俗儒보다 등급이 높다고 평가함.		

(29) 匡君澤民	지재공이 儒者의 출세와 德政에 대해 말하며, 그렇지 못하면 떠나야 옳다고 함.		
(30) 王都之地	동남으로 遷都하는 것은 궁하면 근본으로 되돌아간다는 이치가 있음.		
(31) 李浣	李浣이 산중에서 만난 집성촌에 대해 이야기하며, 은둔자에게 夷狄의 행실이 있어도 금하기 어렵다고 말함.		
(32) 農巖 · 三淵	李德集이 農巖과 三淵에 대해 묻자, 安重觀이 거처와 인재의 상관관계를 들어 설명함.		
(33) 師弟	竹里 金公이 자신과 安重觀의 사례로 올바른 講學之理를 말하며, 진정한 학문을 전수해야 한다고 강조함.		
(34) 文體	李華와 문장의 체제 및 음악을 짓는 원리에 대해 논함.		
제2권 (1) 佛像塗金	스님이 불상 도금을 위한 募緣文을 짓고 潤色해줄 것을 청하자, 두 句를 보탬.		
(2) 高僧	入寂한 高僧 璨淵이 생전에 함께 논한 儒와 佛의 이치에 대해 서술함.		
(3) 窮格 · 容儀 · 訓詁	鄭伯玉과 窮格 · 容儀 · 訓詁에 대해 논하고, 후학에게 그 장점은 취하고 단점은 고치도록 경계함.		
(4) 易	遲齋 金焌에게, 周易의 卦爻에 대해 논한 朱子의 이론에 대한 신뢰를 드러냄.		
(5) 盜虎之患	趙光楫과 遠行의 憂患 대처법에 대해 문답하였는데, 도적과 호랑이를 만나 마음이 동요치 않고 儀를 잃지 않아도 죽는 것은 운명임.		

(6) 祿命	祿命, 즉 사람이 타고난 운명은 추측할 수 없음.		
(7) 驪泉君 妖書	妻兄 朴盛源(字 公茂)이 臺諫으로서 驪泉君의 妖書에 대해 다른 사람보다 먼저 발언하여 유배당한 일에 대해 말함.		
(8) 出仕	朴公茂(朴盛源)가 登科한 뒤 出仕하면서 학문과 문장을 더 窮究치 못한 것을 후회함.		
(9) 庶孽	庶孽이 관직에 나아갈 기회를 얻지 못함으로써 생기는 폐단을 말함.		
(10) 肉刑	暴君賊臣이 恣行하는 不仁하고 慘毒한 肉刑에 대해 서술함.		
(11) 天殃	하늘에 죄를 얻은 李斯가 아들과 함께 무함을 받아 종족이 인멸된 것은 天殃을 받은 것임.		
(12) 後患	李華와 사람들이 後患을 미리 생각지 않는 것에 대해 논의함.		虐政과 德政
(13) 積小成大	道德·事業·文章도 작은 것을 쌓아 큰 것을 이루듯이 작은 것부터 성실해야 함.		
(14) 延年之術	延年之術, 즉 장수하는 방법으로 알려진 內視에 힘쓰고 外物에 不應하는 것은 천리를 거스르고 사신만 생각하는 것임.		
(15) 丹術	신선이 되는 비결과 참동계에 붙인 朱子의 주석을 논하였는데, 丹術은 하늘이 사람에게 萬歲토록 자손을 잇게 한 사명을 어기는 것임.		
(16) 詭異之體	詩文을 짓는 데 常法을 따르지 않고 詭異之體로 짓는 것을 논함.		

(17) 閔順之	閔順之가 郡縣을 다스리는 것은 待人과 信人에 달려 있다고 말함.		
(18) 遲齋易學	謙菴 李公이 遲齋 金焌의 易學에 대해 묻자, 鑿山通道七百里의 경지에 이른 수준이라고 답함.		
(19) 思悼世子	謙菴 李公이 桂坊 벼슬할 때 모셨던 思悼世子에게 위기가 닥쳤음에도 그 태도를 바꾸지 않은 것에 대해 서술함.		
(20) 李謙菴	사도세자가 죽은 후, 은거하며 人事를 끊고 살다 죽은 謙菴 李公의 節槪에 대해 서술함.		
제3권 (1) 孟明	秦穆公이 晉나라에 패한 孟明을 다시 임명하여 晉나라에 보복하고, 西戎에서 覇權을 잡을 수 있었다고 말함.		
(2) 唐調	秀兒가 詩 짓는 것에 대해 묻자, 唐調를 法으로 삼아야 하는 이유를 설명함.		
(3) 遊山之趣	虞灣 金公과 遊山之趣에 대해 이야기함.		
(4) 長子不斬	虞灣 金公이 長子가 참최를 입지 않는 네 가지 종류의 설에 대해 논함.		
(5) 孝宗	虞灣 金公과 經濟兵陣之說에 대해 논함.		
(6) 金虞灣	虞灣 金公과 萬幾之義에 대해 논함.		
(7) 近世學者	어떤 사람이 近世 學者의 天理에 대해 묻자, 天理人欲分數의 多寡를 논하는 것이 옳다고 답함.		
(8) 靖康之事	成士執과 더불어 靖康 때 宋나라 欽宗과 徽宗이 金나라의 포로가 된 일에 대해 논함.		

(9) 鴻門之宴	漢高祖가 項羽에게 사죄하러 왔을 때, 항우가 鴻門宴을 베풀어준 일로써 언어와 기상의 관계를 논함.		
(10) 華陽 宋先生	鄭伯玉과 더불어 華陽先生[宋時烈]이 말한 兵器[전란과 패배]에 대해 논함.		
(11) 三淵 金先生	三淵 金昌翕이 宋 眞宗의 天書는 하늘을 속인 大罪라고 한 것에 대해 혹자와 문답함.		
(12) 宗汝霖	丹室子[閔順之]와 더불어 宗汝霖이 宋 高宗에게 還都를 상소한 일에 대해 논함.		
(13) 岳飛	岳飛에게 열두 번 金牌를 내려 소환한 일에 대해 논함.		
(14) 莊周	莊周가 '無用해지길 기다린 다음에 有用이 된다'고 한 말을 논리적으로 풀이함.		
(15) 今之學者	李彦五가 학문하는 방법을 묻자, '爲己之學'과 '爲人之學'을 들어 대답하고, '위기지학'에 전념하는 지금의 學者에 대해 말함.		
(16) 陶山野史	虛舟堂 金相國이 金氏 가문의 過惡者를 기록해놓은 陶山 李滉의 野史를 본 뒤 행적에 대해 말함.		
(17) 申思哲	厚德한 君子 申思哲에 대해 서술함.		
(18) 驚世絶俗	成士執과 더불어 林伯厚의 驚世絶俗을 이야기했는데, 경세절속을 행한다는 자를 살펴보면 隱慝함으로 말미암지 않은 게 없다고 말함.		
(19) 成大中	安昌에서 成大中과 이별하며 道學·經濟·文章 가운데 儒者의 일이 아닌 것을 논함.		

(20) 李思觀	급제한 지 20년 만에 原州牧使가 된 李思觀이 賑荒救饑策을 펼치고 10년도 못 되어 兵部尙書에 오른 것을 이야기함.		
(21) 蛋蝎之苦	내가 蛋蝎에게 물린 고통을 잘 참았다는 말에 단실자[민순지]가 天性이냐고 묻자, 벼룩과 좀벌레의 본성에 순응하는 도리를 말함.		
(22) 林伯厚	成大中이 用才之世라면 林伯厚 같은 사람에게 적합한 직책을 묻자, 그의 재량과 대간의 신중한 선발에 대해 답함.		
(23) 今之急務	成大中이 오늘날의 急先務에 대해 묻자, 인재 등용과 才德을 이야기함.		
(24) 庶蘖通淸	庶孼의 通淸, 곧 요직에 들어갈 자격을 얻는 것에 대해 논하여 재주와 식견이 있는 자들은 군역과 부역에 활용하자고 함.		
(25) 七柳亭	七柳亭에서 林伯厚와 邂逅하고, 과음한 그에게 예의범절을 지키는 학자의 태도를 말함.		
(26) 劉興福	장차 病을 앓을 사람은 평소 다른 사람보다 넘치는 靈慧가 있다는데, 劉興福이 병든 것도 바로 그 때문임.		
(27) 念力	朝鮮이 태평하길 바라며 5년간 念力한 劉興福에게 佛法과 老莊의 念力에 대해 이야기함.		
(28) 仙藥	86세가 되도록 장수한 崔慶諡이 평소 먹는 仙藥에 대해 서술함.		
(29) 壽康之故	90세 노인이 건강하게 장수하는 비결은 色을 삼가는 것뿐임.		

(30) 金季賢	原州 蓀谷 安山里에 집을 지을 때, 金季賢이 찾아와 집 짓는 것에 대해 문답함.		
(31) 所當然 · 所以然	謙菴 李公이 20년 전에 논했던 節文의 所當然과 天理의 所以然에 대해 이야기함.		
(32) 彦陽	窮生이 추노길에 叛奴들에게 쫓기자 감사 趙泰億의 字[大年]를 불러, 감사가 궁생을 구해주고 무사히 護送해줌.	『잡기고담』〈면화〉와 유사. 서술자 개입	
(33) 隱田	李海朝가 全州判官으로 나가서 隱田을 처리한 것에 대해 서술함.		
(34) 治不睡之法	잠을 이루지 못해 번민하는 槎川의 70여세 노인에게 불면증을 다스리는 법에 대해 일러줌.		
(35) 賣餅師	범상치 않은 賣餅師(떡 파는 사람)가 효종의 북벌이 성공하지 못하리라고 말함.		
(36) 麥醪	從祖兄 泰甫에게 畏齋 李季周가 麥醪로 청빈함을 즐겼다는 말을 들음.		
(37) 松葉奇味	松葉을 기이한 맛이라고 여겨 늘 복용하던 李季周에 대해 이야기함.		
(38) 畏齋李季周	從祖兄 泰甫가 華陽 宋先生에게 들은 畏齋 李季周의 恭謹한 禮節에 대해 말해줌.		
(39) 居憂淫情	從祖兄 泰甫가 華陽 宋先生에게 들은 畏齋 李季周가 喪中에 淫情을 생각한 일에 대해 이야기함.		
(40) 己巳士禍	從祖兄 泰甫에게 己巳士禍에 연루된 畏齋 李季周에 대해 이야기를 들음.		

(41) 異人	寢郞 金福鉉이 異人을 본 적이 있냐고 묻자, 異人이 아니므로 異人을 만나고 싶지 않다고 답함.		
(42) 委身	寢郞 金福鉉이 五百金을 얻어 兄子에게 제사를 맡기고 유유자적하려 某宰에게 委身을 부탁했다는 말을 듣고, 선비의 처신에 대해 설명함.		
(43) 李舜臣諡狀	澤風 李植이 審陽에서 李舜臣 諡狀을 지음.		
(44) 壬辰 · 丁酉	白沙 李恒福 · 漢陰 李德馨 · 月沙 李廷龜 · 象村 申欽 · 西厓 柳成龍이 임진왜란과 정유재란 때 明과 조선 및 명나라 장수를 酬應한 것에 대해 이야기함.		
(45) 西厓 柳相國	西厓 柳成龍에게 스승 退溪 李滉이 蘇文 100여 편을 천 번 읽도록 한 이유를 서술함.		
(46) 退溪 李先生	退溪 李滉이 成均館에서 바른 자세로 釋菜 때 쓸 祭器를 세척한 것을 이야기함.		
(47) 我國山陵	退溪 李滉에게 我國山陵의 일을 맡기겠다는 말을 들은 老吏가 퇴계에 대해 말함.		
(48) 華陽先生謝箋	임금의 명으로 병든 華陽 宋時烈에게 약을 가져갔던 史官 趙持謙이 心服하게 된 사연을 말함.		
(49) 華陽先生訟獄	華陽 宋時烈이 訟獄을 맡은 후, 신속 정확하게 처리한 것을 이야기함.		
(50) 儀禮	朱子가 지은 儀禮經傳通解 內治條의 내용이 갈수록 변질될까 염려된다고 말함.		

(51) 簒弑之事	신하가 임금을 죽이고 왕위를 빼앗는 簒弑에 대해 논함.		
(52) 管鮑之交	相友하고 相信한 管仲과 鮑叔의 사귐에 대해 이야기함.		
(53) 朋黨	是非가 아니라 利害 관계를 따르는 老論과 少論의 朋黨에 대해 논함.		
(54) 明倫堂記	王思道가 자랑한 明倫堂記에 대해 서술함.		
(55) 農岩 金先生	華陽 宋時烈을 贊한 農岩 金昌協의 文에 대해 이야기함.		
(56) 南冥·退溪	鄭伯玉과 더불어 宋時烈이 우리나라 大儒 중에 南冥 曺植이 退溪 李滉보다 어질다고 한 말에 대해 문답함.		
(57) 權石洲詩	石洲 權韠이 詩로써 二王孫이 尹元衡의 손에 죽음을 당하고 兩學士도 그에 상응하는 논의가 있던 일은 잘못이라고 언급한 것을 논함.		
(58) 金文谷墓碑	구속당한 華陽 宋時烈이 먼저 사약을 받고 죽은 文谷 金壽恒의 墓碑를 작성할 때 상황을 서술함.		
(59) 明聖大妃行狀	淸城府院君 金錫冑가 明聖大妃 行狀을 지어 華陽 宋時烈에게 보여주고 고친 것에 대해 말함.		
(60) 白江之家法	白江 李敬輿가 어린 子孫을 가르치던 家法에 대해 말함.		
(61) 胥吏亡國	南冥 曺植이 朝鮮은 胥吏 때문에 나라가 망할 것이라고 한 말에 대해 논함.		
(62) 教訓子弟	문벌가에서 子弟들을 教訓하는 데 긴요하지 않은 權利名勢를 가르치는 것에 대해 논함.		

(63) 永安尉之家法	豊山 洪氏 永安尉 집안에 예부터 전해 내려오는 특별한 家法을 이야기함.		
(64) 老儒飢寒	50여년을 가난하게 살다 進士 아들이 벼슬길에 나아간 老儒를 만난 것을 이야기함.		
(65) 黃江 權先生	祿仕에 뜻을 두었다가 隱逸의 삶을 산 黃江 權先生에 대해 이야기함.		
(66) 縣監受杖	夢窩 金昌集의 천거로 英陽縣監에 오른 雙溪 朴樞가 사직 후 30여년을 은거하다가 75세에 方伯에게 杖을 받음.		
(67) 辛丑之禍	冊封에 내해 의견을 개진한 老論 四大臣을 趙泰耉·柳鳳輝 등이 역모로 몰고 간 辛丑士禍에 대해 이야기함.		
(68) 辛壬士禍	先輩 鄭碩甫가 辛壬士禍는 老論에게 큰 행운이었다는 말을 듣고 그에 대해 논함.		
(69) 世祿之家	世祿之家는 富貴해져도 교만 인색하지 않도록 자손을 가르쳐 세록지가가 됨.		
(70) 尹善道	先輩 鄭檠(碩甫)과 鳳邸에서 가르쳤던 孝宗이 등극한 후에 보여준 尹善道의 행적에 대해 대화함.		
(71) 談易	橫城에서 만난 林伯厚·陳仲集과 함께 周易에 실린 내용을 논함.		
(72) 古之英雄	橫城에서 만난 士友들과 歷史를 담론하면서 옛날 영웅에 대해 논함.		
(73) 可興 鄭處士	송시열의 문인으로 可興 강가에 살면서 鄕中에 큰 덕망을 지녔다고 칭해진 鄭處士를 이야기함.		

(74) 教導小兒	小兒를 가르칠 때 英雄豪傑이 되라고 가르치기보다 聖賢의 德을 먼저 가르쳐야 함.		
(75) 學校之廢	學校에서 教養이 廢해진 것을 나라에서는 先務로 삼고 인재를 육성해야 함.		
(76) 隱處之儒	林伯厚가 隱處하는 儒者의 爵이 지나치게 높다고 말한 것에 대해 논함.		
(77) 宋太祖金書	宋 太祖의 金書에 실린 세 가지 勿殺士人, 勿殺紫世宗子孫, 勿用宦官에 대해 논함.		
(78) 大儒自殺	을해년(1755)에 大儒가 음독자살한 것을 보고 그에 대해 논함.		
(79) 世儒多欲	先輩 南有誠이 世儒가 名·利·權·色에 욕심이 많다고 한 것에 대해 답함.		
(80) 三昧	佛書에 나오는 三昧에 대해 遲齋 金焌과 明大師 璨淵의 高足에게 물어본 결과를 서술함.		
(81) 明太祖	明 太祖 때 많은 大獄이 일어나고 江南 부자들의 재산을 籍沒함.		
(82) 壬辰倭亂	임진왜란 때 儒者 重峯 趙憲의 행적에 대해 이야기함.		
(83) 易主之議	임진왜란 중 宣祖가 播遷했을 때, 중국에서 임금을 바꿀 것을 謨議함.		
(84) 英雄	大英雄은 聖賢이 될 수 있고, 小英雄은 文武를 겸비한 君子가 되기에 足함.		
(85) 華陽 宋先生	華陽 宋時烈이 大銓選之日에 舊例를 따라 主吏의 행사주관에 굳이 大冢宰가 필요 없다고 말함.		
(86) 三淵幼志	三淵 金昌翕은 어려서부터 正人 君子가 될 자질을 품고 있었음.		

(87) 三淵入京	京師에 들어온 三淵 金昌翕이 迂闊處士가 된 연유를 말함.		
(88) 三淵遊山	三淵 金昌翕은 산을 유람하다 잠시 쉴 때면 반드시 三經을 외웠음.		
(89) 三淵少時	三淵 金昌翕이 젊어서 出産이 머잖은 부인을 두고 유람을 떠났다가 羅夫人에게 혼이 남.		
(90) 三淵爲文	三淵 金昌翕의 문장은 수차례 고쳐도 대부분 草藁와 흡사하므로 기이함.		
(91) 三淵手蹟	橫川 金存行의 집에서 본 三淵 金昌翕의 手蹟에 대해 서술함.		
(92) 天道策	石潭 李珥가 29세로 天道策을 써내 장원급제함.		
(93) 科試之場	근래 과거 시험장의 모습이 예전과 다른 것에 대해 논함.		
(94) 生員進士試	生員進士試에 대해 서술함.		
(95) 鄕試	壽夫公의 孫子로 21세에 鄕試의 初場에 나아간 進士 朴道顯에 대해 이야기함.		
(96) 魚舜瑞	農巖 金昌協의 高第 弟子 贊善 魚有鳳(舜瑞)의 행적에 대해 이야기함.		
제4권 (1) 放浪	隘窩 李德集이 방랑으로 이름을 내겠다고 하자, 그 不可함을 논함.		
(2) 形家	形家, 곧 風水를 보는 地官 李龍遠의 葬地를 골라주는 훌륭한 인품에 대해 말함.		
(3) 濟民之政	송나라 徽宗이 安濟坊을 설치하고 濟民之政을 펼친 것을 이야기함.		
(4) 周禮	李華가 周禮의 射天鳥之制의 이로움에 대해 묻자, 그에 대해 답함.		

(5) 元總管	鄭伯玉이 80여 세 元總管과 만나 나눈 이야기를 듣고, 원총관의 깊은 지식에 대해 말함.		
(6) 禍福	선하면 福을 받고 악하면 禍를 받는 이치에 대해 말함.		
(7) 封建郡縣	이로움만큼 해로움이 큰 封建制와 이로움도 해로움도 작은 郡縣制에 대해 논함.		
(8) 文廟	문묘에 배향되어 향사를 받는 인물들에 대해 중국과 조선의 사례를 들고, 眞英雄과 大儒賢은 종사해야 한다고 말함.		
(9) 朝鮮	朝鮮이 언어 외에 중국과 다름없는 역사를 서술함.		
(10) 人物性同異	人性과 物性의 같은 점과 다른 점을 서술함.		
(11) 籍沒	尙書 宋成明의 손자 宋文載가 을해년(1755)에 籍沒 당할 때, 여자들은 조선의 世法과 달리 娼妓가 됨.		
(12) 世之學者	세상 학자들이 聖賢의 글을 읽으면서도 賢人 소리만 듣고 싶어 하는 태도를 논함.		
(13) 世儒之法門	세상 儒者들의 法門(학문 수행 방법)이 잘못되었음을 말함.		
(14) 士·僧	뛰어난 선비와 뛰어난 禪僧의 행태가 유사함.		
(15) 行道之日	宗儒에게 君子가 도를 행하는 날에 대해 묻자, 그에 대해 답함.		
(16) 宗儒	宗儒가 자신보다 11세나 어린지만 덕이 높은 사람을 찾아감.		

(17) 金伯高	相國의 증손 金伯高을 만난 적도 없는 사람이 그를 나쁘게 평한 것을 듣고, 그에 대해 논함.		
(18) 尹拯	尹拯이 宋時烈을 배반한 일에 대해 논함.		
(19) 失節	李命肅이 청상과부로 失節한 兪氏의 罪를 잘못 다스려 죽음에 이르게 함.		
(20) 閔忠文公	忠文公 閔鎭厚가 이치를 살피는 민첩함과 분노를 푸는 신속함에 대해 서술함.	제목의 文忠을 忠文으로 수정.	
(21) 胥吏	忠文公 閔鎭厚의 아들 閔士術이 胥吏 때문에 과거에 응시하지 않게 됨.		
(22) 窮儒	忠文公 閔鎭厚가 시호 받은 것을 축하하는 잔치에 온 수많은 窮儒를 閔士衛가 성대히 대접함.		
(23) 喪家窮士	忠文公 閔鎭厚를 移葬할 때 窮士들을 극진히 대접한 閔士衛의 周通한 기품을 말함.		
(24) 澤風 李先生	澤風 李植이 자신의 淸儉困乏을 후손에게 물려준 일에 대해 논함.		
(25) 擇婿	사위를 택할 때 短命한다는 말을 듣고도 그를 택함.		
(26) 人之有慝	사람이 간특하면 大事나 마을과 집에 거처할 때도 發揚할 수 없음.		
(27) 責人	남을 탓하며 다른 사람에게 책임을 묻는 것에 대해 논함.		
(28) 朱子註	康立之가 질문한, 仁義에 대한 朱子의 註에 대해 답함.		
(29) 大學或問	康立之가 질문한, 大學或問 首章의 敬은 마음의 主宰이며 만사의 根本이라고 한 구절에 답함.		

(30) 舜禹讓避	어떤 사람과 舜·禹의 讓避에 대해 논함.		
(31) 儒佛	子夏가 말한 "博學而篤志, 切問而近思, 仁在其中矣"에 대해 儒家와 佛家에서 풀이함.		
(32) 悟道	80여세 僧 靈熙와 三淵 金昌翕이 悟道에 대해 논함.		
(33) 漢儒	漢儒 중에 末世에 나오지 않은 匡衡·劉歆 등과 簒賊 밑에서 벼슬하지 않은 管寧에 대해 논함.		
(34) 顔子	어떤 사람과 聞一知十하던 顔子의 夭折에 대해 담론함.		
(35) 十九史略	十九史略에 실린 齊威王이 보물로 여긴 黔夫가 徐州를 지킨 것을 이야기함.		
(36) 聖賢	太昊伏羲가 그린 卦에 대해 周公과 孔子가 충분히 설명했는데도 聖賢之統이 더 설명함.		
(37) 天之於物	하늘이 만물에 부족한 바 없도록 한 점에 대해 서술함.		
(38) 虎狼之仁	朱子가 莊周가 말한 虎狼仁을 끌어다 虎狼之仁 등 虫獸의 智禮義를 설명한 것에 대해 서술함.		
(39) 仁義禮智	사람이라면 갖추어야 하는 仁義禮智의 이치에 대해 말함.		
(40) 性	'生'과 '心'에서 나온 글자인 '性'의 이치에 대해 서술함.		
(41) 人物之性	세상의 人物之性에 대한 說이 모두 같지 않음.		
(42) 物性	三淵 金昌翕의 詠狗詩에 드러난 物性에 대해 서술함.		

(43) 五行	五行은 각기 五行의 이치를 포함하고 있음.		
(44) 元亨利貞	元亨利貞이 仁義禮智信이 되는 이치를 말함.		
(45) 泰伯章	宋叔茂와 論語 泰伯章에 대해 논함.		
(46) 祭祀之禮	丹室子[閔順之]가 祭祀의 禮와 歆享하는 이치를 무엇으로 증명하느냐고 묻기에 답함.		
(47) 秦之長城	어떤 사람과 秦나라 萬里長城의 害와 功에 대해 논함.		
(48) 韓信	成士執과 더불어 史記의 韓信에 대해 이야기하고, 함께 일을 도모하는 것은 매우 어려운 일임을 논함.		
(49) 所當然·所以然	어떤 선비와 朱子가 所當然이라 그만둘 수 없고 所以然이라 바꿀 수 없다고 한 말에 대해 논함.		
(50) 皮殼之說	物의 氣가 응고되어 皮殼이 되는 說에 대해 논함.		
(51) 樂	康立之가 질문한, 樂이 어떻게 사악함과 더러움을 씻어주고 마음의 찌꺼기를 녹이는지에 답함.		
(52) 仁義	季華가 질문한, 孟子 首章 註에서 말한 仁義에 대해 답함.		
(53) 廣陵散	어떤 사람과 嵇叔夜(嵇康)가 연주한 廣陵散 曲調에 대해 문답함.		
(54) 文章法度	康立之가 질문한, 大文章家들이 전하는 文章의 法度에 대해 답함.		
(55) 天地之道	어떤 長者가 질문한 天地의 변치 않는 道에 대해 답함.	제목의 天地之度는 天地之道로 수정.	

(56) 文	일반적인 文, 곧 文辭는 人文을 관찰하여 천하에 교화를 펼친다고 할 때 人文의 末事에 불과함.		
제5권 (1) 憂貧	한 선비가 가난을 근심하며 살아가는 계책을 묻자, 孟子의 구절을 인용하여 답함.		
(2) 薦士	閔百興이 關東伯 시절에 進士 權揆가 죽어서 천거 못한 안타까움에 대해 말함.		
(3) 偸兒	忠州의 巨富 韓滌이 도둑을 근심하여 鐵木을 설치했으나, 가뭄에 偸兒가 필요한 것을 조금씩 훔쳐감.		
(4) 大豆[可興]	忠州 可興의 黃希淑에게 부자 노인이 콩 2천말을 맡기고 40여 년간 소식이 없어서 황희숙이 甲富가 됨.		信義를 지켜 갑부가 됨. 부자 노인의 지인감.
(5) 孝婦	30년 넘게 악덕한 시모에게 효성을 다한 橫城의 孝婦 李氏에게 旌閭가 내리지 않음을 통해 세속의 貴勢賤義가 심한 것을 논함.		
(6) 舟販	李生이 흉년에 굶주린 객주집 주인에게 쌀을 주지 않고 떠났으나, 이후 타인의 도움으로 객주집 주인이 巨富가 됨.		이생은 종신토록 한강으로 오지 못함.
(7) 原州吏	原州 아전 申天希가 타인의 도움으로 공금 결손을 메우고 살아나서 그를 초치하여 선물과 돈으로 감사함.		
(8) 劵契	橫城의 林景元이 빌린 돈의 반환일을 넘긴 친구를 초대하여 友情은 千金으로 끝낼 수 없다며 劵契를 던져버림.		
(9) 江景	서울 부자가 절름발이 집에 묵은 뒤 10만 전을 맡기고 떠나자, 절름발이가 煙草를 사서 致富하고 돈을 되갚아줌.	세태와 인정을 대변함.	

(10) **北京丐者**	老譯官이 조선(인)을 욕하는 北京 거지에게 돈을 주며 꾸짖었는데, 이후 귀국길에 거지에게 갑절 돈을 받아 돌아옴.		당시 역관의 치부과정 언급. 후일담 略述
(11) **洪譯官**	洪譯官이 사대부 딸인 기생을 구해주고, 도와준 선비가 登科 후에 기생과 혼인함. 禮部侍郎의 조력과 부인의 報恩緞을 받음.	『계서야담』/『청구야담』/『동야휘집』에 전승.	
(12) 都會	忠州 可興에 사는 金世振의 忠信溫厚한 성품과 淸廉潔白한 생활에 대해 논함.		
(13) **居憂生子**	喪中에 아들을 낳은 宗儒와 色戒를 어긴 禪師에 대해 이야기함.		
(14) **宣川金進士**	金進士가 소년을 따라 도적 산채에 이르고, 禁令을 지키며 도적질하여 각자 재물을 나누어 귀향시키고 돌아옴.	『잡기고담』〈도재상〉과 유사.	김진사는 호걸이나 지혜로운 사람은 아님.
(15) **四友**	甲乙丙丁이 함께 글을 읽다가 흩어져 이후 甲[도적 괴수], 乙[묘향산에 은거], 丙[전라감사], 丁[가난뱅이]이 서로 다른 신분으로 다시 만남.	『잡기고담』〈도은〉과 유사.	乙이 丁을 信義 없다고 나무람, 甲은 지혜롭고 自娛하는 사람.
(16) **戀盜**	甲乙이 장가들어 각자 부인을 보여주었는데, 甲이 乙의 부인을 잡아가겠다고 나타나자, 부인이 機智로 계집종을 보내고 무사함.	『동패락송』〈연도〉와 동일.	
(17) 忌才	남의 재주를 시기하는 것을 경계함.		
(18) 李濟淑	奇氣를 지닌 李濟叔에게 성현의 글을 읽고 人道의 마땅함을 연구하라고 일러줌.		

(19) 詩之爲道	諷諭를 위주로 한 詩를 짓는 방법을 말함.		
(20) 賙貧	賙貧, 즉 가난한 사람을 진휼하는 이치에 대해 서술함.		
(21) 芝山 李邦平	芝山 李邦平이 동생의 孝를 드러내기 위해 쓴 接顔吮乳 중에 '接'자를 東坡 詩句의 '沾'자로 바꾸어 젖먹이가 어미를 사모하는 뜻을 담도록 함.		
(22) 辛壬士禍	渼湖 金祭酒가 지은 〈閔忠文公奏議序文〉 草稿本에 辛壬士禍를 설명하면서 善類가 魚肉이 되었다고 쓴 글에 표시한 것을 논함.	본문의 閔文忠은 閔忠文의 오류.	
(23) 丁法正	丁法正이 族叔父 藤杖詩 序文을 지을 때 쓴 문장은 써서는 안 되는 문장임.		
(24) 莊子	글 짓는 사람들이 莊子의 작문법을 즐겨 사용하는 것에 대해 논함.		
(25) 明德說	宗儒, 季華, 族子 羽濟가 明德說에 대해 문답함.		
(26) 成大中	成大中이 道를 알지 못하는 것에 대해 서술함.		
(27) 蔡註	康立之와 書經 益稷에 "予欲觀古人之象 …… 作服汝明"이라는 구절에 붙은 蔡註의 설명에 대해 문답함.		
(28) 夏氏說	康立之와 書經 益稷에 '丕應徯志'라는 구절의 小註에서 夏氏가 설명한 뜻에 대해 문답함.		
(29) 蔡註	康立之와 書經 益稷에 '明庶以功'이라는 구절에 붙은 蔡註의 설명에 대해 문답함.		
(30) 大學·中庸	康立之와 大學은 敬을 주로하고, 中庸은 誠을 주로 한다는 말에 대해 문답함.		

(31) 仁義禮智	朱子語類에서 仁字를 설명하면서 비유한 내용을 仁義禮智라고 하는 이유를 말함.		
(32) 常夷甫	常夷甫가 논한 揚雄의 失節에 대해 변론함.		
(33) 曾子固	曾子固(曾鞏)가 闕을 지나다 올린 상소를 朱子가 아첨한 말이라고 한 것에 대해 변론함.		
(34) 士之職分	士의 職分은 성현의 글을 읽고 人道의 마땅함을 연구하는 것이라고 서술함.		
(35) 讀書	독서할 때 잡념이 생기지 않도록 하는 방법을 말함.		
(36) 詩家之死法	唐詩 〈聽董大胡笳聲寄房給事〉에 詩家들이 死法으로 여기는 작법이 있음.	〈聽董大胡笳聲寄房給事〉의 원제는 〈聽董大彈胡笳聲兼寄語弄房給事〉	
(37) 人物之性	朱子語類의 人物之性에 있는 "曰才有物, 便有理 …… 曰小小底, 不消恁地分仁義"라는 구절에 대해 논함.		
(38) 李杜之文章	康立之의 질문에 李杜의 文章은 人道의 小技에 불과한 것이라고 답함.		
(39) 蔡註	書經 甘誓에서 '孥戮'을 설명한 蔡註의 내용에 오류가 있음.		
(40) 朱子語類	朱子語類에서 논한 人物之性, 氣質之性, 性情心意에 대해 서술함.		
(41) 金自點	어떤 사람과 金自點이 역모로 訊杖을 당해 죽은 후, 杖을 치는 제도가 바뀐 것에 대해 문답함.		
(42) 泰伯	어떤 사람과 泰伯에서 大王의 장례에 달려가지 않은 이유에 대해 문답함.		

(43) 文理	文理를 막힘없이 환하게 아는 자는 天下에 孔子 한 사람뿐임.		
(44) 補亡章	朱子가 大學의 補亡章 傳文의 本體를 드러내지 않은 이유에 대해 문답함.		
(45) 書籍	康立之가 窮鄕에 서적이 적은 것을 탄식하자, 京師에서 잡서를 읽느라 시간을 낭비하는 것이 더 해롭다고 말함.		
(46) 讀書	康立之가 先儒가 讀書에 힘쓰는 이유를 묻자, 聖賢의 글을 읽어 天地之道, 人物之性, 事行之理를 논하기 위해서라고 답함.		
(47) 道學	사람들이 말하는 道學은 伏羲에게서 배운 것이 遞傳되는 것이라고 서술함.		
(48) 易學	康立之가 易學에서 理氣象數를 겸한 인물에 대해 묻자, 선현들을 거론하며 그 이치를 설명함.		
(49) 朱子語類	어떤 사람이 朱子語類가 번잡하다고 한 말에 대해 답함.		
(50) 天地	朱子語類에서 天地를 논하면서 한 말에 대해 설명함.		
(51) 理氣	大學과 中庸과 孟子에서 理氣에 대해 말하는 것은 모두 氣를 위주로 하고 있음.		
(52) 蔡註	書經 仲虺之誥의 '推亡固存'을 설명한 蔡註가 小注에서 林氏의 설명이나 董氏의 설명보다 못함.		
(53) 竹涯府君	先大夫 竹涯 府君 安垕가 사직 후 白川에 살 때 찾아온 尙書 兪命雄에게 배천에서 살 것을 권유하자, 그가 利害를 따지지 않고 주거지로 정함.	제목의 竹厓는 竹涯로 수정.	
(54) 槎川 李先生	白川郡守 槎川 李秉淵이 가난한 벗에게도 잘 대해줌.		

(55) 申汝哲	숙종 때 名將 申汝哲이 妓女를 버려서 사람을 살린 仁惠豪快함에 대해 말함.		
(56) **嶺南寒士**	선비가 비부쟁이로 대감의 돈 5만 냥을 가지고 떠나 무소식이었으나, 당화무역으로 치부하여 되갚음.		
(57) **白金**	關西 兵馬節度使가 신임하던 傔人을 시켜 아들에게 白金 4천 냥을 갖다주라고 맡겼으나, 겸인이 자기 땅을 사고 절도사를 떠났는데, 곧 온 식구가 죽어 매입한 50여頃의 땅이 주인을 잃음.		
(58) 薔薇古詩	어떤 사람과 唐人 儲光羲의 〈薔薇歌〉에서 '葡萄架上朝光滿, 楊柳園中暝鳥飛'가 장미와 무슨 상관인지에 대해 문답함.		
(59) 楊巨源	어떤 사람과 楊巨源의 〈大堤行〉에서 '月落星微五鼓聲, 春風搖盪窗前柳' 上下間에 같은 類가 아닌 이유에 대해 문답함.	제목의 揚巨源은 楊巨源으로 수정.	
(60) 韓偓	韓偓의 〈春盡〉에서 '細水浮花歸別澗, 斷雲含雨入孤村'이 지어진 시기와 上下 詩句의 의미에 대해 서술함.		
(61) 文天祥	文天祥의 〈辛巳人日詩〉에서 '今年是蛇年, 此日乃人日'聯은 宋나라가 망하고 북경의 獄에 갇혔을 때 지은 詩句로, 그가 正道를 지켜 人道를 保存한 것을 서술함.		
(62) 文天祥臨終	文天祥이 臨終할 때 春秋를 읽었는데, 그 뜻을 저버리고 아들이 宋나라를 멸망시킨 元나라에서 벼슬한 것을 논함.		
(63) 黃處士	85세로 정신과 근력이 젊은이 같은 黃處士의 삶에 대해 말함.		

(64) 趙九齡	趙九齡은 材勇으로써 窮困함에도 절개와 正道를 지키다 늙어 죽은 君子임.		
(65) 東晉	東晉 말기에 謝安의 조카인 將帥 謝玄이 中原으로 쳐들어온 符堅을 물리치려 할 때 大擧 출병 계책을 세우지 않음.		
(66) 瘴藥	떠나간 남쪽에서 瘴, 즉 풍토병에 대비하는 藥으로 받아낸 妙方에 대해 서술함.		
(67) 蔡註	書經 說命에 '衣裳在笥'의 '在'자와 '人求多聞, 時惟建事'를 설명한 蔡註에 대해 말함.	원문의 人於多聞은 人求多聞으로 수정.	
(68) 父子	禮部와 관계없이 父子가 되는 것은 임금의 처분을 받지 않아 의롭지 못함.		
(69) 曾點	康立之가 나라를 다스리는 데 孔子는 누구 의견에 따랐는지 묻자, 공자는 曾點의 樂을 취하려 했다고 답함.		
(70) 周書	周書 梓材의 '汝若恒越曰我有師師 至亦見厥君戕敗人宥' 一節에 대해 朱子와 蔡氏가 억지로 설명하지 않음.		
(71) 到任盤	方伯이 任盤, 곧 任地에 도착할 때 愼簡해야 함.		
(72) 詩讖	洪大受가 젊어서 지은 詩가 詩讖에 걸려, 시의 내용과 뒷일이 우연히 꼭 맞은 것을 이야기함.		
(73) 司馬溫公	洪大受와 司馬溫公의 지혜로움에 대해 논함.		
제6권 (1) 掌試	掌試, 곧 試官이 公道를 지켜야 하는 것에 대해 서술함.		

(2) 考官行私	考官은 行私을 하지 말고, 공명하게 인재를 선발해야 함.		
(3) 科儷	吳伯玉이 科儷, 곧 科擧文의 騈儷體에 능한 사람 대신 文章이 출중한 大手筆을 발탁함.		
(4) 安國坊洪相	소생이 불가능하다고 여겼던 安國坊洪相國이 다시 恩寵을 입고 소생한 이유를 말함.		
(5) 秦滅六國	秦나라가 六國(韓 · 魏 · 趙 · 楚 · 燕 · 齊)을 滅하고 천하를 통일할 때 齊나라 卽墨大夫가 齊王에게 6국이 秦을 멸할 수 있는 방법에 대해 건의함.	卽墨大夫는 정치는 잘하지만 평가가 나쁨.	
(6) 白起	악행을 저지른 秦나라 白起와 呂不韋가 재앙을 받은 것은 하늘이 벌을 내린 결과임.		
(7) 東周	東周가 姬家(周나라)를 잇다가 망한 2년 후에 嬴家(秦나라)가 세워지고, 진나라가 망한 해에 漢古帝가 태어난 것은 하늘이 周나라를 잇게 하려는 것임.		
(8) 項羽	項羽가 24세에 군대를 일으켜 秦나라를 치고 복수했는데, 杜甫의 詩에 '物情有報復 快意貴目前'은 항우를 가리키는 것.		
(9) 諫官	諫官이 임금의 뜻만 따르는 지금 간관이 할 수 있는 일을 묻자, 사직하고 田園으로 가서 누워 있으라고 답함.		
(10) 謝安 · 桓冲	謝安과 桓冲을 江左의 偉人이라고 일컫는 이유를 밝힘.		
(11) 管仲	管仲이 齊나라를 다스린 방도를 말함.		

(12) 文賊	門客이 쓴 글로 呂不韋書를 만든 呂不韋 등을 文賊이라고 하는데, 조선에는 兪棨가 지은 家禮源流를 자기 부친이 지은 것으로 만들려던 尹拯이 문적이라고 서술함.		
(13) 呂不韋	지혜롭다고 알려진 呂不韋는 지혜로운 사람이 아님.		
(14) 呂氏之書	呂不韋가 쓴 呂氏春秋를 보는 것을 威排해야 하는 이유를 말함.		
(15) 百葉湯	朴壽夫가 스승 老峰 閔鼎重이 성묘할 때 쓴 百葉蕩에 牛糞이 섞인 것을 발견하여 首鄕官과 該吏가 죽음. 박수부가 '伯仁(나로 인해 죽는구나)'이라고 써주자, 민정중이 용서해줌.		
(16) 復甦	죽었다가 5일 만에 다시 살아난 虞灣 金士修가 죽어서 경험한 이야기를 말함.		
(17) 兄弟之情	橫城 權氏家의 宗子 權道貫이 어려운 從弟를 조상이 물려준 재산으로 도움.		
(18) 學舍	學舍에서 가르치는 것들이 선비의 達識과 讜論 보유에 도움이 됨.		
(19) 兄弟	鄭伯玉과 더불어 부귀한 형이 가난한 동생을 구휼하지 않으면 형제가 모두 망하는 이치에 대해 문답함.		
(20) 浪說	虛言浪說을 즐겨하는 者에 대해 서술함.		
(21) 犯綱	康立之와 더불어 父爲子綱을 犯해 자식을 사랑하지 않는 스승을 그 자제들이 떠나야 하는지에 대해 문답함.		
(22) 怠忽	德을 닦고 業을 다스리는 일에 怠忽하여 발생하는 禍에 대해 서술함.		

(23) 李伯紀	송나라 李伯紀(李綱)가 宋 高宗에게 올린 상소에 대해 논함.		
(24) 田稅	廣州尹 趙復陽이 지나친 田稅 때문에 농사를 포기한 廣州 백성들에게 減稅를 받도록 해줌.		
(25) 管仲	管仲이 齊나라를 다스릴 때 40년간 인재양성을 先務로 삼았는데도 임종할 때 등용할 인재가 없었던 이유를 서술함.		
(26) 杜牧	杜牧의 詩 〈長安秋望〉 가운데 '南山與秋色 氣勢兩相高'에 대해 논함.		
(27) 邊士行 (변사행이 들려준 이야기)	金肅川이 鄕里에서 풍류를 즐기다가 배 세 마리를 풀어주고, 두 妾室마저 놓아줌.		人生至樂을 누림.
	田長福이 소년을 후대하고 장사를 시켜, 소년이 수차례 재물을 늘리자 사위로 삼음.	호칭 변화[汝→子]	
	과부와 딸이 어른을 정성껏 모시는 것을 보고, 이웃집 며느리가 개과천선함.		동일한 인간성.
	窮儒가 추노 길에 처녀의 도움으로 목숨을 구하고, 반노들은 처벌, 아비는 사면해줌. 딸에게 효녀 충비 열녀 旌閭가 내려짐.	『학산한언』 〈沈生〉과 동일.	
(28) 劍女	蘇凝天이 동거하던 劍女가 과거를 고백함. *(小姐는 멸문지화 복수 후에 자결하고, 자신은 奇士 소응천을 찾아와 의지함)* 소응천에게 신묘한 검술을 보여주고 떠남.	『잡기고담』 〈여협〉 및 『학산한언』 〈劒技〉 교착. 액자식 구성	
(29) 唐詩	唐人 曹鄴의 詩 〈庭草〉와 荊叔의 詩 〈題慈恩塔〉의 구절에 대해 논함.		

(30) 爭藝	蔡彭胤이 남과 技藝를 겨루고 싶어 하던 마음이 없어진 이유를 설명함.		
(31) 鶴山雜錄	辛敦復의 鶴山雜錄에 실린, 申劉와 舟師 裵是愰이 청나라를 도와 靈龜塔(靈古塔)에서 車漢을 토벌한 전투에 대해 서술함.	본문의 裵是郁은 裵是愰의 오류. 靈龜塔은 靈古塔을 지칭.	
(32) 誠	中庸 自成章의 '誠者子成' 구절에 대해 논함.		
(33) 閔老峰	老峰 閔相國이 젊었을 때 급한 성격을 고치게 됨.		
(34) 周書洛誥	書經 周書洛誥에 실린 '乃汝其悉自敎工' 구절의 의미에 대해 논함.		
(35) 尊王之義	華陽 宋時烈이 尊王(尊王攘狄)한 大義에 대해 논함.		
(36) 林伯厚	林伯厚의 字 伯厚와 관련된 이야기를 들려줌.		
(37) 劉裕	英雄으로 알려진 宋나라 劉裕는 영웅이라고 할 수 없음.		
(38) 劉裕之滅	劉裕가 姚秦(後秦)을 滅하고 宋나라를 세운 뒤, 劉穆之의 도움으로 선정을 펼치다가 그 死後에 벌어진 역사적 사건을 서술함.	제목 劉裕之威를 劉裕之滅로 수정.	
(39) 男女之欲	萬事는 뜬구름처럼 여기면서 男女之欲에 대한 생각을 떨치지 못한 高僧에 대해 이야기함.		
(40) 佛道	鳳腹의 天眞菴에서 벗들과 더불어 '丹霞燒木佛(단하스님이 木佛을 불사른 일)'과 '天上地下惟我獨尊'으로 부처의 가르침에 대해 이야기함.		

(41) 北伐	어떤 사람과 더불어 孝宗이 華陽 宋時烈과 北伐을 도모함에 송시열이 장수가 될 인재를 천거 못한 일에 대해 문답함.		
(42) 孔子	康立之와 더불어 孔子가 魯나라에 오래 있어서 그 道를 행하였다면 어떠했을지 문답함.		
(43) **解放**	海印寺의 중 至誠이 남매를 속량해 주었는데, 남매가 장성하여 은혜를 갚고, 지성은 황금궤짝으로 해인사 내 甲富가 됨.		
(44) 白樂天	姜允升이 물은, 白樂天(白居易)의 詩 〈寄韜光禪師〉 가운데 '一山門作兩山門 兩寺原從一寺分'에 대해 답함.	본문의 兩寺元從一寺分에서 '元'은 '原'의 오류.	
(45) 李壿	병진년(1736)과 정사년(1737) 京師에 살 때 李壿(叔耕)이 延齡君의 아들을 지지하던 그 형의 아들 일로 禍를 당함.		
(46) 錢穀	鄭伯玉이 虞灣 金士修가 任實을 다스릴 때, 가난하고 위급한 사람들을 구휼한 이야기를 들려줌.		
총 325편	영인본(『서벽외사해외수일본』) 편찬 과정에 기재된 제목을 적고, 일부는 『이조한문단편집』의 제목을 활용함.		

4. 『학산한언』

제목	내용	전승 관계 및 특징	후평어 후일담
(1) 金昌翕	朴泰觀의 집에서 金昌翕, 安重觀, 辛敦復이 만나 詩를 논함.	나=신돈복/ 詩 첨부.	
(2) 農巖과 三淵	신돈복이 金濟謙, 李暐와 시를 논함.	나	
(3) 尤庵과 農巖	金時敏이 農巖의 문장이 尤庵보다 낫다고 했는데, 三淵이 우암과 농암의 문장을 비교하여 말함.		
(4) 과거 공부	某人이 과거 공부가 어렵다고 삼연에게 말하자, 삼연이 李畬의 공부 방법을 일러줌.	작가의 개입	睡村 李相公 =李畬
(5) 金榦	金榦이 문하생에게 공부한 내력을 이야기함.		의지와 기력을 칭찬함.
(6) 志氣와 인물	史書와 傳奇에서 제왕과 호걸의 출생지를 살펴봄.		地氣가 좋은 땅에 인물이 나고 묻힘.
(7) 崔台甫의 灣府記聞	명나라 王興이 임진년 행궁 장소를 알았는데, 최태보가 '成都王興識'라고 쓰인 비석을 봄.		王興의 비석을 못 봄.
(8) 圖讖秘錄과 예견	鄭磏은 타고난 예언가였으나, 國運의 吉凶과 王朝의 運命은 알아도 어쩔 수 없음.		
(9) 천지음양의 전환기	元末明初에 기이한 용모의 朱元璋이 나타남.		전환기의 조짐과 禁忌
(10) 중국 왕조의 興亡	漢[符讖]/唐[이민족]/宋[도교]/明[불교]의 興亡 원인에 대해 이야기함.		창업 군주는 후계자 선별에 신중해야 함.

(11) 人材와 亡國	崇禎皇帝 때 충성스럽고 강직한 신하가 없어서 명나라가 망함.		人材가 없으면 나라가 망함.
(12) 漢族의 소망	중국 사람들이 명나라를 생각하는 절실한 심정이 詩와 행동으로 드러남.	나	
(13) 山川과 人材	당나라 때부터 중국에 알려진 신라와 고려의 文臣과 將帥를 이야기함. 李依仙[正己]은 고구려 출신 당나라 정치가로 얕은 산의 精氣도 타고난 인물이 아님.		웅장한 산천에서 인재가 나오는 것은 아님.
(14) 宇文泰와 高歡	宇文泰와 高歡은 서로 잘 아는 好敵手였으나, 우문태[학식과 도량]는 어진 군주≠고환[무력과 난폭]은 멸망 군주임.		
(15) 천하유람	군자는 천하유람에서 인재를 얻고 포부를 지님.	『論語』 인용.	'불후의 사업'을 기대함.
(16) 日常과 怪異	일상적인 것과 괴이한 것은 정해지지 않음. 『太平廣記』는 禮로써 온갖 내용을 요약함.	『논어』 인용.	
(17) **효자 吳浚**	吳浚이 시묘살이 중에 '孝感泉'이 솟아나고, 호랑이가 사냥감을 물어다 줌. 이후 旌閭가 내리고, 벼슬이 추증, 사당에 배향됨.		孝感泉은 여전하며, 고을 사람들이 아끼고 돌봄.
	後漢 때 姜詩가 효성으로 모친을 섬겼는데, 샘이 솟고 잉어가 나와 생선회를 해드림.	내가 들은 이야기.	
	후한 때 曹曾은 가뭄에 물병에서 샘물이 솟아나 모친에게 드림.	『稗海拾遺』 소재.	기이한 일.
(18) **효자 鄭玉良**	선조 때 鄭玉良이 모친을 효성으로 섬겼는데, 병환중인 모친을 위해 밤새 울어, 겨울나무에 달린 대추를 따서 드리니 고질병이 나음.		서원 마당에 대추나무가 남아 있음.

(19) **효자 李墢**	李墢이 어려서 온 집안 식구가 병에 걸리자, 죽을 쑤고 피를 섞어서 부친에게 드렸는데, 부친이 살아나고, 마을에 旌門이 세워짐.		효자가 천지신명을 감동시킴. 32세 선비로 애오개에 삶.
(20) **趙陽來의 점괘**	趙陽來가 武人의 과거 길 吉凶을 점쳐서 예언했는데, *(호랑이에게 잡히겠으나 과거에 급제함)* 도적이 장검으로 베는 시늉을 하여 복수하고, 자신이 호랑이라고 밝힌 뒤에 자살함.		전한시대 貫高의 경우와 유사.
(21) **改心한 도적**	許烶이 은자가 든 주머니를 주워 주인에게 돌려주었는데, 그가 훔친 물건이라 고백하며 은자를 본 주인에게 돌려주고 허정을 따름.		외증손자 李維傑의 이야기.
(22) **大醉한 도적**	柳淰은 도적이 다락에서 취하여 노래하는 것을 보고 '도적 가운데 호걸'이라며 풀어줌.		酒興이 物慾보다 더함.
(23) 一目國 사신	朴文秀가 만난 一目國 사신이 詩를 한 편 지어 주었으나, '華夷'라는 두 글자 때문에 화답하지 않음.		지도에서 一目國을 봄. 기운이 치우침.
(24) **吉貞女**	吉貞女가 길쌈과 바느질을 하며 홀로 사는데, 申命熙가 꿈을 꾸고 나서 天緣이라 생각함. 당숙이 길정녀를 사또의 첩으로 주려하자, 그녀가 칼을 들고 사또를 꾸짖으며 마을에 알리고, 이후 함께 上京하여 부자로 칭송받음.	十一口=吉	申命熙의 康健不老한 모습. 절개를 지켜 富와 壽를 함께 누림.
(25) **廉時道**	廉時道가 은자 보자기를 주워 許積에게 아뢰자, 金錫冑를 찾아가라고 했는데, 김석주의 종이 은자를 잃어버린 경위를 말함.*(光城府院君이 상으로 내린 술을 마시고 醉眠)* 허적이 죽자, 금강산에 있는 活佛을 찾아가고, 암자 뒤 초가집 계집아이를 넘보다 쫓겨남.	* 술 : 은자를 잃거나 운명을 바꾼 계기.	자손들이 安國洞에 살고 있음.

	獄舍에 갇혔으나, 종의 누이가 부인에게 아뢰어 풀려나고, 행상을 하다 계집아이를 다시 만나 혼례 후 상경하여 福祿과 長壽를 누림.		
(26) **薛生**	薛生이 癸丑年 廢母事件에 분개하여 은거하다가, 수십 년 후 吳允謙과 '回龍窟'을 다녀온 뒤 다시는 서로 만나지 못함.	『西坡集』 〈薛生傳〉과 유사.	李秉淵에게 듣고 기록. 吳道一은 오윤겸의 손자.
(27) **李植과 異僧**	李植이 용문사 승려에게 주역을 배우는데, 승려가 *(병자호란에 永春으로 피난, 평안도에서 재회)*하리라고 <u>예언</u>함. 이후 묘향산을 유람하다가 승려를 만나 담론함.		
(28) **洪儁과 異僧**	洪儁이 금강산에서 만난 승려와 별천지에 갔다가 돌아오는 길에 소라와 梨花洞을 구경함.		
(29) **신선이 된 鄭**磏	鄭磏이 10년간 수양하여 어느 날 신선이 되었는데, 모습이 허공에서 사라지자, 시신이 가벼워짐.		鄭磏의 외증손 蔡德潤의 이야기.
(30) **李光浩와 신선술**	李光浩가 신선술을 익혀 온갖 異蹟을 행하였는데, 승려가 전해준 신비한 약을 한꺼번에 먹고 죽음.	李光浩=任 埅의 고모부.	<u>任鼎元의</u> <u>이야기.</u>
(31) **불목하니의 해탈**	불목하니가 불덩이를 吐含하곤 했는데, 入寂 후에 다비를 하자, 사리가 무수히 나옴.		金義之의 이야기.
(32) **신선을 만난 成俔**	成俔이 우연히 만난 나그네와 동자가 삶은 아이와 구더기 술을 권했으나 거절했는데, 사실은 동자삼과 영지임을 알고 후회함.	古談	成俔의 기록 ⇒黃瀏의 次子가 暗誦 ⇒李某의 이야기⇒ 신돈복.
(33) **신선이 된 文有采**	文有采가 喪中에 해산한 부인 황씨를 쫓아내자, 황씨의 친족들이 그를 살인자로 무고함.	神光寺 승려와 李秉淵의	靑精先生과 張三의 행적으로 비교함.

	7년 후 석방되어 산사에서 벽곡을 행하더니 奇行異蹟을 보임.	이야기, 洪百昌의 기록.	
(34) **신선 金世**麻	金世麻가 異人에게 수련법을 배우고, 이후 楡岾寺에서 왕생하여 조카가 유해를 거둠.	서술자의 주관 개입.	任鼎元에게 처음 들음. 權𥳧에게 자세히 들음.
(35) **지상선 李季江**	安克權이 地上仙[李季江] 이야기를 듣고 찾아가 보니, 百世翁의 기력이 왕성함.		安克權의 이야기.
(36) **신선이 된 南**趎	南趎가 연단법을 배우고 仙人에게 편지를 보냈는데, 死後에 3년간 공중에서 편지가 옴.		방계 후손인 南大有의 이야기.
(37) **신선을 만난 徐敬德**	徐敬德이 병중에 車軾에게 옛일을 이야기함.*(지리산에서 만난 異人이 從遊를 권유했으나, 儒者로서 원치 않는다고 대답하자, 사라짐)*		妄言이 아님. 車軾의 이야기⇒車天輅의 기록.
(38) 韓無畏의 海東傳道錄	고을 수령이 海東傳道錄을 입수하여 李植에게 보내자, 이식이 序文을 써서 전함.	역대 선인의 행적 기록.	
(39) **先飛나무**	浮石寺 仙飛나무는 義相大師가 입적할 때 지팡이를 꽂은 데서 생겨났는데, 鄭造가 지팡이를 만들려고 베었으나 다시 가지런해짐.		신령스럽고 괴이한 일.
(40) 예언서 康節數	李禾宜가 절에서 康節數라는 책을 얻어 왔는데, 책에 예견된 일들이 신기하게 들어맞음.		李禾宜는 地上仙
(41) 옛사람들의 풍류	辛應時의 延諡宴과 친척의 생신 잔치에 참석했다가, 상경 길에 李衡坤과 음악 이야기를 하는데, 그 고모가 명산대천을 유람한 女仙이라 함.	辛敦復	
(42) 許蘭雪軒의 별호	許蘭雪軒이 景樊堂이라고 自號하자, 사람들이 지나친 행위라고 그녀를 모욕함.		汚名을 씻고자 함.

(43) 맹인 金聖沈	金聖沈과 아내 洪氏가 다섯 살에 눈이 멀었으나, 시를 잘 지어 사람들을 놀라게 함.	李秉淵의 〈異人傳〉	前代未聞
(44) 만학도 蔡生	蔡生이 40세에 훈장을 찾아가 부지런히 글을 배우고, 52세에 과거 급제하여 관직에 나아감. 망신을 주었던 里正의 아들을 후대하여 보냄.		의지와 기개. 李運復의 이야기.
(45) 車天男	명나라 사신 朱之蕃이 화답시를 요청하자, 車天輅가 痛飮하여 詩句를 읊고, 韓濩가 받아 적어서 완성시켜 보냄. 주지번이 호방한 詩想과 신묘한 筆法에 찬탄함.		몹시 경망스러운 사람을 '車天男'이라 칭함.
(46) 崔岦의 시	崔岦은 王世貞에게 詩才가 부족하다고 평가 받아 왕세정과 李攀龍을 두려워하면서도 權韠에게 자신이 최고라고 자긍함.		기교와 수식이 문장의 本旨는 아님.
(47) 韓濩의 글씨	韓濩가 북경의 천하 명필들과 대적하는데, 동방 명필로서 실수를 만회하고 병풍을 완성함. 중국인이 安平大君과 한호의 글씨를 평가함.		韓濩[俗氣]≠安平大君[高雅]
(48) 鄭敾의 그림	鄭敾이 비단치마의 얼룩을 그림으로 바꿈. 중국인 승려가 南京 선비와 그림 값을 다투다가 허탕치고 돌아감. 북경에 가는 역관의 부채에 그림을 그려줌.		신돈복의 형이 〈桃源圖〉가 그려진 부채 소장. 경이로움.
(49) 奇僧	孟胄瑞가 만난 老僧이 지난 사연을 <u>이야기</u>함.*(임진왜란 이전에 일본 첩자 8인이 조선팔도를 정탐하러 와서 정체가 탄로 나자, 생존한 3인 가운데 2인이 스승을 살해하고, 자신은 나머지 2인을 죽이고 山僧이 되어 기일에 재를 지냄)* 며칠 뒤에 노승이 신묘한 검술을 보여줌.	액자식 구성 『잡기고담』〈검기〉와 유사.	『壬辰錄』에 일본 첩자 7인에 대한 明人 許儀俊의 편지 확인.

(50) 林慶業	林慶業이 神劒을 얻은 경위를 일기에 적어두었는데, 병자호란 때 임경업의 뛰어난 활약을 보여줌.		진정한 대장부.
(51) 虯髥客傳과 泉蓋蘇文	〈虯髥客傳〉은 사실인지 아닌지 알 수 없고, 이름에서 泉蓋蘇文이 虯髥客임을 알 수 있음.		李靖은 피한 것인가?
(52) 닮은 제왕들	五代史 〈王衍傳〉에 王衍의 모습이 실렸는데, 왕연과 昭烈帝, 高宗과 武肅王 錢鏐가 닮음.		기이한 현상.
(53) **尹忭**	尹忭이 억울하게 투옥된 사람들을 풀어주자, 노인이 *(아들을 얻으리라)* 예언했는데, 楡岾寺에서 기도하여 壽福하고 자손이 번창함.	金尙憲의 『淸陰集』 소재 〈尹正墓誌〉 참조.	尹得夔의 이야기.
(54) **金載海**	金載海가 사들인 집에서 금 항아리를 발견하고 전 주인 과부에게 돌려주자, 과부가 감복하여 덕을 잊지 않음.		
(55) **永平의 金氏**	金氏가 두 친구와 白雲山에서 산삼 밭을 발견했으나, 친구들이 절벽에 김씨를 버리고 떠났는데, 구렁이의 도움으로 벗어나 죽은 친구들 장례 후에 百壽를 누리고 집안이 번창함.		천지신명을 노하게 해서는 안 됨.
(56) **寶珠와 殃禍**	名官이 使行 길에 무인도에 버려져 18년간 보배로운 구슬을 주워 모았는데, 뱃사람들에게 발견되고 끌려가서 재주를 부리다가 가족을 만나 귀가함.		홀몸에 재물 소유는 화를 자초하는 일.
(57) **田東屹과** **李尙眞**	田東屹이 李尙眞의 특출함을 보고 도와주어 조 농사가 大豊이었으나 화재로 가난해짐. 전동흘의 권유로 이상진은 과거에 급제하고, 이후 전동흘을 知己라 부르며 천거함.	『동패락송』 〈진안좌수〉와 유사.	

(58) 忠奴 彦立	李時白의 처가에 살던 종 彦立이 주인 사후에 장례를 치르고 장사로 致富하더니 주인 딸을 명문가와 혼인시키고, 癸亥反正 때 충성과 식견으로 주인집을 구함.	『잡기고담』 〈기노〉와 동일.	李善과 崑崙奴 부류이나 후세에 전할 만함.
(59) 큰 상인	큰 상인이 평안 감영에 빚을 지고 갇혔으나, 감사에게 돈을 빌려 부잣집에서 은전을 빌린 다음 북경에서 장사하여 빚을 갚고 부자가 됨.	무역 과정을 상세히 기술.	商人은 偉人으로, 위기에서 나온 결과.
(60) 鳳山 武弁	鳳山 武弁이 관직을 구하려다 실패하자, 죽을 요량으로 譯官의 小室 안방에 뛰어들었으나, 역관이 태연자약한 태도를 보고 살려주어, 소실과 함께 재물을 지니고 떠나 부자가 됨.		君子의 행동은 아니지만, 心德과 性善의 보답.
(61) 沈生	沈生이 추노 길에 종의 딸[香丹] 덕분에 화를 면하여 반노들을 벌하고, 아비는 살려줌. 忠孝烈에 대한 비석과 旌門이 세워짐.	『삽교만록』 〈변사행〉과 동일.	
(62) 還生과 讖書	金貴奉 사후에 어떤 노복이 상전 아들의 등에 쓰인 글자의 연유를 찾아왔는데, 貴奉의 아내가 아이를 보니, 남편과 흡사함.	史書나 傳奇에 실린 이야기 언급.	요즘에 생긴 기이한 일.
(63) 풍수지리설	조선시대 華陽聞見錄에 실린 풍수지리설과 중국 宋代 談藪에 실린 풍수지리설 이야기.		
(64) 장례풍속	북방[燕京]과 남방[倭]의 다른 장례풍속. 송대 黃撥沙의 묏자리와 왼쪽 눈을 상한 후손 이야기.		親喪에 정성은 같으나, 남방과 북방의 장례법은 다름.
(65) 裨補風水	啓蒙篇 한 대목에 관한 우암 송시열의 해석. 宋 徽宗 때 劉混康의 풍수지리설과 영험을 이야기함.		노력이 중요함.

(66) 宋世良	尤庵集 恩津宋氏家傳에 실린 기이한 이야기.		
(67) 귀신 이야기	華陽聞見錄에 실린, 선조 때 許雨가 집에 든 귀신을 쫓아낸 이야기.		
(68) 諸沫의 혼령	鄭錫儒가 만난 諸沫의 혼령이 하소연하여, 그의 무덤을 정비하고 업적을 후대에 알림.		諸沫의 충의와 용맹은 당세 으뜸.
(69) 辛慶衍의 혼령	辛慶衍이 상경 길에 중국 사신을 놀라게 함. 死後에 자손들이 곤궁해지자, 혼령이 친구에게 나타나 옥관자와 보검이 있는 곳을 알려줌.		
(70) 權益興과 粉英	辛致復이 痼冷症에 퇴기 粉英의 간호를 받음. 분영은 權益興과 생전에 사랑했던 사이로, 사후에 권익홍의 혼령이 찾아와서 함께 지냈는데, 분영이 권세가에 들어가자, 혼령이 떠나감.	역행적 서술	마음에 맺힌 사랑 때문에 이승과 저승을 오감.
(71) 徐渻의 제삿날 꿈	徐渻의 제삿날 徐景雨의 꿈에 서성이 남루한 손님을 초치하여 대접함. 서경우가 그 자식을 찾아가서 壽衣를 불태움.	『천예록』 〈忌辰會羞攝弊衣〉/『동패락송』 〈徐藥峰忌日〉과 유사.	후손 徐宗益의 이야기.
(72) 李貴	李貴가 호조 서리 집에서 굿을 하며 饌床을 대접하므로 魂魄이 장모를 따라가서 먹고 옴.	邊致周는 신돈복과 친척.	邊致周의 증조부가 경험한 이야기.
(73) 申叔舟의 혼령	집안사람들이 정성껏 申叔舟의 제사를 지냈는데, 신주 도둑이 高靈申氏 감실에서 정신을 잃고 꼼짝도 못하다가 붙잡힘.		위인의 정령이 두려움.
(74) 朴信圭	朴信圭가 큰 굿판을 보고 신당을 헐어버림. 이후 신당을 다시 짓고 신맞이를 하는데, 星山君이 나타나 박신규 자리를 마련케 하여 제사 지냄.		정직했던 인물이 淫祀에서 배를 불림.

(75) **崔奎瑞와 혼령**	崔奎瑞에게 나타난 혼령이 民家를 옮겨 자기 陰宅을 보전해달라고 부탁하자, 주인에게 말하여 移徙시키니, 혼령이 사례함.		李說 ⇒ 具梡 ⇒ 신돈복
(76) **나비가 된 洪翼漢**	洪翼漢의 기일에 외장손 鄭台一이 꿈을 꾸었는데, 臺官이 해산한 몸으로 제물을 장만한 계집종을 혼내고 사라짐. 현손 洪侃은 홍익한이 나비가 되었다고 말함.	傳奇	사후에 나비가 된 사례를 기록. 슬픈 이야기
(77) **安圭의 혼령**	安重弼이 부친 安圭가 죽은 任地를 교체하여 李秉常이 대신 가서 유숙하는데, 안규의 혼령이 아들인지 확인하고 떠남.		李秉⇒ 趙明謙 ⇒ 신돈복
(78) **宋時烈의 정기**	영험한 무당도 宋時烈을 보고는 기가 질림.		타고난 정기.
(79) **산의 정령**	李濡가 산의 정령 괴물을 만났는데, 괴질에 걸린 사람 머리맡에 괴물이 앉아 있으므로 방책을 써서 쫓아내고 병을 치유함.	견문 이야기. 『용재총화』[成俔]/『抱朴子』	
(80) **辛敦復의 친구**	신돈복의 친구가 괴질에 걸렸다가 살아났는데, 妖鬼를 떨치려고 신돈복의 이름을 말하자 사라졌다고 함.	직접 경험.	기이한 일.
(81) 신령 이야기	元史 孔子[성현]/明史 元世祖[제왕]/大明一統志 楚伯王[영웅]/灌夫傳 竇嬰과 灌夫[俠士]/關羽와 蔣子文[烈士]/景淸과 鐵鉉[忠臣]		신령과 귀신이 없다는 정론은 잘못.
(82) **永春의 南窟**	선비 두어 명이 永春의 南窟에 들어갔는데, 별천지에서 鬼物을 쫓고 인간세상으로 돌아옴.	『大明一統志』 및 『酉陽雜俎』를 인용.	선비⇒鄭敾의 이야기. 비상식적인 일은 부재인가?
(83) **여우를 만난 선비**	선비가 산속 精舍에서 유숙하고, 과부가 그림을 얻고자 詩를 바치는데, 괴이하여 그림을 그리지 못함.	귀신의 말.	여우나 삵이 둔갑한 것인가?

(84) **錢次翁을 만난 權燮**	權燮이 산길 누각에서 만난 錢次翁이 詩를 지어 주는데, 모골이 송연해져서 떠나옴.	귀신+신선의 말.	
(85) **韓浚謙**	선비 집안에 귀신이 나타나 행패를 부리다가, 韓浚謙에게 경의를 표하고 이야기함. *(사악한 마음을 버리고 올바른 마음을 지님)*		鄭再昌의 이야기.
(86) **준마 豹童**	노파가 바친 망아지를 柳廷亮이 준마로 키우자, 광해군이 빼앗아 감. 조부 柳永慶이 高阜로 귀양 가자, 豹童이 광해군을 떨어뜨리고 귀양지에 이르렀는데, 이후 귀가할 때 표동이 小路에서 원수를 잡음.		豹童의 무덤. 신성한 기운의 사람[聖人]과 사물[神物].
(87) **사슴의 도리**	金鼎臣이 사냥 길에 사슴을 쏘아 쓰러뜨리자, 다른 사슴들이 피를 빨고 부축함.		金鼎臣의 이야기. 仁義禮智信
(88) **江鐵의 정체**	郭恒濟가 용이 내려왔다는 계룡산 절에 이름. 중이 상황을 말하자, 李宜濟가 江鐵이라고 함.	『通鑑綱目』	郭恒濟의 이야기. 강철은 旱魃인가?
(89) **南原 상인**	趙徽가 호랑이 등에 업혀온 이야기를 들려줌. *(八良峴 점막에서 호랑이에게 끌려갔는데, 다른 호랑이가 나타나 쫓기는 사이에 도망침)*	액자식 구성	진짜 호랑이가 아님.
(90) **호랑이 잡는 법**	호랑이가 거위를 잡아먹자, 함성과 그물 설치. 노인이 倀鬼를 제압해야 호랑이를 잡는다 하여 매실을 깔아두자, 호랑이가 함정에 빠짐.		알아야 할 방법.
(91) **武弁 李修己**	무변 李修己가 사냥꾼 주인의 사연을 들음. *(三代가 호환을 당해 죽이려고 추적하는 중)* 합십하여 호랑이를 죽이고, 주인이 이수기에게 부인과 재물을 주고 떠남.	『삽교만록』 〈척검〉과 유사.	

(92) 명승지 三陟	東國輿地勝覽에 따르면, 江陵, 鏡浦, 三陟은 강원도에서 이름난 승경임.	경포대와 삼척 관련 詩 수록.	
(93) 秘境과 福地	南師古가 말한 우리나라 秘境과 福地 및 피난처로 적합한 여러 곳을 이야기함.		피난처는 兵禍를 입지 않은 곳.
(94) 선친을 만난 申生	선비가 상경 길에 만난 申生의 <u>이야기</u>를 들음.*(신생이 병으로 정신을 잃어 혼령이 본가로 가자, 선친이 무덤과 石物에 관해 일러주어 소생 후에 錦平尉 집안을 찾아가서 확인함)*	과거 회상 형식.	祓의 형인 禬의 이야기.
(95) 풍수쟁이 鄭夏圭	朴權의 모친상에 鄭夏圭가 점괘로 알려준 노인[金進士]이 소개한 지관이 명당을 정했으나, 이후 박권이 죽고 보니, 吉地가 아니라 凶穴임.		점괘의 길흉과 묏자리는 다름.
(96) 의로운 말	역관 鄭命壽가 준마를 골라서 잘 길들였으나, 환국 길에 녹번재에서 내동댕이쳐져 다침. 이후 首陽山에서 풀을 뜯다가 죽어 '義馬'로 불림.		열사의 혼백이 말에 의탁하여 경종을 울림.
(97) 장원급제한 辛喜季	辛喜季가 장원급제하자, 유가 중에 金左明과 洪命夏가 '新來'를 외쳐 사람들을 놀라게 함. 신희계가 반어적 표현으로 '주의하지 말라'와 '퇴하지 말라'는 말을 써서 급제자들을 희롱함.	美談	
(98) 金尙容의 혼령	병자호란 때 金尙容은 화약 때문에 폭발했는데, 무덤에 天灰를 제거하자 불덩이가 솟아남. 김상용의 혼백이 화염이 되어 날아간 것		김상용의 5대손 金砥行의 이야기.
(99) 金埴과 異人	金埴이 기른 물고기가 龍이 되어 승천함.		세상이 異人을 알아보지 못함.

	仁祖反正 후에 어떤 居士가 홍수에서 구해주고, 주막에서 만난 선비가 장원 급제를 예언함.		
(100) 映水坪의 물	명나라 사신이 金川에서 샘물을 떠오라고 했는데, 映水坪 물을 마시고 상류에 朴淵瀑布가 있고, 물이 瘀傷이 들어 마실 수 없다고 말함.		사물의 이치.
총 100편	필자가 편의상 내용에 맞게 제목을 붙임.		

찾아보기

ㅂ

ㅅ

숫자

이채경李埰慶

경북 경주 출생.

동국대학교 국문학과를 거쳐 성균관대학교 한문학과 대학원을 졸업하였다. 18세기 야담을 연구하여 문학박사학위를 받은 이후, 야담연구를 계속하며 '조선후기 야담집의 교감 및 정본화' 사업에도 참여하였다.

논문으로는 「『어우야담』에 담긴 지적경험과 서사장치」, 「『잡기고담』 서사 연구」, 「『금계필담』에 기록된 신라 이야기 연구」, 「『삼국유사』와 스토리텔링」 등이 있다. 책으로는 공동역저서인 『철로 위에 선 근대 지식인』과 공동편찬한 한국문학연구소자료총서 『정본 한국 야담전집』(전 10권) 등이 있다.

동국대학교와 고려대학교에서 강의했으며, 현재 성균관대학교 초빙교수로 재직 중이다.

18세기 야담 연구

2023년 6월 10일 초판 1쇄 발행

지은이 : 이채경
펴낸이 : 김병환
펴낸곳 : 학자원
주　소 : 서울시 강동구 천호대로 1121
전　화 : 02) 6403-1000
팩　스 : 02) 6338-1001
E-mail : hakjaone@daum.net
등　록 : 2011년 3월 24일 제2011-14호

ISBN 979-11-6247-298-9 93810
값 29,000원

잘못된 책은 교환 가능하며 구입 서점이나 본사로 연락주세요.